国家治理现代化视野下职务犯罪的预防与惩治

主　编：钱小平
副主编：冀　洋

东南大学出版社
·南京·

图书在版编目(CIP)数据

国家治理现代化视野下职务犯罪的预防与惩治/钱小平主编. —南京：东南大学出版社,2021.12
ISBN 978-7-5641-9990-6

Ⅰ.①国… Ⅱ.①钱… Ⅲ.①职务犯罪－预防犯罪－研究－中国 Ⅳ.①D924.304

中国版本图书馆CIP数据核字(2021)第276568号

◎ 江苏高校哲学社会科学优秀创新团队成果
◎ 江苏高校"青蓝工程项目"
◎ 东南大学中央基本业务经费项目(2242021S30011)

国家治理现代化视野下职务犯罪的预防与惩治
Guojia Zhili Xiandaihua Shiye Xia Zhiwu Fanzui De Yufang Yu Chengzhi

主　　编	钱小平
出版发行	东南大学出版社
社　　址	南京四牌楼2号　邮编：210096　电话：025-83793330
网　　址	http://www.seupress.com
经　　销	全国各地新华书店
排　　版	南京星光测绘科技有限公司
印　　刷	兴化印刷有限责任公司
开　　本	787mm×1092mm　1/16
印　　张	15.25
字　　数	390千字
版　　次	2021年12月第1版
印　　次	2021年12月第1次印刷
书　　号	ISBN 978-7-5641-9990-6
定　　价	68.00元

本社图书若有印装质量问题,请直接与营销部联系。电话：025-83791830
责任编辑：刘庆楚;责任印制：周荣虎;封面设计：窦一豪

《东南法学文存》

总　　序

东南大学法学院承三江、中央之学脉,恢复法科教育已逾廿载。本年,正值复建学院十岁,气象初成。立院之本,在育人诲诲,不厌其倦;求道之志,在为学旦旦,不厌其精。院龄尚短,但朝气蓬勃;资历虽浅,贵求是创新。

办学之路艰,偏隅之处更甚。幸东南法学学人多年来孜孜以求,不懈励进,东南大学法学院已发展为法学学术研究重镇。学院立基宪法与行政法、刑事法学等传统法学学科领域上深厚理论、实践优势,笃志交叉学科办学、科研之积淀,于工程法、交通法以及医事法等特色领域辟径拓新,为我国法科教育和法学研究事业贡献良多。大学之所谓,实汇大师矣。学院一贯注重优秀学人的吸纳培养,以"双江双杰"为代表的高端人才优势尤为突出。多人次入选国家百千万人才工程、教育部新世纪优秀人才支持计划、江苏省"333高层次人才培养工程"、江苏省教育厅"青蓝人才工程"、东南大学"校优青计划"等。有名士,更聚英才。东南大学法学院教学科研队伍的年轻化、国际化建设成效显著,先后引进多位专业领域内知名学者,同时吸引了一大批海内外知名高校优秀博士毕业生。中青年教师已逐渐成为学院教学、科研工作的中坚力量,人才梯队的层次构筑更加合理化,这为学术人才长期储备、学术研究可持续奠定了坚实基础。

秉人才适其才、尽其用的科研组织管理理念,响应国家关于推动高校智库建设的指导方针,东南大学法学院致力于科研活动的平台化建设。在传统法学学科教研室组织构架的基础上,发挥自身交叉学科研究的优良传统,不囿于传统学科分野,聚焦问题,有的放矢。先后创建"反腐败法治研究中心""交通法治与发展研究中心""中国法治发展评估研究中心"等国内具有较大影响力的专业化学术研究平台。通过各个学术研究平台,更加科学高效地整合配置院内科研力量,引导多元化的科研团队建设,初步形成各学科教研室与各专门研究平台的多维度、立体化管理,实现科研人才在既有传统学科类别的基本框架下,充分挖掘个人研究的兴趣专长,在更加多样的科研团队间相互自由流动,更加有力地促进了学院内研究者之间的交流与沟通。这也为各个研究者开拓研究视野,创新研究思路,实现学术研究资源、信息的共享,不同观点、思想的碰撞,提供了更多的机会与便利,营造出法学院浓厚的学术氛围以及良性竞争的学术环境。

立足自身法学学术研究的深厚基础,以交叉学科、特色领域研究为着眼点,法学院一直致力于积极推动相关领域的学术交流、研讨活动。广邀海内外博学有志之士,共议善治良法之题。先后举办"海峡两岸工程法治""城市停车治理论坛""法治发展量化评估研讨会""刑事法治指数的指标构建与修订研讨会""员额制与司法改革实证研讨会""医疗纠纷预防与处理法律机制研究"等一系列法学学术或实践议题研讨活动,为国内外相关领域研究打造优质的学术交流平台,获得积极的社会反响和良好的学术声誉。

当然,孤芳自赏必固步自封。兴办论坛研讨,绝非单纯搭台唱戏。热闹止于一时,深思方存长久。东南大学法学院希冀借此文存,将共同参与学术探究诸君的所思所言,付梓出版。一来,为不吝赐言的海内外专家学者记录下观点交锋、思想碰撞之盛况,力图重现那一场场精彩绝伦的学术盛宴。二来,记录亦为传播。结集成书,将精彩涂墨于文卷,便于重复研读,反复思虑,为没能即时参与的研究者提供可资借鉴的材料,为今后更加深入细致的探讨研究提供有益的帮助,为进一步开展交流讨论提供论题论理的文献基础。最后,也是满足东南大学法学院的一点小小私心,记录下学院学术研究走过的道路,厘清本院法学学术上论理学养发展变迁的脉络。不为流芳,但求自我审视,自我检讨,自我激励。

一言可蔽之:治学明德,止于至善。

是为序。

东南大学法学院
2016 年 5 月

前 言

腐败是一个世界性的痼疾,对于任何国家都是一个严峻的挑战。全球化在促进经济流动性增强的同时,也带来了腐败全球化的负面效应。腐败对国家政治稳定、社会稳定与安全以及可持续发展产生了严重威胁,打击腐败犯罪已成为各国作为国际法主体的共同责任,在腐败治理策略、制度构建及治理效能上,各国具有共同的价值诉求和相互学习的基础。较之英美等先现代化国家,经济转型国家(后现代化国家)在现代化启动模式上具有"应激型"特征:国家在现代化转型过程中居于主导地位,政府及其公职人员作为国家代理人拥有决定公共资源市场化与否及其程度的权力,增加了权力滥用的风险;传统政治道德体系解体,新制度约束的缺失,权力设租和寻租的恶性循环,导致国家在现代化转型过程中普遍出现了腐败高发现象。为最大限度消除腐败危机,提高国家腐败治理能力,经济转型国家均根据本国国情确立了腐败治理的战略选择与目标设定,积极构建有效的腐败预防和惩治机制,其在腐败治理中积累的得失经验,值得借鉴学习。

改革开放以来,中国经济体制转型为腐败衍生提供了机会,造成了经济转型初期腐败迅速扩张。对此,国家采取了严厉打击腐败的基本立场,从专门腐败制度建设和国家基本制度建设两个维度,推进中国特色国家腐败治理体制机制建设。以中国特有的政治体制、政权结构与运行模式为基础,以解决中国腐败问题为导向,以特定历史发展时期的腐败状况、治理资源与国家治理关系为依据,围绕政党法和国家法两大支柱,国家逐步构建了符合中国国情、具有中国特色的腐败治理体制机制。党的十八届四中全会提出"形成不敢腐、不能腐、不想腐的有效机制",确立了"三不"的国家反腐战略。党的十九大报告指出"强化不敢腐的震慑,扎牢不能腐的笼子,增强不想腐的自觉,通过不懈努力换来海晏河清、朗朗乾坤",提出了国家反腐战略的实现方法和要求。在国家反腐战略目标导向下,监察体制改革推动了腐败治理"中国模式"的系统升级与全面优化,确立了腐败治理的中国特色。在借鉴吸收他国腐败治理经验的同时,积极推动腐败治理"中国话语"在世界范围内的传播,为其他国家尤其是经济转型国家的腐败治理提供经验参考,这也是当前腐败研究与智库建设的重要方向。

"东南大学反腐败法治研究中心"(以下简称"研究中心")是经江苏省教育厅批准,由东南大学设立的致力于反腐研究的专业性智库,2017年入选"中国智库索引"(CTTI)来源智库。研究中心服务于党和国家腐败治理的战略需求,以国家反腐败立法完善为研究重点,并展开监察体制建设、清廉指数、廉洁文化、国际反腐等方面的特色研究,为法治反腐提供理论支撑、智力支持与人才保障。为促进国际反腐学术交流,分享转型国家腐败治理经验,推进国际反腐合作研究,研究中心与上海社会科学院法学研究所"刑事法创新学科"于2019年9月14—15日在东南大学共同举办了"转型国家腐败治理经验"国际学术研讨会。中外专家学者围绕反腐败刑事立法、反腐败刑事政策、中国特色国家监察体制改革、企业腐败预防合规计划、反腐国际合作等5个领域进行了学术交流，分享了腐败治理经验，为转型国家腐败治理提供了具有借鉴价值的研究成果。本书是在会议文集的基础上，经过研究中心学术委员会筛选，优选中方学者的18篇论文予以结集出版。

本书系"东南法学文存"的系列成果之一，是继《法治反腐的路径、模式与机制研究》(2017)、《创新与发展：监察委员会制度改革研究》(2018)出版之后，由研究中心推出的又一反腐成果。本书由欧阳本祺教授担任总主编，由钱小平副教授(法学博士、博士生导师，反腐败法治研究中心执行主任)担任主编、冀洋副教授(法学博士，反腐败法治研究中心研究员)担任副主编。本书的出版要特别感谢东南大学出版社为本书的编辑和出版付出的辛勤劳动，也要感谢聂遥遥、费雪娇、曹婉华、谢书颖、杨青青、游之洲、牛梦倩、李雅慧等同学在会议协办及书稿校对上的辛劳付出。由于我们水平有限，论文选编未必精当，若有不妥之处，祈请学界同仁和广大读者指正。

今日中国，腐败治理取得举世瞩目的成效，为全球治理腐败贡献了中国智慧和中国方案。反腐永远在路上，健全党和国家监督体系，强化对权力运行的制约和监督，构建不敢腐、不能腐、不想腐一体推进的原则、重点和方法，是当下中国腐败治理的主要方向和重点领域。希望本书的出版，能够对于深化中国特色腐败治理的理论研究和推进中国特色腐败治理体制机制建设提供有益参考。

钱小平 谨识
2021年11月18日于
东南大学四牌楼校区

目　录

第一专题　法治反腐与刑事政策的贯彻实践

1. 中国特色腐败治理立法体系70年：历史逻辑与发展面向 ………………… 魏昌东 / 003
2. 中美惩治职务犯罪刑事法治的要素比较与启示借鉴 ………………… 赵　赤 / 019
3. "终身监禁"的困境释读与司法改善——以刑事政策和刑法的体系化适用为视角 ……………………………………………………………… 石经海　刘桂源 / 031
4. 我国腐败犯罪刑事治理的困境及其破解之道——基于刑事政策的实践反思 …………………………………………………………………………… 刘春花 / 047

第二专题　国家监察制度的体系构建与制度完善

5. 《监察法》与其他规范衔接的基本问题研究 ………………………… 刘艳红 / 057
6. 论《监察法》的党纪渊源及协调——以有效治理与纪法分开的有机联系为视角 …………………………………………………………………………… 蒋凌申 / 071
7. 监察追诉的时效问题 ………………………………………………… 刘练军 / 083
8. 监察管辖制度的适用问题及完善对策 ……………………………… 钱小平 / 095
9. 监察机关瑕疵言词证据的印证与补强——以《监察法》第33条第2款为中心的展开 ……………………………………………………………………… 夏　伟 / 107

第三专题　企业合规与职务犯罪的预防和惩治

10. 国家监察体制下企业腐败的防控——从"企业合规性管理"说开去 ……………………………………………………………………… 李晓明　聂春阳 / 123
11. 惩治企业贿赂犯罪的冲突模式与合作模式研究 ………………… 周振杰 / 134

12. 企业腐败预防机制研究——刑事合规硬规则之建构 ……… 郭泽强　王英豪 / 152
13. 法国反腐败合规立法创新及其启示 …………………………………… 陈　萍 / 162
14. 企业合规计划的中国式建构——以认罪认罚从宽制度为切入点 …… 李　勇 / 175

第四专题　职务犯罪境外追逃追赃的制度完善

15. 反腐败国际追逃的法律适用困境及有效应对 ………………………… 刘　霜 / 191
16. 犯罪嫌疑人、被告人逃匿境外案件诉讼程序衔接问题研究——以李华波、
    徐德堂案为视角 ………………………………………………………… 刘晓虎 / 203
17. 国家监察体制改革背景下职务犯罪境外追赃追逃长效机制构建 …… 陈　磊 / 210
18. 中国腐败犯罪资产追回国际合作法制优化新论 ……………………… 周艳云 / 226

第一专题 法治反腐与刑事政策的贯彻实践

中国特色腐败治理立法体系70年：
历史逻辑与发展面向

魏昌东*

中国特色腐败治理立法体系的七十年建构与发展，是整个中国特色社会主义道路探索与发展的重要组成部分，是一个不断探寻将中国特色制度优势转化为治理效能的历史过程。在中国所特有的话语体系之中，"腐败乃国家与政党生命之系"的观念，[1]在世界各国近5 000个政党中，中国共产党是为数不多的将腐败与党的生死存亡相关联的政党之一，由此所形成的腐败治理理念、中国所特有的治理资源、政党为中心的治理体系，塑造出特殊的治理资源优势，形成了腐败治理立法体系建设中鲜明的中国特色，取得过世界上少有的高效反腐治理成效，也经历过腐败治理的困局与障碍。新中国成立七十年来，腐败治理立法体系建设中的理论与现实问题，成为法学、政治学、政党学等多学科研究的重点内容，然而，囿于研究领域的区隔性，也造成难于将"二元双层式"治理体系的实践逻辑加以全面揭示的问题，面对新时代中国腐败治理格局根本变化期的到来，有必要对其发展面向做出一体化的研究。

一、中国特色腐败治理立法体系的理论廓清

对腐败治理立法体系的厘定，应明确以下前提：（1）既然是立法体系建设，意味着不能将之归结为某部或某几部法律，更不能简单理解为专门的反腐败法律。（2）腐败与权力相孪生，为惩治滥权建构立法固然重要，然而，确保防止控权失灵的立法建构更为重要，从而现代腐败治理立法体系必然是一个由惩治滥权法转向规范与保障公权运行法组成的系统。（3）立法体系建设与一国法治传统、治理模式及治理结构相关联，是一国腐败治理资源科学配置后的法定化表达。鉴于此，腐败治理立法体系是指，在现代国家法治体系中，由一国立法或者执政机关根据本国法治传统、治理资源现实状况，制定的规定公共权力配置模式与政权结构规范、公权运行与监督规范、承担腐败治理职能的机构组织规范，以及在对滥

---

* 上海社会科学院法学研究所刑法室主任，教授，博士研究生导师，上海社会科学院"刑事法创新学科首席专家"，东南大学"反腐败法治研究中心"学术委员会委员、反腐败法律机制研究中心主任。本成果是作者主持的国家社科基金重大课题"中国特色反腐败国家立法体系建设重大理论与现实问题研究"（17ZDA135）的阶段性成果。

[1] 1980年，陈云同志明确提出："执政党的党风问题是有关党的生死存亡的问题"。邓小平同志也明确提出：腐败"这股风来得很猛。如果我们党不严重注意，不坚决刹住这股风，那末，我们的党和国家确实要发生会不会'改变面貌'的问题。这不是危言耸听"。参见《邓小平文选》（第2卷），人民出版社，1994年版，第403页。

权腐败行为进行查究与惩治的程序、实体规范系统的总称。在此内在规定性揭示中,腐败治理立法体系在宏观上应当包括专门反腐败的法律和国家或者执政机关的基本法律,其中,前者是指以腐败治理机关为中心、对已然或未然的腐败实施查究、追惩与预防的法律体系,后者则是指以有效建构对一切公共权力的法律控制为中心,以预防权力腐败的法律体系。

中国特色腐败治理立法体系是以中国特有的政治体制、政权结构与运行模式,以及治理理念、资源条件与现实为基础,以发现并解决中国腐败问题为出发点、立足点的规范系统,中国法治治理中的特殊治理资源,造就了"中国式"立法体系发展的特殊成长路径,这正是中国制度的特色所在。据此,中国特色腐败治理立法体系是指,基于中国特色国家政治体系、政权结构与运行模式而形成的,承担对腐败的惩治、查究与预防功能的立法系统的总和。一方面,腐败治理立法体系在构成上,绝非仅指对腐败犯罪实施追诉与惩治的立法。另一方面,腐败治理立法体系具有鲜明的国别特色,中国特色腐败治理立法体系自创立之日起,就带有深刻而鲜明的中国烙印,中国特色的国家建设与发展道路是其根本所在,国家与政党之间的特殊关系成为立法体系建构的中国话语基础。中国腐败治理立法体系在渊源构成上由政党法与国家法构成。在立法功能定位上,涉及腐败惩治法与预防法。在立法体系类型上,涉及以政党与国家权力分配为中心的立法、以权力运行规则为中心的立法、以监督为中心的立法。不仅如此,基于国家与社会在立法中对腐败容忍度的差异,腐败治理立法体系是一个具有梯级关系的系统。在具体建构路径上,"中国反腐败制度体系建立的过程基本上经历了一个从无到有、从边缘到中心这样一个发展过程。这个过程是双向制度建设的过程,一个向度是专门的反腐败制度建设,另一个向度是国家基本制度建设"[1]。

本文对中国特色腐败治理立法体系七十年发展的考察,基于对这一理论前提的认识而展开,在发展历程的阶段划分上,采用"四阶段"分类法;同时,由于在进入社会主义建设阶段后(1956年)至改革开放前(1978年),法制曾受到一定限制乃至严重冲击,从而无法对立法体系建设做出考虑,因而,本文重点考察其在三个阶段的发展。

二、中国特色腐败治理立法体系建设与发展的实践逻辑

中国特色反腐立法体系建设是以中国国家权力结构、治理结构和治理模式为根据,以特定历史发展时期的腐败状况、治理资源与国家治理关系而做出的法律应对,历经近七十年的发展,总体上经历了四个关键发展时期。

(一)腐败治理立法体系的肇始与孕育:新中国成立之初(1949—1956年)

1949年9月29日,中国人民政治协商会议第一届全体会议通过的起临时宪法作用的《中华人民共和国政治协商会议共同纲领》(以下简称《共同纲领》),对国家政权的廉洁性提

---

[1] 林尚立:《中国反腐败体系的构建及其框架》,载于《河南大学学报(社会科学版)》2010年第1期。

出了明确要求，[1]其第二章"政权机关"第18条中规定："中华人民共和国的一切国家机关，必须厉行廉洁的、朴素的、为人民服务的革命工作作风，严惩贪污、禁止浪费、反对脱离人民群众的官僚主义作风。"为反腐立法体系建设奠定了宪法基础。由新中国成立之初繁重的国家治理使命、特殊的治理情势、有限的治理资源所决定，中国共产党在腐败治理模式选择上，确立了执政党为中心的"战役式"治理方式，立法体系以政党法和国家法两大支柱展开构建。

1. 政策治国与党内腐败治理法规建设

中国共产党赖以建立的阶级基础决定了其对腐败的强烈的反对意识。作为腐败治理的决策者与推进者，中国共产党必然对腐败治理运动的发动与推进起到决定作用，政策治理使党内法规体系成为新中国反腐立法体系的基石，在腐败治理运动的发动、推进与处置等各个阶段均起到关键作用，且在功能上已出现基础性与专门性立法的分化。包括：（1）基础性法规。1951年12月1日，中共中央《关于精兵简政、增产节约、反对贪污、反对浪费、反对官僚主义的决定》是新中国成立后党发动"三反"斗争的纲领性文件，也是对腐败治理具有基础作用的规范。（2）专门性法规。中共中央《关于犯有严重贪污罪行的党员应开除党籍的决定》，中共中央《关于中小贪污分子处分问题的补充指示》，中共中央《关于三反运动中若干问题的处理意见》以及《关于处理贪污浪费问题的若干规定》《关于处理贪污、浪费及克服官僚主义错误的若干规定》等，均属对腐败追惩具有适用功能的党内法规。

2. 国家立法系统初建

一是专门性立法。1952年4月18日，中央人民政府委员会第十四次会议批准政务院通过的《中华人民共和国惩治贪污条例》（以下简称为《惩治贪污条例》），是新中国首部反腐败单行法，并成为刑事立法的奠基，不仅在"三反""五反"等治理运动中发挥规范功能，其规制功能一直延续至1978年改革开放前，并成为首部刑法典建构贪污贿赂犯罪的根据。二是基础性立法。建构强大的"管制型"政府以稳定国家秩序，是任何新政府的使命，基于履行国家管理职能，建构高度计划管理模式，以及各领域、各层次国家基本治理秩序以行使国家权力的需要，促使国家颁布了大量的行政性法律规范，成为行政权行使的根据。三是法律系统的有效衔接。在党内法规与国家立法的衔接上，新中国成立之初的反腐法制机制建设，不仅开创了法制的起点，更在法制的实现模式上创立了"二元化"协同的发展模式，透过法制对重大腐败案件的惩治，是形成中国三十年清廉盛世的基础所在。"新中国成立之后，中国共产党就把惩治和预防腐败与维护党的领导、巩固新生政权以及进行社会主义革命和建设全面结合起来。"[2]优先强化政党法成为立法体系建设的基础。

（二）腐败治理立法体系的首次更新：改革开放中法制发展探索期（1978—1997年）

党的十一届三中全会是中国现代化发展的里程碑和转折点，中国自此步入全面改革开

---

[1] 中国共产党在掌握国家政权前，就始终奉行从严治理、高压反腐、全面治理的策略，形成了丰富的经验。1941年《陕甘宁边区施政纲领》以法规的方式明确规定："厉行廉洁政治，严惩公务人员之贪污行为，禁止任何公务人员假公济私之行为，共产党员有犯法者从重治罪。"

[2] 林尚立：《以政党为中心：中国反腐败体系的建构及其基本框架》，载于《中共中央党校学报》2009年第4期。

放的新时期,法制体系建设成为告别旧时代的标志,然而,在社会转型发展中,基于公共权力的不断扩张,在带给社会发展进步的同时,也创生出更多的权力腐败机会,使特权、腐败成为社会发展中必须直面的问题。

1. 国家腐败治理立法体系的奠基与发展

(1) 腐败犯罪惩治法体系的奠基。1979年,《中华人民共和国刑法》作为中国走上法制国家道路的标志之一,实现了惩治腐败犯罪立法的法典化。从首部刑法关于腐败犯罪的罪名体系、罪刑关系及构成要件内容的设定来看,均带有深深的计划经济时代"烙印"。其后,惩治法体系经历了四次发展:一是局部调整,以严密法网、加重惩罚为中心的1982年《关于严惩严重破坏经济的罪犯的决定》为代表。二是体系的首次更新,以重构腐败犯罪惩治法为中心,创立"中国第二部反腐败特别法"。三是体系的第二次更新,腐败犯罪立法向私营部门延伸。四是体系的第三次更新,腐败犯罪立法再次法典化。1997年3月14日第八届全国人大第五次会议通过《中华人民共和国刑法》,以全面法典化、体系化、进一步提升刑法规制能力为导向,对首部刑法典颁行以来的所有腐败犯罪立法进行了整合,通过创设新型犯罪客体,实现了13种公营部门及其工作人员腐败犯罪的专章化(第八章"贪污贿赂罪"),对于4种私营部门及其工作人员的腐败犯罪,则仍采分散立法模式。为全方位提升刑法对腐败犯罪的评价与规制能力,在采取增设新罪名以推进犯罪化的立法措施的同时,在立法技术上通过扩大主体范围、增设行为类型、扩大犯罪对象的范围等方式的尝试,[1]实现了腐败犯罪治理立法的新法典化时代。

(2) 预防性法律体系的起步建设。改革开放探索时期的腐败治理,使党深刻思考国家治理机制与资源建设问题。以之为导向,加强国家权力系统的规范体系建设成为发展的必然,腐败预防规范建设开始起步。一是行政法律体系的创立与腐败治理功能;二是经济法规范体系的起步与腐败治理功能;三是经济主体行为规范体系的创立与腐败治理功能;四是监督法规范体系的创立与腐败治理功能;五是公务人员遴选、行为规范的创立与腐败治理功能。

2. 党内腐败治理立法体系的奠基与发展

(1) 党内惩治法规范的体系建设。改革开放探索时期,党内惩治法规范并未能获得与行为法规范同步的建构,并未能为行为规范的顺利实施提供有效保证。尽管自1983年起中央纪委制定了《关于共产党员在经济领域中违法犯罪的党纪处理暂行办法》,但是,直至1988年之后,党内惩治法规范才开始以分散立法方式分系统、分专题地建设,1997年2月27日,中共中央发布《中国共产党纪律处分条例(试行)》,将违纪种类分为七大类,在分则第八章所规定的"经济类错误"中,列举出44种行为类型及违反行为规范的纪律处分。该条例是党的

---

[1] 刑法理论认为,犯罪构成要件要素的增减,影响或者决定罪刑规范的规制范围与规制能力,在通常情况下,扩大犯罪主体范围、减少构成要件要素的内容、扩大犯罪对象的范围,能够产生提高刑法规制能力的效果。对此,1997年刑法进行了三个维度的系统性完善。参见孙国祥、魏昌东:《反腐败国际公约与贪污贿赂犯罪立法研究》,法律出版社,2011年版,第99-100页。

纪律最为具体、系统、完整的条规,是党内处理违纪案件的基本依据。

(2) 党内预防法规范体系的建设。囿于对腐败产生的社会与制度根源、有效治理策略的认识尚不够全面,在腐败根源上,主要将之归因于公职人员的道德滑坡与资产阶级思想的侵袭,在国家治理任务异常艰巨的背景下,反腐立法体系建设的重点被重置于惩治法之上。然而,值得特别关注的是,在这一时期,我国已开始探索预防法立法建设,并在党内法规范体系建设中,迈出了以减少腐败发生机会、提高公权者透明度以及规范组织选任为中心的预防性规范体系建设,我国的腐败预防立法体系建设也自此起步。

(三) 腐败治理立法体系的再次更新:改革开放中法治发展时期(1997—2012年)

1. 腐败治理党内法规体系的发展

与完善党对改革开放的领导和政治体制改革的步伐相统一,党内法规建设的重点开始发生转移,即由探索阶段以行为规范建设为中心,向以针对决策权腐败为中心的重点转移;与此同时,基于对不断加强监督权以提升治理效能的认识深化,伴随监督性规范建设的推进,党内监督体系得以形成。

(1) 强化党章在腐败治理规范体系建设中的导向功能。党章是党治国理政的基础。以党章为依据,中国共产党制定了一系列的党内制度、规定,逐步形成了内容科学、程序严密、配套完备、有效管用的反腐和廉政建设法规体系。党的十六大对《中国共产党章程》的修改,在与腐败治理相关的内容上实现了三个"首次"。不仅如此,在《中国共产党章程》第44条关于"党的各级纪律检查委员会的主要任务"中增写"协助党的委员会组织协调反腐败工作"的内容,明确了党委与纪委在腐败治理中的主体责任和监督责任,责任关系进一步明确,为各级纪委更好履行职责提供了党内根本法的保障。党的十七大再次对《中国共产党章程》进行修改,与腐败治理相关的内容再次得到调整。

(2) 强化党内腐败预防制度体系的立法建设。一是组织选任规范的完善。改革开放以来,组织选任中的"用人腐败"呈加剧之势,由于组织选任涉及公共权力群体的构建与塑造,其廉洁性成为整个权力系统的基石,党开始建立规范性的制度以减少选任中的腐败机会,组织选任规范成为党内法规中腐败的预防性治理的基础性规范。二是监督制度体系的完善。党的十五大将反腐败的方式,从专注于治标遏制逐步转移到立足于标本兼治、加大治本力度的轨道上来。至党的十六大,反腐败斗争在战略上由被动防御为主转向主动进攻为主;由权力反腐为主转向制度反腐为主;由事后监督为主转向事前监督为主。2007年10月召开的党的十七大对党风廉政建设提出了新的要求,为此,2008年5月,中央纪委开始根据规定适用后出现的新情况、新问题进行修正。2010年11月10日,中共中央、国务院发布修正的《关于实行党风廉政建设责任制的规定》,共5章32条,条文数几乎扩容一倍,修正内容涉及七个方面。[1] 三

---

[1] 2010年修正涉及七个重点方面,包括:贯彻落实责任制的指导思想、责任内容、检查考核与监督措施、责任追究的具体情形、责任追究方式、责任追究的办理程序、时效和影响期以及再追究程序、责任追究的从重、从轻情节和集体责任与个人责任的划分。参见中央纪委监察部:《用科学发展观指导党风廉政建设》,载于《人民日报》2010年12月17日第3版。

是申报与报告制度的建立。立基于反腐败的需要,党内相继建构起"二分式"的财产申报和重大事项报告制度,力图加大"不敢腐"规范治理体系的作用。

(3)优化党内腐败惩治制度的立法建设。党的十三大提出,"在党的建设上走出一条不搞政治运动,而靠改革和制度建设的新路子"的决定,对党内纪律处分规范建设提出明确的要求。在此前提下,中共中央于2003年12月31日正式发布施行《中国共产党纪律处分条例》,共3编15章178条,明确规定了九类纪律规定。中共中央政治局于2009年5月22日通过,中共中央办公厅、国务院办公厅于2009年7月12日发布并施行《关于实行党政领导干部问责的暂行规定》(以下简称《问责暂行规定》),共4章26条,分为总则、问责的情形、方式和适用、实行问责的程序、附则。

2. 腐败治理国家法规范体系的发展

伴随中国特色社会主义法律体系的形成,与社会主义市场经济运行系统相关联的法律系统建设得到强化,腐败治理立法作为国家法规范系统建设的重点,也呈现出重点突出、补齐短板、系统推进的发展态势,行政权规制立法、市场经济运行系统规范立法、腐败惩治立法,成为这一时期国家法建设的三大重点。

(1)预防法体系的起步构建与重点强化。进入改革开放发展时期,基于对单一发展惩治性立法在治理效能上严重不足的深刻反思,腐败治理立法建设的重点开始向以腐败预防法和惩治法并重的方向发展,在立法规模与数量上,预防法首次超过了惩治法,步入"腐败预防法崛起时代"。重点的预防性立法包括:

一是健全从业行为规范体系,明确公职人员行为规则。1995年,《中华人民共和国法官法》《中华人民共和国检察官法》《中华人民共和国人民警察法》《中华人民共和国商业银行法》等均在从政、从业人员遴选、行为规范中设定了腐败禁止条款。改革开放推进时期,这一规范系统建设得到了进一步推进。《中华人民共和国公务员法》由第十届全国人大常委会第十五次会议于2005年4月27日通过,自2006年1月1日施行。该法是我国第一部干部人事管理的法律,是干部人事管理科学化、法制化的重要里程碑。《中华人民共和国国有企业资产法》由第十一届全国人大常委会第五次会议于2008年10月28日通过,自2009年5月1日施行,是我国第一部国有企业人事管理的法律。基于其在腐败预防中的作用,该法成为腐败预防的基础性法律。

二是强化行政法律规范体系建设,降低行政权腐败风险。这一时期对腐败治理具有重要意义的重点行政立法有:①《中华人民共和国行政复议法》。基于该法在规范国家行政权力运行的基础作用,通过行政复议对行政机关可能存在的滥权行为进行揭示与发现,能够起到腐败治理的作用,属于腐败预防性治理的基础性法律。②《中华人民共和国行政许可法》。行政权的泛滥与任性,曾是改革开放后行政权腐败最根本的诱因之一。"我国在行政许可领域,特别是在批地、批项目及市场准入方面,正是由于缺乏这样一套机制,导致了许多腐败和权钱交易大案要案。"[1] "行政机关从行业或地方利益出发,利用许可制度搞垄断,竞

---

[1] 姜明安:《追求法治政府:〈行政许可法〉的贡献》,载于《法学》2003年第10期。

相设定许可制度,造成许可泛滥,使许可制度日益成为行政机关滋生腐败的温床。"[1]规制行政许可以减少腐败,促生了《中华人民共和国行政许可法》的诞生。基于该法在规范行政权力运行中的基础作用,其对腐败治理的功能在于,通过设定明确的行政许可授予权,防范滥权行为的发生,进而产生对控权防腐的作用,属于腐败预防性治理的基础性法律。③《中华人民共和国政府信息公开条例》。基于该条例在规范政府行政权力运行中的基础作用,其对腐败治理的功能在于,通过政府信息公开防范行政机关可能存在的滥权行为,进而发挥腐败治理的积极作用,属于腐败预防性治理的基础性法律。④《中华人民共和国行政强制法》。该法对腐败治理的功能在于,通过设定明确的行政强制授予权及其边界,防范行政滥权行为的发生,进而产生控权防腐的作用,属于腐败预防性治理的基础性法律。以《中华人民共和国行政复议法》《中华人民共和国行政许可法》《中华人民共和国行政强制法》三部法律,以及《中华人民共和国政府信息公开条例》为依托,我国初步建立起了具有中国特色的行政行为法体系。在严格规制行政权规范行使的同时,现实地限缩了行政权的滥用机会,减少了腐败机会,降低了腐败发生的风险。

三是强化经济法律规范体系建设,减少腐败机会。腐败以权力为母体、缘经济而生,经济活动管理失序必然导致腐败,公权力作为市场经济的组织者、管理者和监督者,以及特定经济活动的参与者(政府采购),使得在经济法体系中引入腐败治理规范成为必要。进入改革开放推进时期,经济法(含经济行政法)在腐败治理中的积极功能开始受到重视,并从治"本"的层次产生腐败治理的效力,这一时期颁布的重要经济法律包括:《中华人民共和国招标投标法》《中华人民共和国政府采购法》《中华人民共和国反洗钱法》和《中华人民共和国反垄断法》。

四是权力机关监督法的立法。《中华人民共和国各级人民代表大会常务委员会监督法》由全国人大常委会第二十三次会议于2006年8月27日通过,自2007年1月1日起施行,共9章48条,其立法主旨在于:"保障全国人民代表大会常务委员会和县级以上地方各级人民代表大会常务委员会依法行使监督职权,发展社会主义民主,推进依法治国"(第1条),"对加强人民代表大会制度建设,保障各级人大及其常委会依法行使对同级政府、法院、检察院的监督权,对进一步发挥人大代表作用,都做了明确规定"。[2]本法在腐败治理上的功能在于,通过强化权力机关的监督权力,明确其对其他国家权力机关的监督权力,确保所有公共权力依照宪法的规定得到全面实施,促进依法治国目标的实现。

(2)国家腐败治理惩治法体系的发展。一是行政性惩治规范的建立。进入改革开放时期后,国务院分别于1988年、1993年发布了《国家行政机关工作人员贪污贿赂行政处分暂行规定》和《国家公务员暂行条例》,对公务员纪律惩戒做出原则规定,并以此为基础制定了《中华人民共和国公务员法》。这些法律、行政法规的施行,对于规范行政机关公务员的从政行

---

[1] 马怀德:《行政许可制度存在的问题及立法构想》,载于《中国法学》1997年第3期。
[2] 马一德:《从"加强法制"以"厉行法治":改革开放40年法治建设历程、成就和经验启示》,载于《北京人大》2018年第11期。

为,严肃行政机关纪律,保证行政机关及其公务员依法、廉洁、高效履行职责发挥了重要作用。二是刑事性腐败惩治立法的完善:① 腐败犯罪刑事实体法的发展。1997 年修正刑法典再次实现了对腐败犯罪罪刑规范的法典化,在立法模式上,刑法典对腐败犯罪采取以主体身份为界分标准的"二元式"模式,以公职人员(公共机构)和私营部门人员为中心的罪刑规范子体系,对公职腐败犯罪(含公职人员和公共机构腐败犯罪)首次实现了专章系统规定。在个罪处罚力度上,维持了对贪污罪、受贿罪严厉处罚的立场,均配置了死刑的最高法定刑。立法机关根据社会发展需要对刑法典进行了八次修正,其中,涉及对腐败犯罪惩治系统的完善有三次,分别是:《中华人民共和国刑法修正案(六)》《中华人民共和国刑法修正案(七)》《中华人民共和国刑法修正案(八)》。② 腐败犯罪刑事程序法的发展。由腐败犯罪实施主体的特殊性和犯罪凭借条件的特殊性所决定,1979 年首部《中华人民共和国刑事诉讼法》(以下简称《刑事诉讼法》)建构刑事诉讼法律体系时,尽管未实行独立的腐败犯罪追诉程序,但对腐败犯罪设定了特殊的腐败治理体制,即,区别于普通刑事犯罪,其侦查职能由人民检察院承担。1996 年 3 月 17 日,第八届全国人大四次会议《关于修改〈中华人民共和国刑事诉讼法〉的决定》对《刑事诉讼法》进行了第一次修正,其中涉及腐败犯罪追诉程序的内容基本未有变化。2012 年 3 月 14 日,第十一届全国人大五次会议《关于修改〈中华人民共和国刑事诉讼法〉的决定》对《刑事诉讼法》进行了第二次修正,立足于本国国情,进一步健全了与打击腐败犯罪有关的法律,既加大对腐败犯罪的惩治力度,又进一步规范了办理腐败案件的诉讼程序,贯彻了中央关于建立健全教育、制度、监督并重的惩治和预防腐败体系的要求,通过对腐败犯罪刑事诉讼程序设定特别程序规定的方式,建构起相对独立的犯罪追诉程序,主要内容有建立律师特别会见制度、建立特别监视居住制度、建立特别侦查措施制度和建立没收违法所得制度。

(四) 腐败治理的新时代(2012 年—)

1. 党内法规的完善

(1) 党内基本法对腐败治理规定的再更新。党的十八大对《中国共产党章程》做出多项修正,在"充实完善关于党的建设总体要求"中,增写"加强党的纯洁性建设,整体推进党的思想建设、组织建设、作风建设、反腐倡廉建设、制度建设,全面提高党的建设科学化水平,建设学习型、服务型、创新型的马克思主义执政党等新内容"。[1] 十八大后,我们党扎实推进全面从严治党,在加强党的建设方面进行了全方位探索,取得了成功的经验。

党的十九大修正《中国共产党章程》时,就党的建设和腐败治理增加了多项规定:① 将"坚持党要管党、全面从严治党,加强党的长期执政能力建设、先进性和纯洁性建设,以党的政治建设为统领,全面推进党的政治建设、思想建设、组织建设、作风建设、纪律建设,把制度建设贯穿其中,深入推进反腐败斗争"等要求写入党章。② 把"不断增强自我净化、自我完善、自我革新、自我提高能力,用习近平新时代中国特色社会主义思想统一思想、统一行动,

---

[1] 新华社:《十八大关于〈中国共产党章程(修正案)〉的决议》,http://www.12371.cn/2012/11/14/ARTI1352866806497929.shtml,检索日期:2018 年 10 月 1 日。

牢固树立政治意识、大局意识、核心意识、看齐意识,坚定维护以习近平同志为核心的党中央权威和集中统一领导,加强和规范党内政治生活,增强党内政治生活的政治性、时代性、原则性、战斗性,发展积极健康的党内政治文化,营造风清气正的良好政治生态"等内容写入党章。③ 把"坚持从严管党治党作为党的建设必须坚决实现的基本要求"写入党章。上述内容,使党的建设目标更加清晰、布局更加完善,有利于全党以更加科学的思路、更加有效的举措推进党的建设,不断提高党的建设质量,永葆党的生机活力。[1]

(2) 党内法规预防性体系的优化与丰富。将反腐立法的着力点由惩治性立法转向预防性立法,最大限度地消除腐败发生机会,是改革开放推进时期我党接续腐败治理的经验,是推进"标本兼治"战略的具体措施。不断强化党内法规中的预防性法规建设,不断创新立法体系、强化监督与预防功能,成为实现腐败有效治理的保证。以之为导向,预防性规范的科学性受到高度关注,优化党内法规中的组织选任规范、行为规范与监督规范,成为立法发展的必然。

第一,预防性党内法规之组织选任规范。腐败治理的实践证明了组织选任领域腐败高度危险的态势,工作中廉洁性的失守,是腐败久攻难克的基础原因之一,加大对用人与组织选任工作的制度建设,提高选任的规范性,确保组织纯洁性,防范用人腐败,成为确保组织建设与廉政建设的关键。《中国共产党章程》对党的组织结构建设、组织选任制度做出了基本规定,如何使之细化于一切组织选任工作中,需要建构更为严密、细致、具体的规范体系。十八大后,优化组织选任规范、严密制度系统,把好组织"入口关",促进了组织遴选与监督制度的不断创新。

第二,预防性党内法规之行为规范。建构明确的党内法规为党员及其领导干部的权力行使划定边界,制定明确的行为准据,加大对行为规范适用的检查,是最大限度地减少腐败机会、实施腐败预防性治理的基础。进入新时代,党中央继续优化行为规范体系建设,通过制度创新实现了体系创新与效能提升。重点行为规范主要包括:《中国共产党廉洁自律准则》和《关于新形势下党内政治生活的若干准则》。党中央立足遏止微腐败,制定了一系列涉及党员(组织)行权、生活待遇以及兼职禁止、防范利益冲突的行为规范,使得行为规范的体系更为健全、规范标准明显提升。

第三,预防性党内法规之监督规范。建立高效、严密的监督规范体系并确保其运行,强力厉行法治,是十八大以来法治推进的首要经验,体现在党内腐败治理立法中,就是不断优化监督制度体系,确保实现监督效能的最大化,是这一时期立法发展最鲜明的特色。具体包括:《中国共产党巡视工作条例》《中国共产党党内监督条例》《中国共产党纪律检查机关监督执纪工作规则》。

(3) 党内法规惩治性体系的丰富与优化。党内法规之惩治法规范体系在腐败治理的功能上,是具有"后盾法"功能的规范体系,对党内法规中的行为规范、组织选任规范及其他禁

---

[1] 新华社:"中国共产党第十九次全国代表大会关于《中国共产党章程(修正案)》的决议",http://www.12371.cn/2017/10/24/ARTI1508832982612968.shtml,检索日期:2018年10月1日。

止性规范所设定的行为禁止承担处置功能,及时疏通与前置法规范的衔接关系相当重要。进入新时代以后,基于前置立法的优化,惩治性立法也处在了优化完善之中。

第一,修正《中国共产党纪律处分条例》(以下简称《纪律处分条例》)。核心的修正内容有七个方面,[1]可概括为"一增一减一整合"。"一增"是增加负面清单,根据新形势下全面从严治党的新要求将更多的行为纳入负面清单;"一减"是减去原条例中与法律法规重复的规定,区分党纪和国法;"一整合"是将党内纪律整合为六大纪律(政治纪律、组织纪律、廉洁纪律、群众纪律、工作纪律、生活纪律)。

第二,颁布《中国共产党问责条例》(以下简称《问责条例》)。《问责条例》的价值在于通过其严格适用,据以建构对腐败治理的"二层"防范体系作用,即在严格执行具有纪律惩治功能规范的《纪律处分条例》的基础上,对不履行第一次治理功能的责任主体进行追责,以此促进腐败惩治性立法的效用。自《问责条例》颁行以来,党中央强力推行,问责在包括腐败治理在内的政党治理中的成效不断显现。

2. 腐败治理国家法规范体系的优化

(1) 宪法对国家腐败治理体制的全面更新。根据党中央政治体制改革的要求,2018年3月11日,第十三届全国人大一次会议通过《中华人民共和国宪法修正案》,共21条,其中涉及增设监察委员会的各项规定。经过宪法修正,在宪法第三章"国家机构"中增加一节(第七节)"监察委员会",增加5条(第123—127条),对监察委员会的宪法属性、法律地位、机构组成以及职权行使原则做出规定。以《中华人民共和国宪法修正案》为根据,同次全国人大会议通过《中华人民共和国监察法》(以下简称《监察法》),全面创立了国家监察体制和监察制度,并就监察权的行使做出了全面规定,为中国特色腐败治理新体制的建立奠定了宪法基础。

(2) 国家第三部反腐败特别法的颁布。第十三届全国人大第一次会议于2018年3月20日通过《监察法》,并于当日施行,共9章69条。"深化国家监察体制改革是以习近平同志为核心的党中央作出的事关全局的重大政治体制改革,是强化党和国家自我监督的重大决策部署。""改革的目标是,整合反腐败资源力量,加强党对反腐败工作的集中统一领导,构建集中统一、权威高效的中国特色国家监察体制,实现对所有行使公权力的公职人员监察全覆盖。"创立监察委员会、创设独立监察权,是以积极治理主义为导向、[2]以腐败治理体制更新

---

[1] 主要修正内容包括:a. 把坚决维护以习近平同志为核心的党中央权威和集中统一领导作为修订的出发点和落脚点。b. 严明政治纪律和政治规矩,不断巩固党执政的政治基础。c. 把党章和新形势下党内政治生活若干准则等党内法规的要求细化具体化。d. 坚持问题导向,针对突出问题和新型违纪行为扎紧制度篱笆。e. 把党的十八大以来纪律建设理论、实践、制度创新成果总结提炼为党规党纪。f. 把执纪和执法贯通起来,纪法贯通首先要坚持纪严于法、纪在法前。g. 巩固和发展执纪必严、违纪必究常态化成果。

[2] 积极治理主义是笔者就国家腐败治理的应然观念选择而首倡的一种理论主张,核心主旨在于,立基于权力的生成与运行过程,以及围绕权力限制、透明与滥用惩治建构全面、系统的腐败治理体系。积极治理主义提高国家腐败治理能力,是"新国家主义"的必然要求,是解决国家治理危机的必由之路。参见魏昌东:《积极治理主义提升立法规制腐败的能力》,载于《中国社会科学报》2014年10月31日第6版。

为改革切入而做出的国家重大政治体制改革,核心是加快实现腐败治理领域国家治理体系与治理能力的现代化,《监察法》已然成为中国步入新时代的一个标志性法律。由监察委员会的宪法地位、监察权的法律属性、《监察法》的基本内容所决定,《监察法》是中国特色第三部反腐败特别法与基本法,是就中国特色腐败治理所建构的特别立法。《监察法》作为中国特色反腐败特别法,对监察权的属性定位、运行规则、基本制度建设,均是以全面提升国家腐败治理的效能为根本导向的,着重于强化对腐败的发现能力,进而建构起系统的国家监察制度体系。

(3)中国特色国家腐败预防法体系的进一步优化。进入中国特色社会主义发展的新时代,以国家治理现代化为导向,促使最大限度地提高腐败治理能力成为立法建设的首选目标,在这一发展进程中,腐败预防治理预防法成为优化完善的重点。一是行政法律体系腐败预防功能的优化。2014年11月1日,第十二届全国人大常委会第十一次会议通过《关于修改〈中华人民共和国行政诉讼法〉的决定》,修正后的《行政诉讼法》共10章103条,修正幅度巨大。[1]此次修正以解决"立案难、审理难、执行难"为目标,重点进行了针对保障当事人诉讼权利、对规范性文件的附带审查、关于完善管辖制度、关于完善诉讼参加人制度等多达十个方面的修正。此外,根据2019年4月23日第十三届全国人大常委会第十次会议通过《关于修改〈中华人民共和国建筑法〉等八部法律的决定》的修正,就此次修正与该法在腐败治理上的功能而言,突出体现为第5条第1款关于行政许可设定和实施的原则中增加了"非歧视"原则,进一步增强行政许可设定和实施的公平性、公正性和平等性。二是经济法律体系腐败预防功能的优化。改革开放以后,《中华人民共和国预算法》《中华人民共和国反不正当竞争法》《中华人民共和国招标投标法》《中华人民共和国政府采购法》等经济法的颁行,使重要经济活动处在公开、透明运行规则的支配之下,由此使这些立法具有腐败的预防性治理的功能,经历了实践适用的检验。在这一时期,对于原立法中存在的问题进行了修正,其在腐败治理中的功能得以优化。

(4)惩治性国家法规范体系的优化。一是《刑法修正案(九)》对实体法体系的优化。2015年8月29日,第十二届全国人大常委会第十六次会议通过《刑法修正案(九)》,自2015年11月1日起施行,共52条,涉及对贪贿犯罪的修正共6条,此次刑法修正以提高罪刑规范的评价能力、加大对腐败犯罪的威慑力度、严密腐败犯罪刑事法网、加重腐败犯罪的刑罚力度为目标,力求强化惩治性国家立法的效能,主要内容包括:修改贪贿犯罪的法定刑基准和刑罚配置、增设贪贿犯罪的终身监禁;严格了行贿犯罪从宽处罚的条件,加大了对行贿罪的处罚力度;增设对有影响力的人行贿罪;增设罚金刑,罪名涉及公营机构工作人员的贪贿犯罪、单位贿赂犯罪和私营机构工作人员的贿赂犯罪,加大处罚力度。二是《中华人民共和国刑事诉讼法》对程序法体系的优化。2012年《刑事诉讼法》修正中,根据包括腐败犯罪在

---

[1] 经过2014年的修正,《行政诉讼法》条文从原来的75条增加到103条,其中改动45条、增加33条、删除5条,原文中只有25条没有改动。参见何海波:《一次修法能有多少进步:2014年〈中华人民共和国行政诉讼法〉修改回顾》,载于《清华大学学报(哲学社会科学版)》2018年第3期。

内的特殊犯罪侦控的需要,对腐败犯罪增设"特别的律师会见制度""技术侦查"和"犯罪嫌疑人、被告人逃匿、死亡案件违法所得的没收程序"的规定。2018年《刑事诉讼法》修正案建构了与《监察法》相衔接的诉讼制度体系,并在第五编中新增一章作为第三章"缺席审判程序",创立缺席审判制度。三是颁布了《中华人民共和国国际刑事司法协助法》。2018年10月26日,第十三届全国人大常委会第六次会议通过此法,并于当日施行。该法共9章70条,包括总则、刑事司法协助请求的提出、接收和处理、送达文书、调查取证、安排证人作证或者协调调查、查封、扣押冻结涉案财物、没收、返还违法所得及其他涉案财物、移管被判刑人、附则。基于该法在腐败治理中的功能,属于中国特色腐败治理的专门性惩治立法,是为推进国家腐败治理、追惩外逃贪官的需要而颁布的专门性国家腐败治理立法。

三、中国特色腐败治理立法体系建设的发展面向

腐败治理体系的逻辑起点是维护国家治理的有效性。[1] 国家的基础和关键腐败治理立法的完备,是立法体系建设的核心和基础。

(一)"廉洁政治"的宪法化

如前所述,推进第六次宪法修正,将"廉洁政治"作为独立宪法规范纳入,以为中国特色腐败治理立法体系的完备化,将"推进廉洁政治"规定于"总纲",置于现行宪法第5条"依法治国"规定之后作为第6条。规范条文的建议内容为:中华人民共和国推行廉洁政治,国家应当建立促进廉洁政治的法律体系,并严格执行。一切政党、国家机关、社会组织、公民均必须严格遵守国家廉政法律规定,共同推进清廉社会的实现。

(二)反腐败法的加快制定

1. 反腐败法的立法必要性

制定反腐败法的立法动议自1999年首倡后,一直受到人大代表的关注,也得到了学者的广泛响应。[2] 然而,2018年3月《监察法》颁布后,是否还需制定专门的反腐败法,便成为值得研究的课题。本文认为,仍有加快推进立法的必要。原因在于:(1)反腐败法是中国特色腐败治理立法体系的基本法。(2)《监察法》重点解决的问题在于腐败治理的体制与机制问题,不涉及国家总体腐败治理战略。(3)中国腐败治理立法体系需要反腐败法的基本法导向。

2. 反腐败法的基本内容

就反腐败法的基本内容,学者们提出了广泛的立法建议,总体上分为三个时期。早期的理论主张提出,反腐败法应包括:一是反腐败法的指导思想、任务和适用范围;二是腐败的

---

[1] 王希鹏:《腐败治理体系和治理能力现代化研究》,载于《求实》2014第8期。
[2] 刘武俊提出,"反腐败国家立法不能总是引而不发、议而不决,反腐败国家立法亟待进入实际运作层面,为反腐败撑开法律的保护伞"。参见刘武俊:《法治反腐首先要加快反腐败国家立法》,载于《中国党政干部论坛》2015年第4期。

具体罪名;三是对腐败行为和罪行的惩治与惩罚;四是非机密公务公开制度。[1] 认识深化时期的理论主张提出,反腐败法应包括:立法的目的、腐败的定义、反腐败原则和方针、反腐败程序规定、监督等章节。[2] 进入新时代以后的理论主张主要有,为最大程度地保证立法的完整性和系统性,在反腐败立法范围上可以大致划分为预防立法、惩治立法与监督立法;在动态视角下,涵盖执法机制、司法机制与国际机制等方面。[3]

本文主张,由反腐败法在中国腐败治理立法体系中的基本法地位所决定,在中国特色腐败治理立法体系建构中应当至少完成四项基本功能:一是将党和国家的腐败治理基本政策、基本战略予以法定化;二是就宪法、党章中关于廉洁政治、廉洁政党建设目标实现所需要建构的制度做出全面、概括的规定,使之具有统辖党内法规与国家立法的基础作用;三是为党内法规和国家立法中的专门性腐败治理立法建设提供基本准据,为国家其他具有普遍的腐败治理基础作用的法律提出基本要求;四是在完成上述功能的同时,根据我国加大腐败预防的立场,对中国特色腐败治理的预防性制度做出全面、具体的规定。据此,反腐败法的基本内容应当包括,党和国家的腐败治理政策、治理原则、治理对象、治理机构、职能划分、基本治理制度等。

(三)"不能腐"立法之重点选择

1. 中国"权力公开法"体系的推进

权力透明在腐败治理中的基础地位,决定了其所具有的专门性腐败预防法的性质,从而必然成为我国应当重点强化的法律。包括:

(1)公职人员财产申报法。我国的阳光法案最早从党内法规起步,中共中央办公厅、国务院办公厅1995年5月联合下发的《关于党政机关县(处)级以上领导干部收入申报的规定》(以下简称《规定》),是第一部关于官员收入申报的规定。此后,党中央又陆续颁布了四部有关财产申报的规范,[4] 但均未上升为国家立法。因法律位阶低、权威性不足、申报主体疏漏、范围过窄、缺乏有效责任机制,使这一专门性腐败治理立法面临效能提升的困境,构建中国的"阳光法案"迫在眉睫。金融实名制度、公民信用保障系统、不动产登记联网制等制度作为财产申报制度运行的配套制度,应当得到系统的建构。

(2)防止利益冲突法。将防止利益冲突作为腐败治理的基础制度,是西方腐败治理的又一重大发明,已被多数国家视为有效预防腐败的前瞻性、战略性措施,也是国家廉政体系建设的支柱。[5] 利益冲突制度的反腐原理在于,通过减少公权与社会其他利益主体、机会

---

[1] 章礼强:《反腐败法新论》,载于《探索》2004年第1期。
[2] 林尚立:《中国反腐败体系的构建及其框架》,载于《河南大学学报(社会科学版)》2010年第1期。
[3] 李志强、何忠国:《法治反腐的制度体系及其建构》,载于《中共中央党校学报》2015年第4期。
[4] 四部规范是:1997年《关于领导干部报告个人重大事项的规定》(失效),2006年《关于党员领导干部报告个人有关事项的规定》(失效),2010年《关于省部级现职领导干部报告家庭财产的规定》(试行)现行有效,2010年《关于领导干部报告个人有关事项的规定》(现行有效)。
[5] 唐晓清、杨绍华:《防止利益冲突制度:国际社会廉政建设的经验与启示》,载于《当代世界与社会主义》2011年第2期。

的接触机会,从而有效预防腐败的发生,故属于腐败治理的专门制度。利益冲突本身不是腐败,但若对于利益冲突处理不当,就会导致腐败。目前的规定主要属党内法规,适用范围小、责任机制缺乏强制性、规范零散而缺乏协调,尚未形成完整体系,适用效果有待提升。

(3)政务公开法。政务公开的反腐原理在于,确保行政权力受到公众监督,减少暗箱操作和腐败动机,提高腐败发现率和腐败成本,从而成为法治的重要保障,故属于腐败治理的基础性制度。20世纪80年代的村务公开,是我国政务公开探索的肇始。90年代中期,中共中央、国务院决定在全国推行政务公开。2005年3月,中共中央、国务院印发《关于进一步推行政务公开的意见》,对政务公开做出顶层设计,提出了建立健全政务公开法规制度的要求。2007年国务院颁布《政府信息公开条例》,规定了政府信息的公开方式、程序、公开监督和保障等内容,构建了政务公开的基本规则。基于政务公开在监督公权、预防腐败中的作用,应及时实现条例的法律化。

(4)制定公共听证法。公共听证制度的反腐原理在于,确保公众更有效地参与行政决策,使各方利益得到充分整合,决策方案体现更多元和均衡的利益诉求,以对公共行政权力的运行进行动态监督,故属于腐败治理的基础性制度。公共听证制度生成、发展于西方,其对权力滥用的预防效果甚于后置性的决策结果公开,预防功能显著。[1]

2. 中国"权力监督法"体系的进一步完善

强化对权力运行与权力人用权的监督,是改革开放推进时期党和国家在治理策略选择上的重大决策,是国家治理走向成熟的标志。根据权力监督的需要,立法体系建设得到发展,党内法规系统在先行先试的基础上已经建立起体系完备的监督法子系统,相较于此,国家立法中的监督体系建设则较为迟滞。究其原因,既涉及监督体制的顶层设计,也涉及具体监督权、监督机制配置的问题,国家权力廉洁运行的制度体系建设亟待加强。国家监察体制改革的全面推进,国家监察委员会独立行使对公职人员腐败监督权的权力配置模式,为全面推进中国特色权力监督法建设提供了制度基础。

(1)合规计划基本原理。注重监督职责的实质化是国家治理现代化的内在要求。对此,有必要在引入合规计划制度机制的基础上,根据中国腐败治理需要做出全新的制度设计。合规计划(compliance program)源于20世纪30年代的美国,作为一项选择性的风险监督与管制机制,经60余年发展,成为当代西方世界最具规制效力的腐败治理机制。合规计划的施行,有效预防并制止了企业内部违法犯罪行为的发生,也缓解了刑法外部治理的压力和负担,维护和保障了企业的健康持续发展。[2]作为将国家治理内化为企业腐败治理的刑事法机制,美国合规计划成为西方世界的范本,英国、法国、德国等市场经济高度发达的国家

---

[1] 19世纪后半期,随着国家活动和国家机构扩张导致授予公共机关的决定权越来越大、范围越来越宽,法院日益清醒地认识到,授予公共机构的权力越大,相应的遵守和实施保障机制就要求越高。参见何海波:《英国行政法上的听证》,载于《中国法学》2006年第4期。

[2] [美]菲利普·韦勒:《有效的合规计划与企业刑事诉讼》,万方译,载于《财经法学》2018年第3期。

进行了仿效。2018年7月1日,我国正式颁布《合规管理体系指南》,成为合规计划制度的引入与推进国。

(2) 中国特色合规计划的构建。中国特色"公权合规计划"的核心在于:一是借鉴美国合规计划经验,构建外在监督与内在自我监督的自治、共治系统。二是公权合规计划的建构目的是,以监察委员会为中心,对一切公权的规范行使建立明确的权力清单,在促使公权组织自行积极拟定"合规计划"、经由监察机关确认后,由公权组织自行严格履行,对公权行使者实施全面、有效的内在监督,监察机关定期以多元机制评估合规计划的实施成效,通过成效评估实现对公权的监督,促使公权治理由外驱式向内驱式治理的转型。三是"中国模式"由公权运行系统清单组成规制系统,不以减轻刑罚为目的和作为制裁减免的依据。建构全面的权力清单系统,是当下中国公权规范运动的重要内容。据此,笔者将我国公权合规计划定义为:公权组织或者其他依法行使法定公共职权的组织,在法定框架内,结合组织性质、公权性质与组织规模等因素,设立有效运行法定职权的规范系统,以达到有效运行公权、确保公权合规行使的机制系统。

(四)"不敢腐"立法完善之重点选择

"不敢腐"立法,即腐败惩治法,包括实体法和程序法两个子系统。我国已经构建起相对完备的由党内法规、国家立法组成的腐败惩治法体系,后者包括政务处分条例和刑事惩治法体系;党内法规中的腐败惩治法,在十八大以后得到了全面优化。然而,立足于全面优化中国特色腐败治理立法体系的目标追求,仍存在对腐败惩治刑事法进一步优化的必要。

1. 中国腐败犯罪刑法立法之完善

(1) 严密刑事法网,增设新罪。在反腐败法或财产申报法作出前置性规定的前提下,在刑法中增设具有腐败预防功能的犯罪:一是国家工作人员拒不申报、不如实申报财产罪。将"国家工作人员在不能提供合理理由的情况下拒绝或者错误地申报其财产,情节严重的"行为予以犯罪化,没收财产并处或单处剥夺公职资格。二是怠于报告腐败犯罪活动罪。将"具有监管职责的国家工作人员,在职责履行过程中,明知属于自己监管的人有腐败犯罪的行为,仍不举报的"行为予以犯罪化。[1] 三是企业预防行贿失职罪。经济主体的寻租行为是激发公职者设租的内在动因,立基于此,英国2010年颁布的《贿赂法》首创"商业组织预防行贿失职罪",创新了反腐刑法的责任类型。[2] 我国有必要借鉴该罪的立法要旨,将"商业组织基于预防行贿的内部控制不足而导致企业管理人员、雇员等成员为企业利益向他人行贿的"行为予以犯罪化,以强化刑法的腐败预防功能。

(2) 提高评价科学性,构建梯级化规范。以利益冲突原理为基础修正贿赂犯罪构成,建构贿赂犯罪的"微罪—轻罪—重罪"罪名体系,规定:一是国家公职人员或者向公职人员提

---

[1] 钱小平:《"积极治理主义"与匈牙利贿赂犯罪刑法立法转型:兼论中国贿赂犯罪刑法立法改革之方向抉择》,载于《首都师范大学学报(社会科学版)》2014年第6期。

[2] 钱小平:《英国贿赂法立法创新及其评价》,载于赵秉志主编:《刑法论丛》(第33卷),法律出版社,2012年版,第395页。

出、同意收受或实际收受财产利益的,以作为履行或不履行其职责条件的,即构成贿赂罪(微罪)。二是国家公职人员"利用职务上的便利"为他人谋取利益的,则属于贿赂犯罪的轻罪。三是"利用职务上的便利",索取他人利益,或者为他人谋取不法利益的,则属于贿赂犯罪的重罪。

(3)提高评价能力,修正既有罪刑规范。对既有罪刑规范进行以提高犯罪评价能力为中心的"内涵式"完善,包括:一是删除冗余的贿赂犯罪构成要素,扩大公职刑法的规制范围。贿赂犯罪中的"为他人谋取利益""利用职务上的便利"等构成要素并不直接反映贿赂犯罪的社会危害性特征,却导致立法防线的后移,缩小了刑法规制范围,应在基本犯的成立要件中删除。二是加大对行贿犯罪的刑法治理。删除受贿犯罪"为他人谋取利益"要素,删除行贿罪、对单位行贿罪的"谋取不正当利益"要素。三是建立综合性的刑事处罚机制。对受贿人设置剥夺公职并禁止回复的资格刑、对行贿人设置禁止市场准入的资格刑、规定基于贿赂而订立的合同无效以及腐败资产追回制度。四是加大财产刑在腐败中的治理功能。对所有经济利益型职务犯罪,在判处罚金的同时,根据其涉案犯罪金额判处不少于2倍的没收财产,彻底破解贿赂犯罪人的"成本—收益"权衡标准,并在犯罪人无力清偿时建立个人破产制度,以强化财产刑的腐败预防功能。

2. 中国腐败犯罪刑事程序法之完善

2012年以来,我国基于提升腐败犯罪的发现能力,强化犯罪揭露能力和追惩能力的需要,分别于2012年、2018年两次修正《刑事诉讼法》,颁布了《中华人民共和国国际刑事司法协助法》(2018年10月26日通过并公布施行),其核心是将《联合国反腐败公约》所确立的重要腐败追惩程序国内法化,提升程序法的犯罪治理能力。但是,仍有进一步以之为导向进行程序制度体系完善的必要,包括:一是建立消除腐败行为后果的程序。将《联合国反腐败公约》第34条所规定的程序法定化,即,"缔约国可以在法律程序中将腐败视为废止或者撤销合同、取消特许权或撤销其他类似文书或者采取其他任何救济行动的相关因素",建构独立的程序。二是建构腐败犯罪损害赔偿程序。将《联合国反腐败公约》第35条所规定的程序法定化,即,"确保因腐败行为而受到损害的实体或者人员有权为获得赔偿而对该损害的责任者提起法律程序",建构独立的程序。

中美惩治职务犯罪刑事法治的
要素比较与启示借鉴

赵 赤[*]

一、引 言

  推进我国反腐法治的创新完善,需要就反腐法治当中的基础或重大问题展开深入研究。习近平总书记2017年5月3日考察中国政法大学时指出:要加强法治及其相关领域基础性问题的研究,对复杂现实进行深入分析、作出科学总结,提炼规律性认识,为完善中国特色社会主义法治体系、建设社会主义法治国家提供理论支撑。就腐败及其科学治理这一复杂问题做出科学总结并提炼出规律性认识,需要深入考察国际社会反腐的历史发展及其经验教训。那么,我国学界关于反腐法治的域外研究及比较研究的现状如何?以美国反腐研究为例,笔者于2018年6月20日在中文全文期刊数据库"中国知网"上以"美国腐败"为主题词进行检索,结果只搜索到两篇核心论文。[1]以上两篇论文,发表时间都是8年以前,其中一篇阐述美国反腐的历史发展,将美国国会对腐败问题的治理划分为道德防腐、法理控腐和监管反腐三个阶段,该文并未涉及关于腐败的学术研究、刑事政策观念等相关法治要素;另一篇则阐述美国贿赂犯罪的最新发展。以上可见,我国学界针对美国等域外反腐法治发展的研究文献相当少见,至于包含腐败问题学术研究、反腐刑事政策观念等相关法治要素的系统性、细致性研究更是阙如,亟待加强。为了推进我国反腐法治的研究深化和制度创新,加强反腐法治的域外研究与比较研究十分必要。考虑到美国反腐法治在当代国际社会反腐法治的首倡地位及其重要影响,本文以美国惩治白领犯罪法治发展的政策特点及中美两国反腐刑事法治发展的要素分析及比较为主线,以期裨益我国反腐刑事发展的创新完善。

二、美国惩治白领犯罪法治发展的政策特点

  法治发展的本体要素包括政策演变与立法完善。就美国惩治白领犯罪刑事法治的政策

---

[*] 赵赤,常州大学史良法学院教授,法学博士,北京师范大学中国企业家犯罪预防研究中心研究员。基金项目:国家社科基金西部项目"中外惩治腐败刑事法治比较研究"(NS150022),本文原载于《常州大学学报(社会科学版)》2018年第5期。

[1] 孙哲、赵可金:《美国国会对腐败问题的治理》,载于《清华大学学报(哲学社会科学版)》2009年第2期;杨志琼:《美国公务贿赂犯罪最新发展趋势之研究:以美国联邦贿赂法为中心》,载于《中国刑事法杂志》2008年第2期。

演变与立法完善而言，20世纪90年代初是一个重要拐点。

（一）美国惩治白领犯罪的政策演变

长期以来，美国应对白领犯罪主要采取的是以充分发挥市场机制为特色的注重预防的合规（compliance）政策；20世纪90年代以后，美国转而采取注重严厉刑罚的"威慑政策"。美国学者认为，美国长期以来对白领犯罪采取姑息纵容的暧昧态度，其主要原因有如下几个方面[1]：一是许多属于白领犯罪的违法行为直到20世纪才得以在立法上规定为犯罪。比如，许多关于环境和职业方面的立法规定都是二战之后制定的。二是美国一直以来的商业伦理是建立在自由放任主义经济（laissez-faire economics）以及买方自谨（caveat emptor）的基础之上（政府在商业中奉行不干涉主义政策）。三是公众对于白领犯罪的关注还是最近一些年的事情。以前的白领犯罪并没有为公众广泛知晓，有时出资创立媒体的企业本身就是违法犯罪者。四是白领犯罪人和立法者、执法者拥有共同的社会经济阶层以及价值观。五是政治性压力集团往往阻碍有效立法和执法。其中，一些压力性运动的最大赞助者自身就是最大的违法者，比如一些资助资金可能来自以前从事避税、洗钱等违法勾当的企业。六是对于政治家和政府官员而言，集中对付年轻人和下层人群的犯罪更为容易，因为这些人群缺乏政治影响力。七是法人犯罪所具有的长期性质以及法庭拖延使得制裁变得困难。可以说，合规政策旨在通过为企业提供遵守法律的经济刺激来实现法律的贯彻实施，这一政策重在通过行政手段预防违法犯罪的发生，而不是着眼于发觉、追诉和处罚单个的违法犯罪者。或者说，这一政策主要依靠经济处罚和民事处罚来控制白领犯罪，其具体方法之一就是设立行政机构监管企业的经营活动，从而督促企业的自我管理。

20世纪90年代以后，美国转而采取注重严厉刑罚的"威慑政策"。威慑政策旨在发现犯罪行为、查获犯罪人以及处罚犯罪人，以遏制今后的犯罪。在美国，近些年来越来越多的证据表明，针对白领犯罪的威慑政策已经成为主导。立法方面，美国于2002年通过的《萨班斯-奥克斯利法案》（The Sarbanes-Oxley Act）则是威慑政策的又一体现。

（二）美国惩治白领犯罪的刑法完善

多年以来，尽管白领犯罪日益高发、公众要求从严惩罚白领犯罪的呼声日益高涨，但实际上针对白领犯罪的起诉和定罪案例却依然少见。对于上述法官和政府部门在应对白领犯罪当中所表现的软弱态度和无力局面，学者称之为"恶心的大秘密"（big dirty secret）。[2] 20世纪90年代初之后尤其是21世纪初以来，得益于惩治腐败的观念提升和刑事政策调整，美国的白领犯罪刑事立法趋于完善。主要表现为如下两个方面：一是白领犯罪的犯罪化范围日益扩张。以2002年通过的《萨班斯-奥克斯利法》为例，该法一方面显著提高了白领犯罪的刑罚处罚，如该法第302条规定，改动、销毁、破坏、隐匿以及伪造金融单据的处以最高20年监禁；另一方面犯罪圈的周延扩大也是其重要特点，如该法不仅对实施上述违法行为的企业高管处以重罚，而且还要求将相关的审计和财政检查记录保存5年之久，会计人员未能按

---

[1][2] Frank E H. Introduction to criminology: Theories, methods and criminal behavior[M]. London: Sage Publications, 2011: 336.

照上述要求保存检查记录的可处以最高10年监禁。[1]二是白领犯罪的刑罚措施日趋严厉。以2004年通过的《强化和改善反垄断刑事处罚法》(The Antitrust Criminal Penalty Enhancement and Reform Act of 2004)为例,该法案大幅提高了针对个人或者企业违反《谢尔曼反托拉斯法》第一章和第三章所规定犯罪行为(还包括各州规定的相同犯罪)的刑罚处罚:① 将针对企业的最高罚款数额从原来的1 000万美元提高到1亿美元;② 将针对个人的最高罚款数额从原来的35万美元提高到100万美元;③ 将最高监禁刑期从原来的3年提高到10年。[2]除了以上立法之外,美国现行刑法对其他白领犯罪也同样规定了相当严厉的刑罚措施。以职务犯罪中的内幕交易(insider trading)犯罪为例,美国刑法规定,对于实施内幕交易犯罪的自然人,可处以最高10年监禁,并处100万美元以下罚金。[3]

总之,21世纪初以来,包括刑事立法在内的白领犯罪刑事法治的全面发展体现了美国政府从严惩治白领犯罪的高度重视和坚定决心,正如美国当代著名犯罪学家拉里·J.西格尔教授所言:"美国强化反腐立法的情况表明,在安然公司和世界通讯公司丑闻之后,白领犯罪已经成为政府关注的焦点之一"。[4]

三、中美惩治职务犯罪刑事法治的要素比较与启示借鉴

为了实现我国迈入新时代之后"科学有效地防治腐败"这一反腐策略目标,我们需要以更大的决心和勇气推进反腐法治的改革创新。其中,加强反腐法治的域外研究及比较研究十分必要。以美国为例,正如学者所言:美国作为社会现代化过程的先行者,它对腐败行为的防治和治理经验对于其他处于现代化过程的国家无疑具有十分重要的借鉴意义。特别是美国国会通过的反腐败立法、反腐败机制和具体的反腐败技术,早已自成体系,是十分先进的,对于一定时期内治理腐败行为也很见成效。[5]需要指出,美国惩治白领犯罪刑事法治的历史发展表明,法治发展的结构要素及其最佳形态呈现为一种系统性的要素集成,也即法治完善有赖于学术研究、政策观念、规范完善等若干法治要素的系统协同。为此,以下拟从学术研究、政策观念、基础概念、刑法完善等法治要素对中美两国惩治职务犯罪刑事法治进行简明的比较分析,从中获得某种启示借鉴。

(一)中美职务犯罪学术研究之比较

总的来看,美国学界关于白领犯罪的学术研究为美国反腐法治发展提供了强有力的智

---

[1] Hank J B, Lindsey M H. Today's white-collar crime: Legal, investigative and theoretical perspectives[M]. London: Routledge, 2009: 223.

[2] Larry J S. Criminology: Theories, patterns and typologies[M]. 9th ed. Belmont, CA: Thomson Wadsworth, 2007: 412.

[3] 储槐植:《美国刑法》(第三版),北京大学出版社,2005年版,第229页。

[4] Larry J S. Criminology: Theories, patterns and typologies[M]. 9th ed. Belmont, CA: Thomson Wadsworth, 2007: 413.

[5] 孙哲、赵可金:《美国国会对腐败问题的治理》,载于《清华大学学报(哲学社会科学版)》2009年第2期。

识资源和思想启迪,作用显著。那么,应当如何看待我国学界关于职务犯罪的学术研究及其在我国反腐法治发展中的作用呢?尤其是,与美国的白领犯罪学术研究相比较,我国的职务犯罪学术研究有何特点乃至不足?以下拟从研究范式、研究力度以及研究价值等几个层面进行适当分析:

首先,从研究范式上看,美国的职务犯罪学术研究以事实性研究也即犯罪学研究为主流,而我国的职务犯罪学术研究仍然以规范性研究也即刑法学研究为主流,事实性研究依然薄弱。例如,有学者将我国近 10 年国内反腐败研究划分成三个阶段:第一阶段(2005—2008 年)为反腐败研究的平和期。此一阶段共发文 274 篇,年均发文 68.5 篇,成果数量的年度分布比较均匀,反映出学术界对这一问题呈持续关注态势,关注度起伏不大;第二阶段(2009—2011 年)为反腐败研究的发展期。此一阶段共发文 264 篇,年均发文 88 篇,形成了反腐败研究的一个阶段性高潮;第三阶段(2012—2014 年)为反腐败研究的喷发期。此一阶段共发文 337 篇,年均发文 112 篇,2014 年达到了 147 篇,并有持续上升的趋势。[1]然而,纵观以上文献的主要内容,大多是诸如关于腐败犯罪原因分析之类的一般性学理探讨或者规范层面(如立法)论述,有关职务犯罪的犯罪学研究文献十分少见。此外,就反腐的域外研究及中外比较而言,相关的核心论文也只有区区的几篇。[2]当然,我国关于职务犯罪的犯罪学研究之所以比较薄弱,还有着学术传统及研究基础方面的重要原因。正如我国学者所言:我国的犯罪学研究一直以来比较薄弱,但从发展看,我国的犯罪学研究必将大放异彩。第一,犯罪的严重性、长期性与治理的艰巨性,呼唤着必须加强对犯罪问题的研究。第二,仅仅依靠"严打"和刑事处罚的办法来治理日益增长、花样翻新的犯罪,难以收到预期效果。第三,更为重要的是,当我们回顾对犯罪问题研究与治理的历史,从理论的直接目标上看,除犯罪学之外,只有惩罚理论,没有或很少"预防理论",而犯罪学的终极目标恰恰就是犯罪预防。[3]总之,我国亟待加强关于职务犯罪的犯罪学研究。

其次,从研究力度上看,美国当代犯罪学研究日益注重"白领犯罪"这一类罪,而我国的犯罪学研究对"职务犯罪"这一类罪的研究基本上处于空白。关于中美两国犯罪学著作中对于职务犯罪这一类罪的研究情况,可参见下列《中美学界代表性专著关于职务犯罪之研究比重对比一览》(表1)。该表考察比较了中美两国代表性的关于犯罪学的著作各 10 本,表明中美代表性专著关于职务犯罪之研究比重平均比为 1.0%∶7.9%。可见,我国犯罪学界对职务犯罪这一类罪的关注明显不及美国学界,差距较大。加强职务犯罪这一类罪的研究力度,是深化腐败犯罪学术研究的必然要求。犯罪学原理认为,针对犯罪现象的类型学研究具有独特的重要价值。正如学者所言:"犯罪分类的目的在于将众多复杂的犯罪现象类型化,从

---

[1] 聂家华、仇晓红:《基于文献计量的 10 年来国内反腐败研究评析》,载于《探索》2016 年第 6 期。

[2] 迟连翔、齐晓安:《俄罗斯反腐败措施及其启示》,载于《东北亚论坛》2012 年第 3 期;王立梅:《国外反腐败制度设计的有效性及启示》,载于《岭南学刊》2009 年第 5 期;张深远:《国外财产申报制度:经验与启示》,载于《中共天津市委党校学报》2013 年第 4 期;孙哲、赵可金:《美国国会对腐败问题的治理》,载于《清华大学学报(哲学社会科学版)》2009 年第 2 期。

[3] 康树华:《新中国犯罪学研究形成与发展》,北京大学出版社,2011 年版,第 484-485 页。

而从不同角度更好地认识犯罪现象,把握各类犯罪的性质和规律,揭示和发现犯罪原因,进而探求犯罪防范对策"。[1] 此外,"犯罪现象论在犯罪学体系中具有本体论意义,是犯罪原因论和犯罪对策论得以展开的基础。针对我国当前犯罪现象研究严重不足的情形,以类型学的研究方式对我国犯罪现象论进行新的构建,将对我国犯罪学的健康发展大有裨益"。[2] 总之,深化我国腐败犯罪的学术研究,亟待在犯罪学中加强关于"职务犯罪"这一类罪的研究力度。

表1 中美学界代表性专著关于职务犯罪之研究比重对比一览[3]

序号/项目	美国专著名称	职务犯罪的研究幅度及比重	中国专著名称	职务犯罪的研究幅度及比重
1	《犯罪和刑事司法方法论》	57页,占16.6%(共344页)	《犯罪学》,储槐植等著,法律出版社,1997年	0页,共400页
2	《犯罪学导论》(第7版)	84页,占23.1%(共363页)	《犯罪学:历史、现状、未来》,康树华著,群众出版社,1998年	0页,共865页
3	《犯罪学》	52页,占6.2%(共840页)	《犯罪学要论》,张旭著,法律出版社,2003年	45页,占7.9%,共564页
4	《刑事司法导论》	2页,占0.6%(共356页)	《犯罪学新论》,周东平编著,厦门大学出版社,2004年	0页,共432页
5	《犯罪学:理论、研究和政策》	20页,占7.2%(共278页)	《犯罪学》,金其高主编,中国方正出版社,2004年	0页,共322页
6	《犯罪、司法和社会》	66页,占13.8%(共480页)	《新犯罪学》,王牧主编,高等教育出版社,2005年	10页,占2.4%,共421页
7	《刑事司法导论》(第7版)	0页,共479页	《犯罪学原理》(第2版),张远煌著,法律出版社,2008年	0页,共569页
8	《刑事司法精要》(第9版)	1页,占0.2%(共410页)	《犯罪社会学》,吴鹏森著,社会科学文献出版社,2008年	0页,共404页
9	《犯罪和犯罪学》(第13版)	35页,占7.8%(共451页)	《犯罪学专题研究》,张远煌,吴宗宪等著,北京师范大学出版社,2011年	0页,共380页
10	《刑事司法导论》(第13版)	20页,占3.6%(共561页)	《新中国犯罪学研究形成与发展》,康树华编著,北京大学出版社,2011年	0页,共495页
平均值		7.9%		1.0%

---

[1] 张远煌、吴宗宪,等:《犯罪学专题研究》,北京师范大学出版社,2011年版,第157页。
[2] 孙昌军、徐绫泽:《犯罪类型学研究》,湖南人民出版社,2007年版,第45页。
[3] 美国资料部分参见 Danielle McGurrin, et al. White-collar crime representation in the criminological literature revisited, 2001-2010[J]. Western Criminology Review, 2013(14): 13-24.

再次,从研究价值上看,"白领犯罪"这一类罪的研究对于中美两国犯罪学发展转型的意义明显不同。前面已述,一定意义上美国的犯罪学研究受益于"白领犯罪"这一类罪的研究从而达到视野开阔、观念提升并因此成就其面向现代犯罪学形态的成功转型;与此不同,我国的职务犯罪研究至今尚未赋予犯罪学研究以视野或观念上的深刻变迁,从而也难以实现某种现代性转型。众所周知,美国萨瑟兰的犯罪学研究具有划时代意义,他被称为"犯罪学之父"。换句话说,萨瑟兰的犯罪学研究促成了美国犯罪学研究的发展成熟乃至现代转型。萨瑟兰首次从社会学角度建立一个解释犯罪原因的理论框架,被视为犯罪学研究领域的分水岭,对犯罪学学科的建立及发展产生了深远影响。[1] 实际上,萨瑟兰的犯罪学思想的孕育和成型与他早期关于白领犯罪的关注和研究有着重要关联。正如学者所言,萨瑟兰的白领犯罪研究在犯罪学史上的重大意义主要有:一是提出了"白领犯罪"这一形象生动、含义广泛的概念,使犯罪学家可以用这个概念来概括有关的大量犯罪。二是将犯罪学家以及刑法学家们的注意力引向了白领犯罪,使得犯罪学以及刑法研究的视野更加广阔,研究的对象和内容更加全面。三是揭露了白领犯罪的危害性,促使全社会充分认识这类犯罪的严重性。四是使得白领犯罪的概念和理论突破了国界,传播到许多国家,导致许多国家的刑法典规定或加强了同白领犯罪做斗争的内容。[2] 与美国相比较,我国的职务犯罪研究不但在研究范式、研究力度等方面存在明显差距,再加上我国犯罪学研究之先天不足及后继乏力,也就更难以促成犯罪学研究的结构性升级或者说现代转型。从上述意义上说,促进我国犯罪学研究的深入发展,职务犯罪的犯罪学研究堪为契机。

综上,从研究范式、研究力度等方面推进职务犯罪的犯罪学研究,不仅能提升关于职务犯罪这一类罪的研究水平,同时也可以促成犯罪学这一学科的结构向善乃至转型升级。正如学者所言,白领犯罪有其独特的重要特征:一是大部分白领犯罪受到正式和非正式的组织的影响,需要研究组织的环境、结构和文化等特征;二是白领犯罪有其特殊的实时规律和危害性,如犯罪者和被害人很少有个人接触,受害人往往没有意识到自己受害。正因如此,专门的白领犯罪研究意义重大。[3]

(二) 中美惩治职务犯罪政策观念之比较

刑事政策是刑法的灵魂和核心,刑法是刑事政策的条文化与定型化。惩治腐败刑事法治的域外及比较研究当中,刑事政策也是一个重要视角。那么,比较中美两国惩治职务犯罪的政策观念,有着何种观察与思考呢?

首先,从政策支撑及底蕴上看,美国惩治白领犯罪的政策观念得到了犯罪学研究的有力支撑,而我国关于职务犯罪的犯罪学研究明显薄弱,因而难以给予反腐政策观念以强有力的智识支撑。前面已述,美国关于白领犯罪的犯罪学研究为国家反腐政策完善提供了

---

[1] 张杰、傅跃建:《萨瑟兰与犯罪学》,法律出版社,2010年版,第14页。

[2] [美]埃德温·萨瑟兰等:《犯罪学原理》(第11版),吴宗宪等译,中国人民公安大学出版社,2009年版,第27-28页。

[3] 曹立群、任昕:《犯罪学》,中国人民大学出版社,2008年版,第227页。

多方面的启示。例如,关于精英越轨的犯罪学研究有助于深入认识白领犯罪的事实危害以及现行防控机制的局限及漏洞,尤其是政府在监管企业违法中的职能不到位问题,由此找到完善法治的着力方向。再如,关于白领犯罪的犯罪生涯研究证明,监禁处罚并不能遏制未来的犯罪,而财产刑具有该种功效,由此促进了财产刑在惩治腐败犯罪中的更大运用空间。正因为如此,美国学者在反腐法治发展中十分推崇犯罪学研究的支撑作用:"立法者、监督者、执法者、公司、企业等需要了解白领犯罪的产生原因、相关因素及其严重危害后果。犯罪学家拥有为白领犯罪国家政策提供智力支撑和决策影响的独特而关键性作用,同时白领犯罪的国家政策也需要犯罪学和刑事司法学科研究的支撑以实现决策目标"[1]。在我国,无论犯罪学整个学科的研究还是职务犯罪这一类罪的犯罪学研究均比较薄弱,也就难以为反腐的政策及观念完善提供良好的理论滋润和智识支撑。因此,从完善我国反腐刑事政策考虑,有必要加强职务犯罪的犯罪学研究。正如学者所言:"没有犯罪学的兴旺发达,就没有科学意义上的刑事政策。犯罪学关于犯罪现象的分析评价、关于犯罪原因、犯罪人的深入剖析、关于犯罪对策的考察评估等是刑事政策的科学基础。没有犯罪学,刑事政策就不是科学"[2]。"从我国情况看,刑事政策作为一门学科还很不成熟,而与刑事政策密切联系的犯罪学还处于起步阶段。这就使得我国刑事政策的出台和施行在理论上所能获得的科学支持十分有限。因此,加强与刑事政策相关的理论研究是我国今后刑事政策制定、发展的一个方向"。[3]

其次,从政策演变历程上看,美国惩治白领犯罪刑事政策历经近150年的发展演变,其基本轨迹是从预防导向的刑事政策嬗变为预防制裁并重的刑事政策。与美国不同,我国从新中国成立尤其是改革开放之初至今的40多年反腐法治来看,其刑事政策主要倚重的是惩治,预防性观念制度亟待加强。前面已述,美国较长时间里惩治白领犯罪采用的是注重预防的"合规政策",20世纪90年代以后转而倚重注重严厉刑罚的"威慑政策",从而形成以"合规政策"为基础、以"威慑政策"为后盾的预防和惩治并重的刑事政策。总之,美国惩治白领犯罪刑事政策长达近150年发展演变的历史底蕴尤其是其多年来注重预防的政策观念和制度建构,这一政策特点值得我国参考借鉴。那么,从刑事政策上看,应当如何看待我国现行反腐刑事法治?对此可以从刑事法律体系和腐败治理模式等三个方面进行解读。一是从刑事法律体系上看,我国反腐实际工作中并未真正贯彻从严惩治的刑事政策。正如有学者所言,我国反腐实际工作中并未采取从严惩治的刑事政策,而是采取相对的宽容态度,主要表现在以下五个方面:① 在立法上,我国刑法对于腐败犯罪并没有采取"零容忍"政策,而是有限惩治。② 立法上对于滥用职权、玩忽职守犯罪法网编织不严谨,导致实践认定处罚困难。③ 司法机关查处案件效果不理想。④ 司法机关严处职务犯罪的意愿不强。⑤ 职务犯罪者

---

[1] Danielle McGurrin, et al. White-collar crime representation in the criminological literature revisited, 2001-2010[J]. Western Criminology Review, 2013(14): 13.
[2] 卢建平:《刑事政策与刑法变革》,中国人民公安大学出版社,2011年版,第115页。
[3] 张远煌:《宽严相济刑事政策与刑法改革研究》,中国人民公安大学出版社,2010年版,第83页。

都有一定职权在握,编织有复杂的人情关系网络,当他们的犯罪行为一旦有败露的危险,往往会动用各种人情关系对案件的查处进行干扰,甚至不惜采用贿赂手段收买有影响力的高层官员,对办案机关施压,为犯罪分子开脱或减轻罪责。[1] 二是从腐败治理模式以及预防观念上看,实际工作中对预防腐败的重视相当程度上停留于表面,并未真正对犯罪预防予以落实。实际上,从反腐败的实践看,新中国成立以来,国家大体遵循"重典反腐"的政策方针。正如有学者所言,国家倡导制度反腐的同时,腐败严重程度却不断提升,导致这一悖论现象的核心原因在于腐败治理理念的陈旧化,"制度性反腐"仍停留于传统的消极治理主义层面,缺乏治理理念更新。也就是说,尽管从形式上看,中国腐败治理已经进入了"制度性反腐"阶段,但由于立法理念的滞后性,核心预防制度并未真正构建,腐败治理模式依然未发生变化。在中国反腐新时期,在"不能腐"已经成为国家反腐战略关键步骤的前提下,应当及时更新反腐刑事政策的价值导向,从"秩序维护"为本位的消极治理模式向以"塑造清廉环境"为本位的积极治理模式转变,确立以积极治理主义为导向的"防惩结合"刑事政策。[2] 另有学者指出:"要完成反腐败的战略重心从惩治贪官转向预防腐败,就要从战略的高度看待预防腐败的重要性,就要从预防腐败的角度去制定反腐败的总体规划,就要把反腐败的重心从治标转向治本"[3]。

再次,从政策体系内涵上看,美国法律界没有"刑事政策"尤其是没有"刑事总政策"这一概念[4],但却在"刑事司法政策"(criminal justice policy)这一理念下制定实施了惩治腐败的刑事法律;与此不同,我国则是在"宽严相济"这一刑事总政策的指引下修订完善惩治腐败的刑事法律。以上两种政策体系各有利弊,可以互相借鉴、取长补短。前者的缺点是政策的适用覆盖面较窄、宏观指导性较差、政策内涵解释的统一性较弱,但优点是政策的针对性和具体操作性较强,尤其是刑事司法政策可以涵盖各种具体政策变种、便于政策的与时俱进和丰富多彩。后者正好相反,其优点是政策的适用覆盖面较宽、宏观指导性较强、政策内涵解释的统一性较好,但缺点是政策的针对性和具体操作性较差,在实施中可能需要亚种类型也即具体刑事政策的支撑和补充。我国惩治职务犯罪的刑事政策传统上以官方的"宽严相济"基本刑事政策为指导,至于惩治职务犯罪的具体政策,既缺乏学术领域的应有研究,也没有权威部门的相关论述。因此,借鉴美国的做法经验,在"宽严相济"基本刑事政策的背景下凝练和实施适用惩治职务犯罪时代需要的具体刑事政策,这是我国反腐法治建设中需要解决

---

[1] 张绍谦:《我国职务犯罪刑事政策的新思考》,载于《华东政法大学学报》2013年第4期。
[2] 魏昌东:《腐败治理模式与中国反腐立法选择》,载于《社会科学战线》2016年第6期。
[3] 何家弘:《反腐败的战略重心与官员财产公示》,载于《法学》2014年第10期。
[4] 在美国,官方和学术界通常使用的术语不是"刑事政策"(criminal policy),而是"刑事司法政策"(criminal justice policy),也即关于刑事立法、司法、执法和犯罪预防的政策。实际上,英美国家学界一般认为,政策不同于法律:政策是指"指导决定并取得成果的行动计划";法律可以强制或禁止某种行为,而政策主要通过对行为的引导来达到目的,同时政策包括官方的政策或企业、民间团体等社会实体乃至个人的政策。参见赵秉志、杨诚:《联合国打击跨国有组织犯罪公约与中国的贯彻研究》,北京师范大学出版社,2009年版,第29页。

的又一重要课题。

(三) 中美职务犯罪概念内涵之比较

职务犯罪是反腐刑事法治中的核心概念。如何理解和界定职务犯罪,不但左右着一国反腐刑法中犯罪圈的范围大小,甚至还映射着某种关于腐败的基础观念。因此,本文拟就中美两国职务犯罪的概念内涵问题展开适当探讨。那么,我国学界有关职务犯罪这一概念的理解有何特点? 推进我国反腐刑事法治背景下究竟应当如何理解职务犯罪的概念内涵?

何谓职务犯罪? 我国法学界的现有观点并不统一。对此可以从主体范围、行为性质等不同角度予以界定,以下仅以主体范围为例予以讨论。关于职务犯罪的主体范围,我国学界较具代表性的有如下三种观点:第一种观点是"国家工作人员说",认为职务犯罪就是国家工作人员利用职务便利从事的犯罪活动。比如,有学者认为"职务犯罪与其他种类犯罪的重要区别之一,在于其主体只能是国家工作人员"[1]。还有学者认为,职务犯罪的犯罪主体是实施职务犯罪的国家工作人员。职务犯罪是身份犯罪,是具有特殊身份的人,即国家工作人员才能实施而其他人不可能实施的犯罪。其他人即便实施同种行为,也不称之为职务犯罪。[2] 第二种观点是"国家工作人员和准公职人员说",认为职务犯罪是指国家公职人员或视同公职人员利用职务上的便利,滥用职权、不尽职责,破坏国家对职务活动的管理职能,依照刑法应当受到刑罚的行为。[3] 第三种观点是"职务人员说",认为职务犯罪不仅包括国家工作人员职务犯罪,也包括非国有公司、企业、事业单位职务人员犯罪。[4] 如有学者认为,可将腐败划分为广义和狭义两种。广义的腐败,是指享有和使用公共权力的人即国家工作人员没有依法正当地运用权力,为国家、社会和人民群众谋福利,即不廉政、不勤政。狭义的腐败即职务犯罪。笔者认为,"腐败"一般应包括三个核心要素:主体只能是享有和使用公共权力、履行公共职能、提供公共服务的人;在行为上滥用了公共权力或公共资源;目的是为了谋取私利。其总的特点是:在主体上具有身份的特定性,在属性上具有滥权性,在心理上具有利己性,在对象上具有损害公益性。[5]

以上三种观点当中,笔者赞同第三种观点,也即"职务人员说"。理由如下:首先,从文理上说,应当正确区分"公务"和"职务"这两个概念。正如有学者所言,"所谓公职是公务和职务的总称,公职人员是一个比较清楚、明晰的概念,它恰当地表明了职务犯罪主体所包含的两个互相关联又各不相同的部分:职务与公务"[6]。因此,"职务人员说"符合人们关于"公务"和"职务"两个概念之区分的通常理解。其次,"职务人员说"与美国等世界各国职务

---

[1] 陈兴良:《职务犯罪认定与处理实务全书》,中国方正出版社,1996版,第23页。
[2] 陈正云:《职务犯罪治理对策研究》,载于《人民检察》2008年第3期。
[3] 赵廷光:《论职务犯罪体系》,载于《山东警察学院学报》2006年第5期。
[4] 高铭暄、陈璐:《当代我国职务犯罪的惩治与预防》,载于《法学杂志》2011年第2期。
[5] 陈正云、胡健泼:《腐败含义辨析:以增强腐败治理有效性为视角》,载于《人民检察》2008年第12期。
[6] 孙谦、尹伊君:《国家工作人员职务犯罪论》,载于《法学研究》1998年第4期。

犯罪事实特征及概念界定的历史经验和未来趋势相一致。前面已述,美国关于白领犯罪的概念界定日益趋向广义,而且其概念界定的重心所指由过去的公共腐败转变为法人犯罪,广义界定的白领犯罪概念为推进反腐刑事法治开辟了前景。美国的情况表明,企业管理人员实施的职务犯罪已经成为当今美国以及世界上主要国家职务犯罪中的主要成分,更加值得重视。我国当下的职务犯罪当中,由企业家实施的犯罪逐年增加,社会危害更趋严重。例如,有学者通过公共媒体搜索的企业家犯罪当中,2012年的企业家犯罪案件为245例,涉案企业家人数为272人;与2012年相比,2013年的企业家犯罪案件数增加89%,涉案企业家人数增加120%。[1] 可见,鉴于我国企业家犯罪日趋严重的严峻形势,将企业型犯罪纳入职务犯罪刑事治理体系当中有利于贯彻从严惩治职务犯罪的政策观念。最后,"职务人员说"与新时期针对性地解决我国反腐刑法中的突出问题这一要求相吻合。众所周知,随着我国经济体制的继续转轨以及市场经济的不断发展,各种所有制经济的地位更加平等,在这种新的时代背景下,以前那种可以区分所有制经济的观念做法已经变得越来越不合时宜。总之,在职务犯罪的内涵理解问题上主张"职务人员说",一方面合乎当下我国经济社会快速转型的社会背景,另一方面也与国际社会强化惩治职务犯罪的普遍做法经验相一致。

(四) 中美职务犯罪刑法规制之比较

反腐的法律规制包括法律及规范体系建设以及《刑法》《刑事诉讼法》等核心部门法等几个层次。就反腐的法律体系建设而言,中国目前没有专门的反腐败立法。涉及腐败的规范方面,我国除了《刑法》《刑事诉讼法》中关于查处腐败犯罪的规定之外,还有相当数量的法律法规和党纪党规当中也包含了关于反腐败的规定。这些规范大致分为四类:第一类是内容涉及反腐败问题的法律;第二类是内容涉及反腐败问题的行政法规;第三类是内容涉及反腐败问题的部门规章;第四类是内容涉及反腐败问题的党内规定(中共十八大以来的新规定)。可以说,这种以党纪为主、以预防为主的分散型立法是当前我国反腐败规范体系的基本特征。借鉴美国立法经验,我国可以在反腐法律及规范体系建设当中添加专门性立法。正如有学者所言"根据世界各国的经验,当腐败问题比较严重的时候,集中立法是较好的选择。这既能彰显执政党的反腐决心,也能应和社会民众的反腐呼声"。[2]

此外,反腐刑事实体法方面,职务犯罪的刑法规制包括犯罪化范围以及刑罚处罚两个部分。那么,究竟应当如何评价和展望我国现行刑法中关于职务犯罪的实体法规定?以下以刑罚处罚为例,将中美两国代表性职务犯罪罪名的刑罚措施做一比较(表2)。

---

[1] 张远煌:《企业家犯罪分析与刑事风险防控报告(2014年度)》,北京大学出版社,2014年版,第5页。

[2] 何家弘、张小敏:《反腐败立法研究》,载于《中国刑事法杂志》2015年第6期。

表 2 中美两国若干职务犯罪处罚措施比较一览

国别	行为类型	最高刑罚	法律形式
美国刑法	企业管理人员改动、销毁、破坏、隐匿以及伪造金融单据	最高 20 年监禁	《2002 年萨班斯-奥克斯利法》
美国刑法	法律要求将相关的审计和财政检查记录保存 5 年。会计人员未能按照上述要求保存检查记录	最高 10 年监禁	《2002 年萨班斯-奥克斯利法》
中国刑法	隐匿或者故意销毁应当保存的会计凭证、会计账簿、财务会计报告，情节严重的	5 年以下有期徒刑或者拘役，并处或单处 2 万元至 20 万元罚金	"97 刑法典"第 162 条
美国刑法	个人或者企业违反《谢尔曼反托拉斯法》第一章和第三章所规定的犯罪行为	最高监禁刑从原来的 3 年提高到 10 年，针对企业的最高罚款额度从原来的 1 000 万美元提高到 1 亿美元；将针对个人的最高罚款额度从原来的 35 万美元提高到 100 万美元	2004 年通过了《强化和改善反垄断刑事处罚法》
中国刑法	侵犯商业秘密罪	造成重大损失的，处 3 年以下有期徒刑或者拘役，并处或者单处罚金；造成特别严重后果的，处 3 年以上 7 年以下有期徒，并处罚金	"97 刑法典"第 219 条
美国刑法	内幕交易犯罪	自然人可处最高 10 年监禁，并处 100 万美元以下罚金	
中国刑法	内幕交易犯罪	最高 10 年有期徒刑，并处违法所得 1 倍以上 5 倍以下罚金	"97 刑法典"第 180 条

从表 2 可见：职务人员损毁金融票据的犯罪，美国刑法规定的最高刑罚为 20 年监禁，我国刑法最高为 5 年有期徒刑。涉及垄断方面的犯罪，美国刑法规定的最高刑罚为 10 年监禁，针对个人的最高罚款额度为 100 万美元，针对企业的最高罚款额度为 1 亿美元；我国刑法最高为 5 年有期徒刑，单处或并处罚金。内幕交易犯罪，美国刑法规定的最高刑罚为 10 年监禁和 100 万美元以下罚金；我国刑法最高为 10 年有期徒刑，并处违法所得 1 倍以上 5 倍以下罚金。综上可见，单从自由刑看，除中美两国刑法中的内幕交易犯罪最高刑均为 10 年监禁或徒刑之外，损毁金融票据的犯罪和垄断相关犯罪方面，美国刑法规定的处罚都明显要重(美中两国的最高刑分别是 20 年对 5 年，10 年对 7 年)。以上情况至少大体上说明：美国对职务犯罪的刑罚处罚比我国刑法明显要重。由此，那种认为我国职务犯罪的刑罚比美国要重的观点是没有依据的，如有学者认为"对腐败犯罪的处罚，不仅在国际公约中，而且从世界其他各国刑事立法的实践来看，体现轻刑化的趋势尤为明显"[1]。总之，与美国职务犯

---

[1] 陈雷：《我国反腐败刑事立法之犯罪化与轻刑化问题研究》，载于《犯罪研究》2008 年第 5 期。

罪的刑罚措施比较,我国职务犯罪的刑罚措施从整体上看明显偏轻,未来在刑法修订时可考虑予以适当提高。

此外,完善我国惩治职务犯罪的刑法制度,不仅需要单件法律上的修订改善,从长远看还需要针对刑法中的职务犯罪规定进行体系结构上的调整。这种体系结构上的调整至少可从如下两个方面着手:一是从立法理念、体系结构等顶层设计层面厘清我国现行反腐刑法的缺失不周并予以相应调整;二是从犯罪化范围、罪责均衡、规范衔接、术语凝练、条文简约等立法技术层面识别我国现行反腐刑法的细致疏漏并予以相应改善。比如,现行反腐刑法未能在基础观念上体现出职务犯罪日益严重的社会危害性,未能就腐败犯罪的行为类型、罪名设置、罪状描述以及法定刑幅度等进行清晰、简明、集中的整合,等等。正如有学者所言:"我国刑法在反腐败领域的功效之所以不高,与立法的设计、用语的繁复有关,我国刑法基于身份区别了公务贿赂与商业贿赂,并给予差别待遇,从而使我们的反腐败刑法成为一个复杂和低效的法律体系。对此,笔者建议走简约的反腐败立法路径,降低犯罪门槛,打破身份或者所有制束缚,消除差别待遇"。[1] 再如,鉴于职务犯罪分散规定在刑法分则的四个章节中,一般人难以掌握具体罪名的分布情况,在一定程度上影响了广大群众对国家机关及其工作人员职务行为的监督,也不利于反腐败斗争的深入进行。因此,有必要对刑法中的具体职务犯罪重新洗牌,按其基本行为方式,重构我国刑法中的职务犯罪体系。可以创新性地建立以"徇私舞弊"、"滥用职权"和"玩忽职守"三种基本行为方式为标志的职务犯罪体系。[2] 应当说,上述观点富于远见,未来可以在健全和强化职务犯罪法律制度的整体安排中加以考虑解决。

---

[1] 何家弘:《反腐败的战略重心与官员财产公示》,载于《法学》2014年第10期。
[2] 陈兴良:《职务犯罪认定与处理实务全书》,中国方正出版社,1996年版,第23页。

"终身监禁"的困境释读与司法改善
——以刑事政策和刑法的体系化适用为视角

石经海　刘桂源 [*]

在我国现阶段厉行反腐与慎用死刑的时代背景下,《中华人民共和国刑法修正案(九)》(以下简称《刑法修正案(九)》)第44条针对特别重大的贪污受贿犯罪在《中华人民共和国刑法》(以下简称《刑法》)第383条中增设了不得减刑、不得假释的终身监禁制度(下文称"终身监禁")。本制度的确立,原本是想堵严"司法漏洞"和增强"法律权威",并按照罪刑相适应的刑法基本原则,对依法本可判处死刑立即执行而尝试终身监禁,本认为是"积极而稳妥的选择",[1]可令立法者意外的是,本制度的立法出台后,立即引发了理论上的广泛争论与实践中的诸多困境。在理论上,其被批判为"情绪性立法""不符合刑罚的目的""不符合报应的正义性与预防犯罪的合目的性""突出的合法性危机"等。在实践中,终身监禁新规的设立及其付诸司法实践,因立法仓促、理论准备不足、缺乏具体明确的适用标准等因素,带来了诸多法律适用难题。[2] 刑事审判实践中对于办理终身监禁案件也保持着谨慎态度,具体适用须由最高院进行把关。综观既有理论争议和实践困境,虽然在一定程度上有立法方面瑕疵的因素,但局限于刑法内部视角而忽视其"刑事政策刑法化"背景去释读本制度的性质和功能,以及没有以刑事政策贯通下刑法适用的体系化思维而是孤立片面地理解和适用刑法关于本制度的立法规定,应是其中的基本症结所在。本文试就此展开探究,以就教于理论和实务同仁。

---

[*] 石经海,西南政法大学法学院教授,博士生导师;刘桂源,江苏省高级人民法院刑二庭法官助理,本文原载于《中国应用法学》2019年第3期。

[1] 参见邹伟等:《聚焦刑法修正案(九)草案对重特大贪污犯罪增设"终身监禁"》,新华网http://www.xinhuanet.com//politics/2015-08/25/c_1116370280.htm,访问时间:2019年8月25日。

[2] 资料显示目前刑事审判中适用终身监禁的案件有6例:2016年10月9日,河南省安阳市中级人民法院一审判决对原正部级高官白恩培受贿、巨额财产来源不明案适用死缓犯终身监禁,使得该案成为我国司法实践中适用终身监禁的第一案;2016年10月17日,国家能源局煤炭司原副司长魏鹏远因受贿罪、巨额财产来源不明罪被河北省保定市中级人民法院一审判处死缓并适用终身监禁;2016年10月21日,黑龙江龙煤矿业控股集团有限责任公司物资供应分公司原副总经理于铁义因受贿罪被黑龙江省林区中级人民法院一审判处死缓并适用终身监禁;2017年5月27日,天津市政协副主席、公安局原局长武长顺因贪污、受贿等罪被河南省郑州市中级人民法院判处死缓并适用终身监禁;2017年12月25日,山东省枣庄市中级人民法院公开宣判被告人孙正启、石伟受贿、贪污、非法经营同类营业案,对被告人孙正启、石伟均以受贿罪判处死刑,缓期二年执行,剥夺政治权利终身,并处没收个人全部财产,在其死刑缓期执行二年期满依法减为无期徒刑后,终身监禁,不得减刑、假释;2018年12月21日,内蒙古自治区包头市中级人民法院公开宣判内蒙古银行股份有限公司原党委书记、董事长杨成林受贿、贪污、挪用公款案,对被告人杨成林以受贿罪判处死刑,缓期二年执行,剥夺政治权利终身,并处没收个人全部财产,在其死刑缓期执行二年期满依法减为无期徒刑后,终身监禁,不得减刑、假释。

一、"终身监禁"的当前困境

(一)"终身监禁"的立法状况

"终身监禁",作为一个法律术语,是由英美法系国家中的"life imprisonment"或"life without parole"直译而来。从字义层面上理解,终身监禁是一种将罪犯终身关押在监狱直至其生命终结的刑罚制度。在这个意义上,我国刑法中现有的刑罚种类"无期徒刑"本就是"终身监禁"。只不过因为刑法规定的减刑和假释制度使得"无期徒刑"在实践中只是通常被执行十多年的"有期"刑罚,实际上是名不副实的"假无期",无法达到对腐败分子的"威慑力度"。

为"维护司法公正,防止在司法实践中出现这类罪犯通过减刑等途径服刑期过短的情形,符合宽严相济的刑事政策""用制度封堵了贪腐分子提前出狱的可能,将对贪腐分子形成强大震慑""进一步表明中央反腐败的坚定决心,释放出依法从严惩处腐败的清晰信号",[1]《刑法修正案(九)》通过第44条增设了所谓的"终身监禁"制度。据此规定,如此制度显然既并非过去学界所讨论的域外刑法所规定的终身监禁刑或者终身自由刑,也并非学界以往基于废除死刑立场所倡导的死刑替代措施意义上的终身刑,而是特指针对重特大贪污受贿犯罪案件中被判处死刑缓期执行的犯罪分子,人民法院根据犯罪情节等情况同时决定在其死刑缓期执行二年期满依法减为无期徒刑后,不得减刑、假释的死缓特别执行制度。据此,所谓的"终身监禁"制度,是《刑法修正(九)》第44条对《刑法》第383条增设"终身监禁"制度立法条文关于适用对象、适用条件和执行要求的全部规定。[2]

由于最新确立的终身监禁制度并不等同于过去学界所讨论的死刑替代措施的终身监禁刑,以及《刑法修正案(九)(草案)》三审稿才首次出现针对特重大贪污贿赂犯罪的死缓犯适用终身监禁这一全新规定,国内刑法学界对终身监禁缺乏深入的理论研究,在《刑法修正案(九)》前刑事审判中更是从未适用过这一措施,立法仓促、理论准备不足、实务缺少先例等因素产生诸多理论争议与实践困境。

(二)"终身监禁"的理论争议

1. "终身监禁"立法价值的争议

就终身监禁制度的立法价值的理论争议,大致存在肯定论与否定论两种观点。

终身监禁制度立法价值的肯定论者从严惩腐败犯罪与死刑改革的角度肯定终身监禁的立法价值。具体观点如下:《刑法修正案(九)》创设的不得减刑、假释的终身监禁制度是贯

---

[1] 参见杨丁淼、刘欢、詹婷婷:《"终身监禁"入刑扎牢反腐制度"笼子"》,新华网 http://www.xinhuanet.com//politics/2015-08/25/c_1116370280.htm,访问时间:2019年8月25日。

[2] 《刑法》第383条规定:"犯第一款罪,有第三项规定情形被判处死刑缓期执行的,人民法院根据犯罪情节等情况可以同时决定在其死刑缓期执行二年期满依法减为无期徒刑后,终身监禁,不得减刑、假释。"《刑法》第383条第1款第3项规定:"数额特别巨大,并使国家和人民利益遭受特别重大损失的,处无期徒刑或者死刑,并处没收财产。"

彻宽严相济的基本刑事政策下对贪污受贿犯罪减少死刑适用与从严惩治腐败犯罪的有机结合,具有严厉惩治腐败犯罪与死刑改革的立法价值。[1] 从严惩腐败犯罪的角度,终身监禁是基于既有的刑罚体系,通过从严惩治腐败的国家政策激活刑法体系中既有刑罚裁量与执行制度,是刑事政策转化为刑法立法规定的重要实践。[2] 从死刑改革的角度,终身监禁制度能够限制贪污受贿犯罪死刑立即执行的司法适用,减少死刑立即执行的实际执行数量,是部分死刑立即执行替代性措施。

立法价值否定论者在终身监禁制度立法价值之争中居于多数,一般从贪污受贿罪的性质、刑罚目的、刑罚体系、终身监禁自身性质、比较法等角度否定终身监禁制度的立法价值。如有学者认为,终身监禁制度具有浓厚的情绪性立法色彩。终身监禁制度的确立很大程度上迫于一些民众要求严惩腐败分子的非理性呼声,是立法者没有保持冷静与理性而做出的欠妥当的情绪性立法规定。[3] 在贪污受贿犯罪仍然保留死刑的前提下,增设终身监禁难以说明提升了威慑效果,在一般预防上难以发挥效果。从教育改造的角度,由于终身监禁不得减刑、不得假释的基本内涵具有"敌人刑法观"的色彩,意味着犯罪人失去了重返社会的可能。这同时也不符合教育改造的目的要求,不利于犯罪人在监狱的改造以及监狱的监管职能的发挥。从立法目的角度,在司法实践中贪污受贿犯罪分子违法滥用减刑、假释、保外就医等逃避执行的情形并不能成为终身监禁制度立法的正当理由。解决违法减刑、假释的根本途径在于刑罚执行过程中的严格监督与对减刑、假释的严格适用以及对徇私枉法的司法人员追责。从国外的立法规定来看,国外的终身监禁刑一般针对的是最严重的犯罪,比如谋杀、抢劫致人死亡、海盗罪、叛国罪等严重犯罪。[4] 而贪污受贿犯罪本质上属于贪利、财产性质的犯罪,不符合最严重犯罪的标准。从终身监禁本身性质的角度,终身监禁本身存在不人道、残酷性、不利于罪犯改造的缺陷,终身监禁的适用会带来监狱负担等诸多问题。[5]

2."终身监禁"体系定位的争议

终身监禁制度在我国刑法体系中的法律性质究竟如何定位,学界众说纷纭,主要存在以下观点:

第一种观点认为,终身监禁制度是一项特殊的刑罚措施。终身监禁并不是一项全新的刑罚制度,同时也并非一项新的独立刑罚种类。现阶段我国刑法明确规定的终身监禁制度并非独立刑种以及替代死刑的执行措施,其应定位于在特殊历史时期适用于重特大贪污受

---

[1] 参见赵秉志、商浩文:《论死刑改革视野下的终身监禁制度》,载于《华东政法大学学报》2017年第1期。

[2] 参见黄京平:《终身监禁的法律定位与司法适用》,载于《北京联合大学学报(人文社科版)》2015年第4期。

[3] 参见刘宪权:《刑事立法应力戒情绪:以〈刑法修正案(九)〉为视角》,载于《法学评论》2016年第1期。

[4] 参见沈德咏:《〈刑法修正案(九)〉条文及配套司法解释理解与适用》,人民法院出版社,2015年版,第386-387页。

[5] 参见张明楷:《死刑的废止不需要终身刑替代》,载于《法学研究》2008年第2期。

贿犯罪分子的特殊刑罚措施。[1] 终身监禁制度是在我国刑法总则确立的既有刑罚体系和刑罚制度的基础上，充分调度死刑缓期执行制度、无期徒刑执行制度的实有功能，仅适用于特定贪污受贿犯罪的刑罚裁量和刑罚执行特殊措施。[2]

第二种观点认为，终身监禁制度是介于死刑立即执行与死刑缓期执行之间的中间刑罚。中间刑罚的具体内涵在于：在一项独立的刑罚种类中由于刑罚的执行方法不同而形成的、介于最终刑罚执行方法与最轻刑罚执行方法之间的、刑罚的严厉性程度处于中间位置的刑罚执行方法或特殊刑罚措施。具体而言，终身监禁制度是依附于贪污受贿犯罪中的死刑缓期执行制度而存在的，"不得减刑、假释"决定了其刑罚严厉程度高于一般死缓；根据终身监禁的立法目的以及慎用死刑的刑事政策，终身监禁制度创设的目的在于减少死刑的适用，其严厉性轻于死刑立即执行。[3]

第三种观点认为，终身监禁是一种特殊死缓执行制度。根据《刑法修正案（九）》第44条关于终身监禁制度的立法规定，不得减刑、假释的终身监禁制度虽然从结局上是一种可能剥夺贪腐罪犯人身自由的自由刑，但其本质上属于死刑，是一种与现有的死缓有别的死刑执行方式。[4] 这种观点实质上是将死刑分为死刑立即执行和死刑缓期两年执行两种刑罚方法，死缓不是我国刑法总则中规定的独立刑种，而视为一种死刑执行制度。死缓制度是我国刑事立法的独创，是死刑的适用制度。[5] 实际上，《刑法修正案（八）》针对特定情形下的暴力犯罪死缓犯增设限制减刑的规定[6]与终身监禁制度类似，本质上都是死缓执行方式之一。换言之，不得减刑、假释的终身监禁制度是一种特殊的死缓执行方式，本质上具有死刑的从属性。故有学者总结《刑法修正案（九）》后我国刑法上实际存在三种死缓执行方式：一般死缓、死缓限制减刑、死缓终身监禁。[7]

第四种观点认为，终身监禁是一种无期徒刑的执行制度。一是从刑罚惩罚的具体内容来看，终身监禁也是以剥夺犯罪人人身自由为刑罚处罚内容；二是终身监禁具有从属性，终身监禁并非独立刑种，与无期徒刑既非并列关系，也非包含和被包含关系，而是依附与被依附的关系，终身监禁是无期徒刑的应有之义；三是无期徒刑执行方式的定性与终身监禁对于死缓制度的依附性没有冲突，终身监禁与死缓在刑罚体系中都不是独立刑种，死缓具有过渡性质，不得减刑、假释的适用绝非在死缓期间，而是适用于执行无期徒刑阶段。终身监禁的核心概念是"不得减刑、不得假释"，从文义解释角度，不得减刑、不得假释的终身监禁制度更

---

[1] 参见刘霜：《终身监禁的法律定位研究》，载于《西部法学评论》2017年第1期。
[2] 参见黄京平：《终身监禁的法律定位与司法适用》，载于《北京联合大学学报（人文社会科学版）》2015年第4期。
[3] 参见赵秉志：《中国刑法的最新修正》，载于《法治研究》2015年第6期。
[4] 参见黎宏：《终身监禁的法律性质及适用》，载于《法商研究》2016年第3期。
[5] 参见张明楷：《刑法学》（第五版），法律出版社，2016年版，第531页。
[6] 《刑法》第50条第2款规定："对被判处死刑缓期执行的累犯以及因故意杀人、强奸、抢劫、绑架、放火、爆炸、投放危险物质或者有组织的暴力性犯罪被判处死刑缓期执行的犯罪分子，人民法院根据犯罪情节等情况可以同时决定对其限制减刑。"
[7] 参见黎宏：《终身监禁的法律性质及适用》，载于《法商研究》2016年第3期。

接近于剥夺犯罪人终身自由的实质内涵,是一种特殊的无期徒刑。[1] 从实际刑法的执行看,由于终身监禁制度的确立,可以将我国刑法中无期徒刑刑罚分为未终身监禁型的无期徒刑(一般无期徒刑)与终身监禁型的无期徒刑(特殊无期徒刑)。

(三)"终身监禁"的实践困境

理论上的争论并未阻却终身监禁在实务中的适用,被舆论热议的"终身监禁第一案"白恩培案改变了学界对于终身监禁的研究重点。在终身监禁已成刑法明文规定并且司法实践中已有案件明确适用的前提下,终身监禁如何在司法实务中准确适用逐渐成为学界研究的重点。终身监禁新规的设立及其付诸司法实践,因缺乏相应明确的法律规定以及司法解释,产生了诸多法律适用层面上的困境。

1."终身监禁"新规溯及力的适用困境

终身监禁新规能否适用于法律条文正式生效前发生的特重大贪污受贿犯罪行为问题,大体存在三种意见分歧:

一是终身监禁新规具有溯及力。较之于修正前刑法对于贪污受贿犯罪死刑适用标准,修正后的《刑法》第 383 条以及相配套的司法解释明显大幅度提高了贪污受贿犯罪死刑的适用标准。与修正前的相关刑法条文规定相比较,现行刑法有关贪污受贿犯罪死刑适用的相关规定从整体上看对被告人更加有利,故新法处刑较轻。因此,终身监禁制度在适用上应视为是有利于被告人的规定,符合从旧兼从轻原则。[2]

二是终身监禁新规不具有溯及力。我国刑法虽然保留了贪污贿赂犯罪的死刑规定,但是司法实践中判处死刑立即执行的案件极少,特别是十八大反腐败运动以来,更是没有一例贪污受贿犯罪案件适用死刑立即执行的刑罚。根据《刑法修正案(九)》修正之前的刑法关于死缓与无期徒刑的相关规定以及从其实际执行情况来分析,最新规定的终身监禁的立法规定实质上提高了贪污受贿犯罪的刑罚严厉程度。[3] 因此,从刑法溯及力从旧兼从轻原则与有利于被告人的角度进行分析,终身监禁制度的新法规定重于旧法规定,不符合从旧兼从轻原则,终身监禁不具有溯及力。

三是终身监禁新规有无溯及力应区别对待。主张终身监禁有无溯及力应区分情况分别对待的学者认为,对于终身监禁制度正式生效以前犯贪污罪、受贿罪的被告人,依据旧法应当判处死刑立即执行而根据新法判处终身监禁可以罚当其罪的,适用新法第 383 条第 4 款的规定(新法较轻),即终身监禁新规具有溯及既往的效力。对于终身监禁制度正式生效以前犯贪污罪、受贿罪的被告人,根据旧法应当判处死刑缓期执行的,就不再适用新法第 383 条第 4 款关于终身监禁的规定(旧法较轻),即终身监禁新规不具有溯及既往的效力。[4]

2."终身监禁"适用重大立功的实践困境

根据《刑法修正案(九)》第 44 条与修正后的《刑法》关于终身监禁的立法规定,终身监禁

---

[1] 参见张开骏:《刑法修正得失与修正模式完善》,载于《东方法学》2016 年第 5 期。
[2] 参见黎宏:《终身监禁的法律性质及适用》,载于《法商研究》2016 年第 3 期。
[3] 参见姚建龙、李乾:《贪污受贿犯罪终身监禁若干问题探讨》,载于《人民检察》2016 年第 2 期。
[4] 参见欧阳本祺:《论〈刑法〉第 383 条之修正》,载于《当代法学》2016 年第 1 期。

是依附于死刑缓期与无期徒刑既有的刑罚执行制度的刑法立法规定而存在的特殊刑罚措施。由于死缓的非终局性的特征,终身监禁在刑罚实际执行的过程中,重大立功规定的适用一般需要从下列两个刑罚执行阶段分别进行区分与讨论:执行死缓两年考验期阶段与执行无期徒刑阶段。

(1) 死刑缓期二年执行期间的重大立功之适用争议

死刑缓期二年执行期间关于重大立功适用的争议焦点主要在于,终身监禁制度能否适用《刑法》第50条第1款关于死缓变更的相关规定?从《刑法》第383条第4款关于终身监禁的法律规定可以看出,终身监禁的实际执行是建立在贪污受贿犯罪死缓犯由死刑缓期二年执行期满依法减为无期徒刑后为前提。因此可以理解为,在《刑法修正案(九)》针对特重大贪污受贿犯罪增设终身监禁的立法规定之后,贪污受贿犯罪的被告人被人民法院判处死刑缓期执行时,存在同时决定适用终身监禁与不同时适用终身监禁两种不同的情况。然而,根据《刑法》第50条第1款的立法规定,对于判处死缓的犯罪人,处理结局存在四种情况:其一是罪犯在死刑缓期执行期间没有故意犯罪,二年期满后减为无期徒刑;其二是罪犯在死刑缓期执行期间确有重大立功表现,两年考验期满以后减为25年有期徒刑;其三是罪犯在死刑缓期执行期间故意犯罪并且情节恶劣的,经由最高法核准执行死刑立即执行;其四是罪犯在死刑缓期执行期间故意犯罪但情节不恶劣的,死刑缓期执行期间重新计算,仍会再次出现上述前三种结局的可能,故没有讨论的必要。[1] 从刑法解释的角度,终身监禁只有建立在上述第一种情形的基础上才得以适用,那么当死刑缓期执行两年考察期间罪犯具有重大立功表现时,是否能够排除终身监禁的适用?目前理论界与实务界存在否定论与肯定论两种不同的观点:

持否定论者主张被宣告终身监禁的罪犯在死刑缓期执行两年考验期内即使有重大立功表现也不能在死缓两年考验期满后减为25年有期徒刑从而排除终身监禁的适用。[2] 其主要理由是,终身监禁从立法原意上来看是基于慎用死刑的刑事政策而限制死刑立即执行的实际适用以及加大惩处特重大贪污贿赂犯罪的贪腐罪犯的力度。如果因贪腐死缓犯在死刑缓期执行期间有重大立功表现排除终身监禁的适用而减为25年有期徒刑,将违背终身监禁的立法目的,同时也会降低终身监禁的刑罚力度与威慑作用。[3]

持肯定论者主张被宣告终身监禁的罪犯在死刑缓期执行两年考验期内有重大立功表现则依法减为25年有期徒刑,不再存在"终身监禁,不得减刑、假释"的法定依据。其主要理由是,终身监禁制度并非《刑法》第50条第1款关于死缓变更的例外规定,终身监禁的实际执行以死刑缓期执行二年依法减为无期徒刑为前提,如果贪污受贿犯罪中的罪犯在死缓考验

---

[1] 参见张明楷:《终身监禁的性质与适用》,载于《现代法学》2017年第3期。
[2] 参见黄京平:《终身监禁的法律定位与司法适用》,载于《北京联合大学学报(人文社会科学版)》2015年第4期。
[3] 参见赵秉志、商浩文:《论死刑改革视野下的终身监禁制度》,载于《华东政法大学学报》2017年第1期。

期内因重大立功而依据《刑法》第50条第1款依法被减为有期徒刑,则失去了适用"终身监禁,不得减刑、假释"的法律前提,故不再适用终身监禁的立法规定。[1]

(2) 死缓依法减为无期徒刑后的重大立功之适用争议

死缓依法减为无期徒刑后关于重大立功适用的争议焦点主要在于,终身监禁制度能否适用《刑法》第78条关于减刑的相关规定？目前学界存在以下三种不同的观点：

否定说认为终身监禁制度关于"不得减刑"的立法规定是对于《刑法》第78条的例外规定。持否定说的学者主张,终身监禁制度的条文明确规定"死刑缓期执行二年期满依法减为无期徒刑后,终身监禁,不得减刑、假释",故"不得减刑"的终身监禁制度是对总则中减刑制度的立法规定的排除适用,没有减刑的可能性。易言之,立法确立的"终身监禁,不得减刑、假释"是对总则中第78条规定的减刑制度排除适用,即终身监禁制度是减刑制度的例外规定。[2]

肯定说认为终身监禁制度并非《刑法》第78条的例外规定。主要理由：根据适用减刑的立法规定以及总则对分则的指导作用,死缓犯在死刑缓期执行减为无期徒刑后有重大立功表现而减为有期徒刑不再具有适用终身监禁的法定前提,有利于对死缓犯的教育改造。[3]

折中说认为不得减刑的终身监禁制度是《刑法》第78条"可以减刑"的例外规定而非"应当减刑"的例外规定。主张折中说观点的学者主要以限制终身监禁适用的立场为出发点,同时兼顾《刑法》第383条关于终身监禁立法与第78条关于减刑立法之间的文义与内在逻辑。[4]

二、"终身监禁"困境的刑事政策释读

终身监禁制度之所以出现上述诸多理论争议与实践困境,其原因在于：部分学者没有从转型时期中国腐败犯罪治理的特殊语境与客观需要出发,对增设终身监禁的立法趋向进行符合时代背景的考察与理解,也没有超越纯粹古典自由主义刑法观,基于建构主义理性思维对刑事立法赋予过高期待,本能地倾向于以形式逻辑为基础的刑法内部视角,将刑法视为一个封闭、逻辑自洽的系统,通过演绎逻辑寻找客观法存在的法的内涵,导致终身监禁的理论研究陷入逻辑思辨、空泛化、片段化而忽视实用性的误区。诚然,刑法规范体系内在视角对于刑法理论研究具有不可或缺性,但是忽视刑事政策、社会背景等外在构造性因素对终身

---

[1] 参见黄京平：《终身监禁的法律定位与司法适用》,载于《北京联合大学学报(人文社会科学版)》2015年第4期。

[2] 参见欧阳本祺：《刑事政策视角下的刑法教义学》,北京大学出版社,2016年第1版,第343页。

[3] 参见黄京平：《终身监禁的法律定位与司法适用》,载于《北京联合大学学报(人文社会科学版)》2015年第4期。

[4] 参见张明楷：《终身监禁的性质与适用》,载于《现代法学》2017年第3期。

监禁刑事立法的影响也极为可能致使刑法条文与刑法理论脱节于社会的发展变迁。[1] 综观终身监禁的立法背景,实际上是治腐和死刑刑事政策刑法化的结果和表现。

(一)"终身监禁"是治腐刑事政策的立法体现

终身监禁制度产生于严重腐败犯罪治理的转型时期,具有明确的刑事政策导向。[2] 终身监禁作为现阶段腐败犯罪治理体系中一项惩治严重贪腐犯罪的刑罚制度,是现阶段"零容忍"反腐政策与"慎用死刑"政策平衡下的立法产物,具有从严惩治腐败犯罪与减少死刑的双重功能。

1. "终身监禁"是一种文明的腐败治理措施

终身监禁制度作为一种新的刑罚制度,其所体现的法治理念不应局限于刑法的框架视野内,而应当置于刑事政策视野以及国家治理体系的层面上。国家治理体系的构建以及国家治理目标的实现有赖于刑事政策的支持与融入。刑罚种类与执行方式的发展更新,是不同阶段与特定历史时期刑事政策与刑罚目的不断调整变化与具体灵活运用的直接结果。[3] 正如陈兴良教授所言,刑罚本身不仅是一个法律问题,而是一种社会治理方式,刑罚轻重的选择,与一个社会的政治理念密切相关。[4] 根据刑法规定的终身监禁制度,法官对于一些特别严重的贪腐分子,按照《刑法修正案(九)》之前的刑法规定本来应当判处死刑立即执行,但是基于慎用死刑的实行政策与终身监禁的制度设置可以判处贪污受贿犯罪的死缓犯终身监禁以替代死刑立即执行,使得贪腐罪犯的生命被保留,一定程度上减少了贪污受贿犯罪的死刑执行数量。由于终身监禁制度的存在,国家在贪污受贿犯罪的刑罚治理方式上也由剥夺生命向管理生命的方向进行调整转变。

终身监禁制度的死刑立即执行替代性功能能够一定程度上减少贪污受贿犯罪的死刑立即执行的实际执行数量,使得死刑立即执行逐渐成为严重贪污受贿犯罪备而不用、备而少用的死刑执行方式。相对于直接剥夺特别严重的贪污受贿犯罪分子的生命而言,终身监禁制度是一种相对文明的刑罚惩罚方式。终身监禁制度是刑事政策主导下的产物,是一种比直接剥夺犯罪人生命权更为文明的刑罚惩罚方式,既保留了贪腐罪犯的生命,同时也不会折损刑罚对于惩罚腐败犯罪所具备的威慑力。从这个意义上来说,这是现阶段"严格控制和慎重适用死刑"的死刑政策实际运行的结果,体现了国家治理方法的人性化与柔性化。就终身监禁制度而言,尽管没有直接剥夺犯罪特别严重的贪腐罪犯的生命,但是基于刑法目的角度,一方面利用长期监禁方式能够发挥对腐败犯罪从严治理的宣示与惩罚功能,另一方面"将牢底坐穿"的后遗效应对潜在的贪腐官员的威慑可能比死刑刑罚更为持久。换言之,国家基于慎用死刑的刑事政策对特别重大的贪污受贿犯罪分子的惩罚强度降低并不影响社会治理的实际效果。

---

[1] 参见劳东燕:《公共政策与风险社会的刑法》,载于《中国社会科学》2007年第3期。
[2] 参见刘艳红:《终身监禁的价值、功能与适用》,载于《人民法院报》2016年10月12日第2版。
[3] 参见周光权:《刑法学的向度》,中国政法大学出版社,2012年版,第7页。
[4] 参见陈兴良:《刑事法治论》,中国人民大学出版社,2007年版,第129页。

终身监禁制度契合了现阶段"推进国家治理体系和治理能力现代化"的政策目标。[1]在高压反腐与慎用死刑的双重背景下,终身监禁制度符合现代文明的治理理念,符合我国现阶段的具体国情以及民众对于重刑反腐的内心期许,在调整贪污受贿罪的刑罚结构、压缩死刑立即执行的适用空间、降低死刑实际执行的数量、引导死刑民意等方面都具有重要的作用与价值。终身监禁制度作为一种慎用死刑刑事政策的策略,有利于进一步深化我国现阶段死刑政策的内涵,以司法层面减少适用死刑立即执行刑罚为切入点,为将来从立法层面彻底废除贪污受贿犯罪的死刑罪名奠定基础。在笔者看来,终身监禁制度是"推进国家体系和治理能力现代化"的政策背景下国家治理体系中的重要组成部分,同样也是国家治理体系之刑事治理的重要立法举措。终身监禁制度作为一种特殊刑罚方式,从现阶段的特殊背景与刑事政策视角来看,同样也是一种相对文明的刑事治理方式。在现阶段我国不宜废除贪污罪、受贿罪死刑与从严反腐的实际背景下,终身监禁制度的文明性不仅体现在刑罚权的收缩与社会治理目标的高度契合,更体现在对于人权特别是生命权的切实保障与重视以及贪污受贿犯罪死刑执行方式从剥夺生命向管理生命这一相对文明的刑罚治理方式的过渡与转变。

2."终身监禁"是"零容忍"背景下不得已的刑事立法举措

终身监禁制度是从严反腐的刑事政策与慎用死刑的刑事政策平衡下的制度产物。在现阶段中国运动式反腐如火如荼开展以及贪腐大案要案接连不断涌现的背景下,无论是基于"乱世用重典"的法传统思维还是基于从严惩治腐败犯罪的社会民众现实呼声,党和国家针对腐败犯罪的刑事治理习惯于采用严厉的刑事政策。[2]立法者之所以选择在近年来司法实践中死刑立即执行较少适用、社会民众呼声强烈的贪污受贿犯罪中确立终身监禁制度作为死刑立即执行的替代性措施,具有不得已性。终身监禁制度是特殊社会阶段不得已的刑事立法举措,是不得已的刑罚制度选择。

终身监禁制度是重刑反腐背景下一种不得已的选择。现阶段腐败犯罪盛行并非由于刑法规定不够完善、刑罚不够严厉,其根本性原因在于国家权力得不到有效的监督与约束。刑罚只是一种事后的应对腐败犯罪的制裁手段,依靠重刑惩治腐败犯罪,并不能从根源上解决腐败犯罪问题。正如中央高层所说,党风廉政建设与反腐败斗争具有长期性、复杂性以及艰巨性的特点。反腐败要坚持标本兼治的方针,当前反腐还处于治标阶段,需要为治本赢得时间。终身监禁制度是反腐治标阶段重刑反腐体系中的重要一部分,是治标阶段的不得已的选择。正如前文所述,终身监禁制度是从严反腐刑事政策的立法举措。然而,从严反腐并非预防腐败犯罪、国家腐败治理的治本之策,而仅仅是利用重刑的威慑性惩治腐败犯罪的治标手段。预防腐败犯罪与国家腐败治理的根本途径在于国家制度的改革与构建,通过制度性的改革真正将权力关进制度的笼子里。因此,终身监禁制度是国家反腐治标阶段一种不得已的重刑反腐手段,是从严反腐刑事政策下的特殊刑罚选择。

---

[1] 2013年中共十八届三中全会通过了《中共中央关于全面深化改革若干重大问题的决定》,其中重点提到了"推进国家治理体系和治理能力现代化"的目标。

[2] 参见何荣功:《"重刑"反腐与刑法理性》,载于《法学》2014年第12期。

(二)"终身监禁"是死刑刑事政策的立法体现

终身监禁的刑事立法与其所处的特定时代背景具有紧密联系,具有从严惩治腐败犯罪、回应民意、控制死刑立即执行实际数量、平衡刑罚结构等功利性目的。终身监禁制度与其说是一种新的刑罚制度,不如说是国家的一种有意的制度性设计或策略性选择,在"慎用死刑"刑事政策背景下具有积极意义。

1."终身监禁"是一项改善刑罚结构的立法举措

终身监禁制度是《刑法修正案(九)》确立的一项全新的刑罚制度,其主要针对的问题之一是我国刑法长期以来存在的"死刑过重、生刑过轻"的不合理的刑罚结构。正如有学者所言,从刑法条文的规定上来看,我国刑罚体系中的死刑立即执行、死刑缓期执行、无期徒刑、有期徒刑似乎能够合理有序地从重到轻衔接起来,但是由于减刑、假释的存在,实际上死刑立即执行与死缓、无期徒刑、有期徒刑之间存有巨大的鸿沟。[1] 这里的"死刑过重、生刑过轻"主要是指在刑罚实际运行的过程中死刑与生刑之间的轻重失衡,具体表现为死刑立即执行与死缓、无期徒刑在刑罚实际运行中出现衔接断裂,特别是一些司法机关在刑罚执行过程中对减刑、假释把握过于宽松,甚至出现违法适用减刑、假释等现象,致使一些因严重犯罪而被判处死缓、无期徒刑的犯罪分子实际监禁的时间过短,与死刑立即执行直接剥夺生命的法律后果相比,一死一生之间,轻重悬殊,严重妨碍刑罚功能的有效发挥。[2] 在这样的情形下,由于死缓与无期徒刑在刑罚执行阶段实际执行的期限过短,导致被害人与社会民众对司法公正产生质疑以及对死刑特别是死刑立即执行的刑罚产生依赖心理。由此,不合理的刑罚结构势必要进行调整与改革,根据《刑法修正案(八)》与《刑法修正案(九)》对刑罚体系与结构进行修正的具体内容来分析,刑罚结构调整的主要趋势是:"减少死刑,加重生刑"。

从《刑法修正案(八)》增设死缓限制减刑制度到《刑法修正(九)》增设终身监禁制度,其"逐步减少死刑、合理加重生刑"的立法意图十分明显。随着终身监禁制度在贪污罪、受贿罪刑法条文中的确立,贪污受贿犯罪的死刑刑罚结构形成以下形态:死刑立即执行——终身监禁——死刑缓期执行。从死刑刑法结构形式层面上来看,增设终身监禁制度的立法举措表面上看似使贪污罪、受贿罪的刑罚结构更加偏向重刑化,违背了刑罚轻刑化的历史发展趋势。然而,在死缓制度基础上增加终身监禁制度,一方面是为了回应"零容忍"反腐败背景下从严惩治腐败犯罪的政策要求,另一方面实则通过延长生刑的方式压缩死刑立即执行的适用空间,从而达到减少死刑的立法目的。不可否认的是,对比国外一些国家的刑罚规定,我国的刑罚结构整体偏重,但是在刑罚执行过程中始终存在"死刑过重、生刑过轻"的结构性缺陷。贪污罪、受贿罪作为典型的非暴力性、贪利性犯罪,如果针对特别严重的贪污受贿犯罪增设的终身监禁制度并不能在替代死刑立即执行的框架内实际运行,则必然导致保留贪污罪、受贿罪死刑的基础上又增加新的重刑刑罚制度,事实上沦落为重刑反腐的窠臼。现阶段

---

[1] 参见郑丽萍:《中国刑罚改革的系统性思路与进路》,载于《法学评论》2010年第6期。
[2] 参见陈兴良:《犯罪范围的扩张与刑罚结构的调整——〈刑法修正案(九)〉述评》,载于《法律科学(西北政法大学学报)》2016年第4期。

我国之所以提出加重生刑，主要是与减少死刑相联系的，无论是死缓限制减刑还是终身监禁制度，都是为了以加重生刑的方式作为减少死刑的条件，起到死刑立即执行的替代措施作用。如果不通过加重生刑的方式直接能够减少死刑，那么加重生刑则不具有合理性。然而，在全社会对死刑威慑性还非常依赖、短时间内还不能彻底废除死刑的情况下，通过加重生刑的立法策略减少死刑的实际适用具有其相对的合理性与正当性。[1] 终身监禁制度即是这种背景下"减少死刑"的立法举措，其通过终身监禁的方式作为一个说服社会公众的理由，达到减少死刑（死刑立即执行）的目的。

正如有学者所言，终身监禁制度迎合了反腐政策的需要，具有强化对腐败犯罪的威慑力效果，能够改善我国刑罚体系中存在的"死刑过重、生刑过轻"的现实局面，有利于从严惩处特重大贪污受贿分子，与我国当下反腐高压态势、对腐败犯罪零容忍的背景相对应。[2] 在从严反腐的刑事政策与慎用死刑的刑事政策双重背景下，终身监禁制度具有改善不合理刑法结构的作用。终身监禁制度作为一种新的刑罚制度与特殊的死刑执行方式，一方面能够减少贪污罪、受贿罪死刑立即执行的适用空间，符合慎用死刑的刑事政策要求；另一方面能够增强死缓制度的严厉性，有利于发挥刑罚的犯罪预防功能，使腐败特别严重的贪腐罪犯面临着"将牢底坐穿"的终身监禁刑罚惩罚，有利于告诫潜在的贪腐官员及时悬崖勒马，减少严重腐败犯罪的发生。笔者赞同前述中间刑罚性质的观点，即终身监禁的刑罚严厉性介于死刑立即执行与死刑缓期执行之间，这使得死刑制度具有可分性，有利于在遵循罪刑相适应的刑法基本原则的前提下实现刑罚的个别化。

2. 终身监禁是进一步执行死刑政策的立法举措

现阶段我国的死刑政策是"保留死刑并严格限制控制死刑适用"。由于死缓制度自身的局限性以及刑罚执行过程中的异化，死缓制度在减少、控制死刑立即执行的司法适用上受到民众的质疑越来越多。特别在重大贪污受贿犯罪中，基于慎用死刑的刑事政策，司法实践中一般将本该判处死刑立即执行的贪腐罪犯适用死缓刑罚，然而在刑罚执行中的不合理的减刑、假释，使得社会民众诟病颇多。在厉行反腐的背景下，终身监禁制度的立法举措既满足了从严惩治腐败犯罪的需求，同时也发挥了减少死刑立即执行实际适用的作用。终身监禁制度是宽严相济的刑事政策下"从宽"的刑罚制度，是慎用死刑的刑事政策背景下的创新立法措施，有利于引导死刑民意，为中国未来逐步废除死刑奠定基础。

终身监禁制度是一种强化死刑政策的策略。慎用死刑的刑事政策是党和国家制定的对死刑立法设置与司法适用具有普遍指导意义的路线与方针。慎用死刑是符合我国社会实际与法治发展进步的必然选择，是贯彻宽严相济基本刑事政策的具体体现。[3] 终身监禁制度作为慎用死刑刑事政策下的制度产物，是贯彻慎用死刑的刑事政策的一种策略性的刑事立

---

[1] 参见张明楷、陈兴良、车浩：《立法、司法与学术——中国刑法二十年回顾与展望》，载于《中国法律评论》2017年第5期。

[2] 参见刘霜：《终身监禁的法律定位研究》，载于《西部法学评论》2017年第1期。

[3] 参见赵秉志：《关于中国现阶段慎用死刑的思考》，载于《中国法学》2011年第6期。

法举措。这种死刑制度的策略性具体体现如下：其一，终身监禁制度是减少死刑立即执行适用的创新措施。终身监禁制度的存在有利于降低死刑立即执行的适用空间，作为死刑立即执行的替代性刑罚措施。在保留贪污罪、受贿罪死刑的前提下，对本该判处死刑立即执行的特别严重贪污受贿犯罪适用终身监禁刑罚，能够实质上减少死刑立即执行的实际执行数量。其二，终身监禁制度是通过司法途径限制死刑的重要方式。限制死刑适用有司法、立法两种途径，从立法上限制死刑固然具有立竿见影的效果，但死刑改革并不仅仅是一个法律问题，还包括政治、民意等各方面的因素，因此具有很大的难度。而从司法层面限制死刑的适用，具有个案性且影响面较小，易于操作与实施。终身监禁制度可以绕开"贪腐废死"的反对声，通过减少死刑立即执行适用的实际效果引导死刑民意，为立法层面彻底废除贪污罪、受贿罪的死刑创造条件。[1]理应承认，终身监禁制度具有贪污受贿犯罪死刑立即执行的刑罚替代措施作用，对于在司法上限制贪污受贿犯罪死刑立即执行具有重要的现实价值。其三，终身监禁制度是中国未来逐步废除死刑的重要立法举措。"逐步减少适用死刑罪名"是党在死刑改革领域明确提出的主张。在慎用死刑的刑事政策的背景下，未来立法扩大终身监禁制度适用范围，特别是适用于短时间内难以废止死刑的罪名上，有助于切实减少与控制死刑的实际适用，推动死刑制度的深层次改革。同时在保留死刑的前提下通过终身监禁的方式限制死刑适用，有助于引导死刑民意，让民众更易于接受从而促进死刑制度更平稳地进行改革，为全面废除死刑铺平道路。

3. "终身监禁"是现阶段废止死刑适用罪名的过渡性措施

作为典型的非暴力、贪利性的贪污受贿犯罪，贪污罪、受贿罪的死刑在未来的刑事立法中必然被废止，但是基于现阶段的整体政治形势与社会民意，短时间内立即废除贪污罪、受贿罪的死刑不切实际。在废除贪污受贿犯罪死刑罪名的进程中，终身监禁宜定位于死刑废止的过渡性措施。所谓过渡性措施，即在废除死刑的发展进程中，在保留死刑与废除死刑两个不同的阶段之间发挥着过渡性刑罚作用的措施。当贪污受贿犯罪的死刑适用罪名通过刑事立法被废除之后，作为废止死刑过渡性措施的终身监禁制度即完成废除死刑的历史使命，彻底退出历史舞台。作为废止死刑的过渡性措施，终身监禁制度通过加重生刑的方式达到减少死刑的目的，具有引导死刑民意的实际价值。当贪污罪、受贿罪的死刑被废止后，终身监禁制度不再具有制度存在空间，同时由于其本身所具有的严酷性特点不再具有正当性与合理性。由此可以看出，终身监禁制度是现阶段不得已的刑罚措施，在完成废止死刑的目的后，作为过渡性措施将不再具有存在的正当性与合理性，最终伴随着死刑同时被废除，一并退出历史舞台。建立在死缓制度上的终身监禁制度对于限制减少死刑的适用具有试验田的价值，可以在以后的立法中扩大适用到其他一些短时间内难以废除死刑的罪名当中，有助于切实减少相关罪名死刑立即执行的适用，从而减少我国的死刑实际执行数量。

---

[1] 参见梁根林：《刑事制裁：方式与选择》，法律出版社，2006年版，第208页。

三、刑法体系化适用下"终身监禁"之司法改善

终身监禁的刑法适用需要基于体系化思维考量,从而避免个案适用时片面、孤立地理解适用法律条文。一方面,终身监禁的立法规定仅为整个刑法体系和刑罚体系及制度中的一部分,需要刑法总则规定予以指导,在终身监禁的规定不符合总则规定时,需要总则规定对分则规定予以补充、限制和修正。[1] 另一方面,刑法的体系适用并非封闭、自洽的逻辑推导,刑事政策能够对刑法适用进行合目的性的价值引导,终身监禁制度的司法适用需要刑事政策的襄助,须将刑事政策的考虑融入终身监禁制度的刑法解释当中。因此,在体系化思维的视野下,终身监禁制度的体系化适用,不仅依赖于刑法体系内部的刑法总分则关系的系统化理解,而且依赖于刑法体系外刑事政策、立法目的等外在构造性因素的合目的性引导。

(一)"终身监禁"溯及力问题之路径选择

终身监禁的溯及力问题之所以出现解释路径上的分歧,其主要原因在于对从旧兼从轻原则中的"从轻"判断存有实质分歧。概言之,终身监禁新规到底有无溯及力,分歧的焦点是拿终身监禁与何种刑罚相比较。若将其与死刑立即执行比较的话,得出的结论是修正后的终身监禁新规有溯及既往的效力;若将其与一般的死刑缓期二年执行相比较的话,得出的结论是修正后的终身监禁新规不具有溯及既往的效力。

根据《刑法修正案(九)》前后的新旧法对比,贪污受贿犯罪的死刑标准由修正前的"个人贪污受贿数额在十万元以上、情节特别严重的,处死刑,并处没收财产"变为修正后"贪污受贿数额特别巨大,并使国家和人民利益遭受特别重大损失的,处无期徒刑或者死刑,并处没收财产"。持终身监禁新规具有溯及既往的效力观点的学者正是基于这种改变认为修正后的刑罚处罚较轻,即新法的法定刑整体上轻于旧法的法定刑,从而修法后的规定更加有利于被告人。本文认为,按照法律以及司法解释的规定以法定刑作为判断标准无疑是正确的,但是终身监禁溯及力问题"从轻"判断的复杂性在于《刑法修正案(九)》对贪污受贿犯罪的刑罚修改整体上并非呈现"单调递减"趋势,而是存在有增有减的多元化改变的特征。上述的判断标准忽视了终身监禁加重刑罚的一面,新法的法定刑整体上轻于旧法的法定刑的结论具有一定的合理性,但是并不绝对。因此,法定刑标准说并不能有效解决终身监禁新规能否溯及既往问题。否定终身监禁具有溯及力的学者"处罚较轻"的判断标准则发生了改变。其将修正前贪污受贿犯罪的死刑刑罚模式概括为"死刑立即执行——死刑缓期执行",将修正后的贪污受贿犯罪的死刑刑罚模式概括为"死刑立即执行——死刑缓期执行+终身监禁——死刑缓期执行"。[2] 否定论者认为在贪污受贿犯罪普遍不判死刑立即执行的背景下,终

---

[1] 参见石经海:《故意伤害"轻伤与否"定性共识的刑法质疑——以刑法总分则关系下的完整法律适用为视角》,载于《现代法学》2017年第3期。

[2] 参见赵赤:《〈刑法修正案(九)〉中的终身监禁制度探析》,载于《净月学刊》2016年第3期。

身监禁实际上加大了处罚力度,因此不符合有利于行为人的从轻原则。这种判断是建立在贪污受贿犯罪不会出现死刑立即执行判决的前提下,因而不符合我国刑法在贪污受贿罪中保留死刑(必然包含死刑立即执行)的现状,同时忽视了慎用死刑的刑事政策的引导作用。

正如前文所述,修正后的贪污受贿犯罪的死刑刑罚模式概括为"死刑立即执行——死刑缓期执行+终身监禁——死刑缓期执行",终身监禁制度的刑罚严厉性介于死刑立即执行与一般死缓之间,具有中间刑罚属性。从刑事政策视角进行分析,终身监禁制度具有两种解释路径。具体来说,就从严反腐的刑事政策视角而言,终身监禁制度体现的死缓制度从严的一面,由此形成"一般死缓+从重情节=终身监禁"的递进式径路。从慎用死刑的刑事政策视角进行分析,终身监禁作为死刑立即执行的替代性措施针对的是本应该适用死刑立即执行的死刑执行方式,体现的是死刑制度从宽的一面,由此形成"死刑立即执行+从宽情节=终身监禁制度"的收缩式径路。如果采用终身监禁刑法适用上的递进式径路,终身监禁事实上适用于本应当判处死缓的情形。然而递进式的解释路径既不符合基于慎用死刑的刑事政策精神通过终身监禁替代死刑立即执行适用的立法原意,导致贪污罪、受贿罪的刑罚结构更加偏向重刑化从而违背刑罚轻缓化的发展趋势,同时背离了增设终身监禁的立法理由以及相关司法解释条文的内在逻辑关系,〔1〕故为本文所不取。若采用收缩式的解释径路,终身监禁制度作为死刑立即执行的替代性措施能够事实上压缩死刑立即执行的适用空间,符合"减少死刑、加重生刑"的刑罚调整思路以及终身监禁与死刑立即执行、一般死缓制度之间的逻辑关系。就终身监禁新规溯及力的"处罚较轻"的判断,宜采用收缩式的解释径路,即对于在终身监禁制度设置之前犯贪污罪、受贿罪,根据修法前的刑法应当判处死刑立即执行时,才能基于处罚较轻适用终身监禁新规。终身监禁的适用前提是"判处死刑立即执行的案件",其解释路径不仅是基于刑事政策的考量,同时也符合立法目的、法律条文及相关司法解释的体系性理解,〔2〕即"本应当判处死刑的"指的是判处死刑立即执行,不包含判处死缓的情形。故本文认为,终身监禁只有在本应当适用死刑立即执行情形时才具有溯及力;对于本应当适用死缓的情形,因不符合"从轻"的判断而不具有溯及既往的效力。

(二)"终身监禁"适用重大立功制度之辨正

对于被判处终身监禁的特重大贪污受贿犯罪死缓犯,能否适用重大立功的规定予以减刑从而排除"不得减刑"的终身监禁制度,〔3〕需要结合刑事政策与刑法体系进行分析。根据终身监禁制度条文规定,终身监禁的实际执行须以"死刑缓刑执行二年期满依法减为无期徒

---

〔1〕《最高人民法院、最高人民检察院关于办理贪污贿赂刑事案件适用法律若干问题的解释》第4条第1款、第2款、第3款分别规定的是死刑立即执行、一般死缓、终身监禁的情形,按照条文逻辑,第3款终身监禁的规定应当以第1款死刑立即执行作为适用前提,而不是以一般死缓作为适用前提。

〔2〕《最高人民法院、最高人民检察院关于办理贪污贿赂刑事案件适用法律若干问题的解释》第4条第3款中规定的"符合第一款规定情形的"显然是指符合判处死刑立即执行规定的情形。

〔3〕《最高人民法院关于办理减刑、假释案件具体应用法律的规定》第15条规定:"对被判处终身监禁的罪犯,在死刑缓期执行期满依法减为无期徒刑的裁定中,应当明确终身监禁,不得再减刑或者假释。"

刑"为前提。不得减刑、不得假释的终身监禁虽然是判决时同时宣告的,但是其实际执行阶段是无期徒刑阶段。

对于执行死缓考验期阶段能否适用重大立功制度,最高院的意见是"为强化终身监禁的执行刚性,终身监禁将不适用刑法总则关于死缓执行期间有重大立功表现减为二十五年有期徒刑的规定";"一、二审作出死缓裁判的同时应当一并作出终身监禁的决定,而不能等到死缓执行期间届满再视情况而定,以此强调终身监禁不受执行期间重大立功等服刑表现的影响"。[1] 笔者认为上述观点值得商榷,死缓犯在死刑考验期满减为无期徒刑或者25年有期徒刑与"不得减刑"中的减刑并不是同一概念。虽然刑法理论上减刑概念有广义上减刑和狭义上减刑的区分,[2] 但是死缓考验期满后减为无期徒刑或者25年有期徒刑情形并不属于终身监禁"不得减刑"中的"减刑"概念,终身监禁制度中的不得"减刑"概念对应的并不包含《刑法》第50条第1款的规定,而仅对应的是《刑法》第78条的减刑规定。主要理由:(1)根据终身监禁的立法条文,"不得减刑"是以"死刑缓期执行二年期满依法减为无期徒刑后"为前提条件,如果认为被判处终身监禁的罪犯在死缓考验期满只能减为无期徒刑,不符合死缓变更制度的规定,否则,罪犯在死缓考验期内故意犯罪,情节严重的,也只能减为无期徒刑,这显然不符合刑法的体系性解释;(2)"不得减刑"中的减刑概念应当以狭义上的减刑概念理解,如果"不得减刑"适用在死缓考验期内,那么被判处终身监禁的罪犯将永远处在死缓缓期执行状态,显然不能如此理解;(3)终身监禁制度不是死缓变更制度的例外规定,如果排除适用《刑法》第50条第1款的规定就是"违法"减为无期徒刑,不当地割裂了总则与分则的内在联系;(4)终身监禁与死缓限制减刑的立法形式极其相似,从法条内容的表述上来看,死缓限制减刑与终身监禁的规定一样,限制减刑并不是在死缓两年考验期期满后决定,同样是在宣告死缓时人民法院根据犯罪情节同时决定适用限制减刑,显然"限制减刑"中的减刑概念应当是《刑法》第78条关于减刑的规定。因此,被同时宣告终身监禁的死缓犯在死缓考验期内可以适用重大立功的规定减为25年有期徒刑,从而使"不得减刑、不得假释"的终身监禁制度失去法律适用的基础。

对于无期徒刑执行阶段是否适用重大立功制度,笔者基于现阶段具体刑事政策以及立法目的的考量持否定意见。主要理由是:终身监禁作为死刑立即执行的替代性措施,是从严反腐的刑事政策与慎用死刑的刑事政策平衡下的一种不得已的策略性规定,其主要目的是为了限制贪污受贿犯罪的死刑立即执行的适用以及引导死刑民意,从而为未来在立法上废除贪污罪、受贿罪的死刑做铺垫。如果允许在无期徒刑执行阶段适用重大立功减为25年有期徒刑从而排除终身监禁制度的实际适用,在现阶段的整体形势与高压反腐态势下,一定程度上将折损终身监禁制度的刑罚力度以及弱化厉行反腐的决心。因此,本文基于现阶段刑

---

[1] 参见裴显鼎等:《〈关于办理贪污贿赂刑事案件适用法律若干问题的解释〉的理解与适用》,载于《人民司法(应用)》2016年第19期。

[2] 广义的减刑包括《刑法》第50条规定的死缓变更为无期徒刑、二十五年有期徒刑的情形,狭义的减刑概念单指《刑法》第78条规定的减刑。

事政策以及增设终身监禁策略性目的的角度,终身监禁中"不得减刑"是《刑法》第 78 条的例外规定,被判处终身监禁的贪腐罪犯在减为无期徒刑后不能适用重大立功的规定从而排除终身监禁的实际执行。虽然现阶段基于从严惩治腐败犯罪的考量,尚不具备适用重大立功而规避终身监禁的外在氛围与条件。但是随着反腐制度的完善、重刑惩治腐败犯罪的民意诉求降温,在短时间内尚不能彻底废除贪污罪、受贿罪死刑的情况下,建议选择适当时机缓和终身监禁的执行刚性,给予重大立功制度适用于无期徒刑执行阶段的空间。

我国腐败犯罪刑事治理的困境及其破解之道
——基于刑事政策的实践反思

刘春花*

2016年杭州G20峰会上一致通过了《二十国集团反腐败追逃追赃高级原则》，致力于打造一个"零容忍""零漏洞""零障碍"的反腐败国际追逃追赃合作体系。而就在同年4月18日，《最高人民法院、最高人民检察院关于办理贪污贿赂刑事案件适用法律若干问题的解释》正式施行，为《刑法修正案（九）》所采取的"概括模式"进行了可操作性的细致规定。这些重大举措均是为了适应反腐工作深化的要求，为惩腐肃贪提供刑事法治保障，也是对十八大以来党中央"零容忍"反腐败政策的立法和司法回应。刑事政策是刑事法治的"灵魂"，反腐败的刑事政策选择必然反映国家惩治腐败犯罪的立场，对反腐实效产生巨大影响。中央近来提出"老虎苍蝇一起打""受贿行贿一起抓"的反腐策略，毫无疑问，我国现阶段反腐将继续秉持"零容忍"的政策。然而，官场"染缸效应"的裂变式扩散、"窝案"多发等严峻现实，令人不禁怀疑，真的对腐败"零容忍"了吗？"零容忍"反腐刑事政策如何才能真正贯彻落实？本文试图探讨腐败犯罪刑事治理的困境和出路，以期对我国反腐效能的提高有所裨益。

一、腐败与反腐败：概念界定与政策选择

什么是腐败？《辞海》《古代汉语词典》将其解释为朽烂、败坏。[1]《牛津法律大辞典》《元照英美法词典》认为其意指堕落、腐化、败坏，对corruption的同根词corrupt的解释为：（1）使在血统上变得污贱；（2）使堕落、向行贿。[2] 值得指出的是，中文词典中的定义对腐败没有进行明确的道德评判，而英文词典则表明了强烈的道德否定感。

对于同一情况的"腐败"判断，因着不同的文化和历史背景，不同的国家给出的结论并不

---

* 江苏大学法学院副教授，法学博士，华东政法大学博士后，美国加州大学伯克利分校法学院访问学者，研究方向为刑法学、刑事政策学。基金项目：司法部法治建设与法学理论研究部级科研项目"网络时代贪污贿赂犯罪的量刑公信力问题实证研究（14SFB30017）"。

[1]《辞海》的解释引用《汉书·食货志上》："太仓之粟，陈陈相因，充溢露积于外，腐败不可食。"（《辞海》，上海辞书出版社，1989年版，第970页）；"腐败"在《古代汉语词典》中不是一个词，而是分开作为两个词，"腐"是烂、朽烂，引用《荀子·劝学》："肉腐出虫，鱼枯生蠹"。《后汉书·翟酺传》："至仓谷腐而不可食"。"败"为毁坏，败坏，引申为食物腐败，变味变质。（《古代汉语词典》，商务印书馆，2005年版，第432、435页）

[2]"corruption"指从原本纯洁的状态中发生的堕落，参见戴维·M. 沃克：《牛津法律大辞典》，光明日报出版社，1989年版，第213页。"corruption"：堕落、腐化、败坏，尤指通过贿赂诱使公职官员背离职守，参见《元照英美法词典》，法律出版社，2003年版，第328页。

相同。例如政党竞选获胜后可以公开利用公权答谢支持者,如任命驻外使节、政务官或者馈赠政府工程项目,西方国家将其视为合法的政治传统,不属于腐败的范畴,但在许多发展中国家,这类行为就属于严重的腐败、典型的权钱交易。不仅如此,就是在同一特定文化内,不同的群体对腐败也有不同理解。如在我国,特权办事、公款吃喝、公车私用、托关系、送红包等行为,已被视为公开的"潜规则",普通公众对此并非都持反对态度,而是"羡慕、嫉妒、恨"的复杂情绪。"腐败"一词还有所谓"享受生活"的网络新解。

在我国刑法典上,没有"腐败犯罪"一词,只有"贪污贿赂罪""渎职罪"。传统意义上,"公共权力的非规范非公共运用是腐败行为的核心"[1],腐败犯罪的核心是公职人员滥用公权。在古代,对贪官污吏严厉惩处是封建王朝稳固民心的政治传统。中华法系之代表法典《唐律》中规定贪贿犯罪一般要比照普通百姓的盗窃罪加重二等、三等处罚。新中国成立后,仍然遵循"重典惩腐"的思路。贪污罪是最早立法的罪名,最高可处以死刑,三反五反中刘青山、张子善案被称为新中国"反腐第一刀",取得了全国性的震慑和警示作用。[2] 1979 年刑法典虽然整体刑罚力度趋向轻缓,但贪污罪仍可处死刑,后来开展"严打"运动,受贿罪也被提高至死刑封顶。即使现今国家以宽严相济为基本刑事政策,对于腐败犯罪仍是坚持严厉的刑事政策。2010 年 2 月 8 日,最高人民法院发布《关于贯彻宽严相济刑事政策的若干意见》,其中有关从"严"的政策要求对于腐败犯罪的说明篇幅最大,不仅明文指出了必须从严惩处的腐败犯罪的类型和发生领域,还特别强调从严掌握职务犯罪减轻处罚、缓刑与免除处罚的适用。特别是十八大以来,我国反腐进入新常态,"内外并举""虎蝇同打",其核心是要求对腐败犯罪"零容忍",既要查处领导机关和领导干部中的严重腐败案件,也要解决群众身边的腐败问题。

二、反腐败刑事政策"异化"的实践样态及危害

纵观我国在世界上的清廉指数排名从二十年前的排名倒数地位到如今位列中游,不可否认,反腐败工作取得了长足的进步。然而,令人忧心的是,随着曝光的腐败人数和犯罪金额的增多,社会上存在"越反越腐"的民意困境[3]。"零容忍"反腐刑事政策在实践中已经发生了某种程度的"异化",甚至变成了"有限容忍"或者叫做"厉而不严"。[4]

(一) 在立法上,重典反腐,但刑事法网并不严密,弱化了犯罪惩处效果

"重典"体现在法定刑方面:十三种贪污贿赂犯罪类型中,法定最高刑为死刑的罪名包括两种,即贪污罪和受贿罪。横向比较,当前只有极少数国家对腐败犯罪可判处死刑。对非

---

[1][2] 王沪宁:《反腐败——中国的实验》,三环出版社,1990 年版,第 7 页。
[3] 解冰、康均心:《反腐败刑事政策中的民意考量》,载于《管理世界》2010 年第 1 期。
[4] 也有学者从另一个角度指出,我国惩治贪污贿赂犯罪的刑事政策模式是"厉而不严",司法运行大体上是"不严不厉"。参见孙国祥:《我国惩治贪污贿赂犯罪刑事政策模式的应然选择》,载于《法商研究》2010 年第 5 期。

暴力的职务性经济犯罪排斥死刑是多数国家的共识。实践检验，死刑无法阻挡"前腐后继"，相反，共同犯罪的"窝案"（"集体腐败"）增多，贪官的级别和金额节节攀升，说明重刑威慑力有不逮。立法保留死刑对于腐败犯罪的政策宣示是严厉的，而政策执行显然有很大差距。实践中对严重的腐败犯罪逐渐容忍不适用死刑，除了极少数有其他特别严重情节之外，贪污受贿上千万元而没有被判决死刑的案件相当普遍。

刑事法网不严密主要指：第一，犯罪构成要件某些要素的设置不恰当地提高了入罪门槛，缩小了防卫范围。"为他人谋取利益""为谋取不正当利益"分别作为受贿罪和行贿罪的构成要件要素，这种对主观意图的规定提高了入罪门槛，也造成诉讼证明上的困难。第二，以犯罪数额及情节作为处罚标准导致司法量刑情节与立法定罪要件的混同。贪贿犯罪的罪质特征是公职的廉洁性和不可收买性，而立法规定的数额底限则混淆了罪质特征与一般特征之间的关系。数额和情节标准在司法实践中的刚性掌握更会使得人们产生一种错觉，误认为一定数额的贿赂是我国法律所允许的，腐败分子在这种立法安排之下就有了一个相对明确的心理预期。[1]第三，利用影响力受贿罪主体的列举，实际上使入罪标准变窄，大量的实质性的影响力交易行为逃脱了法网。构成要件规定的不科学也直接导致了反腐败国际司法合作的被动。[2]

（二）在司法上，"选择性执法"现象严重，导致了犯罪黑数的不当扩大

自20世纪80年代起，面对腐败犯罪的高发态势，我国一直实施"抓大放小"的反腐策略。1982年公布的《关于打击经济领域中严重犯罪活动的决定》规定，"对于一般案件和重大案件，重点抓重大案件""要集中力量抓紧处理大案要案"。在当前反腐败的严峻形势下，将集中力量查办大案、要案作为反贪工作的基本策略是对于有限的司法资源的优化配置，但是不少地方把狠抓大案要案等同于放弃"查处小案"，致使大量贪污贿赂因为尚属"小案"而被人为放纵，大量的"犯罪黑数"被隐藏了起来，严重影响了惩治腐败的整体效果。2005—2009年，全国被判决有罪的职务犯罪被告人中，判处免刑和缓刑的共占69.7%，而同期检察机关对职务犯罪案件的抗诉率仅为2.68%。[3]

早在10年前就有地方以集中力量查办大案要案为由，擅自从内部提高立案标准，规定受贿五万元以下的一律不予查处。[4]据统计，有地方大案占办案比例达80%，甚至100%。[5]司法的"地方经验"中的"廉政账户"[6]，一度被称为官员拒绝腐败的"绿色通

---

[1] 卢建平、郭建：《中国贿赂犯罪立法之缺陷与完善》，载于《河北法学》2006年第12期。
[2] 赵秉志：《中国反腐败刑事法治领域中的国际合作》，载于《国家检察官学院学报》2010年第5期。
[3] 于杰：《上级检方同步审查 职务犯罪一审判决》，载于《京华时报》2010年11月19日第3版。
[4] 苏丹丹、段宏庆：《广东东莞海关集体受贿案涉案人员多数被轻判》，载于《财经》2005年11月4日。
[5] 据报载，某地一检察院从2006年初至2007年6月，共立案侦查职务犯罪案件25件25人，100%为大案。参见卢志坚等：《扬州广陵：反贪工作五个"百分百"》，载于《检察日报》2007年7月23日第5版。
[6] 各地特设的"拒礼拒贿资金账户"，如"581"（我不要）账户，"510"（我要廉）账户，各地名称不一，但用途相同，即凡是收了不正当钱财的人，可以交到纪委开设在银行的"廉政账户"中去。廉政账户的工作人员对交来的人不记名，不问来源，一旦涉案受累，可以凭着银行的收据作为免除责任的依据。

道",却导向模糊,虽已构成犯罪却有法不依、违法不究,助长侥幸的"犯罪心理"和"浮夸"的社会心态,而不是有案必查、有贪必肃,维护社会法治公平公正。

贪腐犯罪存在取证困境,虽然新刑事诉讼法规定对于重大贪贿案件可经批准采取技术侦查措施,但概括授权式立法未能界定技术侦查的内涵与外延,可能降低实施效果,带来更多副作用。"一要坚决、二要慎重、务必搞准"的要求使得司法人员过分谨慎,甚至不破不立。到审判阶段,又常常以直接言词原则为名,过分倚重当庭陈述,忽视庭前证据的效力,结果翻供变证层出不穷,案件的事实不得不再次"紧缩"。

三、反腐败犯罪刑事政策"异化"的根源反思

贪贿犯罪被"查处的少、采取强制措施的少、不起诉的多、定罪免刑的多、判处缓刑的多、适用减刑、假释的多",总体上说存在从严不够的情况。[1] 惩治腐败犯罪的刑事政策之所以从"零容忍"异化为"有限容忍",有着国家政治、社会历史和个人意识等多个层面的原因。

(一)国家政治层面:权力制约和监督网络不健全,腐败查处概率低

我国治理腐败采取的是"纪律+法律"的双轨制模式,将腐败人为划界为违纪行为和犯罪行为,前者适用党纪政纪处分,构成犯罪的,适用刑法,被追究刑事责任。但是,很多腐败问题被当作思想作风问题予以批评教育,党纪政纪没有被严格执行到位,纵容甚至助长了越来越多的腐败。

行为人在作出腐败行为之前,不仅计算成本(C)与收益(B),还会考虑被查处的概率(P)。当 $B>P\times C$,拒绝贿赂;当 $B<P\times C$,收受贿赂。P 是不确定值,实际上是官员的心理预期和估算。P 值较低,则 C 再大(刑罚再严厉)都无法遏制官员获取 B 的行为。[2] 在我国,腐败犯罪查处的概率是偏低的,主要原因是权力制约和监督网络不健全。权力过分集中的现象普遍,党政权力集中于一把手,缺乏监督体制,权力没有了制约,必定会造成权力的滥用以及追求权力的"利益化"。主观上没有贪腐之意的官员,或者被权力腐败"传染",或者被驱逐出权力的行列,"廉官"越来越少。官场腐败"染缸效应"发生裂变式扩散,以至于形成腐败犯罪的"共犯结构"或者"腐败共同体",已经导致了腐败行为"法不责众"的"规模效应"。

(二)社会历史层面:重刑反腐的威慑效应被官员特权冲淡

运用刑罚惩治贪官,是我国古代整饬吏治的常见手段。早在舜帝时,国家尚在雏形之中,就有了惩戒官吏贪污腐败的"冒于货贿,侵欲崇侈"的罪名。但是,古代统治者,一方面立法严惩贪官,另一方面又给予官员诸多"法内"特权,如"刑不上大夫"的礼制原则,"八议"和"官当"等刑罚制度。"八议"又称"八辟",是指法定的八类人犯罪后可以不受司法机关审判,

---

[1] 姜伟、卢宇蓉:《宽严相济刑事政策的辩证关系》,载于《中国刑事法杂志》2007 年第 6 期。

[2] 用 B 来代表受贿、贪污所得或不正当利益;而用 C 代表他所要承担的成本。仅比较 B 和 C 哪个大是没有意义的,因为 C 是预期成本,可能发生,也可能不发生。参见熊安邦:《论反腐败零容忍政策的合理性》,载于《理论观察》2013 年第 11 期。

须奏请皇帝裁决,由皇帝根据其身份及具体情况减免刑罚的制度。"官当",是贵族官僚用官品和爵位折抵徒流罪的一项法律制度。《北魏律》首次将"官当"制度列入法典,乃官员的法内特权的典型样本。大致内容为:犯公罪,可多当一年。五品以上的官衔,可当徒二年,九品以上可当徒一年。现任官品不足以完全当罪,可以用历任官品来当。现任官品当罪有余的,不再罢官,可交铜赎罪。现任和历任全部官品之和都不够当罪的,罢官处理,剩余的也交铜赎罪,不必执行刑罚。[1]"官当"制度确立以后,隋唐宋的封建法典均予以沿用。明清法律中虽未明确规定"官当"之制,却代之以罚俸、革职等一系列制度,以继续维护封建官僚的等级特权。

当前我国重典反腐和司法折中主义无疑都存在一定的历史根源。为学界所诟病的职务犯罪轻刑化,更是有"官当"再现之嫌。有统计表明,2001年以来职务犯罪的免刑缓刑率十年间攀升了10%。2009年我国法院对职务犯罪案件判处免予刑事处罚、适用缓刑的比率攀升至约70%。[2]这也就意味着,近七成的职务犯罪者最后都没有真正坐牢。还有一些直接内部处理的腐败案件,官员被以开除党籍、免职或降级等纪律处分和行政处分处罚,根本没有进入诉讼程序,逃避刑事责任的追究。这明显不利于遏制职务犯罪。

(三) 个人意识层面:"熟人社会"和人治思维对腐败相对容忍

我国传统上是一个"熟人社会",虽然随着市场经济的发展,社会结构发生着深刻变迁,但是尚未根本转变。人情关系和地缘关系在社会交往中仍占巨大比重。礼尚往来是常情,礼贿交织是常态。官员和民众对于"关系""后门"等形成了严重的"路径依赖",送红包、托关系、走后门等现象司空见惯。偶有拒绝随大流的,却被嘲笑为迂腐,不通人情世故。这也反过来印证,为什么"腐败"的中文定义无关道德否定感。人们对于责、权、利的界线比较模糊,处处可见合法与非法的"灰色"地带,法律的严肃性和明确性在实践中不断减损,严惩腐败的刑事政策"异化"为重惩典型和放纵一般案件。

四、强化腐败犯罪刑事治理的路径选择

如果一个把公仆精神作为理想追求的执政党都不能对腐败"零容忍",将无从面对公众舆论对政党合法性与公信力的质疑。所以,当下破解腐败多发的困局,不是怀疑"零容忍"反腐刑事政策的合理性,而应思考如何将发生"异化""偏差"的反腐刑事政策予以矫正。

(一) 政治层面大力推进"制度反腐"

各国的腐败及其犯罪表现形式不一,应对战略也各不相同,但必须合乎国情。而且腐败

---

[1] 杨英杰、苑朋栋:《中国历史文化》,南开大学出版社,2011年版,第102-103页。
[2] 佚名:《为何职务犯罪七成获免刑缓刑》,腾讯网,http://view.news.qq.com/zt2010/dutycrime/bak.htm,2019年8月18日访问。

和其他犯罪的解决有共通之处，即必备条件是领导层的决心、领导力和顶层设计。[1] 十八届中央纪委五次全会上强调"要坚持无禁区、全覆盖、零容忍，严肃查处腐败分子，着力营造不敢腐、不能腐、不想腐的政治氛围"。近期反腐"成绩单"也表明，从沿海到内陆各省，从央企到高校，从军队到政法系统，反腐败是全方位的，甚至打破了"政协是退养地，高管是护身符"的惯例。

对权力腐败保持零容忍的高压态势有着充分的正当性根据，但腐败犯罪原因错综复杂，运动式执法并不能解决问题，单纯依赖于加重刑罚，也无法实现治本目标。腐败犯罪日益隐蔽化、间接化，并不断衍生出新的行为类型以逃避法律的制裁，尤其是基于"染缸效应"形成的"环境性腐败共同体"，反过来对其他公职人员产生极大暗示，削弱了立法对腐败的控制作用。腐败"染缸效应"的根源不在于官员个人的趋利避害选择，而是"制度设计的疏漏或相互间缺乏协调性而为腐败的滋生和发展提供了土壤。造成染缸效应的根源在于包含制度缺位、制度漏洞、多制度间缺乏协调性、未形成制度体系或体系不严密等制度设计疏漏问题"。[2]

因此，"零容忍"反腐刑事政策只是反腐的必要条件，而非充分条件。还需要通过合理的制度设计，消除官场环境中利益博弈的负面效应。忽视政治体制的顶层设计，忽略刑法之外的制度创制和实施，仅依靠"零容忍"是无法解决腐败问题的，这不仅会导致"腐败零容忍"异化为有限容忍，还会使得反腐工作不可持续。笔者认为，政治制度的完善应从两方面入手：一是权力的制衡与监督，"要加强对权力运行的制约和监督，把权力关进制度的笼子里"，减少领导干部"一手遮天"的机会，破解腐败犯罪的"共犯结构"，提高腐败发现和查处的概率，实现"不能腐"和"不敢腐"的目标。二是党纪法规的激活与落实。近年来，一批党内重要法规出台（如《中国共产党巡视工作条例》《中国共产党廉洁自律准则》《中国共产党纪律处分条例》），属于制度反腐的重要组成部分，但还需要充分激活和落实已有的法规，如《中华人民共和国公务员法》和《党政领导干部选拔任用工作条例》。以官员问责为例，不应表现为"作秀"和腐败行为的淡化处理方式，降级问责应真正适用。

（二）法治层面构建和执行严密的反腐法律体系

全球反腐实践证明，"以法反腐"唯一有效途径，其最佳（公正、有效）理论应是"刑事政策理论"，即以刑法为核心的综合（民事、行政、社会、经济等方面）、全面（预防、惩治相结合）的防治体系。虽然"零容忍"刑事政策实践模式发生异化，多表现为有限容忍的"折中主义"，在立法与司法之间形成了一个由法官自由裁量的"灰色区域"。但不容怀疑的是，法律是"反腐败"天然的和责无旁贷的有效武器，应当抛弃"过分的折中主义"，缩小"过大的灰色区域"，逐

---

[1] Daniel K, et al. The big question: How can nations break the cycle of crime and corruption? [J]. World Policy Journal, 2010, 27(1): 3-6.

[2] 李怀、邓韬：《腐败零容忍的逻辑悖论——一个基于染缸效应的理论分析》，载于《天津商业大学学报》2013年第6期。

步提升刑法的"威慑力"。[1] 所以,贯彻落实"零容忍"反腐刑事政策就需要一套严密的反腐法律体系,内容覆盖独立的反腐机构及其职责权限、查处和惩治腐败的程序、举报人的保护、官员财产公示等诸多方面。学界对于出台反腐败法和公务员财产申报法异议不多,但却未得到立法机构的认同。

充分利用司法解释完善刑事法网的编织。新近出台的《最高人民法院、最高人民检察院关于办理贪污贿赂刑事案件适用法律若干问题的解释》,一方面根据社会经济发展水平适当上调贪污贿赂犯罪的定罪量刑数额标准,使之回归合理,另一方面在入罪标准、构成要件解释、刑罚适用等多方面贯彻依法从严惩治贪污贿赂犯罪刑事政策。然而,该解释仍然存在不足之处:其一,司法解释对入罪数额的提高和突出,未能真正体现《刑法修正案(九)》"概括数额+情节"模式中对"情节"的重视,致使司法实践依然无法摆脱对"数额"的依赖,而犯罪数额并不能测量腐败犯罪的社会危害性,数额大小与公职行为廉洁性受侵害程度无关,数额的存在将导致"选择性执法"的必然发生和对腐败入罪的相对容忍预期;其二,某些入罪构成要件要素理解并无进步,如"为他人谋取利益"可体现为许诺、实施和实现三种情形的任何一种,这在刑法理论和实务中已是共识,此次司法解释也不过重申这一共识,对于感情投资类的礼贿交织行为的出罪还是入罪的判断,作用不大。

五、余　论

对贪腐官员而言,最大的威慑不是惩罚的严厉性,而是被惩罚的及时性,这就是对腐败行为零容忍政策的理论依据。[2] 而提高腐败查处概率,要重视轻微贪腐的治理。健全和激活一套与轻微贪腐行为相适应的党纪和政纪处分,有助于提高官员对其腐败行为被查处概率的心理预期。对于构成犯罪的贪腐行为,刑法治理模式从"消极重惩"转型为"积极防范"。如严密刑事法网,减少法律漏洞,降低入罪、入刑门槛,增设资格刑、财产刑配置,并通过完善相关程序立法(如侦查手段、审判程序、证据制度等)提高检控效率和审判公正。在腐败犯罪日益间接化、群体化、隐蔽化乃至"生态化"的背景下,应侧重发挥刑法的积极的一般预防功能,如构建贿赂犯罪"对称性"治理结构、设置"双边型"特别自首,[3] 加重高级公职人员的刑事责任,对被迫腐败的官员予以轻罚,破解腐败共同体。最后,徒法不足以自行,应当整合反腐机构,改变纪检监察和检察职能定位的交错模糊现状,组建统一、权威、高效的反腐机构。

---

[1] 韩小鹰:《"反腐败"的刑事政策:对法哲学的重新思考》,载于《法治论丛》2003年第6期。
[2] 熊安邦:《论反腐败零容忍政策的合理性》,载于《理论观察》2013年第11期。
[3] 钱小平:《"积极治理主义"与匈牙利贿赂犯罪刑法立法转型》,载于《首都师范大学学报(社会科学版)》2014年第6期。

第二专题 国家监察制度的体系构建与制度完善

《监察法》与其他规范衔接的基本问题研究

刘艳红 *

任何新体制的建构必然会对现有体制产生冲击,进而受到种种阻挠乃至与现有体制形成激烈的对抗。总体以观,国家监察体制改革可以分为两个阶段:第一阶段是通过改革现有体制,并以正式规范的形式加以确立;第二阶段是根据新体制的实践状况,评估其运行效能,推动体制改革的纵深化发展。以 2018 年 3 月 11 日《中华人民共和国宪法》(以下简称《宪法》)的修正、2018 年 3 月 20 日《中华人民共和国监察法》(以下简称《监察法》)的出台及诸多微观细节事项在其他法律上的"立改废"[1]为标志,国家监察体制改革"第一阶段"的任务基本完成,也意味着国家监察体制改革进入到新阶段——全面深化阶段。该阶段的主要任务之一是,通过从横向上促进《监察法》与其他法律规范之间的合理协调,从纵向上实现党纪与国法之间的有序衔接,从而为国家监察体制改革的全面深化清除法治障碍。

一、国家监察体制改革的初步成果及拐点效应的产生

国家监察体制改革"第一阶段"以建立"集中统一、权威高效"的反腐败机制、积极防控公权力的滥用为预设目标,以《监察法》及其相关规范的确立和修订为主要内容,初步塑造符合法治反腐要求的新监察制度体系。

(一)国家监察体制改革的初步成果:腐败治理的逻辑转变与制度塑造

1. 从"多主体分治"到"合力共治"

国家监察体制改革最大的变化是实现违纪、职务违法与职务犯罪监督职权的统一,建立新型、独立的反腐败专门机关——监察委员会。改革以前,纪检机关、行政机关、检察机关分别处理违纪、职务违法、职务犯罪案件,腐败的治理倚赖于各个机关之间毫无保留的相互配合,一旦某个环节出现问题,就可能放纵腐败;改革以后,腐败治理从"多主体分治"到"合力共治",这不是主体的简单合并,而是职能的系统升级,有效地整合了反腐资源、提升了反腐效能。

毋庸置疑,"合力共治"与"多主体分治"相比,具有明显的优势:

第一,促进了腐败治理的连贯性。总览《监察法》及其关联规范的内容可知,国家监察体

---

* 刘艳红,东南大学法学院教授,江苏高校区域法治发展协同创新中心研究人员,江苏高校哲学社会科学重点研究基地"反腐败法治研究中心"主任。本文系江苏高校哲学社会科学重点研究基地"反腐败法治研究中心"(项目号 2015ZSJD002)、国家社科基金重点项目(项目号 16AFX002)暨 2019 年东南大学中央基本业务经费资助项目的阶段性研究成果。本文原载于《法学论坛》2019 年第 1 期。

[1] 参见秦前红:《监察体制改革的逻辑与方法》,载于《环球法律评论》2017 年第 2 期。

制改革主要通过整合纪检、行政、检察三机关的职能，实现反腐力量的集中化与一体化，尤其是将检察机关职务犯罪侦查权转隶至监察机关而形成职务犯罪调查权〔1〕，使得监察机关能够连贯地处理违纪、职务违法以及预处理职务犯罪案件，避免反腐权力分散所带来的相互推诿、重复处理等问题。可以说，在反腐资源有限的情况下，由专门机关统一处理违纪、职务违法与职务犯罪案件，是提升反腐效能的必要手段。国家监察体制改革以此为基本逻辑，由监察机关专门负责监督公职人员的廉洁从政、依法履职、秉公用权等情况，并赋予监察机关监督、调查、处置三项基本职责，有效地避免了以往有监督调查无实质处分或处置不力等现象的发生。

第二，确保了对人监察的全面性。《监察法》第15条以列举的方式规定了5类受监察的公职人员和有关人员，并以"其他依法履行公职的人员"作为兜底性规定，实现了"监察范围全覆盖、无死角"。〔2〕显然，国家监察体制改革重新确立的监察范围具有"釜底抽薪式"的作用，从根本上改变了监督对象少于用权人员数量、监督事项窄于公权所及范围等问题。与此同时，强调对人监察而非对事监督，是建立在对反腐形势作出科学判断的基础之上的，彰显出我国当下反腐败的重点是用权的人而非权力本身，换言之，"将权力关进制度的笼子里"的核心是要锁定、处置滥权的腐败分子。

第三，实现了责任落实的准确性。在长期"多主体分治"的模式下，一个非常尖锐的问题摆在我们的面前，即容易出现追究违法责任遗漏违纪责任或者追究犯罪责任遗漏其他责任的情况，责任机制落实不充分的现象并不罕见。在这里，我们需要明确的是，之所以采用"合力共治"模式而非"多主体分治"模式，主要考虑到反腐败的重心应当是人的腐败而不是权力的腐败，这样问题就更加清晰了，即尽管某个腐败分子可能有多种不同滥权的行为，但由监察机关就行为人的腐败程度进行专门研判，并根据其行为的严重程度分别给予问责、政务处分以及移送检察机关审查起诉等处置措施，更能够有效地确保责任落实的准确性、规避行为恶性与责任程度不均衡、不对等的问题。

2. 从"以末端惩治为中心"到"以前端预防为重点"

现代法治国反腐败的经验表明，预防腐败的效能甚于惩治腐败的效果，基于消极治理模式存在的治理能力不彰、治理效果不佳等问题，各国"普遍建立起由规范公共权力运行、监督公共权力行使、惩罚公共权力滥用为核心的体系化的法律体系"，〔3〕形成腐败积极治理模式。消极治理模式与积极治理模式的关键区别在于，前者"以末端惩治为中心"，强调对腐败的事后打击，后者"以前端预防为重点"，注重对腐败的事前预防。其中，国家监察体制改革正是积极治理模式的有效尝试。

第一，国家监察体制改革力求形成具有法治化导向的"不敢腐""不能腐""不愿腐"的反

---

〔1〕 张建伟：《法律正当程序视野下的新监察制度》，载于《环球法律评论》2017年第2期。
〔2〕 陈光中、邵俊：《我国监察体制改革若干问题思考》，载于《中国法学》2017年第4期。
〔3〕 魏昌东：《腐败治理模式与中国反腐立法选择》，载于《社会科学战线》2016年第6期。

腐败体系，[1]侧重于及时发现、处置腐败行为，避免轻腐败演化为重犯罪。国家监察体制改革的目标绝不是要一味地进行事后严惩，而更多的是要进行事前"拯救"、预防腐败，及时发现腐败的目的是为了防止轻腐败发展为重犯罪，防范违纪、职务违法行为演变为职务犯罪行为，这是理解国家监察体制改革目标的核心所在。一个有力的证据是，自国家监察体制改革全面展开以来（以2017年10月29日中共中央办公厅印发《关于在全国各地推开国家监察体制改革试点方案》为标志），全国各地通报的腐败案例绝大多数是公职人员因违纪、违法而被问责、处分的案例，相对而言，因构成职务犯罪而被移送的案件很少。在这些案件中，很多在以往看来可能是"鸡毛蒜皮的小事"，也被及时作为违纪、违法案件处理并公布，如环境整治中的慢作为与假作为[2]、扶贫领域的形式主义与官僚主义作风[3]，等等。从这里可以看出，伴随着十八大以来"重拳治腐"任务的初步完成，国家监察体制改革在反腐逻辑上也发生根本性的转变，即由"治标"转向"治本"、由"惩治"转向"预防"，这并非要放弃高压治腐的基本政策，而是要将政策的重心前移到腐败产生的初期，防止腐败的蔓延与恶化。

第二，《监察法》将监督作为监察机关的首要职责，强调监督在预防腐败中的重要作用。在现代反腐败机制的建构中，监督是基础性、日常性的工作，监督效果的好坏是评估腐败治理能力的核心指标。监察机关具有监督、调查、处置三大职责，激活监督职责的预防功能，是推进"不敢腐"制度体系建构，推进腐败治理能力现代化的必要举措。[4]一方面，从预防功效上看，监督职责在某种程度上是优于调查、处置职责的，因为绝大部分显性或隐性的腐败都是通过监督加以发现的，落实常态化的预防性监督职责，是促进腐败治理能力现代化的重要保障。另一方面，从三大职责的关系来看，监督是处于第一顺位的，从监督到调查再到处置是积极治理模式的一般逻辑，其中，监督所代表的是腐败的发现能力，调查是在监督的基础上进一步获取证据，处置则是根据调查的结果确定法律责任。[5]由此可见，在以监察机关为主导的新型反腐败机制下，激活监督职能的作用是提升腐败治能与治效的必要保障。

3. 从"纪法分离"到"纪法融合"

党纪与国法的关系，是国家监察体制改革过程中必须认真对待的核心问题。国家监察体制改革在这方面的创制是，彻底地改变以往完全的"纪法分离"状态，实现党纪与国法的融合贯通。从腐败的严重程度及其对应的后果来看，以往对违纪问题与违法犯罪的处理都是

---

[1] 刘艳红：《中国反腐败立法的战略转型及其体系化构建》，载于《中国法学》2016年第4期。

[2] 参见中央纪委国家监委网站：广州通报三起环境整治慢作为、假作为典型问题，www.ccdi.gov.cn/yaowen/201811/t20181108_183056.html，最后访问日期：2018年11月9日。

[3] 参见中央纪委国家监委网站：山西通报5起扶贫领域形式主义、官僚主义作风问题，http://www.ccdi.gov.cn/yaowen/201811/t20181105_182816.html，最后访问日期：2018年11月9日。

[4] 钱小平：《监察机关监督职能激活及其制度构建——兼评〈监察法〉的中国特色》，载于《华东政法大学学报》2018年第3期。

[5] 当然，在少数情况下，监察机关可能没有履行监察监督职责，也能够实现治理腐败的作用。例如，监察机关根据他人的举报获得线索并展开调查取证，再对被调查人加以处置，此时监察机关没有直接发挥监督职责，而是由外部监督加以替代。不过，作为常态，在绝大多数情况下，监察监督依然处于首要职责的地位。

相对独立的,党纪处分与国法处置泾渭分明;但改革以后,这种观念发生根本转变,监察机关兼具违纪、职务违法与职务犯罪问题监督、调查与处置(包括对职务犯罪的预处置)职权,同时,用留置替代双规,清除"纪法融合"的法治障碍。

在一定意义上说,"纪法融合"是"惩前毖后、治病救人"的执纪监督政策落实的法治保障。2016年10月27日中国共产党第十八届中央委员会审议通过的《中国共产党党内监督条例》第7条规定的执纪监督的"四种形态",集中体现了这种政策思想,其强调要将纪律挺在法律的前面,认为"用纪律管住大多数,才叫全面从严治党",[1]让"严重违纪涉嫌违法立案审查的成为极少数",才是腐败治理的正常状态。由此可见,执纪监督与执法监察具有互补的关系,"用党纪管住大多数"在客观上有助于防止轻腐败走向重犯罪,这与国家监察体制改革的目标不谋而合。从这个意义上说,"纪法融合"在我国现代反腐败机制的建构中具有必然性。从实际效果来看,"纪法融合"后,尽管高压反腐态势持续强化,但由于执纪监督做好了前端的思想工作,使得被监察对象的"自首效应"不断强化,[2]有效地降低了腐败犯罪查处的难度,防止了轻腐败的持续恶化。

(二)新阶段腐败治理的拐点效应及其表现

毋庸讳言,历时近两年的国家监察体制改革成果斐然,腐败治理的模式随着"第一阶段"任务的初步完成而发生根本的转变,腐败治能与治效也得到极大的提升。然而,随着新阶段国家监察体制改革的深入推进,一些新的问题相继产生,偏离预定的改革目标,国家监察体制改革正处于新的拐点。

1."以罚代刑"现象及其法治误区

伴随着国家监察改革的推进,实践中出现大量的"以罚代刑"的现象,严重损害了法治反腐的权威性。一般而言,监察机关在发现公职人员及有关人员涉嫌犯罪的,应当依法移送检察机关审查起诉,而不能够越权处理。但是,实际情况并非如此。以违规收礼为例,中央纪委监察部网站通报了大量这类案件,但是很多案件其实已经完全符合受贿罪的构成要件,却仍然没有作为犯罪处理,如姚某2013—2017年期间先后9次收受业务单位某银行杭州分行陈某所送共计价值人民币4.5万元的消费卡用于个人消费[3]、刘某违规收受现金卡共计11.1万元[4]等仅给予降职处分。确实,违规收礼类案件的情节通常较轻,但作为公职人员,非正常人情交往中用于"感情投资"的礼金显然是不能收受的,因为"'感情投资'的本质

---

[1] 陈治治:《惩前毖后、治病救人,须善用"四种形态"》,载于《中国纪检监察报》2015年9月29日第1版。

[2] 王卓:《他们,为什么选择自首?》,载于《中国纪检监察报》2018年10月13日第1版。

[3] 参见中央纪委国家监委网站:《浙江通报14起违反中央八项规定精神问题》,http://www.ccdi.gov.cn/yaowen/201809/t20180920_180154.html,最后访问日期:2018年10月12日。

[4] 参见中央纪委国家监委网站:《天津通报8起违反中央八项规定精神典型问题》,http://www.ccdi.gov.cn/yaowen/201809/t20180929_180709.htmll,最后访问日期:2018年10月12日。

是行贿受贿……'感情投资'是一种刻意将'受财'与'谋利'隔离开来的权钱交易行为"[1]，对于收受"感情投资"的礼金达到受贿罪"第二档"（数额巨大）法定刑的行为人仍然不作为犯罪处理的做法着实令人费解。

"以罚代刑"现象的出现蕴含某种党政因素的考量，践行的是执纪监督"四种形态"的基本理念，即"让'红红脸、出出汗'成为常态"、让"党纪轻处分、组织调整成为违纪处理的大多数"、让"党纪重处分、重大职务调整的成为少数"、让"严重违纪涉嫌违法立案审查的成为极少数"，但这只是腐败治理的理想目标而非时下现状。换言之，不能为了达到执纪监督"四种形态"这种理想的目标而强行"改变"腐败行为的性质。法治反腐的基本要求是，"通过制定和实施法律，限制和规范公权力行使，……以达成使公权力执掌者不能腐败、不敢腐败从而逐步减少和消除腐败的目标"。[2] 坚守法律规定是法治反腐的前提，违纪、职务违法与职务犯罪所对应的腐败程度是逐级递增的，但其评判的具体标准又是相互独立的，对于职务犯罪行为的惩治，绝不能以前置的纪律处置、政务处分加以替代。

2. "全员覆盖"问题及其法治迷思

进入新的阶段，围绕监察对象范围所展开的新问题是，是否所有可能行使公权力的人员都要被监察，这就涉及"依法履行公职的有关人员"的界限问题。实践中的做法是，以是否行使"公权力"为判断依据，只要实际行使"公权力"，不论其是聘用制合同工[3]还是临时工[4]，都是被监察的对象，其非法收受财物的行为均被检方以受贿罪移送审查起诉。单独来看，这样理解似乎并不存在问题，因为这是实现监察范围全覆盖的基本要求。但是，如果结合监察处置措施的具体运用以及刑事犯罪的认定加以考量的话，就很容易发现端倪：一方面，从规范文义上看，对于这些不具备公职身份但实际行使权力的人员，可否施加政务处分？依照中纪委、国监委于2018年4月16日联合发布的《公职人员政务处分暂行规定》第1条的规定，政务处分的适用对象是"所有行使公权力的公职人员"，从字面上理解，并不包括"依法履行公职的有关人员"，这样看来，政务处分的适用范围应当窄于监察对象范围才对。[5] 然而，实践中，存在大量依法行使"公权力"的非公职人员受政务处分的情况，在此意义上说，公职人员之主体身份概念逐渐为行使"公权力"的实质要件所替代。另一方面，如果说前述现象出现在《公职人员政务处分暂行规定》中并不会产生多大问题，那么在刑事犯罪认定中存在这种现象则是极其危险的，尤其是将临时工、合同工等作为受贿罪的主体，以实

---

[1] 李琳：《论"感情投资"型受贿犯罪的司法认定——兼论受贿罪"为他人谋取利益"要件之取消》，载于《法学论坛》2015年第5期。

[2] 姜明安：《论法治反腐》，载于《行政法学研究》2016年第2期。

[3] 参见中央纪委国家监委网站：《房产税收减免证明一人说了算，房管局合同工为何成了"硕鼠"》，http://www.ccdi.gov.cn/toutiao/201809/t20180920_180142.html，最后访问日期：2018年10月12日。

[4] 参见中央纪委国家监委网站：《"官场商业奇才"、"车管业务"、"临时工"：5个案例读懂监察对象全覆盖》，http://www.ccdi.gov.cn/yaowen/201809/t20180926_180420.html，最后访问日期：2018年10月12日。

[5] 《监察法》第15条中除了第1项属于完全公职人员外，其余5项都或多或少包含行使"公权力"的非公职人员（或有关人员）。

质行使"公权力"替代国家工作人员身份,会使身份犯的法理被完全架空。或许有人认为,这些合同工、临时工都是被授权的人员,属于"其他依法从事公务的人员"。但实际上,目前立法机关主要对司法实践中问题最突出的农村基层组织人员如何认定为"其他依法从事公务的人员"进行了明确,对此之外的人员如何认定,依然没有明确。[1] 而全国人大常委会法工委在刑法立法理由中虽然主张采用"职责论"(即公务说),[2] 但却没有说明"依法"的范围,对于合同工、雇佣工等以合同关系为基础的工作人员,是否属于依法授权的范畴,恐怕还有待商榷。其实,如果认为上述人员非法收受财物等行为严重损害"公权力"的廉洁性,对于这些不具备公职身份但又实际行使"公权力"的人员,考虑到其与所工作的国家机关之间的特殊关系,完全可以将其归入《刑法》第 388 条"利用影响力受贿罪"中的其他密切关系人,也能实现对这类人员的刑事规制。

3. "监察前置"规则及其法治隐忧

根据《监察法》第 13 条及其配套法律规范的规定,检察机关将职务犯罪侦查权转隶至监察机关以后,其要想介入处理职务犯罪案件,必须以监察机关依法移送为前置条件。有学者认为,"在刑事诉讼中,监察委员会和检察机关的关系属于分工负责、互相配合、互相制约的关系",[3] 这在此次宪法修正中予以确认。但现实情况却有所不同。虽然《宪法》第 127 条第 2 款要求监察机关与审判机关、检察机关、执法机关互相配合、互相制约,但实际上,由于《监察法》对监察机关赋权有余而制约不足,在职务犯罪调查阶段,监察机关主导着调查活动的全过程,检察机关在此过程中主要起到配合监察机关的作用,两者主、次关系分明。这本是检察机关职务犯罪侦查权转隶为监察机关职务犯罪调查权的必然结果,但却很容易产生附带效应,即如果监察机关不愿意移送腐败犯罪案件,而是直接以问责、政务处分代之,检察机关也难以进行有效的制约。而从客观效果来看,监察机关如果在这方面不作为、乱作为,将会实质地影响刑事诉讼阶段监察机关与检察机关良性配合制约关系的形成。

由此可见,新监察体制下的监察—检察关系并非如同原来公安—检察关系那样对等,在犯罪调查的过程中,检察机关难以有效起到监督、制约监察机关的作用。"职务犯罪预处置权"牢牢掌控在监察机关手中,对可能涉嫌职务犯罪的人员,监察机关也能以未达到"犯罪事实清楚,证据确实、充分的"而不予移送。换言之,《监察法》在赋予监察机关极大的"职务犯罪预处置权"的同时,没有建立起有效的监督制约机制,为监察机关滥用权力埋下了法治隐患。

---

[1] 刘仁文:《刑法中"国家工作人员"概念的立法演变》,载于《河南大学学报(社科版)》2010 年第 6 期。

[2] 全国人大常委会法制工作委员会刑法室:《中华人民共和国刑法条文说明、立法理由及相关规定》,北京大学出版社,2009 年版,第 119 页。

[3] 陈光中:《关于我国监察体制改革的几点看法》,载于《环球法律评论》2017 年第 2 期。

二、问题的剖析：《监察法》与其他规范的体系衔接

国家监察体制改革的全面深化，必然有赖于《监察法》与其他规范的保障。表面上看，"以罚代刑""纪法混淆"等问题的产生都主要是新监察制度的执行问题，但实际上，这些问题都主要是由于没有理清《监察法》与其他规范之间的关系，或者说由于"法法衔接""纪法衔接"不畅所导致的。

（一）《监察法》之于《宪法》

关于《监察法》与《宪法》的衔接问题，具体而言主要表现为两个方面：一是遗留问题，即监察体制改革前阶段仍然未解决并延续到现阶段的问题；二是宪法修正后所产生的新问题。

关于遗留问题，主要是人大及其常委会如何对监察机关进行监督制约的问题。该问题其实在前阶段得到一定程度的解决，其基本路径是先由《监察法》加以规定，再由《宪法》以修正案的形式进行明确，依此逻辑形成的监督制约模式为：国家监察机关对全国人民代表大会及其常委会负责、受其监督；地方各级监察机关对本级人民代表大会及其常委会负责、受其监督。然而，监察机关以何种方式对人大及其常委会负责，如何接受其监督等，都没有明示，难免会重蹈以往"人大监督太软"的覆辙。

关于新生问题，主要围绕着此次宪法修正的内容而展开。《监察法》第127条第2款新增"执法部门"的概念，这里的"执法部门"究竟是指狭义的行政执法部门，还是广义的有执法权的部门？而且，该款中所确立的配合与制约关系，在《监察法》中似乎并没有得到充分的体现，尤其是在监察机关与检察机关之间，前者处于相对主导而后者位于相对次要地位，如何平衡两者之间的关系，从而达到宪法所设定的配合与制约关系所要求的程度，是《监察法》与《宪法》有序衔接的重要问题。

（二）《监察法》之于刑事法律

"法法衔接"的真正问题是，《监察法》与刑事法律之间如何进行合理的协调，该问题根源于检察院将原职务犯罪侦查权转隶至监察机关形成职务犯罪调查权以及由此所产生的"监察前置"规则。

第一，关于《监察法》与《刑事诉讼法》的衔接问题，其实在国家监察体制改革前阶段已经展开非常充分的研究和论证，但仍然有问题亟待解决。监察机关与检察机关之间的配合制约关系应当如何理解，这既是《监察法》与《宪法》衔接的问题，也是《监察法》与《刑事诉讼法》相衔接的问题。就前者层面而言，涉及国家机关相互关系的顶层设计，就后者层面而言，关涉监察机关履行职务犯罪调查职责与检察机关履行职务犯罪审查起诉职责之间的关系问题。在调查阶段，由于《监察法》形塑以监察机关为主导的模式，因而，即便是受移送的案件，人民检察院审查后认为需要补充核实的，也应当退回监察机关补充调查，只有在必要时才能够自行补充侦查，这在《监察法》第47条有着明确的规定。由此，在调查阶段，监察机关完全能够预判行为的性质，决定是否以职务犯罪移送给检察机关审查起诉。问题的核心是，立法者在赋予监察机关"职务犯罪预处置权"的同时，没有予以反向制衡，反而容易成为职务犯罪

处置的壁障。"要防止权力滥用,就必须用权力来约束权力"[1],这不仅适用于国家机关宏观权力体系的架构,也适用于国家微观权力的具体运行。监察机关在公职人员违纪、职务违法、职务犯罪研判上具有处置权,这既是国家监察体制改革的主要成果之一,同时又在某种程度上形成新的问题,即由于欠缺有效的外部制衡机制,即便其本身性质属于监察权,仍然存在滥用的风险。

第二,关于《监察法》与《刑法》的衔接问题,其实可以接续上述问题,即现实中很多有罪案件无罪化的做法在某种意义上是滥用监察权的表现。"以罚代刑"看似减少了职务犯罪的数量,实则属于自欺欺人的做法。"纪律挺在前"绝不意味着纪律可以越法,而是强调通过纪律规范预防违法、犯罪,将党员干部的不当行为消灭在前端,提升腐败行为的发现能力。对于发现较晚、已经构成职务犯罪的行为,当然需要依法定罪处罚。法治反腐要求监察机关严格把握职务违法与职务犯罪的界限,除了少数犯罪情节轻微、不需要判处刑罚的予以问责、政务处分外,决不允许"以罚代刑"现象成为常态。此外,"监察范围的全覆盖"是否意味着可以突破"身份犯"的刑事法理,还是应当在"公务说"的基础上有所限缩,也是非常值得关注的问题,这将在后文的论述中予以回应。

(三) 党纪之于国法

党的十九大报告指出,要"深化国家监察体制改革,将试点工作在全国推开,组建国家、省、市、县监察机关,同党的纪律检查机关合署办公……"。这表明,在国家监察体制改革全面深化期,处理好党纪与国法的关系,是事关国家监察体制改革基本方向的重要问题。法治反腐不能仅仅依靠法律进行腐败治理,"应该深刻认识到,党内法规也是中国特色法治体系的重要组成部分",[2]依靠党内法规预防、引导、推进反腐,既是党长期以来积累的资源优势,也是国家监察体制改革实现"纪法融合"的重要成果。"纪法融合"的实益在于:一方面,用党纪管住绝大多数人,有助于实现腐败"善治"的目标。用党纪管住绝大多数人,既要求从政治思想上要求党员干部塑造"不愿腐"的良好修养,又要求党政机关从组织纪律上建构"不能腐"的防范机制,这是基于我国当前政治生态所作出的正确选择。另一方面,党纪是我国长期探索形成的管理党员干部的有力政治武器,与国法相配合所形成的反腐合力的效果突出。古今中外腐败治理的经验表明,腐败是几乎无法根除的权力"副产品",但如果能够做好前端预防工作,便能较好地遏制腐败的蔓延与恶化。一般而言,党纪的要求严于国法的规定,将党纪挺在国法之前,有助于起到预防公职人员违法犯罪的作用,这对于当下反腐败而言至关重要。

但问题是,党纪与国法毕竟归属不同类型的规范,党纪不可能等同于国法,法律的作用也不可能由纪律的功能所替代。"纪法融合"的同时忽视"纪法分离",这是国家监察体制改革新阶段所面临的重大问题。之所以重大,是因为该问题关涉国家监察体制改革的基本方向。从实践来看,"纪法混淆"主要有两种表现:一是对违法的案件仅通报为违纪,如私自占

---

[1] [法]孟德斯鸠:《论法的精神(上卷)》,许明龙译,商务印书馆,2012年版,第217页。
[2] 徐喜林、徐栋:《法治反腐:中国反腐新常态》,载于《中州学刊》2015年第2期。

用低保金、挪用补助金等行为仅通报违纪并给予党内处分[1],这种现象不仅是形式问题,更涉及不同类型规范的作用与功能,长此以往必然不利于国家监察体制改革的推进。因为,虽然纪检委与监察委合署办公,但毕竟两者分管不同的事项,违纪、违法案件的通报涉及行为定性的实质问题,准确的定性是保障规范权威性的前提。二是对违法行为人仅给予纪律处分,如违规私用9万元扶贫费用仅给予开除党籍处分,没有给予政务处分。[2]确实,党纪在一般情况下是严于国法的,但这只是从问责准入的角度来看的,从问责严厉程度的角度看,政务处分、刑事处罚在很多情况下更加严厉。况且,从党员干部兼具党员和公职人员双重身份的角度来看,党纪问责与公务追责遵循的是两条相对独立的路线,党员干部在受到纪律处分之后,并不影响其法律责任的追究,因为前者是基于党员之身份,后者是根据行使"公权力"之行为,换言之,对违法的党员干部追究纪律责任之后,亦不可免除其法律责任。

三、清理国家监察体制改革全面深化期的法治障碍

国家监察体制改革的全面推进,既要用好党纪手段,又要用好法律武器。在以《监察法》为中心的前提下,要处理好《监察法》与《宪法》《刑事诉讼法》等法律规范之间的关系,梳理好党纪监督与国法监察之间的关系,构建符合积极治理模式以及法治反腐要求的监督规范体系。

(一) 监察权的人大监督及其与其他权力关系的宪法定位

前文分析表明,《监察法》与《宪法》的衔接是最基础、最重要的问题,修正后的《宪法》为国家监察体制改革提供了正当化根据,但仍然遗留部分问题没有解决以及产生新的待解决的问题。《监察法》与《宪法》明确了监察机关要对同级人大及其常委会负责、受其监督,但需要进一步回应的问题是,人大及其常委会如何监督监察机关,才能够避免监督效能偏弱、效用不彰的问题。

第一,在人事监督方面,《监察法》第8条、第9条分别规定了国家监察委员会主任、地方各级监察委员会主任由同级人大常委会任免的权力,其中,罢免可谓是人大监督最为严厉的一种方式。[3]但是,人事监督的范围毕竟过于狭窄,仅限于监察委员会的主任以及部分要职人员,通常仅在这些人员严重不负责任或者涉嫌职务犯罪时才可能行使这项权力。考虑到监察机关与纪检机关合署办公以及最高领导同属一人的情况,监察机关的人事监督可以考虑纳入到纪检机关人事监督体系下,以组织纪律加以严格要求,配合人大对监察机关领导人的监督,形成较为全面的人事监督体系。与此同时,考虑到监察机关人事任免

---

[1] 参见浙江省纪委省监委网站:《中共浙江省纪委关于6起扶贫领域违纪问题的通报》,http://www.zjsjw.gov.cn/ch112/system/2017/08/10/030311913.shtml,最后访问日期:2018年10月13日。

[2] 参见清风扬帆网(江苏省纪委监委官网):《江苏通报5起扶贫领域典型案例》,http://www.jssjw.gov.cn/art/2018/9/4/art_4172_128364.html,最后访问日期:2018年10月13日。

[3] 李忠:《国家监察体制改革与宪法再造》,载于《环球法律评论》2017年第2期。

特殊性,在罢免地方监察机关副主任及以上级别领导人员的时候,有必要报地方人大常委会备案。

第二,在权力行使监督方面,《监察法》第53条分别规定了听取和审议工作报告、组织执法检查、询问和质询监督等方式。其中,听取和审议工作报告属于常规的柔性监督方式;询问和质询监督是针对具体事项的纠错监督,监督的刚性相对较强;组织执法检查是监督法律实施状况最有效的方式,即通过执法检查来监督监察机关是否严格依法履行监督、调查、处置职责,是否有违反《监察法》规定的行为。因此,强化人大常委会执法检查的监督,或许是防止监察权滥用最为刚性的手段,而在监察实践中,人大常委会组织执法检查的主要目的也正是为了避免冤假错案,具有较强的针对性。

关于《宪法》第127条第2款规定的监察机关与审判机关、检察机关以及执法机关的配合制约关系,需要明确两点内容:一是执法机关的范围。笔者认为,这里的执法机关应当作广义的理解,主要看监察机关履行监督、调查、处置三大职责时,需要涉及哪些有执法权的机关。例如,履行监督职责时要明确公职人员的资金使用情况,需要审计部门的配合;履行调查职责时要防止被调查人出境,需要海关部门的配合;提出监察建议时,需要被处置人所在机关(单位)的配合;等等。二是监察机关与检察机关如何实现配合与制约。笔者认为,监察机关与检察机关之间的配合与制约关系,可以分为两个阶段进行理解:在职务犯罪调查阶段,《监察法》的基本立场是,由监察机关主导职务犯罪的调查,其他机关予以配合,包括检察机关。那么,在职务犯罪审查阶段,或许应将重点放在制衡上,即"为了防止'灯下黑',应当重视对监察委员会侦查权的监督制约"。[1]这样,《宪法》第127条第2款规定的监察机关与检察机关的配合制约关系也就明确了,即在职务犯罪调查阶段,检察机关以配合监察机关为主、制约为辅,在职务犯罪案件移送审查阶段,检察机关以制衡监察机关为主、配合为辅,这种定位既能够兼顾《监察法》的内容,又能够符合《宪法》第127条第2款的规定。

(二)监察权的刑事制衡

从程序上看,为实现监察机关与检察机关的配合制约关系,需要构建检察机关反向制衡监察机关的监督体系;从实体上看,为配合监察机关工作人员责任机制的落实,需要补正刑事实体法的相关规定,为落实监察机关工作人员违法犯罪行为的刑事制裁提供法律依据。

1. 程序法上的衔接规制

《宪法》第127条规定监察机关与检察机关应当相互配合相互制约,但实际情况却是,检察机关配合监察机关有余而监察机关配合检察机关不足,监察机关制约检察机关过剩而检察机关制约监察机关不力。这种严重不均衡的权力制衡方案,事实上导致检察机关处理职务犯罪的权限被极大压缩,不利于法治反腐的持续推进。基于这种现实,下文拟分别从配合与制约的视角进行探讨。

第一,从监察机关配合检察机关的视角来看,主要可以从补充侦查的角度来看。在职务

---

[1] 熊秋红:《监察体制改革中职务犯罪侦查权比较研究》,载于《环球法律评论》2017年第2期。

犯罪的侦查权（调查权）作出结构性调整之后，监察机关工作人员的职务犯罪调查权具备刑事侦查权的实质，如果不受到法律的约束，于法理上难以说得通。"检察院对公诉案件的起诉权是《宪法》赋予的专有职权。因而，监察委员会将涉嫌职务犯罪案件移送检察院后，检察院有权依法独立审查后决定是否提起公诉"。[1] 然而，由于监察机关在调查阶段的"职务犯罪预处置权"在新监察制度架构中已经形成，前端以检察机关配合监察机关为主，那么在后端，应当相应地以监察机关配合检察机关为主，这是问题的关键所在。具体而言，在检察机关审查案件的过程中，可以通过两种方式进行制衡：一是在移送案件时，要求监察机关承担说明义务，说明证据是真实与合法的。诚然，对于监察机关移送的案件，检察机关所审查的主要是证据，要求监察机关承担证据真实性与合法性的说明义务，事实上是要求监察机关作出承诺，承诺证据没有虚假、获取手段合法。这种说明义务构成对监察机关行为的限制，即如果检察机关发现移送的证据与监察机关说明的情况不一致，可以作为对相关人员进行追责的依据，也可以作为检察机关直接介入案件侦查的理由，这与第二种制衡模式有直接的关系。二是根据《监察法》第 47 条第 3 款的规定，对这里的"在必要时"可以自行补充侦查作出扩大解释。除了上述违反说明义务的情形之外，可以认为如下情况属于"在必要时"：① 发现移送的证据存在非法证据，表明调查的手段失当；② 发现移送的主要证据不能证明案件事实，表明调查的能力不足；③ 其他可能影响案件公正定性的情形。在这些情况下，检察机关能够依法"取得"职务犯罪补充侦查权，这种客观地位的变化，弥补了监察机关配合检察机关不足的问题。

第二，从检察机关制约监察机关的角度来看，关键是要让检察机关介入到监察机关的调查过程。如前所述，监察机关掌握"职务犯罪预处置权"，其能够决定哪些案件能够移送，而在监察实践中，职务犯罪案件又存在被违纪、违法处分所消融的现象，客观上容易形成阻碍职务犯罪查处的壁障。因此，笔者认为，可以针对被留置人员，建立一种由检察机关制衡监察机关的过程监督模式。之所以限于被留置的人员，一方面，由于国家监察体制改革追求反腐的高效化，不宜普遍让监察机关以外的因素介入到调查过程；另一方面，考虑到留置措施的封闭化，让检察机关参与到被留置人的调查，能够回应人权保障论者的批判。当然，在留置阶段，检察机关工作人员不实际参与调查，也不就调查的过程发表意见，主要负责记录调查的详细过程，以备移送后进行案件事实、证据审查之用。

2. 实体法上的衔接配合

确切地说，这里的问题是《监察法》的规定与刑事法理的衔接，即《监察法》第 15 条规定的监察对象，是否都能够成为职务犯罪的主体呢？恐怕还需要进行具体判别。从理论演变轨迹来看，目前学界在认定职务犯罪主体上普遍采用"公务说"而非"身份说"，这种趋势是符合职务犯罪打击的实际需要，也在客观上实现了与以《联合国反腐败公约》为代表的国际性规范的对接。但是，不具有身份的其他人员能否成为职务犯罪的主体，还要结合特定职务犯罪的构成要件加以分析。

---

[1] 陈光中、邵俊：《我国监察体制改革若干问题思考》，载于《中国法学》2017 年第 4 期。

在《刑法》中，以受贿罪为典型，有些职务犯罪的成立要求"利用职务上的便利"，并且要"为他人谋取利益"，至少"许诺为他人谋取利益"。在这些职务犯罪中，即便是采取"公务说"，也不能轻易地认为没有具体职权的人也可以构成此罪。"'公务'及'国家工作人员'的内涵具有相对性，出纳、会计、仓管员、售货员、售票员、收费员、车间工人等保管、经手国有财产的活动，……但因这类人员通常没有职权可以利用而无法成为受贿罪的主体"。[1]因此，笔者认为，《监察法》第15条中的"有关人员"并非都能成为特定职务犯罪的主体，至少对于合同工、临时工等人员，在没有特定职权的情况下收受财物的，不宜作为受贿罪处理，但视情况可能成立利用影响力受贿罪。

（三）党纪监督与国法监察的两重关系及其适用

改革开放以来，以《中国共产党章程》为代表的党纪规范先后经过8次主要的结构性调整，在纪律处分的能效性与准确性上都有极大提升。[2]国家监察体制改革的实践表明，将党纪置于国法的前端，实现"纪法融合"，是改革开放以来反腐败的重要经验积累与方法创制，党纪所具备的思想、组织建设功能，在预防腐败、发现腐败以及治理腐败等反腐的全过程中，都扮演着重要的作用。从预防腐败的角度来看，党纪规范的不断进阶与完善，党内政治思想建设，为法治反腐的全面铺开提供有力的前端保障，对促成"不愿腐"的思想境界、预防腐败现象的滋生、恶化起到不可替代的作用；从发现腐败的角度来看，党内组织纪律建设、党内自纠自查，是形成"不能腐"的防控机制、及时发现前期腐败的有效措施；从治理腐败的角度来看，党纪的严厉性、处分的全面性，是塑造"不敢腐"的政治环境、彰显从严治党决心的重要体现。笔者认为，国家监察体制改革以后，党纪监督与国法监察具有"合"与"分"两重关系，具体而言：

第一，党纪监督与国法监察之"合"，即"纪严于法""纪挺法前""纪法融合"是党纪与国法第一重关系的体现，它表明，纪律与法律之间具有相互衔接补充的关系，治理党员干部问题优先适用纪律规范，让纪律适用于法律之前，解决大多数腐败问题；让法律主要解决违法犯罪问题，同时，对这部分腐败分子，亦可以追究其违纪的责任。"党内法规与国家法律的衔接和协调是依法执政的现实要求，应当以体系共存的相容性、价值追求的同向性、具体规范的无矛盾性和行为指引的连贯性为基准"，[3]建构二者协调、衔接的路径。这种"同向性""相容性"反映出党纪监督与国法监察在具体适用意义上的互补性。其实，在《监察法》及其配套规范中，党纪与国法衔接的雏形早已形成：其一，对于一般违规或违纪问题，适用党内纪律处分即可。例如，违规发放补贴、违规公车私用、违规宴请等，都是这类行为的典型体现。其二，对于职务违法行为，主要适用政务处分，其规范依据是《监察法》以及《公职人员政务处分

---

[1] 陈洪兵：《"国家工作人员"司法认定的困境与出路》，载于《东方法学》2015年第2期。

[2] 李斌雄、魏新欣：《改革开放以来中国共产党纪律处分制度的重大发展》，载于《探索》2018年第5期。

[3] 秦前红、苏绍龙：《党内法规与国家法律衔接和协调的基准与路径——兼论备案审查衔接联动机制》，载于《法律科学》2016年第5期。

暂行规定》，如贪污受贿未达到犯罪数额、滥用职权未造成严重后果，等等，对于这类行为可以同时适用违法处罚措施与违纪处分措施。其三，对于职务犯罪行为，主要适用刑事处罚，其调查的依据是《监察法》，审查起诉的依据是《刑事诉讼法》，犯罪事实认定的依据是《刑法》，但是对于情节轻微不需要判处刑罚的行为，可以给予政务处分与党纪处分。由此可见，在现阶段，"纪法融合"的基本模式已经确定。

第二，党纪监督与国法监察之"分"，是党纪与国法第二重关系的体现，它表明，要正确认识党纪与国法的界限，不能用党纪处分替代国法处理。这点很容易被忽视，主要原因可能是，既然"第一阶段"已经实现了从"纪法分离"到"纪法融合"的进阶，那么再继续强调党纪监督与国法监察之"分"，似乎有走回头路的嫌疑。确实，不能否认这种顾虑有其道理，但是，既然强调纪法需要融合、衔接，那么其前提自然是党纪与国法不是同一个事物，自然要做到纪法有别，从纯粹的"纪法分离"走向绝对的"纪法融合"，不过是从一个极端走向另一个极端，两种路径都是不符合法治反腐的要求的。笔者认为，理解党纪监督与国法监察之"合"与"分"的关系，应当立足于腐败监察治理的全过程，具体来说：其一，党纪监督与国法监察之"合"主要体现在腐败的事前预防与事中监督阶段，需要强调"纪挺法前"，优先发挥党纪监督的作用。因为就党政干部行使"公权力"的行为而言，法律不宜过早地介入，也不可面面俱到。而"政党作为旨在实现拥有政权目标的特定群体，在组织内部必然要形成需要全体成员普遍服从的权威、全体遵循的规则、集体共享的价值、充分一致的目标，……由此就决定了反腐败党纪在要求上要多于国家法律"。[1] 党纪监督虽然不可能规制全体行使"公权力"者的行为，但能够通过政治思想建设、组织纪律建设、日常监督建设等措施全面预防、监督党员干部的腐败行为，实现管住大多数的目标。其二，党纪监督与国法监察之"分"主要体现在腐败的事后惩处阶段，此时，党纪与国法相互独立。事后惩处是对行为人追责的范畴，即在明确行为性质的基础上，确定行为人责任的严重程度，因而此时的任务恰恰是防止责任的滥用，党纪与国法分别评价更有助于该目标的实现。这样来看，党纪与国法在腐败治理不同阶段分别扮演着不同的角色、具有不同的关系。故而，在对腐败分子的事后惩处或追责阶段，更应关注党纪与国法的差异，区分违纪处分、违法处置与犯罪处罚。

四、结　语

国家监察体制改革全面深化新阶段对腐败治理能力与治理体系的现代化提出了新的要求，即在《监察法》及其配套规范相继确立的基础上，逐步清理《监察法》与其他法律规范、党纪监督与国法监察之间的衔接问题，构建具备及时的腐败发现能力、准确的腐败评估能力以及高效的腐败治理能力的规范体系。在前阶段，国家监察体制改革的主要成果转化为以《监察法》为代表的腐败治理法律规范，实现了从"多主体分治"到"合力共治"、从"以末端惩治为

---

[1] 阴建峰、李思：《反腐败党纪与刑事法律关系论纲——以新时代"全面从严治党"为背景》，载于《法学杂志》2018年第7期。

中心"到"以前端预防为重点"、从"纪法分离"到"纪法融合"的三重逻辑转换及其制度架构。但是,腐败治理能力与治理体系的现代化,不能仅仅依靠《监察法》的落实,还要以《宪法》为根本,以党纪为前置保障,以其他法律规范为补充,最终构建成多元化的腐败治理系统。在国家监察体制改革的全面深化期,要以监察权的运行情况为参照点,分别处理好《监察法》与《宪法》的衔接问题、《监察法》与刑事法律的协调问题、党纪监督与国法监察的关系问题,才能够真正完成新阶段"法法衔接""纪法衔接"的任务。

论《监察法》的党纪渊源及协调
——以有效治理与纪法分开的有机联系为视角

蒋凌申[*]

《中华人民共和国监察法》(以下简称《监察法》)颁布实施后,《中国共产党纪律处分条例》(以下简称《党纪处分条例》)、《中国共产党纪律检查机关案件检查工作条例》(以下简称《党纪检查条例》)以及《中国共产党纪律检查机关监督执纪工作规则》(以下简称《监督执纪规则》)等党内法规均发生了重大变化。通过比较观察不难发现,《监察法》是党纪规范的法治化,对后者进行了系统性吸收,以实现有效反腐和法治反腐的目的,并最终促成纪法分开的新格局。但研究者们对监察法与党纪法规的观察,主要集中于"留置"与"两规"的关系上,对监察法与党纪关联性还存在着碎片化理解,因而未能从制度来源上揭示《监察法》的不足,并对未来从反腐败实践中寻找改良路径造成困扰。

一、监察法的法治定位

制定《监察法》是贯彻落实党中央关于深化国家监察体制改革决策部署,使党的主张通过法定程序成为国家意志,对于创新和完善国家监察制度,实现立法与改革相衔接,以法治思维和法治方式开展反腐败工作,意义重大、影响深远。[1] 基于此,对于监察法的理论深化,应当从法律与党纪关系的角度进一步厘清其法治定位。

(一)从严治党与依法治国的统一

十九大报告指出,"深化国家监察体制改革,将试点工作在全国推开,组建国家、省、市、县监察委员会,同党的纪律检查机关合署办公,实现对所有行使公权力的公职人员监察全覆盖。制定国家监察法,依法赋予监察委员会职责权限和调查手段,用留置取代'两规'措施……构建党统一指挥、全面覆盖、权威高效的监督体系,把党内监督同国家机关监督、民主监督、司法监督、群众监督、舆论监督贯通起来,增强监督合力"。但值得注意的是,此部分论述并非出自于"深化依法治国实践"的环节,而是安排在"坚定不移全面从严治党,不断提高党的执政能力和领导水平"环节之中。关于《中华人民共和国监察法(草案)》的说明也指出,"制定监察法,贯彻落实党中央关于深化国家监察体制改革决策部署,使党的主张通过法定程序成为国家意志,……实现立法与改革相衔接,以法治思维和法治方式开展反腐败工作,意义重大、影响深远"。从立法期待来看,《监察法》本身并非仅是"依法治国"的有机构成,更

---

[*] 北京师范大学刑事法律科学研究院博士后研究人员、福州大学法学院副教授。本文是国家社科基金重大课题"中国特色反腐败国家立法体系建设重大理论与现实问题研究"(编号:17ZDA135)的阶段性成果。

[1] 姜明安:《制定监察法应力争实现两大目的》,载于《法制日报》2017年11月29日第10版。

是"从严治党"以"提高党的执政能力和领导水平"的重要举措。在实践操作中,"纪委和监委合署办公,职责相互衔接、互为补充、内在一致,目的都是为了加强党和国家自我监督,巩固发展反腐败斗争压倒性态势、夺取压倒性胜利",[1]合署办公后的监察机关本质上就是党的工作机构。[2]从执政党的角度而言,《监察法》的改革更倾向于"从严治党",并以此实现与"依法治国"的有机统一。

(二)有效治理与法治反腐的统一

如何有效地组织起对腐败的斗争是现代国家的使命,[3]以《监察法》为核心的监察制度改革就是要实现"把制度优势转化为治理效能"。[4]"治理"是《监察法》的高频关键词,根据第1、6条的精神,深化国家监察体制改革的目标在于"推进国家治理体系和治理能力现代化",国家监察工作要坚持"标本兼治、综合治理",构建"不敢腐、不能腐、不想腐的长效机制",所有关键词均共同指向"有效治理"这一目标,以求有效性和法治性的统一。国家监察体制改革总体上"在发现实质真实和保障人权两大价值取向方面,更侧重于发现实质真实。……以便于查清案件为主要价值取向"。[5]

1. 为国家的"有效治理体系"提供监察保障手段

"治理体系现代化"和"治理能力现代化"是国家得以"有效治理"的基本前提,为其提供监察保障是《监察法》的重大使命。中国在社会主义初级阶段的建设取得了巨大成功,并能帮助国际社会度过重重难关,成为推动世界经济和社会发展的重要力量;同时,中国模式成为其他发展中国家争相效仿的道路模式。这充分证明了中国共产党领导下社会主义体制国家治理体系的现代性和科学性以及国家机关和公职人员队伍的高超治理水平。"现代的权力责任,除了过去的由滥权所产生的责任及怠权所产生的责任外,还负有满足公民权利请求的责任和由管理而带来的保证责任。这后两种责任主要是现代政府的责任"。[6]但日益猖獗的腐败行为成为中国模式的最大敌人,应当要有现代化的、法治化的监察体系与之相配套,以提供有效的监督保障手段。某种意义上,制定《监察法》进行法治反腐败,就是国家治理体系和治理能力现代化的表现,是"围绕腐败监督体制的结构性更新,开辟国家腐败治理立法的'第二战场',推进国家腐败治理由结果性治理向'端口性'、过程性治理的转变,提高国家腐败治理能力,成为中国腐败治理新时期反腐败立法的重点内容"。[7]"不敢腐、不能腐、不想腐的长效机制"是推动"国家治理体系现代化"和"治理能力现代化"的必备保障机制,此亦《监察法》的直接目标所在。

---

[1] 石艳红:《"全覆盖"不是"啥都管"》,载于《中国纪检监察》2018年第14期。
[2] 闫鸣:《监察委员会是政治机关》,载于《中国纪检监察报》2018年3月8日,第3版。
[3] 魏昌东:《〈监察法〉与中国特色腐败治理体制更新的理论逻辑》,载于《华东政法大学学报》2018年第3期。
[4] 刘奇凡等:《把改革的制度优势转化为治理效能》,载于《中国纪检监察》2019年第2期。
[5] 张建伟:《法律正当程序视野下的新监察制度》,载于《环球法律评论》2017年第2期。
[6] 徐显明:《论"法治"构成要件——兼及法治的某些原则及观念》,载于《法学研究》1996年第3期。
[7] 刘艳红:《〈监察法〉贯彻实施中的理论与实践》,载于《华东政法大学学报》2018年第3期。

2. 为腐败治理提供有效的法治手段

《监察法》的实施应力争实现两大目的:一是构建集中统一、权威高效的反腐败体制、机制,为加大反腐败力度,提高反腐败效率和质量提供法律支撑;二是规范反腐败机构及其工作人员履行监察职责和行使监察权力的行为,防止其滥用职权,为保障人权、保护被监察人员的合法权益提供法律保障。[1] 正因为此,《监察法》整合原来行政监察、司法监察和党纪检查手段于一体,并将原来行之有效的手段吸纳其中,立足于构建多元的反腐败办法,可以输出廉政监督检查、职务违法和犯罪调查、政务处分、问责、移送审查起诉、监察建议等多层次监察手段,而合署办公的执政党纪律监察委员会同时也能够提供党纪检查手段与之相协助,形成多层次的反腐败机制。尤其是"留置"手段的法治化,正是在力度上确保调查手段有效性的同时,将"两规"纳入法治约束和完善的轨道。

3. 有效性与法治性的辩证统一

《监察法》在使反腐败手段具备系统性的法治形式要件的同时,也将手段的"有效性"纳入"法治"实质内涵的约束范围,接受秩序、公正、人权、效率、和谐等价值的约束[2],尤其是留置手段作为一种全新的调查手段,其能否遵守法治的原则将备受关注。"在面对法治的种种弊端时,我们又必须承认,在管理社会公共事务的所有备选方案中,法治是最为实用的和最为廉价的,拒绝了法治,我们所付出的代价会加倍地惨痛。因此,接受了法治原则,就必须容忍和承受它给我们带来的不利和不便。尽管通过制度的完善和改进可以使这些不利和不便降到最低限度,但要根除它们是不可能的。"[3] 从长远角度考虑,只有契合法治价值的要求,才能确保反腐败机制的长久生命力,不会因被抛弃而失效。"令法律得到人们尊重最可靠的办法是,法律本身值得尊重",[4] 监察手段在追求有效性时,是必然要诉诸严厉性、强力性,也必然需要法治性予以合理的约束。尤其是"留置手段作为一项限制人身自由的强制措施,在设置其适用规则的时候,既要考虑到授权的正当性,也要注重限权的程度性"。[5]

(三) 法的生成与法的借鉴的有机统一

历史法学派的观点认为,法律并不是"理性"的产物,而是世代相传的"民族精神"的体现,法律是随着历史的发展而自发产生和发展起来的;法律渊源首先是习惯而不是立法。法的生成是指法和法律制度在特定环境与条件下的产生与形成的过程……严格来说,立法并不等于法的形成,法的实施对法的形成具有重要的作用。[6] 《监察法》立足"中国式"腐败及其治理的实践,力求实现腐败治理体制"中国模式"的自我完善与系统升级,[7] 其立法吸收

---

[1] 姜明安:《制定监察法应力争实现两大目的》,载于《法制日报》2017年11月29日第10版。
[2] 张文显:《法治与国家治理现代化》,载于《中国法学》2014年第4期。
[3] 郑成良:《论法治理念与法律思维》,载于《吉林大学社会科学学报》2000年第4期。
[4] [法]弗雷德里克·巴斯夏:《财产、法律与政府》,秋风译,商务印书馆,2012年版,第83页。
[5] 刘艳红:《程序自然法作为规则自洽的必要条件》,载于《华东政法大学学报》2018年第3期。
[6] 葛洪义:《论法的生成》,载于《法律科学》2003年第5期。
[7] 魏昌东:《〈监察法〉与中国特色腐败治理体制更新的理论逻辑》,载于《华东政法大学学报》2018年第3期。

诸多党纪规范的元素,是历史发展的产物,是法律生成的常规方式。

1. 反腐败手段

就调查手段而言,党纪手段长期在国家的反腐败体系中居于重要地位,虽然国家法律努力在多层面尝试建立有效的反腐败制度,包括行政监察立法、刑事立法和司法解释等,但实践效果并不理想。前监察法时代的国家反腐法律体系在应对日趋复杂的腐败问题时,已经显得力不从心而难以实现有效治理的目标,反而不得不更多地依赖党纪手段,如"两规""八项规定",等等。正因为穷尽其他法律手段,仍缺乏行之有效的功用,党纪手段才"不得不成为"实践中难以替代的反腐败手段,并在控制腐败势头的过程中起到明显的作用,这就为党纪手段立法化奠定了现实基础。但党纪手段毕竟不是法律手段,尤其"两规"的大规模运用,与法律不相兼容处则易冲击法治的权威,如何使党纪手段中的有力措施成为法律手段,也就成为当务之急。选择用"留置"取代"两规"的法律抉择,可以说是随着历史的发展而自发产生和发展起来的,是法律生成的常规方式。国家正式法的制定,并不意味着原有秩序的终结,相反,一定意义上,恰恰是原有秩序的发展。[1]

2. 反腐败机构

我国对于究竟要建立一个什么样的监察机构进行了长期的摸索。从最初的监察职权分布来看,我国的初衷是想建立多元的相互制约和配合监察体系,由行政权属性的监察局(厅)、司法属性的反贪污贿赂局以及党团属性的中国共产党各级纪律检查委员会等,共同组成系统的监察体系。但面对日益复杂的反腐败局势,最终还是选择建立"集中统一"的监察委员会,这里既有法的生成元素,也有法的借鉴因素。现有监察体制充分考虑并坦然立足"坚持中国共产党领导"这一现实和历史的实际,"集中统一、权威高效"的监察机构,不仅需要整合以往分散的监察力量于一体,还必须实现监察机关和政治机关的有机统一,以此确保"独立性"和"权威性"。《深化党和国家机构改革方案》提出,"组建国家监察委员会,同中央纪律检查委员会合署办公,履行纪检、监察两项职责,实行一套工作机构、两个机关名称"。"监察委员会的设置,在机构组织方面与纪委合署办公,在监督对象方面实现了对所有公职人员行使职务行为的全覆盖,实现了监督资源的整合和互补"。[2] 这些均是立足于反腐败经验与教训的总结,在实践运行的过程中,党纪和国法的协调一致、统一运行就成为必然。

(四) 阶段性使命与长效性机制的统一

十九大报告强调,要"巩固压倒性态势、夺取压倒性胜利的决心必须坚如磐石"。2018年末的中央政治局会议提出,"反腐败斗争取得压倒性胜利,全面从严治党取得重大成果"。十九届中央纪律检查委员会第三次全体会议,中共中央提出要"巩固发展反腐败斗争压倒性胜利"。《监察法》的制定正反映了执政党在"夺取反腐败斗争压倒性胜利"后,对"巩固"和"发展"胜利果实的渴望和真诚,并进一步表现为对法治反腐的坚定和对有效反腐的迫切,"坚持无禁区、全覆盖、零容忍,坚持重遏制、强高压、长震慑,坚持受贿行贿一起查,坚决防止

---

[1] 葛洪义:《论法的生成》,载于《法律科学》2003年第5期。

[2] 姚建龙:《监察委员会的设置与检察制度改革》,载于《求索》2018年第4期。

党内形成利益集团"。这让现行《监察法》明显呈现完成阶段性使命和构建"不敢腐、不能腐、不想腐"长效性机制的双重立法期待。

就阶段性使命而言,"巩固发展反腐败斗争压倒性胜利"不仅需要机制的创新,更多是在一定程度上依托原有较成熟的反腐败机制,通过整合原有的有效规则并保持其稳定性,以制度的连贯性巩固胜利成果。在没有实践证明结果,或没有更合理替代方案之前,难以甄别某项具体机制的优缺点,贸然取舍并不利于阶段性目标和长效机制的实现,亦更不符合实质法治的建设目标。毫不讳言,现行《监察法》在以大刀阔斧姿态进行监察制度改革的同时,却不得不"保守谨慎"地延续原有反腐败机制的优缺点,这也正是诸多党纪规范及运行机制在被《监察法》所承继后,依然保持诸多试点性的特征。因此,现阶段的《监察法》是大力度改革前提下"两权相害取其轻"的妥协,仍然有着浓厚的阶段性和待完善的色彩。构建"不敢腐、不能腐、不想腐"的长效性机制,需要《监察法》在成立后,通过实践开展和理论研究"摸着石头过河"总结经验不断予以完善。

二、监察法与党纪规范的系统性关系

(一) 党纪规范相比于法律规范的优势与不足

《监察法》某种程度上是由党纪反腐败规范生成,因而在承继党纪规范优点的同时,也难免吸收其中的不足。对党纪规范优势与不足的思考,是在《监察法》实施的背景下进行思考,以此能更客观地分析对后者的渊源。

1. 优势

(1) 可靠性。党纪反腐败规范的历史悠久,几乎与执政党的成立同步,如 1926 年的《关于清洗贪污腐化分子的通告》(1926 年)、1938 年《边区惩治贪污暂行条例》(1938 年),并经受过重大历史事件的严格考验,是执政党能够历经革命斗争、抗日战争、解放战争、冷战、改革开放,保持党员队伍先进性和纯洁性的制度保障。系统性反腐败规范《中共中央纪律检查委员会工作细则》早于 1953 年通过,并于十一届三中全会后得以重建后被广泛适用,在《监察法》前已发展成为以《党纪检查条例》《监督执纪规则》和《党纪处分条例》为核心的系统性规范机制,虽仍有一定不足但总体上成熟有效并良性运行,通过维持执政党机体健康而确保以党员为主体的公职人员队伍的可靠性。毫不讳言,党纪规范能成为一种制度依赖,是有其受信任的历史和现实原因的。

(2) 改革性。中共十三大提出"在党的建设上,走出一条不搞政治运动而靠改革和制度建设的新路子"的任务,[1] 党纪规范的改革动力源于执政党勇于变革的真诚与决心,在愈发复杂的反腐败局势中不断地改革自我,寻求合理的反腐败路径,"就党的纪律检查体制、反腐

---

[1] 赵紫阳:《沿着有中国特色的社会主义道路前进》,载于《人民日报》1987 年 11 月 4 日第 4 版。

败领导体制等均做出了深化改革设计"。[1] 相比于法律制度的稳定性、明确性及严厉性,党纪规范更具有灵活性且受众区域小,便于在小范围内开展试点改革,实事求是地根据腐败形势不断进行调整,最终调整为符合我国国情且能够压制腐败的手段和措施。现阶段取得"反腐败压倒性胜利"的成果,就是党纪规范率先尝试与改革的成果。正得益于这样的改革性与灵活性,党纪规范已经成为反腐败法律规范的试验田,诸多被实践检验为行之有效的手段,被司法解释所采纳乃至被法律所吸收,《监察法》的设立既是这种改革成果的形式巩固,也是改革本身的有机构成。

(3) 灵活性。党纪规范虽不能直接对接司法程序,但由于其自身程序和规则调整均具有灵活性,在面对日趋复杂的反腐败局势时,能先行供给有效的反腐败措施,填补法律手段在反腐败场合的乏力,维持法治基本局面的稳定。同时,党纪规范的应变性能有效弥补刑事法在应对复杂腐败局势的前瞻性不足,先行先试的特点也避免立法的盲目冒进,很大程度上维护了刑事法规范的稳定性和明确性。

(4) 及时性。腐败犯罪本就有着高度隐蔽性,在中国特殊人情社会环境中,加之有数千年政治文化的积蓄,有丰富的利益输送的手段,即使轻微违纪行为也是腐败的温床,法律手段往往难以介入,尤其难以及时介入,导致许多腐败案件有着长达数十年的时间跨度。若无视这种特殊性,在反腐败经验积累尚且不足的情况下,过度依赖常规法律手段,而无实事求是的及时应变,则只能放任腐败横行。从实践效果看,对腐败风气达到实质性遏制的效果,就是始于"八项规定"的严厉执行。提高腐败违纪的必然性,不仅收获良好的法律效果,同时也赢得诸多称赞。

2. 不足

(1) 手段的非法治性。党纪规范不属于正式法律规范,不具备合适的法律规范要件,无法直接对接司法,甚至与法律规范存在一定的冲突,尤其涉及人身权利的"两规"手段长期富有争议。不得不注意的是,也正是由于党纪手段的非法律性,其与其他法律衔接的规则储备极度不足,客观导致《监察法》吸收党纪规范时在"法法衔接"环节上存在规则供给上的空缺,这也是《监察法》创立后所亟待解决的问题。当然"法法衔接"的问题不仅仅是程序性问题,也同样涉及大量实体处分,如留置与处分结果的折抵、监察调查的司法监督,等等。

(2) 人员的非法律专业性。在《监察法》实施以前,党纪检查工作一旦发现有人涉嫌刑事犯罪或行政违法,可以将案件移交给相关的专业部门处置。党纪规范不属于国家法律,自然无须法律专业人员来执行;同时,党纪规范亦有着更严格的道德要求,其执行和设置也需要更宽泛的视角,不能仅局限于法律的路径和方式,特别是从纪法分开的角度而言,党委纪检部门人员还更应该突出党纪的专业性。但《监察法》实施后,党纪部门与监察委员合署办公,"履行纪检、监察两项职责,实行一套工作机构、两个机关名称",导致情况则完全不同——纪检人员成为履行法律职责的监察工作人员,是调查工作依赖的主要人员队伍,甚至

---

[1] 魏昌东:《〈监察法〉与中国特色腐败治理体制更新的理论逻辑》,载于《华东政法大学学报》2018年第3期。

是将来监察官的重要来源。如此背景下,党纪部门人员的非法律专业性的弊端一定程度开始突显,尤其是监察法律人才的储备不足,可能影响监察官制度和队伍的建设。

(二) 国法与党纪良性分工

自1997年2月中共中央发布实施《中国共产党纪律处分条例(试行)》始,到2018年共经历了4版《党纪处分条例》。《党纪处分条例》因其独特的地位成为"党内法规",在诸多环节发挥重要作用。尤其2003版《党纪处分条例》大量运用法律条文,导致"党内规则混同于国家法律,党规党纪套用'法言法语',许多规定都与法律条文重复"的突出问题,[1]如破坏社会主义经济秩序的行为,侵犯党员权利、公民权利的行为,妨害社会管理秩序的行为等违纪种类表述就与刑法规定十分相似。随着十八大之后全面从严治党的不断推进,原有模式不能适应新形势要求,2015年版《党纪处分条例》开始纪法分开不再套用"法言法语",违纪的门槛开始降低并回归纪律本意而接近道德标准,把党纪规定整合为政治纪律、组织纪律、廉洁纪律、群众纪律、工作纪律和生活纪律六项纪律;2018版《党纪处分条例》更倾向于使用平实的语言进行道德规劝和行为引导,如第5、62、51条。目前的监察法和党规党纪形成了"两把尺子、两种语言"的格局,法律与纪律终于在对象和后果之间形成巨大差异。

《党纪处分条例》一度有法律化倾向,其背景是法律中有效反腐手段供给的匮乏,而不得不从党纪规范中寻找党纪手段介入反腐败犯罪的理由和依据。但需明白的是,国法同样不能代替党纪,以国法的标准来设计党纪,实际上是党纪门槛的提高和党员队伍要求的降低。《监察法》制定的巨大意义在于,以输出有效反腐败手段为纽带,平稳衔接了由违纪到违法、犯罪的多层次规则供给,实现了党纪与刑法之间的良性过渡。纪法分开的实质是纪法分工的明确,让监察法与刑事法专注违法犯罪行为的同时,让党纪规范专注于违纪行为,及时体现作风建设最新成果并成为全体党员的行为底线,利用"容忍度标准低,调整范围宽,程序限制少"的优点拉开其与法律的距离,强调预防作用,保证中国共产党先锋队的性质。坚持"纪严于法、纪在法前、纪法分开"的精神,可以扭转"有的党组织把违反纪律当'小节',只要党员干部不违法,就不去管、不追究,不知不觉退守法律底线。如果错把法律当尺子,就会产生只有严重违纪违法的领导干部受惩处而多数党员'脱管'的问题,就会出现'好同志'一步变为'阶下囚'的情况"[2]。总而言之,纪律和道德建设的内容留在党规党纪并进一步充实,将法律责任的内容归入监察法并开始形成独立完整的法律体系。

(三) 监察法对原党纪规范的系统性吸收

《监察法》作为我国反腐败实践的总结,并非仅仅是"用留置取代两规"那么简单,而是大量地吸收了原《党纪检查条例》《监督执纪规则》和《党纪处分条例》的内容。如果将视野放宽至中国共产党的反腐败制度建设,还可以有更多的发现。

其一,名称与合署办公。"监察委员会"这一称谓,以及"监察委员会和党的纪律检查委

---

[1] 参见共产党员网:《中国共产党纪律处分条例》历次制定修改速览,http://www.12371.cn/2018/08/27/ARTI1535345974067840.shtml?t=636714101235357560,最后访问时间:2019年6月6日。

[2] 孙永军:《精准运用纪律法律两把"尺子"》,载于《中国纪检监察报》2018年5月24日第7版。

员会合署办公"的创设均非首创,正是来自党纪规范对反腐败局势作出的变革应对。1955年3月《关于成立党的中央和地方监察委员会的决议》第(二)条指出,"目前党的各级纪律检查委员会的组织和职权已不能适应在阶级斗争的新时期加强党的纪律的任务,因此中国共产党全国代表会议决定成立党的中央的和地方各级的监察委员会,代替中央的和地方各级的党的纪律检查委员会,借以加强党的纪律,加强反对党员中各种违法乱纪现象的斗争。"不得不说"监察委员会和党的纪律检查委员会合署办公"的设想,起源于以监察委员会代替纪律检查委员会的设计,其实早在1950年2月的《关于各级党的纪律检查委员会领导关系问题的指示》发布后,中共中央在1952年的工作指示中曾要求,根据具体情况,各级党的纪律检查委员会和各级政府监察委员会可以合署办公,加强联系、互通信息。

其二,以留置为核心的调查制度,其目的在于输出有效的反腐败手段。虽然十九大报告只是指出利用"留置"取代"两规",但实际上是《监察法》对《党纪检查条例》中调查体系的全面吸收,尤其是"调查"一词就来自后者,此外直接吸收的还有"谈话""陈述"等制度,这些均不同于以往的行政监察和检察反腐制度。尤其是"留置"尚未有类似"侦查监督"的制度设计,也是原来党纪手段属性的延续,也是党纪规范不能与诉讼法衔接而导致的规则储备不足。

其三,是以上级约束为框架的留置自我监督机制,以及以监察人员行为约束为核心的内部专门监督机制。《监察法》第43条要求,监察机关采取留置措施除本级集体研究决定外,设区市级以下的应当报上一级批准,省级的应当报国家监察委员会备案,这与《党纪检查条例》的分级立案制度颇有异曲同工之处。《监察法》第七章"对监察机关和监察人员的监督"中对监察人员的自我监督机制,与《监督执纪规则》第八章"监督管理"中对纪检工作人员的要求同样有着一脉相承的关系。

此外,《监察法》的案件移送制度,以及对违法行为的政务处分制度(法律责任),也能够在《党纪处分条例》与《党纪检查条例》中找到相应的影子。尤其目前正在研究起草的政务处分法,就是要将党内法规中有关纪律转化为对公职人员的要求。[1] 从法的演变而言,《监察法》在很大程度上是脱胎于党纪规范,纪法贯通是天然形成的。

(四)党纪对监察法的体系性弥补和协作

《监察法》第6、11条指出,国家监察工作应加强法治教育和道德教育,弘扬中华优秀传统文化,不仅对职务违法和职务犯罪进行调查,还要对公职人员开展廉政教育,对其依法履职、秉公用权、廉洁从政从业以及道德操守情况进行监督检查。可见,《监察法》的重要职能不仅仅是制裁腐败行为的事后职能,更在于从多层面对公职人员予以监督教育,以及对腐败行为予以预防。但从《监察法》总的篇幅来看,预防性和监督教育性的法律规范并不占据多数,且多为基础性规范而非专业性规范,并无操作的可能性。因此,若单独依靠监察法显然不能实现此法律使命,"勿以恶小而为之"的规范制约,必须依赖党规党纪的外围大环境。事

---

[1] 瞿芃、孙灿:《今年将研究起草政务处分法监察官法》,载于《中国纪检监察报》2019年2月15日第1版。

实证明,"破法"必先"破纪",法律底线被践踏,往往是纪律红线一退再退的必然恶果,党员干部最终出"大问题",往往始于破坏"小规矩"。

2018版《党纪处分条例》在强调各项纪律的同时加强了道德建设,诸多的纪律性禁止性规范和道德性指引性规范是合二为一的,如第86、136条等关于家属的管教与家风建设、第91条对婚丧嫁娶行为的指引与约束、第116条对懒政不作为、乱作为的禁止以及第135条对不正当性行为的制裁,大大增加了道德教育和腐败预防的可操作性。换言之,《监察法》所规定的是基础性预防规范,而党纪规范则是专业性预防法规,党纪规范实际上是《监察法》的第一道防火墙,对《监察法》的基础性预防规范予以全面的充实,是协作《监察法》实现综合治理的重要组成部分。《党纪处分条例》第5条点明此意思,让"党纪轻处分、组织调整成为违纪处理的大多数;党纪重处分、重大职务调整的成为少数;严重违纪涉嫌违法立案审查的成为极少数"。

三、《监察法》对党纪规范的法治化演变及待协调之处

《监察法》脱胎于党纪规范并将其中有效的反腐手段纳入法治化轨道,是法的生成与法的借鉴的有机统一。法治化演变是《监察法》吸收党纪机制的必然结果,也是依法治国和法治反腐的必然要求。因此,在思索《监察法》制度建设时,我们务必慎重考虑三个前提:(1)《监察法》脱胎于党纪规范,是从严治党和有效反腐的优良传统在法治建设层面的延续,并为后者提供制度保障;(2)《监察法》的反腐败机制必须接受法治精神在实质和形式上的约束,以保证严厉性和有效性的生命力;(3)由于党纪手段与司法程序之间的衔接缺乏制度积累,客观导致目前《监察法》在"法法衔接"上的机制供给不足,需要在实践中逐渐累积经验和完善理论。对于学者而言,应当充分注意第一种因素;对于监察工作人员而言,要更加注意第二种约束;第三种情形则是改进《监察法》不可忽视的视角。

(一)监察委员会司法职能的协调

1. "以调查为中心"与"以审判为中心"的协调

《监察法》要求构建"集中统一,权威高效"的监察机关,在诸多环节的制度设计凸显了以调查为中心的格局,例如法法衔接的规则供给缺失、调查环节司法监督的空缺。另一方面,监察委与党的纪检部门合署办公,集党权和国权于一体,不论在工作机制上还是在级别上,均对检察院和法院形成了力量优势,实践中已经出现审判部门和检察部门的领导人向监察部门领导人汇报案情的情况(后者在政治级别上属于上级)。在此背景下,检察机关和审判机关对监察机关的司法约束,相比于对公安机关的司法监督而言要明显弱势。要实现以调查为中心与以审判为中心之间的协调,其首要在于实现监察委员会在政治机关、监察机关、司法职能角色上的协调和转换,在不同场合需要有不同的定位,如此才能实现监察职能的有效运行。对于长期从事纪检工作但未有司法工作经验的监察机关工作人员而言,在意识到监察机关和政治机关荣誉感时,充分领悟司法职能和法治反腐内涵的意识更显得必要和珍贵。

2. 独立行使监察权与独立行使司法权的协调

《中华人民共和国人民法院组织法》《中华人民共和国人民检察院组织法》《监察法》均规定要独立行使各自业务权力,"不受行政机关、社会团体和个人的干涉",尤其《监察法》特别要求监察委员会办理职务违法和职务犯罪案件,"应当与审判机关、检察机关、执法部门互相配合,互相制约"。因此,所谓的"独立行使监察权"包括三个机关之间的相互配合和制约,"独立行使审判权""独立行使检察权"也是同理。监察机关与相关机关的配合制约,实质上是监察执法与刑事司法职权活动的紧密衔接和法法贯通,是稳步推进监察体制改革,构建集中统一、权威高效的监察体系的制度保障。[1]

问题在于,《监察法》第15条同时规定了,人民法院、人民检察院的工作人员属于监察机关的监察对象,若有监察工作人员机械地将第15条融入第4条来理解"互相制约",其不仅是对司法独立的破坏,更是对《监察法》基本精神的曲解和滥用。相反,应当设置特别制度予以强调,避免第15条被过度滥用而对独立行使司法权造成负面影响。保障人民法院和人民检察院独立行使司法权,是监察机关独立行使监察权的使命所在,不仅要避免行政机关、社会团体和个人干涉司法,更重要的是不能混淆司法职能与监察职能的关系以确保司法独立。

(二)留置措施的实质法治化

1. 职务违法与职务犯罪之留置后果的逻辑协调

刘艳红教授发现,职务违法与职务犯罪之留置后果之间存在大量的逻辑冲突,"既然'职务犯罪'留置都能够折抵刑期而获得法律上的利益,那么较轻的'严重职务违法'留置理当也能够获得类似的法律利益,但纵观《监察法》全部内容却无法处理这种隐含的法律规则冲突,这表明监察立法还不够严谨"。[2] 本文深以为然,但这样的逻辑矛盾还是来源于"两规"措施对包括违法与犯罪在内的违纪行为一体处分的传统,从"双规"措施不具备法律属性,到"留置"被赋予"留置一日折抵管制二日,折抵拘役、有期徒刑一日"的法律效果,原有"默契"被打破。这是党纪规范法治化过程中,受制于"规则储备不足"与"阶段性任务"的一次"妥协",但还是要通过"实质法治化"予以逻辑自洽。

2. 留置的法律监督

由于调查(尤其留置)未能像侦查一样得到司法监督,而多受到诟病和质疑,但这其实是法律衔接缺失的缘故。但反腐斗争的实践证明,查办职务违法和职务犯罪案件、追究腐败犯罪的刑事责任,必须遵循调查、指控、审判分工负责、相互配合、相互制约的基本原则,体现现代法治的基本要求。[3] 检察机关作为国家法律监督机关对监察机关的调查活动进行"法律监督"是存在极大合理性的,法律监督有别于其他事前、事后监督的直接介入,是通过司法程

---

[1] 吴建雄、王友武:《监察与司法衔接的价值基础、核心要素与规则构建》,载于《国家行政学院学报》2018年第4期。

[2] 刘艳红:《程序自然法作为规则自洽的必要条件》,载于《华东政法大学学报》2018年第3期。

[3] 吴建雄、王友武:《监察与司法衔接的价值基础、核心要素与规则构建》,载于《国家行政学院学报》2018年第4期。

序的审查,并不会影响"集中统一、权威高效"的监察机构的形成。《监察法》适用对象是"职务违法行为"和"职务犯罪行为",监察机关的调查行为就不能适用以"查明犯罪事实,正确应用法律,惩罚犯罪分子"为主旨的《中华人民共和国刑事诉讼法》(以下简称《刑事诉讼法》)。[1] 因此,监察机关调查职务违法和职务犯罪适用国家监察法,案件移送检察机关后适用《刑事诉讼法》,难以依据《刑事诉讼法》赋予检察机关进行全面调查监督的权力。若要实现此目标,必须通过《监察法》的自我完善来实现。

(三) 监察官的任职资格

监察官制度是《监察法》脱胎于党纪规范后,在具体机制上产生的最本质区别之一,其相关具体细节目前尚在激烈的探讨之中,尤其监察官的任职资格是否需要法律专业性(获得法律职业资格证)存在较大争议。《监察法》释义指出,监察官制度的关键所在是权责对等,要立足中国历史文化传统,在监察官等级设置上,要创制具有中国特色的监察官称谓和等级,独立于法官、检察官、警官制度,不照抄照搬;监察官门槛要高、退出机制要强。因此有观点认为,"履行监督权不必专门技能,监察官无需特定任职资格要件",[2] 这种观点值得商榷。

1. 权责对等

其一,监察委的职权不仅仅是监督,还将履行类似侦查权的职务违法犯罪调查职责与政务处分职责。就调查职责而言,以往检察院反贪局部门从事职务犯罪侦查的人员就是具备国家统一法律职业资格证的检察官;就政务处分职责而言,《关于完善国家统一法律职业资格制度的意见》(以下简称《意见》)指出,政府部门中从事行政处罚决定审核、行政复议、行政裁决的人员,应当取得国家统一法律职业资格。政务处分显然比起前述行为更富有专业性和责任性,监察官承担起更繁重且专业化的职权,也必将匹配更多的法律责任,若无专业素养的保障,引发的权责不对等的风险将大为加大。

其二,监察委与党的纪检部门合署办公,集党权和国权于一体,不论在工作机制上还是在级别上,均对检察院和法院形成力量优势,实践中甚至出现审判部门和检察部门的领导人向监察部门领导人汇报案情的情况(后者在政治级别上属于上级)。在此背景下,检察机关和审判机关对监察机关的司法约束,相比于对公安机关的司法监督要明显弱势。如果无法在源头就达到法治化思维的自律和约束,将监督使命交由(目前仍还相对弱势的)检察官和法官,其效果之差是不可避免的。毕竟法治素质是监察工作人员进行法治自律的重要修养。

2. 门槛要高

其一,岗位名称。监察法赋予监察人员以"官"的"尊称",而不再是党内使用的"书记"这样平等、谦卑和服务的称呼,[3] 实际上是遵循了类似司法官的路径,与警官、检察官、法官一

---

[1] 王希鹏:《国家检察权的属性》,载于《求索》2018年第4期。
[2] 刘练军:《监察官立法三问:资格要件、制度设计与实施空间》,载于《浙江社会科学》2019年第3期。
[3] "书记"一职,属于最低的事务级、办事级小勤务员,显示为民做事、不做官僚的决心。马克思确定"书记"的本义,在他阐述的"巴黎公社原则"中得到进一步的解释。

样突出专业性,只是在"等级设置"上不照抄照搬而已。除检察官、法官外,一些特定岗位的警官也是必须要取得法律职业资格的。法律职业资格证对于法律从业人员而言,已经是公认的起码门槛,监察官没有取得法律职业资格证,其形象必然大打折扣。

其二,工作属性。监察工作所面对的对象是公职人员,是高素质的精英人群,自然有更高的法治素养和反调查能力;所针对的行为是职务违法犯罪也有别于普通的违法犯罪,更具有复杂性和隐蔽性;所遇到的法律问题,涵盖党纪、行政法和刑事法,也远比警官复杂,办案的法律质量要求更苛刻、更精细,这也是门槛要高的原因所在。《意见》指出,除了上述公职人员必须获得法律资格证外,国家鼓励从事法律法规起草的立法工作者、其他行政执法人员、法学教育研究工作者,参加国家统一法律职业资格考试,取得职业资格。假若监察官不以法律职业资格证作为基本任职要求,则几乎成为唯一不以法律资格作为要求的法律职业人员,高门槛就更加无从谈起。

其三,法治信号。身处法治反腐第一线的监察官,在普罗大众眼中是肩负更高法治使命的法律职业人员,《监察法》的制定首先释放的就是法治反腐的信号,诸多反腐败手段的"有效性"也是通过"法治性"来证明其正当性与合理性,并以此增加对监察制度的信心。如监察官的任职资格不以法律职业资格证作为基本任职要求,所释放的法治信息难免有重大缺失。《监察法》制定的重要期待之一,就是要改变原来纪检工作人员的强势却不具备法律专业素养的担忧,若将此期待延续到监察法时代,实为不妥。

四、结　语

立法机关与法律犹如父母和孩子,父母可以决定孩子的生养,但却不能决定孩子未来的成长,立法机关可以决定《监察法》的立法,但却难以左右其在实践过程中的演变和发展。将行之有效的反腐败党纪进行法治化,是《监察法》制度改革的创举,将从严治党上升至更高的法治反腐高度。如同学者们对"法律不是嘲笑的对象"的坚守,《监察法》的完善需要立足反腐败实践经验和教训,实事求是地予以完善和补充,实现《监察法》在形式和实质上的共同法治化。

监察追诉的时效问题

刘练军*

　　无论从政治上还是法律上看,"反腐"无疑都是当下新时代的高频词和关键词。为了加大反腐的力度,并积极推进反腐法治化,2018年3月,第十三届全国人大第一次会议先是修改了宪法,在《中华人民共和国宪法》(以下简称《宪法》)"国家机构"一章中增加了"第七节 监察委员会",接着又制定了《中华人民共和国监察法》(以下简称《监察法》)。特地修改宪法以组建与政府、法院平级的反腐败国家机构——监察委员会,此诚人类宪法史上的一大创举,[1]是否绝后尚难定论,但空前乃是毋庸置疑之事实。对于新科反腐机构——各级监察委员会,从中央到地方,从庙堂到民间,无不寄予厚望,期待它们能成为"强化不敢腐的震慑,扎牢不能腐的笼子,增强不想腐的自觉"的反腐利器,最终实现"海晏河清、朗朗乾坤"的新时代政风。[2]

　　正因为有此等厚望,所以,一旦有一定级别的官员被监察委员会立案调查的消息,往往就立即火遍微信朋友圈,成为一时之社会舆论热点。前不久,一则"长春市中级人民法院原党组书记、院长宋利菲接受纪律审查和监察调查"的消息,一度在朋友圈霸屏。出于法律人的职业敏感,笔者就登录吉林省纪委监委网站,试图了解更多的信息。很可惜,希望落空了。火遍朋友圈的有关宋利菲被调查的消息,与吉林省纪委监委官网上所发布的通报内容并无出入,[3]前者完全是后者的复制版。此则通报在吉林省纪委监委官网上发布的时间是2018年6月21日。该通报显示:"宋利菲,女,汉族,1952年6月出生……2012年8月,退休。"由

---

* 东南大学法学院教授、博士生导师。本文原载于《法学论坛》2019年第1期。

〔1〕 在我国现行《宪法》的国家机构排序中,监察委员会排在人民法院和人民检察院之前,前者属于《宪法》第三章第七节,后者则位居第八节。曾有学者研究认为,"无论怎么摆,国家监察机关的实际地位不能高于国家审判机关。因为无论哪个国家的法院都是主要的国家机关之一,而监察组织在各国往往只是主要国家机关的从属机构。如果将其地位放在最高人民法院之上,那就不符合常规了……从国家治理体系现代化的要求看,我国人民法院的宪法法律地位和实际地位,都应该高于监察机关"。作者还进一步分析指出:"一般来说,国家的立法、司法和审判机关,都属于承担驱动职能的机构,监察机构所起的是制动作用。所以,世界各国监察机构,其法律地位往往比较低,权力十分有限,远不及国会、行政机关和审判机关。可以说,在国家机构体系内起制动作用的监察机关位不高权不重是常态。制动机构的权力和地位如果超过驱动机构,其设计一定存在问题。"(参见童之伟:《国家监察立法预案仍须着力完善》,载于《政治与法律》2017年第10期)对此等论断,笔者击节赞赏。中共第十九届中央委员会和第十三届全国人大打破常规,修改宪法组建这么一个位高权重的监察委员会,委实是令人震惊的重拳反腐。问题是,对于权力腐败之沉疴宿疾来说,这一剂"猛药"是否为对症之药及其最终效果如何,均尚难定论,唯能拭目以待。

〔2〕 参见本书编写组:《党的十九大报告学习辅导百问》,学习出版社、党建读物出版社,2017年版,第53页。

〔3〕 参见《长春市中级人民法院原党组书记、院长宋利菲接受纪律审查和监察调查》,http://ccdijl.gov.cn/jwjct2018/scdc/scdc_85946/201806/t20180621_4781546.html,最后访问日期:2019年7月16日。

此可知,被立案调查时宋利菲业已退休五年十个月,她本人也已经年届六十有六。监察委员会对退休已久的年迈老人开展调查,这种事隔多年之后的监察反腐能达到预想的反腐功效吗?从常理与法理上看,这事难道不值得商榷吗?诸多疑窦,在我脑海里闪现并徘徊良久。

然而,更不可思议的是,监察委员会对多年前退休的老人开展追诉调查并不违法,也就是说,监察委员会对宋利菲进行立案调查完全是合法的。[1] 因为现行《宪法》《监察法》等相关法律并未明文规定监察追诉受时效之限制。众所周知,在民法、刑法、行政法上均设有时效制度,追诉权都有一定的期限,而不具有永久性。毋庸讳言,法律追诉有固定期限,此乃人类法治文明的基本原则。对此,世界上绝大多数国家的立法都明文认可,而时效制度亦成为各国法律体系中的一项基本制度。那作为行使国家监察职能的专责机关(《监察法》第3条),监察委员会在开展监察追诉时该不该像其他法律追诉一样受时效之限制呢?身为立法者的全国人大及其常委会要不要适时修订监察法,以为之补充时效之规定呢?陋见以为,答案都是肯定的。兹就监察追诉为何应受时效限制,以及监察法上的时效制度该如何设置等问题,略陈管见如下,供学界同仁及实务部门批评指正。

一、立论基础:追诉有时效乃法治的应然内涵

追诉时效制度发轫于古罗马法,堪称人类社会最为古老的法律传统之一。据研究,罗马法自公元前16世纪"关于选举舞弊的尤利亚法"开始就在刑事法上设有时效制度,"它规定,应当科处刑罚的犯罪的时效期限为5年。后来,对几乎所有的犯罪均明确规定了20年的时效期限"。[2] 在古罗马,不但刑事追诉有时效制度,其民事私法同样设置了时效制度即债权等权利的消灭时效,"这是指权利人在法定期间内持续不行使其权利因而丧失请求权或其权利的制度"。[3] 起源于古罗马的此等时效制度历经中世纪而绵延不绝。如今,包括我国在内的绝大多数国家的立法都明文规定时效制度,长期积累下来的有关时效制度的法学理论更是发达深厚。

(一)民事时效制度

2017年,第十二届全国人大颁布的《中华人民共和国民法总则》(以下简称《民法总则》)第188条规定,"向人民法院请求保护民事权利的诉讼时效期间为三年。法律另有规定的,依照其规定。诉讼时效期间自权利人知道或者应当知道权利受到损害以及义务人之日起计算。法律另有规定的,依照其规定。但是自权利受到损害之日起超过二十年的,人民法院不予保护;有特殊情况的,人民法院可以根据权利人的申请决定延长",此乃民法时效制度之立

---

[1] 对过去的违法行为实施监察追诉,还涉及《监察法》的"溯及既往"问题。而"法不溯及既往"乃是一项基本的法治原则。美国1787年宪法第1条就规定国会不得制定追溯既往之法律。法国民法典第2条亦规定:法律仅仅适用于将来,没有溯及力。限于篇幅,本文对此论题存而不论。

[2] [德]李斯特著、施密特修订:《德国刑法教科书》,徐久生译,法律出版社,2006年版,第502页。

[3] 周枏:《罗马法原论》(下册),商务印书馆,1994年版,第918页。

法依据。民法上的时效制度,简言之,就是权利人必须在权利被他人侵害的三年内向法院提出诉讼救济请求,三年之后法院就不再支持他原本所享有的权利,诸如名誉权、物权、债权等皆如是。

关于时效制度的存在理由,民国著名法学家史尚宽分析认为:"时效制度之设,在于尊重久已继承之事实状态,即在于社会秩序之维持。一般真正权利人得基于权利推翻现存之事实关系,回复以前之权利关系,然此事实苟久已存在,社会皆信其真,则维持其关系,又可以维持社会之安全,此为时效制度存在之第一理由。"[1]质言之,民法时效制度者,躺在权利上睡觉之人不值得保护之谓也。当然,设置时效制度还有其他理由,如保护债务人,避免因时日久远,举证困难,致遭受不利益;又如简化法律关系,降低交易成本,减轻法院案件负担,等等。[2]无论如何,民法时效制度之设置,意味着民事权利乃是一种被时间所规定了的存在,逾越了三年的法定时间边界,就丧失了请求法院保护之资格。

不但民事权利如此,刑事处罚权力和行政处罚权力同样是一种被时间规定的存在,超过了一定的时间界限,该权力同样作废,就像民事权利作废一样。

(二) 刑事时效制度

关于刑事处罚之时效,现行《中华人民共和国刑法》(以下简称《刑法》)第87条规定"犯罪经过下列期限不再追诉:(一)法定最高刑为不满五年有期徒刑的,经过五年;(二)法定最高刑为五年以上不满十年有期徒刑的,经过十年;(三)法定最高刑为十年以上有期徒刑的,经过十五年;(四)法定最高刑为无期徒刑、死刑的,经过二十年。如果二十年以后认为必须追诉的,须报请最高人民检察院核准"。此等规定乃是刑法时效制度之法律依据。

在刑罚史上,刑罚时效制度和刑法一样古老。关于此等制度的根据,在德国的普通法时代,采取的是改善推测说,即犯罪后长时间没有再犯罪,可预想犯罪人已经改善从良,没有处刑之必要。在19世纪的法国,则采取证据湮灭说与准受刑说。前说认为,犯罪证据因时间流逝而湮灭,准确处理案件之目的难以达到;后说以为,犯罪人犯罪后虽然没有受到刑事追究,但长时期的逃避与恐惧所造成的痛苦,与执行刑罚并无多大差异,这等同于已经执行了刑罚。[3]在日本,有的学者采取规范感情缓和说,即随着时间的经过,社会对犯罪的规范感情得以缓和,以至于不需要给予现实的处罚。[4]有的学者采取尊重事实状态说。该说认为,由于规范感情的缓和,社会秩序的恢复,在犯罪行为人方面也产生了与一般人相同的社会生活关系,对由此而形成的事实状态应该予以尊重,时效制度之本旨就在于此。[5]

以上诸说均不无道理,但又各有侧重而陷于片面,将之综合归纳,作为刑法时效制度的理由,才足够全面通透。然而,再完美的理由,都只不过是为法定权力的时间宿命添加一件

---

[1] 史尚宽:《民法总论》,中国政法大学出版社,2000年版,第624页。
[2] 王泽鉴:《民法总则》(增订版),中国政法大学出版社,2001年版,第516-517页。
[3] 关于改善推测说、证据湮灭说和准受刑说,可参见张明楷:《刑法学》(第五版),法律出版社,2019年版,第565页。
[4] [日]大塚仁:《刑法概说(总论)》(第三版),冯军译,中国人民大学出版社,2003年版,第578页。
[5] [日]大谷实:《刑法总论》(新版第2版),黎宏译,中国人民大学出版社,2008年版,第487页。

人类的道德理性外衣而已。对于代表国家执行刑事处罚权的司法人员来说,重要的不是刑法时效制度的根据何在,而是他们务必严格遵守《刑法》第 87 条之规定。一旦他们突破《刑法》第 87 条所设定的时间边界,那象征着刑法所彰显的人类道德理性,在刑事司法实践中遭到了蔑视甚至被废弃。这种突破只会使我们重返"复仇"的野蛮时代。罔顾刑事执法权力的时间规定性,只会使我们的刑事处罚被排除在现代人类刑事司法文明的圈外,它最终表现为我国法治秩序在时间上的倒退。不遵守时效制度的刑事处罚权,注定要败给时间——刑事司法呈现的不是与时俱进的文明状态,而是日渐倒退至血腥复仇的野蛮状态。概言之,抛弃刑法时效制度的本质就是抽掉刑事处罚中的道德理性,使之重返前法治时代的残暴报复状态。超越刑事处罚的时间规定性,必将使作为公权力的刑事处罚权退化至原始的私力救济形态,其后果残忍之至。

(三) 行政处罚时效制度

在性质上,行政处罚权与刑事处罚权不分轩轾,都是代表国家对违法行为予以惩处,差别只在于所违反的具体法律以及违法本身的社会危害性不同。我国的行政立法同样认可时效制度,《中华人民共和国行政处罚法》(以下简称《行政处罚法》)第 29 条规定,"违法行为在二年内未被发现的,不再给予行政处罚。法律另有规定的除外"。关于行政处罚追诉时效的根据,学者更多的是从刑法时效制度中获得启发。在人类立法史上,行政立法比刑事立法要晚得多,故而,行政法学无可避免地要从刑事法学中寻找经验与智慧。

1979 年我国台湾有关"当局"曾在判字第 356 号裁判文书中判曰:"依行政法规所科处之行政罚,除法令有明文规定者外,其追诉权并无时效上之限制,……是被告机关虽因公文协调以致延搁科罚之时间,究不能谓其追诉权即已消灭。"台湾学者在检讨此判决时,多与刑法时效进行类比,如吴庚教授指出:"国家刑罚权对于无论何等罪大恶极之犯罪,尚且有时效之设,行政罚均属轻微之违法行为,岂有永久追诉处罚之理?"[1]又如洪家殷教授分析指出:"……贯彻此种见解之结果,造成行政秩序罚永不罹于时效,亦即不论是追诉权或执行权皆长久存在。此种见解显不足采,盖同属制裁不法行为之刑罚,可以有时效之规定,何以在行政罚即无存在之余地? 另一方面,违反刑罚之犯罪行为,其社会伦理之非难性较高,已不排除有时效制度之存在,对于不法态样较轻微之行政罚,更应适用,且应给予较短之时效。"[2]

2005 年台湾颁布"行政罚法",其第 27 条规定"行政罚之裁处权,因三年期间之经过而消灭"。至此,两岸在行政立法上一致接纳了行政处罚时效制度。被制定成法律的都是社会的主流价值观。我国《行政处罚法》第 29 条及《刑法》第 87 条之规定足以表明,针对行政违法及刑事违法的国家惩治权乃是一种受时间规制的有限权力观念,业已深入人心,成为社会各界的基本共识。而《民法总则》第 188 条之规定,则证明民事权利跟国家权力一样,同为一种时间性的存在,而非超越时间规定性的永恒权利。不管是权力还是权利,都身处于一种有限时段的宿命之中,不受任何时效限制而永葆青春的权力与权利,实乃海市蜃楼。在以法律的

---

[1] 吴庚:《行政法之理论与实用》(增订八版),中国人民大学出版社,2005 年版,第 305 页。
[2] 翁岳生:《行政法》(下册),中国法制出版社,2002 年版,第 888 页。

名义创设一种新型的权力或权利时,务必记得给此等权力或权利设置时效制度,此乃人类基本的立法经验。

(四) 时效制度乃法治社会的基本要求

本质上,为权力与权利设置时效制度乃人类社会法治的应然要求。与前近代的原始治理模式——人治相比,法治乃是一种富有理性和道德性的治理模式,此乃法治最终战胜人治,成为绝大多数国家选择并坚守的国家治理路径之根本原因。无论从理性上看,还是从道德性上考量,以法律的名义所确认的权利和权力,其行使都有较为明确的期限。超过立法事先规定的期限之后,那这种权力或权利事实上就"过期"了。而这种过期在性质上跟食物经过一定时间之后会"过期变质"完全类同,前者不宜继续有效,后者不宜继续食用。过期作废的权力或权利如继续行使,那就跟继续食用过期变质的食物一样,其后果往往是有害而非有益。食用过期变质的食物,必定会给人体的肠胃带来负累,影响身体健康。同样地,行使过期作废的权力或权利,也会给人类的交往行为带来额外的负担,有碍于社会秩序的稳定发展。

众所周知,社会的交往行为(或曰交易行为)并不因某项权力或权利未及时行使而暂停,相反,人类的交往行为就像喘息的河流奔腾不止,即便遇到险阻也会逶迤前行。与未行使而处于停滞状态的权力或权利相比,由持续不断的人类交往所形成的新秩序更需要亦更值得保护:立法和司法保护后者更符合效率原则,其成本亦更为低廉。美国法学家波斯纳在对法律进行经济分析时指出:"正义的第二种含义——也许是最普通的含义——是效率……在一个资源稀缺的世界里,浪费是一种不道德的行为"。[1] 不管是权力还是权利,如果不及时行使,就是没效率的表现,就是一种浪费,因而属于道德可责性行为。罔顾人类交往所形成的新秩序而坚持对此等无效率行为予以保护,那就违反了基本的理性精神。由于时过境迁、证据湮灭等原因,与前者相比,保护后者所付出的司法成本要高昂得多。"无论审判能够怎样完美地实现正义,如果付出的代价过于昂贵,则人们往往只能放弃通过审判来实现正义的希望。"[2] 为了避免法院付出明显昂贵的司法成本(它最终由我们所有纳税人来承担),对于那些时效已过的权力或权利不再予以保护,完全符合理性法则。

总括而言,时效制度乃是符合人类理性与道德法则的制度建构,是法治的应然内涵。追诉无期限,那不是法治,是与之相对立的人治。职是之故,是否为国家监察权力设置时效制度,本质上是坚持法治还是重返人治的问题,兹事体大,立法者当瘅瘵思量。

二、为监察追诉设置时效制度的理由

监察委员会所行使的监察权与检察院的刑事公诉权、行政机关的行政处罚权,并无本质

---

[1] [美]波斯纳:《法律的经济分析》(上),蒋兆康译,中国大百科全书出版社,1997年版,第31页。
[2] [日]棚濑孝雄:《纠纷的解决与审判制度》,王亚新译,中国政法大学出版社,2004年版,第267页。

上的区别,都是一种依据宪法和法律所执行的国家公权力。因而,监察权不但像刑事公诉权、行政处罚权一样要受时效限制,而且为刑事公诉权和行政处罚权设置时效的上述理由基本上同样适用于监察权。当然,这种同样适用指的是基本的原则精神一脉相承,但在诸多细节方面监察追诉要受时效限制的理由与刑事公诉权、行政处罚权还是判然有别的。毕竟,监察法与刑法、行政处罚法不是同一部法律,它们彼此之间差异悬殊。准此,有必要对监察追诉设置时效制度的理由进行具体分析,试从以下几个层面予以展开。

(一)超过一定期限再予以监察追诉具有非道德性

监察委员会逾期开展监察追诉,其行为的非道德性是显而易见的,因而,对其合法有效性的质疑亦无法避免。问题在于,我国《监察法》本身并未规定时效制度,所谓"逾期"从何说起呢?毫无疑问,从民法、刑法和行政法上有关时效期限之规定,推论出一个富含道德性的监察追诉"逾期"时间点并不难。如上所述,民事权利的追诉时效是三年、行政处罚的追诉时效是两年,而法定最高刑为不满五年有期徒刑的追诉时效是五年。按照国家监察委员会主任杨晓渡的观点,监察委员会并不是一个超级权力机构,其所做的大量工作,"大概是日常拉拉袖子、提个醒的工作,是防止人由小错误变大错误的工作"。[1] 既然如此,那监察追诉的时效期限应该比最低刑事处罚权的时效期限还要短。无论如何,超过5年再来开展监察追诉绝对算是"逾期"。因而,在宋利菲案中,监察委员会在宋退休近六年后再来立案调查,其非道德性实乃无可争议。

这种非道德性有多个面相。首先,它破坏了过去近六年围绕宋利菲所形成的新的社会秩序的安宁。不要说退休近六年,就是三年也足以造就一种新的社会秩序,且对宋利菲的亲属及其他交往人员而言,此等社会秩序完全是稳定而又可预期的。然而,监察委员会的一纸调查通报,对这种新的社会秩序带来了毁灭性打击,所谓稳定与可预期彻底随之灰飞烟灭。对于宋利菲亲属及过去六年甚至更长时间与之交往的人(这肯定不是小数目)来说,监察委员会的这个逾期追诉行为委实涉嫌不道德。毕竟,他们可能没有任何过错,却要像宋利菲一样承受被调查所造成的毁灭性打击之后果。

其次,对于宋利菲本人而言,这个逾期的立案调查同样具有道德上的可责性。常理告诉我们,宋利菲如果真的被查到有违纪违法行为,那也一定是发生在退休之前的长春市中级人民法院院长任上,甚至有可能发生在更早的担任吉林省委政法委副书记期间(1997年4月至2007年11月)。如果是后者,那宋利菲的违纪违法乃是十多年前的"往事";如果是前者,那至少也已然过去了六七年之久。不管是前者还是后者,都为时不短。为什么违纪违法之时不去认真查处,而非要等到几年乃至十几年之后再来追究呢?那时诚然没有监察委员会,但有行政监察机关,更有专门调查各级领导干部违纪违法的纪委和反贪局。公职人员滥用职权之时,专责机关不来立案调查,等时过境迁之后,再来打破既定的社会秩序,这与其说是合法地惩治腐败,毋宁说更像是出于狭隘的打击报复。不管监察委

---

[1] 李贞:《国家监察体制改革:中国特色监察体系的创制之举》,载于《人民日报·海外版》2018年3月20日。

员会出于何种理由,在时隔多年、当事人业已退休已久的情形下,再来立案调查,其合法性和有效性都严重受损。

对于当事人来说,这种时隔多年后的立案调查具有天然的道德可责性。如果宋利菲真的有违纪违法行为,那当初的违纪违法多少给她造成了一定程度的心理负罪感。如果违纪违法之时就被立案调查,那当然是罪有应得,但在她业已退休五年有余,当初那种负罪感也随着时间的流逝而慢慢消弭后,监察委员会再来立案调查,这不但使宋利菲因被戴上腐败分子的帽子而承受羞辱感,还将剥夺其原来享有的各种退休人员福利待遇,〔1〕而由此给她心理造成的负罪感无疑比当初违纪违法时的负罪感更强烈。一次违纪违法却要承受两次负罪感,这当然是不道德的,在性质上它与背离"双重危险禁止原则"而侵犯司法人权之行为诚可相提并论。〔2〕总之,在时移世易之后,监察委员会再来立案调查,既扰乱了原本稳定的社会秩序,又给当事人及其亲属等人造成了比当初违纪违法之时更为强烈的羞辱感,其后果非常之不道德,其行为不应被认定为合法有效。

(二) 及时开展监察追诉才能达到预防腐败效果,逾期追诉效果不佳

如何能更加有效地预防腐败呢?首要当然是第一时间对腐败分子依法惩治,对腐败行为查处得越早、对腐败分子惩罚得越及时,预防效果就越佳。相反,在腐败行为早已成为被人遗忘的"过去时",而腐败分子亦已退休经年,此时再来对其反腐,不但预防效果甚是了了,而且给人留下纯粹打击报复、为反腐而反腐的不良感观。在此,我们有必要重温18世纪意大利刑事古典学派创始人贝卡里亚的箴言,他说:"惩罚犯罪的刑罚越是迅速和及时,就越是公正和有益……犯罪和刑罚之间的时间隔得越短,在人们心中,犯罪与刑罚这两个概念的联系就越突出、越持续……只有使犯罪和刑罚衔接紧凑,才能指望相联的刑罚概念使那些粗俗的头脑从诱惑他们的、有利可图的犯罪图景中立即猛醒过来。推迟刑罚只会产生使这两个概念分离开来的结果。推迟刑罚尽管也给人以惩罚犯罪的印象,然而,它造成的印象不像是惩罚,倒像是表演。"〔3〕

尽管贝卡里亚说的是犯罪与刑罚,但腐败与惩治之间的关系又何尝不是如此呢?对于一个业已退休五六年的老人开展违纪违法调查,与其说是严厉打击腐败,毋宁说是反腐败表演,其政治戏剧效果或许可观,但反腐败的预防效果绝对未必。故而,监察委员会与其对时过境迁的漏网腐败行为咬住不放,还不如集中人力物力狠抓现行腐败分子,从而使所有的现行腐败人员无一漏网,并统统得到应有的法定惩罚,这样才能更好地达到预防腐败的理想目标。监察委员会分散精力去紧盯过了时的腐败行为和过了气的腐败分子,此乃典型的舍近求远,属于无助于达成预防腐败目标的不智之举。

---

〔1〕 须知,退休人员的福利待遇是受宪法保障的,我国《宪法》第44条规定"国家依照法律规定实行企业事业组织的职工和国家机关工作人员的退休制度。退休人员的生活受到国家和社会的保障"。

〔2〕 双重危险禁止原则源于美国宪法第5条修正案"不得使任何人因同一罪行处于两次生命或身体之危境"之规定。后来该原则获得了普遍承认,如联合国《公民权利和政治权利国际公约》第14条第7款规定"一罪不二审",实际上就是双重危险禁止原则的另一种表述。

〔3〕 [意]贝卡里亚:《论犯罪与刑罚》,黄风译,中国大百科全书出版社,1993年版,第56-57页。

概言之，常理告诉我们，对任何腐败的调查处理，都应讲究时效。各级监察委员会应尽可能地在第一时间将腐败行为调查清楚，并依法从速惩治腐败分子。一旦时过境迁、物是人非之后再来追诉，那反腐效果定将大打折扣，预防腐败的终极目标更是无从实现。只有及时开展监察追诉才能达到预防腐败的根本旨趣，逾期进行监察追诉，不但实现不了预防腐败的监察目标，而且此等逾期追诉行为还容易被社会各界认定是打击报复和反腐表演，有损监察委员会的秉公执法形象，可谓得不偿失。

（三）逾期追诉成本高昂，浪费公帑现象势所难免

如上所述，民法、刑法和行政法设置时效制度的理由之一，是年代久远，人事代谢，证据湮灭，给追诉造成困难，强行启动逾期追诉，其成本要比及时追诉高得多，故必须为之设置时效门槛，反对追诉无期限。监察追诉和刑事追诉、行政追诉一样，超过一定期限就会面临因时过境迁导致的人事变动和证据遗失，人证物证俱难寻获，举证之困难可想而知。故而，各级监察委员会如果积极实施逾期追诉，那它们的预算成本必将因此而不断追加，浪费公帑现象自然在所难免。

监察权力的运行亦应像其他国家权力一样要认真对待运行成本。毕竟，它花的每一分钱都是人民用汗水换来的。既然逾期追诉毫无预防腐败效果，那付出高昂的追诉成本去纠缠过去的陈年往事，就更是接近非理性了。基于成本考量，各级监察委员会的人力物力都是有限配置。监察委员会与其分散力量去追诉陈年的漏网腐败案件，毋宁集中精力调查现行的腐败案件。不宁唯是，如果被调查人员真的被监察委员会证实存在严重违法行为，那它们还得将案件移送检察院提起公诉，最后由法院通过审判来判决其罪行的轻重和刑罚的幅度。如此一来，所涉及的成本增长还不只是监察委员会一家，检察院和法院的制度成本亦双双随之水涨船高。如此一来，检察院和法院等关联国家机构，都得随之增加运行成本和追加预算，国库将会因此而紧张，纳税人亦将不堪承受之重。概言之，从成本上考量，亦务必为监察追诉设置一定的时效，不禁止无期限的追诉，只会给国民带来巨额的财政负担，利弊如何，一望而知。

（四）如监察委员会可以逾期追诉，那对反腐人员同样适用逾期追诉，这势必导致追诉无止境

监察委员会逾期追诉将给所有公权力部门造成一定程度的履职恐慌，此点最容易忽略，但其后果又同样严重，甚至更为严重。试想，如果时过境迁之后可以任性地再回头调查违纪违法者，那按此逻辑还应该调查一下当初纪委、反贪局及行政监察机关等反腐机构有关人员的失职渎职问题。如果他们当初能够恪尽职守、明察秋毫，那宋利菲就不会成为漏网之鱼，更不可能任上退休并颐养天年长达数年之久。所有反腐败机构的有关人员都应该为宋利菲当初的漏网承担相应的责任，否则，不但反腐败机构的权责没有配备到位，而且无以督促现在的反腐败机构认真履行自己的反腐败职能。毫无疑问，如此推导下去，必将没完没了，结果是所有人都脱不了干系，本身不存在任何违纪违法之人，也可能因领导无方或工作不力而被追究责任。果真如此，那所有的公权力部门都将陷于履职是否充分、有无失职行为的忧虑与恐慌中，后果之严重，诚实超乎想象。若要抑制此等恐惧氛围在公权力部门蔓延，那当然

就得停止对违纪违法者的逾期监察追诉。换言之,监察追诉务必恪守时效制度,否则,无期限的追诉必将同样给监察委员会等公权力部门带来噩梦般的恐惧,这应该不是监察委员会愿意看到并能接受的。

其实,上述四个层面的理由中任意一个就足以证明,不受时效限制的监察追诉是非理性的,追诉无穷期乃违反基本法治精神的不智之举。而四个层面的理由同时存在则充分表明,对于监察追诉而言,时效制度是必需品,而非奢侈品。

遗憾的是,在制定监察法时有关时效制度完全被立法者回避了。而回避的不仅仅是立法实践,对于此等回避学界亦不约而同地予以回避:有关反腐败立法中的时效问题,至今未见有哪个学者发表研讨文章。毋庸置疑,此等双重回避现状,必将进一步固化监察权力规避时间规定性的非理性特征。这不是喜剧,而极有可能是悲剧。因为打破时间规定性的监察权力,其自身的道德理性必然会遭到克减,甚至完全丧失。当监察权力自身不再具备道德理性,呈现的是一种赤裸裸的原生态权力形象时,那它迟早要与文明为敌、与野蛮为伍。原本为了惩治腐败而创设的监察权力,将可能变得比腐败本身还可骇,它像是被打开了的潘多拉魔盒,恣意漠视权力的时间规定性,对所有违纪违法行为的调查处置都不受时效限制,问责由此变成了终身制、追诉进而演变为无期限,其后果实乃吾国吾民不堪承受之重,故立法者务必认真对待监察时效制度之设置问题。

三、监察时效制度的具体设置方案

既然必须为监察权力设置时效制度予以制约,那余下的问题就是,这个时效制度该如何设置。时效制度具体可分解为三个层面:时效之期限、时效之计算和时效之中断,其中时效之期限又可分为监察立案时效之期限和监察移送时效之期限,容一一分述之。

(一) 监察追诉时效的期限

由于监察委员会只是履行监察职能,它并不享有公诉权和审判权,因而,对于被它确认涉嫌职务犯罪的监察对象,它得"制作起诉意见书,连同案卷材料、证据一并移送人民检察院依法审查、提起公诉"(《监察法》第45条),故监察追诉时效可划分为监察立案时效和监察移送时效,后者类似于刑法上的行刑时效。[1]

1. 关于监察立案时效期限。拙见以为,将监察立案时效之期限确定为三年较为正当合理。从比较法上看,三年已经算是追诉期限特别长的。如表1所示,俄罗斯、荷兰、阿根廷、新西兰、丹麦等国家的监察追诉时效一般为一年,像泰国、芬兰和瑞典等国家的监察时效也只是两年,域外将监察时效期限设置为三年的甚为罕见。

---

[1] 行刑时效,是指刑法规定的,对被判处刑罚的人执行刑罚的有效期限。在此期限内,执行机关有权执行法院判处的刑罚;超过了此期限,执行机关就不能执行法院判处的刑罚。因此,超过行刑时效,意味着在作出了罪刑宣告后也不能行使刑权。参见张明楷:《刑法学》(第五版),法律出版社,2019年版,第565页。

表 1 部分国家法定监察追诉时效期限列表

时效期限	一年	两年
国别	新西兰、阿根廷、阿塞拜疆、丹麦、冰岛、吉尔吉斯斯坦、摩尔多瓦、荷兰、挪威、俄罗斯、塞尔维亚、乌克兰	泰国、芬兰、瑞典

说明：本表系笔者根据《国际监察制度综览》（我国台湾地区"有关当局"国际事务小组编写，2017年版）一书提供的资料自制而成。其中吉尔吉斯斯坦和乌克兰规定，特殊情况下监察时效可以延长至2年，但通常情况下是1年。此外，巴基斯坦规定当事人应在得知权利遭到损害3个月之内提出申诉。也就是说，巴基斯坦联邦监察使公署的监察时效为3个月，应该是目前所能见到的最短时效。有最短就有最长，奥地利明文规定其监察使公署的监察追诉无时效限制。当然，还有很多国家的监察立法像我国监察法一样对时效制度未作任何规定。

那我国将监察立案的时效限定为三年，主要的依据是什么呢？首先，我国修改宪法，专门建立与政府、法院平级的监察委员会，其重要目的是"严厉惩治腐败"（《监察法》第6条），而"腐败是我们党面临的最大威胁"。[1] 从"零容忍、重遏制、强高压"的反腐立场上看，三年的监察追诉时效并不算太长。监察追诉时效太短，明显不利于深入反腐败，妨碍到监察委员会设置初衷目标之达成。此外，从国内立法的横向比较看，三年也不算太长。毕竟，如上所述行政处罚的追诉时效都有两年。如果监察追诉时效期限同样是两年，那就意味着在违法追诉上，将作为行政相对人的普通民众与行使国家公权力的公职人员"一视同仁"地对待。这貌似符合平等理念而完全可取，实则不然。将手握国家公权力的公职人员与服从国家行政权力的普通国民相提并论，恰恰是违反平等精神，在违法追诉期限问题上两者恰恰是不能平等的，他们彼此之间存在差别才能真正彰显权责对等、有权就有责的反腐政策和法治精神。

其次，监察立案时效期限的设置要顾及本国的立法传统，不能一味地与国际接轨。监察法制确立于秦汉时期，[2] 在我国可谓源远流长。然而，监察追诉时效制度则是闻所未闻的舶来品，不但古代如此，民国时期如此，就是现代亦如是。客观地说，《监察法》没有设置时效制度其来有自。《监察法》实质上是由制定于1997年、修改于2010年的《中华人民共和国行政监察法》（以下简称《行政监察法》）修订而来。作为一部专门的反腐败立法，《行政监察法》并未规定监察权行使受时效之限制。2005年颁布的《中华人民共和国公务员法》，关于公务员的"惩戒"与"法律责任"，亦未规定时效制度。与此相应的是，党内的反腐败法规亦对作为法治传统的时效制度视而不见，如2003年制定、2015年和2018年两度修订的《中国共产党纪律处分条例》关于处分之时效未作任何规定。由此可知，不管是党内层面还是国家层面，有关反腐败的立法均有意无意地回避了监察权力的时效性问题。不宁唯是，这种回避还在继续，如2018年4月，由中共中央纪委和国家监察委员会联合制定的《公职人员政务处分暂行规定》，对于政务处分同样没有设置任何时效制度。

在这种缺乏监察追诉时效传统的监察文化土壤中，要培植时效制度的现代法治之果，需

---

[1] 参见本书编写组：《党的十九大报告学习辅导百问》，学习出版社、党建读物出版社，2017年版，第53页。

[2] 张晋藩：《中国古代监察法制史》（第二版），江苏人民出版社，2017年，第2页。

要时间与耐心,万万不可造次和激进,须知欲速则不达。当下,大多数国民未必能理解并由衷认可监察追诉受时效限制的法治理念。如果立法者罔顾社会民众的主流认知程度而冒进立法,将监察立案追诉时效设置为一年或两年,那在监察实践中它能否得到严格遵循也要打个大大的问号。故折中一下,将监察立案时效设定为三年比较现实,既不激进,又在反腐法治化道路上迈进了一大步。

2. 关于监察移送时效期限。本文认为,监察移送时效之期限确定为三个月比较合适,至多不得超过六个月。监察委员会根据所收集到的证据,判定并确信作为监察对象的公职人员涉嫌职务犯罪的,应该在第一时间将证据梳理好,形成较为完整的证据链,并随即制作起诉意见书,然后连同案卷材料一并移送给同级人民检察院,由后者依法审查和提起公诉。第一时间移送就可以达到第一时间惩治腐败分子的目的,腐败分子能够在第一时间被查处并得到应有的司法惩罚,由此辐射形成的预防腐败效果相当可观。而预防腐败不正是监察委员会的重要功能吗?故监察委员会的移送时效越短越好,越长越糟。本文建议未来立法者将监察移送时效期限设置为三个月,只有在特殊情况下才可以延长至六个月。

(二)监察追诉时效的计算

同理,监察追诉时效的计算得分为立案时效的计算和移送时效的计算。最核心的问题是时效期限的起点和终点的认定问题。

1. 关于监察立案时效的计算。在通常情况下,即在违纪违法不存在连续与继续状态的情形中,作为监察委员会监察对象的国家公职人员其违纪违法行为结束之日,就是监察委员会启动监察立案程序之时。此时就是违纪违法成立之时,自然也就是监察委员会开展立案监察追诉之时。监察立案追诉时效的期限,应该从此日开始计算。从此日算起至第三年结束,这三年的时间即为监察立案时效的期限。三年时间终止之日即为监察立案追诉时效期限的终止之日,也就是合法有效的监察追诉立案的最后一日。从次日开始,监察委员会就不应对已然过去三年的违纪违法行为实施监察立案追诉。

2. 关于监察移送时效的计算。移送检察院乃是监察委员会处置工作的最终结果,因而,监察移送时效的起点就是监察委员会处置工作的终点。各级监察委员会在证据确凿、充分的情况下,应在第一时间将涉嫌职务犯罪的监察对象移送检察院,以使职务犯罪分子能在第一时间得到应有的刑事处罚。在主客观条件具备的情况下,就可以开始计算监察移送时效的期限。这里的客观条件是指,监察委员会已经发现和搜集到了较为充足的证据,它在很大程度上能够证明被监察对象涉嫌职务犯罪;主观条件是指,监察委员会的承办人员对证据与职务犯罪之间的因果关系以及证据的证明效力内心充满确信,而不是难以确定或将信将疑。如此之主客观条件形成之日,就是监察移送时效开始计算之时。从主客观条件形成之日起的三个月时间内,为监察移送时效期限。三个月期限的终止之日为监察委员会移送检察院的最后一日。从次日开始,监察委员会就不应再将本案移送检察院,而由它作未涉嫌职务犯罪的一般违纪违法处理。即便它逾期移送了,那检察院也不应受理。监察移送时效不仅对监察委员会有拘束力,对检察院亦如是。

(三)监察追诉时效的中断

监察追诉时效的中断和刑法上追诉时效的中断相类似,是指在时效进行期间,因发生监察对象二次违纪违法等法定事由,而使以前所经过的时效期间归于无效,二次违纪违法行为终了之时,再重新开始计算时效期限,故亦可被称之为监察追诉时效的更新。中断前一次违纪违法行为的监察追诉时效,当然不是要合并两次违纪违法的监察追诉时效,而是延长前一次的监察追诉时效,其目的在于加大监察惩治力度。毕竟,两次违纪违法本身足以说明,此类公职人员具有更大的社会危害性。

关于监察追诉时效中断的计算,第二次违纪违法终止之日为第一次违纪违法监察时效中断后的计算起点,而此日同时也是第二次违纪违法行为之监察追诉时效的计算起点。简言之,除非第一次违纪违法已过监察追诉时效期限,否则,两次违纪违法的监察追诉时效期限完全重叠,都是从第二次违纪违法行为为结束之日开始计算,期限均为三年。

监察追诉时效制度具体如何设计,乃是立法技术问题。因为立法者已经在民法、刑法和行政法中设有时效制度,无论经验还是先例都有,故假以时日立法者必定能为监察委员会的监察追诉设计出一套正当合理而又切实可行的时效制度。

四、结　语

"伴随国家监察体制改革的推进,法治反腐机制建构过程中存在的问题也逐渐显现"。[1] 伟哉斯言。《监察法》未对监察追诉设置任何时效制度,此乃监察体制有待完善的明显缺陷之一。现实中,像宋利菲那样退休多年之后再被监察委员会立案调查的绝非孤例,而是所在多有、不胜枚举。[2] 李建国副委员长在《关于〈中华人民共和国监察法〉草案的说明》中指出,制定监察法的重要目的之一,是"以法治思维和法治方式开展反腐败工作",[3] 而《监察法》第6条亦提出了"健全法治、加强法治教育"等目标。既然是法治思维和法治方式,那监察权力理应像刑事追诉权力和行政处罚权力一样,始终受时效制度之制约,而不应成为一种脱逸时间规定性的原生态权力。毕竟,监察权力唯有受到时效制度之制约,才符合法治思维,才契合法治方式。而各级监察委员会唯有在监察追诉中讲究时效,才是真正以身作则地健全法治和加强法治教育。

---

[1] 刘艳红:《监察委员会调查权运作的双重困境及其法治路径》,载于《法学论坛》2017年第6期。

[2] 如2018年4月10日,安徽省监察委员会宣布,安徽省能源集团有限公司原党委书记、董事长白泰平涉嫌严重违纪违法,目前正在接受纪律审查和监察调查。而该通报显示:2011年10月,白泰平就退休了。又如2018年5月22日,广东省监察委员会宣布,清远市政府原党组成员、副市长石芳飞涉嫌严重违纪违法,目前正接受纪律审查和监察调查。该通报显示:2014年4月,石芳飞到龄退休。再如2018年9月8日,河北省监察委员会宣布,河北省公安厅原副厅长陈庆恩涉嫌严重违纪违法,目前正接受纪律审查和监察调查。该通报显示,陈庆恩已于2013年3月退休。可以说,从中央到地方各级监察委员会的官网上,业已退休的公职人员被立案调查的案例俯拾皆是,其总量之大,令人惊叹。

[3] 李建国:《关于〈中华人民共和国监察法(草案)〉的说明》,载于《人民日报》2018年3月14日。

监察管辖制度的适用问题及完善对策

钱小平[*]

国家监察体制改革是推进国家治理体系和治理能力现代化的重大举措,标志着中国进入了腐败治理"集中统一、权威高效"的新时期。监察委员会作为专门的反腐败机关,借鉴党内反腐经验与制度设计,集中最为优势的反腐资源,重塑了职务犯罪追诉与惩治模式,形成了中国特色的腐败治理机制。监察管辖是职务犯罪追诉程序的起点,不仅决定了职务犯罪的追诉范围,而且还影响到刑事追诉的程序流程与犯罪嫌疑人、被告人的权利保障,但是学术界对此问题的关注并不多。从制度设计上,监察管辖糅合了纪检管辖与司法管辖的特点,自成一体,但又更为复杂,实践中已经出现了因管辖泛化、衔接错位等问题而导致腐败治理效率降低的问题。对此,有必要在梳理监察管辖生成逻辑的基础上,深入加以研究。

一、监察管辖的类型与生成逻辑

管辖原本是诉讼法上的概念,是指公安机关、人民检察院和人民法院等国家机关依照法律规定立案受理刑事案件及人民法院一审刑事案件的分工。[1] 监察体制改革之后,在司法机关管辖制度之外形成了独立的监察管辖制度。监察管辖有广义和狭义之分:广义上的监察管辖是指监察机关对职务违法、犯罪案件的管辖;狭义上的监察管辖是仅指监察机关对职务犯罪案件的管辖。监察机关对职务违法案件的管辖属于封闭式管辖,立案调查之后可直接或委托其他机关作出政务处分;而对于职务犯罪案件的管辖则属于开放式管辖,立案调查之后需要将案件移送给司法机关按照刑事诉讼程序进行追诉。从职务犯罪追诉一体化角度,本文采取狭义说,将监察管辖定位为监察机关对职务犯罪案件的管辖,并根据管辖类型的不同,将监察管辖分为实体性管辖与程序性管辖两类。

(一)实体性管辖:全覆盖原则的贯彻

实体性管辖,也称为职能管辖,是指监察机关与其他国家机关在职务犯罪案件受理上的权限划分。监察体制改革的重要目标在于实现国家监察的全覆盖,将监察范围扩大至所有行使公权力的公职人员。《中华人民共和国监察法》(以下简称《监察法》)第1条将"加强对所有行使公权力的公职人员的监督,实现国家监察全面覆盖"规定为立法目的和立法依据,明确提出了全面覆盖原则,要求将监察范围全面覆盖于公权行使的全部过程以及行使公权

---

[*] 钱小平,法学博士,东南大学法学院副教授、博士生导师。本文原载于《南京师大学报(社科版)》2020年第1期。

[1] 胡铭:《刑事诉讼法学》,法律出版社,2016年,第96页。

的所有公职人员。作为《监察法》的基本原则,全面覆盖原则贯穿于监察活动的全过程,是监察机关职能管辖的确立依据。

根据全面覆盖原则,监察机关可以对所有行使公权力的公职人员的职务违法、犯罪行为进行管辖。《监察法》第15条对行使公权力的公职人员进行了具体规定,明确了5类具体的公职人员,并将"其他依法履行公职的人员"设置为兜底性条款。《国家监察委员会管辖规定(试行)》(以下简称《管辖规定》)第12条至第17条进一步将管辖对象范围列举为6类,包括:贪污贿赂犯罪案件、滥用职权犯罪案件、玩忽职守犯罪案件、徇私舞弊犯罪案件、公务人员在行使公权力过程中发生的重大责任事故犯罪、公务人员在行使公权力过程中发生的其他犯罪,共涉及88个罪名,占刑法全部罪名的五分之一强。基于监督、发现犯罪的便利性,检察机关仍然保留了对司法工作人员在履行职务过程中职务犯罪的自侦权,[1]《中华人民共和国刑事诉讼法》第19条以及2018年11月1日最高人民检察院《关于人民检察院立案侦查司法工作人员相关职务犯罪案件若干问题的规定》规定检察院可以管辖14种司法工作人员的职务犯罪罪名。

(二) 程序性管辖:干部分级管理制的转化

根据《监察法》第16条、第17条的规定,程序性管辖包括普通管辖和管辖权转移。管辖权转移属于普通管辖以外的例外性规定,又包括提级管辖、报请提级管辖(《监察法》第16条第2款、第17条第2款)、指定管辖(《监察法》第17条第1款)、管辖争议的指定(《监察法》第17条第3款)。管辖权转移的制度设计目的在于贯彻程序便利主义,以便于及时、正确处理案件,与刑事诉讼中的管辖权转移具有相同的法理基础,[2]属于刑事诉讼管辖制度的直接移植。相对于管辖权转移,普通管辖更能体现出监察管辖的特殊性。

普通管辖属于监察管辖的一般性规定。《监察法》第16条第1款规定,监察机关按照管理权限管辖本辖区内的监察事项。根据该规定,普通管辖包括了"管理权限"和"本辖区"两个要素,监察机关首先应当根据管理权限行使管辖权,对于没有管理权限的案件,不得进行立案管辖;同时,案件所涉及的公职人员应当在本辖区之内,对于本辖区之外公职人员所涉及案件通常不能进行立案管辖。"本辖区"属于属地标准,指监察机关履行职责能够覆盖的行政区域。由于监察机关、各级党委与人民政府具有对应关系,政府行使职权的行政区划范围,也是监察机关行使职权以及各级党委行使人事管理权的范围。"管理权限"属于属人标准,指"干部管理权限"。[3]"干部管理权限"来自于"党管干部原则",该原则最早来自于新民主主义革命时期中央及各级党委的组织部门统一任命、调配所有的干部,对党、军队干部、

---

[1] 陈国庆:《刑事诉讼法修改与刑事检察工作的新发展》,载于《国家检察官学院学报》2019年第1期。

[2] 《刑事诉讼法》第23条、第25条、第26条关于法院立案管辖以及最高人民检察院《人民检察院刑事诉讼规则(试行)》第14条、第16条关于检察机关立案管辖规定中均有相同或类似的规定。

[3] 中共中央纪律监察委员会、国家监察委员会法规室:《中华人民共和国监察法释义》,中国方正出版社,2018年,第116页。

地方政权和群众团体干部都实行"一揽子"的管理模式。[1] 1980年中央组织部明确界定了党管干部原则,即"一切干部都是党的干部,都应根据他们担任的职务,分别由中央和各部门的党委、党组或所在单位的党组织负责管理"。[2] 1984年7月,中央决定适当下放干部管理权限,确定了下管一级的管理体制。2002年7月9日,中共中央《党政领导干部选拔任用工作条例》明确规定"选拔任用党政领导干部,必须坚持党管干部原则"。提出了"党管干部原则"的科学概念,即,由党负责各级各类领导干部的培养、选拔、任用、监督以及考核测评等多项工作。[3] 对于党员领导干部的管理主体为具有干部管理权的各级党委(党组)及其组织(人事)部门,采取层级管理模式,从上至下一级抓一级,各级各司其职,每一级对上一级负责。

在党管干部原则之下,形成了党员干部管理的分级负责制度。1953年11月,中共中央《关于加强干部管理工作的决定》提出了建立分部分级管理干部的原则。改革开放之后,为实现干部管理工作的制度化、规范化、科学化,干部分级分类管理体制得到了充分完善。基于党员干部管理的分级负责制,1983年中央纪委《关于处分违反党纪的党员批准权限的具体规定》首次提出纪检分级负责原则,成为之后纪检案件管辖的基本原则。1987年中共中央纪律检查委员会《关于对党员干部加强党内纪律监督的若干规定(试行)》进一步区分了地方纪委和机关纪委的分工标准,第4条规定:地方(部门)各级党的委员会领导成员及同级担负行政领导职务的党员干部的纪律监督工作,由同级纪委(纪检组)负责进行;对其他党员领导干部和党员的纪律监督工作,由所在机关纪委负责进行。为提高腐败治理效能,国家监察体制改革采取了纪委与监察机关合署办公模式,职务违法、犯罪案件通常也属于违纪案件,办案人员、案件类型高度统一,决定了纪检与监察案件管辖标准上的同一化,只有采取相同的管辖标准,才能最大限度地提高案件处理效率。2019年1月7日,中共中央办公厅《中国共产党纪律检查机关监督执纪工作规则》(以下简称《工作规则》)第7条对监督执纪工作分级负责制的规定,即是将纪委与国家监委放在一起加以规定。[4] 据此,可以认为,监察机关的普通管辖是纪检机关分级负责制的转化形式,"管理权限"是指干部管理权限。

监察机关按照"管理权限"进行案件管辖,并不是指其仅能管辖特定级别公职人员案件,而是指其所管辖的案件范围不得违反"管理权限"的要求。如:地市级监委通常不能管辖"省管干部"案件。从此意义上看,"管理权限"属于限制性要素,其功能在于防止出现"越级管辖"问题。需要注意的是,在普通管辖中,可能出现"管理权限"不在"本辖区"的情形,即,公职人员的管理权限在上级主管部门,但工作地点在地方。1994年《共产党纪律检查机关

---

[1] 林学启:《党管干部90年:模式演变与价值追求》,载于《理论学刊》2011年第4期。
[2] 王贵秀:《中国政治体制改革之路》,河南人民出版社,2004年,第179页。
[3] 李景治:《坚持党管干部原则与人大制度的改革创新》,载于《学习论坛》2016年第3期。
[4] 中央纪委国家监委负责调查中管领导干部以及省、自治区、直辖市党委、纪委等党组织涉嫌违纪、职务违法、职务犯罪问题;地方各级纪委监委负责监督检查和审查调查同级党委委员、候补委员、同级纪委委员,同级党委管理的党员、干部以及监察对象,同级党委工作部门,党委批准设立的党组,下一级党委、纪委等党组织涉嫌违纪、职务违法、职务犯罪问题。

案件检查工作条例》第 18 条采取了"区域优先论"的立场,规定干部任免权限在主管部门、党的关系在地方的党员干部违纪,一般由地方纪检机关立案。但是,2019 年《工作规则》第 8 条则采取了"主管优先论"的立场,规定党的组织关系在地方、干部管理权限在主管部门的党员、干部以及监察对象涉嫌违纪违法问题,应当按照谁主管谁负责的原则进行监督执纪,由设在主管部门、有管辖权的纪检监察机关进行审查调查。根据党内执纪管辖的基本立场和执纪执法的管辖同一性要求,在监察对象的干部管理权限与党组关系(工作地)不属于同一地区时,优先以干部管理权作为管辖标准。

二、监察管辖制度的适用问题

基于全覆盖原则的职能管辖,扩张了监察机关的管辖范围,而基于分级管理制的普通管辖,又形成了"属人为主、属地为辅"的管辖规则,使得监察管辖具有了"以人定案"的特征,与以往司法机关"以案定人"的管辖规则存在较大区别,在实践中出现了以下问题。

(一)专属管辖的虚置化

《监察法》第 3 条和第 15 条将监察对象范围限制在所有行使公权力的公职人员,表明公职人员在行使公权力过程中实施的职务犯罪,是划定职能管辖范围的主要标准。然而,《管辖规定》划定的 88 个罪名不仅涵盖了公权领域中的职务犯罪,也包括了私营领域中的非国家工作人员实施的职务犯罪,如非国家工作人员受贿罪、挪用资金罪等。还有一些罪名既可以由公职人员构成,也可以由非公职人员构成。另有一些罪名属于单位职务犯罪,如单位行贿罪、单位受贿罪等,但单位主体并非《监察法》规定的监察对象。根据《监察法》第 34 条第 1 款规定,监察机关对于其管辖的职务犯罪案件具有排他性权力,司法机关、审计机关等国家机关在工作中发现公职人员涉嫌职务犯罪的问题线索,应当移交监察机关,由监察机关依法调查处置,由此形成了封闭化的管辖空间,只要是《管辖规定》划定的职务犯罪罪名,就只由监察机关管辖,排除了其他机关管辖的可能。

尽管《管辖规定》不是立法性文件,甚至在监察机关取得规范解释权之前还不是有效的解释性文件,但在监察系统内却具有直接的适用效力。然而,诸如单位职务犯罪、私营领域职务犯罪,不符合或不完全符合《监察法》关于"所有行使公权力的公职人员"的实体性管辖标准,将这些罪名纳入监察管辖范围,违反了管辖法定原则。从实践角度,目前监察机关管辖案件的类型仍是以刑法分则第八章贪贿犯罪和第九章渎职犯罪为主,专属管辖罪名范围过大,使得监察机关难以顾及"非典型的"职务犯罪案件,而基于排他性管辖,其他机关又无法进行管辖,最终导致大量专属管辖罪名的虚置化,增加了此类犯罪的"犯罪黑数"。

(二)管辖机关的管辖能力不足

管辖能力是指管辖机关对案件的处理能力。在监察管辖中,公职人员职级身份取代了数额、案件复杂疑难程度,成为影响管辖的主要因素,简单的职务犯罪案件可能由高级别的监察机关进行管辖,低级别的监察机关也可能管辖复杂疑难的案件,甚至有些机关根本上缺乏案件调查处置能力,却因为监察管辖的特殊规则而成为案件管辖机关,导致管辖能力的降

低。具体而言,管辖机关的管辖能力不足,体现在以下三个方面:

其一,基于管理权限而具有管辖权的监察机关并不一定具有管辖能力。按照分级负责制,公职人员的干部管理权限是判断监察管辖归属的主要标准,但是,干部管理权限针对的是领导干部,不针对普通公职人员,干部管理权限与工作单位行政职级不具有对应关系。如,省级单位科员级别公职人员,不属于领导干部,对其违纪违法犯罪的调查,由所在单位机关党委的纪检监察部门负责,或者在有派驻监察机构的情形下,由派驻监察机关负责调查。派驻纪检监察组是各级纪委监察委向本级国家机关派出的专门履行纪检监督职责的机构,该机构属于所驻单位的内部机构,同时也受派出机关的领导。根据《监察法》第13条的规定,派驻监察机构具有案件管辖权,可以对派驻单位公职人员行使公权力进行调查。然而,派驻监察机构通常由单位内设纪检机构改设而成,纪委监察委向派驻监察机构委派组长,但派驻机构的内部工作人员是由派驻机构自行任命,通常来自于单位纪检监察部门的工作人员,对于职务犯罪案件缺乏专业的案件调查、取证能力。无论是机关党委内部纪检监察部门还是派驻监察机构,在调查手段、技术与能力上难以与监察机关相提并论,特别是出现一些较为复杂的案件时,管辖能力不足的缺陷就显得更为明显。

其二,在分级负责制下,可能出现公务人员管理权限与工作地点不一致的情形,也会导致管辖机关与管辖能力之间的失衡。在垂直管理机关中的公职人员,其干部管理权限在上级机关组织部门,受上级机关的垂直领导,但办公地点却在地方。根据《工作规则》第8条的规定,对党的组织关系在地方、干部管理权限在主管部门的党员、干部以及监察对象涉嫌违纪违法问题,应当按照"谁主管谁负责"的原则进行监督执纪,由设在主管部门、有管辖权的纪检监察机关进行审查调查,主管部门认为有必要的,可以与地方纪检监察机关联合审查调查;地方纪检监察机关接到问题线索反映的,经与主管部门协调,可以对其进行审查调查,也可以与主管部门组成联合审查调查组,审查调查情况及时向对方通报。根据该规定,上级主管机关纪检监察部门具有优先管辖权和主导决定权,但上级主管部门的管辖能力并不一定高于地方监察机关。被调查对象的工作地属于违法犯罪行为发生地,地方监察机关较之主管机关纪检监察部门具有更强的调查取证能力,由地方监察机关进行管辖,有利于调查取证等活动的展开,特别是在被调查对象工作调动之后,才发现在任期间涉嫌职务犯罪的,其犯罪事实的相关证据都在原单位,由地方监察机关进行管辖更符合追诉的便利主义原理。实践中,基于主管负责制的需要,还会出现上级主管机关将同一案件拆分为违纪调查和违法犯罪调查的"重复立案"现象,即,上级主管机关纪委就违纪调查立案,而将违法犯罪调查交由地方监察机关立案,违背了监察体制改革"合署办公"对于提高案件处理效率的要求。

其三,管辖机关管辖能力的不足还明显体现在分案管辖之中。《监察法》第34条第1款规定的监察机关主调查、其他机关予以协助的分案管辖制度。分案管辖,是指在存在职务犯罪和非职务犯罪多项罪名的情形下,两个以上的办案机关都有管辖权,监察机关负责追诉职务犯罪并与其他机关进行沟通、协调,其他机关负责追诉其他违法犯罪,并对监察机关调查职务犯罪予以协助。监察机关主调查,不是要求监察机关调查公职人员实施的非职务犯罪案件,而是要求监察机关负责案件的协调工作,确保及时将案件移送起诉。刑事诉讼中也规定了分案管辖制度,但分案处理采取的主从罪标准,由负责主罪的侦查机关为主要侦查机关,负责次罪的侦查机关予以配合。主从罪标准的问题是,在立案前难以区分主罪和从罪,而且在侦查过程中,主罪、从罪之间的关系会发生转化。[1]监察分案管辖将主从罪标准直接改为监察机关主调查制,虽然解决了主从罪标准下分案管辖存在的问题,但也产生了新问题,即,在主罪不是职务犯罪、次罪是职务犯罪的情形下,要求监察机关进行主调查,明显超出了监察机关的调查能力。如:行为人涉嫌职务犯罪(级别不高、贿赂数额不大)但却是特大走私犯案件的共犯,由监察委进行主调查并不适宜,因为从犯罪整体危害性上来看,走私犯罪是应当首先予以评价的,而监察机关不具备对经济犯罪案件的同步侦查能力,反而可能会降低案件处置效率。此外,还存在着监察机关与公安机关互借调查手段,如监察机关采取调查留置措施之后,公安机关以"协助办案"的形式介入留置,并进行非职务案件的侦查讯问,混淆了监察调查和刑事侦查的边界,导致非职务案件中犯罪嫌疑人的程序性权利无法得到保障。[2]

(三) 指定管辖的任意性

指定管辖是根据上级监察机关的指定而确定职务犯罪立案机关的特殊管辖制度。对于原本属于自己管辖的案件,上级监察机关可以将其指定给所辖的下级监察机关管辖,上级监察机关也可以将下级监察机关有管辖权的案件指定给自己所辖的其他监察机关管辖。指定管辖被较多适用异地审判案件,原因在于,涉案公职人员具有较高级别,在当地形成了错综复杂的权力关系,指定管辖可以排除权力干扰,确保案件审理的公正性。在监察体制改革之前,检察机关指定管辖的适用条件是上级检察机关"认为需要","通过指定管辖交办案件,交给谁,不交给谁,大有文章可做",[3]但是客观上仍然存在一定的"潜在标准",通常而言,侦查机关主要考虑被指定单位的办案能力,具有突破大案、要案能力的检察院,是优先考虑的对象。在监察体制改革之后,指定管辖在监察管辖上被广泛使用,不仅是异地审判的需要,还在于上级监察机关的监察对象范围过于宽泛,从而产生了指定下级监察机关进行管辖的案件分流需要。当上级监察机关工作比较饱满时,而下级监察机关的人员和能力足以完成移交其办理的监察事项的,为尽快保质保量完成工作任务,上级监察机关可以将其管辖的事项指定下级监察机关管辖。[4]案流分配成为上级监察机关指定管辖的重要理由,导致指定管辖的任意性,指定下级监察机关管辖,没有明确或潜在标准,是"逐级指定"还是"越级指定",也没有限制性的规定。

指定管辖的随意性不仅导致程序的不确定性,而且还会对刑事程序衔接产生牵连性影响。按照同级移送原则,被指定的监察机关在案件办理之后,移送同级检察机关向同级人民

---

[1] 王德光:《我国刑事侦查管辖权制度的立法缺陷及完善》,载于《中国刑事法杂志》2007年第4期。
[2] 叶青、王小光:《监察委员会案件管辖模式研究》,载于《北方法学》2019年第4期。
[3] 龙宗智:《刑事诉讼指定管辖制度之完善》,载于《法学研究》2012年第4期。
[4] 中共中央纪律监察委员会、国家监察委员会法规室:《中华人民共和国监察法释义》,中国方正出版社,2018年,第119页。

法院提起诉讼,但监察指定管辖的案件未必符合司法机关的案件管辖要求,如市级监察机关指定区级监察机关调查的案件数额巨大,按照司法机关级别管辖要求,应当由市级人民检察院向中级人民法院提起公诉,此时会出现管辖错位现象。监察机关的指定管辖对司法机关不具有约束力,指定管辖的监察机关在调查终结后移送到同级司法机关提起公诉或审判时,同级司法机关可以没有管辖权为由予以拒绝受理,不仅会导致追诉效率的降低,更为严重的是会导致犯罪嫌疑人(被告人)的超期羁押,损害其合法利益。

(四) 并案管辖中权利保障的不足

并案管辖是指在关联案件中,虽然两个以上的办案机关都有管辖权,但从有利于查明案情角度,将管辖权归于一个办案机关处理的管辖制度。并案管辖的基础在于案件主体或事实之间存在关联性,并案处理有利于全面了解案情、查明案情事实,避免程序的重复性,降低案件处理成本。1997年最高人民检察院《人民检察院实施〈刑事诉讼法〉规则(试行)》第11条首次规定了检察院对公安机关案件的并案管辖制度。2012年最高人民法院、最高人民检察院、公安部、国家安全部、司法部、全国人大常委会法制工作委员会联合发布的《关于实施刑事诉讼法若干问题的规定》第3条以及《人民检察院刑事诉讼规则》第12条第2款都规定了并案管辖。《监察法》虽然没有规定并案管辖,但《管辖规定》第20条第2款却规定了该制度:对于一人犯数罪的;共同犯罪的;共同犯罪的公职人员还实施其他犯罪的;多人实施的犯罪存在关联,并案处理有利于查明事实的,国家监察委员会可以在职责范围内并案调查。根据目前的并案管辖规定,监察机关对于被调查对象的非职务犯罪具有并案管辖的权力,而且这种并案管辖是强制性的单向并案,对于监察机关管辖的案件,其他机关只能移送监察机关而无反向并案的可能。[1]

从刑事诉讼原理上,并案管辖的实质是无管辖权的机关基于并案取得了案件管辖权,因而必须符合一定的条件。其一,管辖权的性质必须相同。管辖权的扩张以性质相同为前提,扩张通常是发生在性质相同的管辖权之间,普通管辖权与特别管辖权之间因为性质不同而不能进行并案。如:普通法院管辖的案件与军事法院管辖的案件不能并案处理。其二,程序性质必须相同。适用相同程序的案件可以并案处理,不同性质的程序会导致程序结构和运作方面存在差异,将不同程序的案件进行并案处理会导致程序冲突。其三,程序发生的阶段必须相同。在追诉流程中处于不同阶段的案件,不能进行并案管辖。如:甲案处于侦查阶段,乙案处于公诉阶段,即使两案存在关联性,也不能合并审判。基于刑事程序的同质性,刑事诉讼中司法机关的并案管辖并无太大问题,但监察程序被认为不属于司法程序,在程序保障制度配置上也不同于司法程序,监察机关的并案管辖将导致司法程序被并入非司法程序,从而产生以下问题:一方面,监察机关对于非职务犯罪案件缺乏调查能力。不同类型案件的侦破、调查取证的方式与路径存在差异,作为专职类反腐机构,监察机关的调查资源集中于职务违法犯罪案件,对于其他类型案件的调查能力不足,强制并案会导致全案证据收集

---

[1] 谢小剑:《监察委员会刑事调查管辖制度初探》,载于《湖湘论坛》2019年第5期。

上产生系列问题,降低案件处理效率。[1] 另一方面,并案管辖会对被调查人应当享有的诉讼权利产生消极影响。在非职务犯罪案件的刑事程序中,在采取强制措施之后,辩护人就可以介入,犯罪嫌疑人可以获得较为充分的辩护权保障,但一旦被并案管辖,基于职务犯罪调查的保密性,禁止辩护人或法律帮助人的介入,从而导致被调查对象原本可以行使的辩护权受到限制甚至被剥夺,不符合人权保障的要求。

三、监察管辖制度之完善对策:监察优先主义之修正

在监察体制改革过程中形成的监察优先主义,是导致监察管辖范围泛化、管辖能力不足、管辖衔接错位等问题的主要原因。警惕监察优先主义向监察中心主义的转化,应当确立必要的限制性规则,对监察优先主义予以修正,并据此提出监察管辖制度的完善措施。

(一) 监察优先主义之隐忧

监察优先主义是指为提升腐败治理能力,整合各项反腐败权力及相关制度,确保监察权优先实现、职务违法、犯罪优先得到处理的反腐理念。国家监察体制改革整合反腐资源和力量,形成反腐合力,构建党领导下的全面覆盖、权威高效的监察体系,将制度优势转为治理效能,是监察优先主义产生的政策与制度基础。

贯彻监察优先主义有助于建立集中统一、权威高效的监察体制,但若对监察优先主义不加以必要限制,则容易导致监察优先主义转变为监察中心主义,构成对审判中心主义的冲击。在职权主义诉讼模式之下,侦查中心主义的诉讼结构,导致侦查权的滥用,产生了许多严重的冤假错案。[2] 为纠正侦查中心主义的倾向,党的十八届四中全会明确提出"推进以审判为中心的诉讼制度改革",提出了以审判为中心的改革思路,切实保障程序的正当性和犯罪嫌疑人、被告人的合法权利。由于监察权的独立性及监察机关特殊的政治身份,使得职务犯罪调查容易脱离审判中心主义的要求而转向监察中心主义,监察机关调查成为职务犯罪惩治机制的核心,公诉机关与审判机关对监察机关的制约功能不足,检察机关审查起诉和法庭审判流于形式,形成监察机关"一家独大"的局面。监察中心主义将导致"非典型"错案的风险增加,被调查人的权利保障弱化,违背审判中心主义的司法体制改革要求。[3] 尽管《监察法》规定了监察机关与司法机关之间的相互配合与相互制约,但司法机关对于监察机关的配合居多,制约较少。如:《监察法》第47条第4款对人民检察院的不起诉作了更为严格的限制,对于监察机关移交审查的案件,与其衔接的检察机关根本就没有权力对案件做出不起诉处理,只有经上一级人民检察院批准,才可以依法作不起诉的决定,而监察机关对于不起诉决定有复议权。

在监察管辖上,也存在明显的监察中心主义倾向。在实体性管辖上,监察机关在承继检

---

[1] 董坤:《法规范视野下监察与刑事程序衔接机制》,载于《国家检察官学院学报》2019年第6期。
[2] 刘静坤:《以审判为中心的诉讼制度改革之立法思考》,载于《中国刑事法杂志》2019年第1期。
[3] 李奋飞:《"调查—公诉"模式研究》,载于《法学杂志》2018年第6期。

察机关传统职务犯罪管辖的基础上,[1]将管辖范围扩张到公共安全犯罪(11个罪名)、破坏社会主义市场经济犯罪(23个罪名)、侵害公民人身权利、民主权利罪(5个罪名)、妨害社会管理秩序罪(3个罪名)、危害国防利益罪(1个罪名),形成了较为广泛的监察管辖范围,但监察机关实际管辖的犯罪类型仍是传统的贪贿渎职犯罪。在程序性管辖上,基于对"同级移送原则"的遵守,监察机关的管辖往往决定了其后司法管辖的选择,而监察机关分案管辖、并案管辖,又进一步扩大了监察机关的实际管辖范围,体现了监察中心主义的色彩。在级别管辖中,由于监察机关和司法机关判断级别管辖的标准不同,可能出现低级别监察机关向高级别司法机关移送案件或高级别监察机关向低级别司法机关移送案件的情形。实践中采取的办法是由监察机关协调人民法院、人民检察院,进行协商解决,以确保监察机关与司法机关之间的"同级移送"。这一做法看似合理,但三方协商是建立在以监察机关管辖为中心的基础上,司法机关通常是根据既定的监察管辖来调整自己的管辖级别,不可能进行反向调整,实质上是以限制司法机关管辖权作为代价的。再如,在监察体制改革后,检察机关保留了对在诉讼活动进行法律监督中发现司法工作人员利用职权实施的14种职务犯罪的管辖权,由检察机关进行侦查,更容易发现诉讼过程中司法人员的职务犯罪,检察机关立案办理这些案件更为便捷,也有利于及时判断证据的合法性,保障诉讼的顺利进行。[2]但是,检察机关的管辖并非排他性管辖,监察机关依然可以对上述案件行使管辖权,从而形成了共同管辖,但《监察法》第34条规定司法机关在工作中发现公职人员涉嫌职务犯罪的,应当移送监察机关,使得监察机关管辖成为优先选择,导致检察机关管辖规定容易沦为象征性条款,难以发挥实际作用。[3]

(二) 监察优先主义之修正

在推进构建集中统一、权威高效的国家监察体系过程中,监察优先主义发挥了积极作用,但是必须警惕监察优先主义可能存在的风险。对此,应当通过确立以下原则,修正监察优先主义,即,在贯彻推行监察优先主义过程中,不得违反以下原则。

一是依法监察原则。依法监察原则是法治原则在监察活动中的具体体现,对于明确监察权力的运行边界,防止权力滥用,具有重要意义。国家公权力来源于人民的授予,法不授权即禁止。根据公共权力来源的要求,监察机关的权力必须由法律予以明确规定,在法律授权的范围内行使监察权,受宪法和法律的实质性制约。依法监察原则包含以下两层含义:(1)监察机关及其工作人员的职权必须依法取得,没有法律的依据,监察职权就没有其存在的合理性。(2)监察机关只能在法律规定的范围内行使职权。监察机关行使权力必须严格

---

[1] 根据2012年12月6日六部委《关于实施刑事诉讼法若干问题的规定》《最高检规则》以及1998年5月11日最高人民检察院《关于人民检察院直接受理立案侦查案件范围的规定》,人民检察院直接立案侦查的案件包括贪污贿赂犯罪(13个罪名)、渎职犯罪(33个罪名)以及国家机关工作人员利用职权实施的侵害公民人身权利和民主权利的犯罪(7个罪名)。

[2] 孙谦:《检察机关贯彻修改后刑事诉讼法的若干问题》,载于《国家检察官学院学报》2018年第6期。

[3] 朱孝清:《检察机关如何行使好保留的职务犯罪侦查权》,载于《中国刑事法杂志》2019年第1期。

符合《监察法》的要求,不得行使法律没有明确赋予的职权或者实施超越法律规定的行为。

二是职责区分原则。职责区分原则,是指在监察机关监督、调查、处分三大职责中,将监督职责处于首要位置,确保监督职权处于优先发展的地位。[1] 国家监察体制改革的重要任务就是改变监督权软弱与低效的困境,构建集中统一、权威高效的权力监督体系,全面提升国家腐败治理能力,而优位的监督职能、优先的监督职权,是实现腐败治理由治标向治本转变的根本保障。因此,监察优先主义的实质是强调事前监督的优先,而不是事后调查的优先,强调职责区分原则有助于防止监察优先主义的泛化。

三是程序协同原则。程序协同原则是指在腐败治理的整体机制之下,确保监察程序与其他程序之间的有效衔接,避免因程序错位而导致腐败治理机制治理效能的降低。[2] 贯彻监察优先主义,虽然有助于保障监察程序的独立化,但确实也存在着监察程序与司法程序脱节的问题。在刑事程序结构上,监察委员会与检察机关同属于追诉方一方,具有相同的追诉目标,但又各司其职,从而引出国家监察与刑事诉讼的程序衔接问题。对此,应当确立程序协同原则,在程序启动、证明标准等程序性事项上建立相对统一的标准,提高反腐程序运行的一体化效能。[3]

四是程序谦抑原则。在刑法理论上,谦抑原则是关于刑法干预必要性的基本原则,在其他法律足以抑制某种违法行为的情形下,就没有必要通过刑法加以处罚,其目的在于限制刑罚权的过度扩张。程序是权力行使的载体,在程序法上,同样也存在着程序的谦抑性问题,即,程序设计应当严格限制权力行使的范围,对权力行使保持谨慎与克制的立场,避免与其他国家公权力机关发生冲突以及对公民生活的过度干预。[4] 在监察优先主义之下,监察程序具有直接影响甚至主导其他程序的能力,但监察程序对监察权监督与限制的程度却低于其他程序,对监察对象权利保护的程度也相对较弱。从程序谦抑性角度,在监察程序与其他程序发生冲突时,应当充分考虑到监察程序适用的必要性,在适用其他程序就可以解决问题,或者监察程序适用的成本过高时,应当优先适用其他程序,避免监察优先主义的过度化。

五是权利保障原则。权利保障原则的确立是现代法治的必然要求。"人权精神是法治的灵魂依托,法治是人权精神的物化表现"。[5] 对公民的权利保障是法治国家的构成性要素和最基本的目标。现代法治国家不容许以"不择手段、不问是非、不计代价"的方法来查明案件事实、打击犯罪,相反,即使是追究犯罪、处罚犯罪的刑事诉讼活动,仍必须遵守正当、合法的法律程序,以限制国家公权力,防止国家公权力恣意滥用。[6] 监察机关在履行职责时

---

[1] 魏昌东:《监督职能是国家监察委员会的第一职能:理论逻辑与实现路径》,载于《法学论坛》2019年第1期。

[2] 刘艳红:《〈监察法〉与其他规范衔接的基本问题研究》,载于《法学论坛》2019年第1期。

[3] 刘艳红:《程序自然法作为规则自治的必要条件》,载于《华东政法大学学报》2018年第3期。

[4] 魏昌东:《〈监察法〉与中国特色腐败治理体制更新的理论逻辑》,载于《华东政法大学学报》2018年第3期。

[5] 齐延平:《人权与法治》,山东人民出版社,2003年,第22页。

[6] 樊崇义:《刑事诉讼法》,法律出版社,2016年,第78页。

必须符合法治的基本要求,保障公民的基本权利不受侵犯。权利保障原则包含程序正当化的要求,[1]监察机关权力运行应当符合正当程序,只有完善程序才能有效防止滥权和保障监察对象的合法权益。

(三)监察管辖制度完善之具体措施

2019年10月26日第十三届全国人大常委会第十四次会议通过的《全国人民代表大会常务委员会关于国家监察委员会制定监察法规的决定》明确规定,"国家监察委员会根据宪法和法律,制定监察法规"。据此,以修正的监察优先主义为指导,国家监察委员会可以通过制定监察委员会管辖规定系统解决监察管辖中存在的问题,全面完善监察管辖制度。具体措施包括:

1. 合理收缩监察机关的管辖罪名

基于依法监察原则,监察机关管辖罪名的犯罪主体应当符合《监察法》所规定的行使公权力公职人员的对象主体要求,对于不符合监察对象主体要求的单位犯罪,不再作为监察机关的管辖罪名,从而使得监察机关将主要精力集中于贪贿犯罪和渎职犯罪的调查处置,避免管辖罪名的虚置化。据此,应当在监察委员会专属管辖罪名中剥离出单位犯罪罪名,将单位受贿罪、单位行贿罪、私分国有资产罪、私分罚没财物罪、挪用特定款物罪、对单位行贿罪、滥用管理公司、证券职权罪等7项罪名由检察机关进行管辖。此外,对于重大飞行事故罪、重大劳动安全事故罪、工程重大安全事故罪等既可以由公职人员构成,也可以由非公职人员构成的犯罪规定检察机关也可以进行管辖,并根据犯罪主体身份的不同,由监察机关或者检察机关进行管辖。至于非国家工作人员受贿罪、对非国家公职人员行贿罪等完全不存在公权力行使的犯罪,应当划归检察机关进行管辖。

2. 建立职务违法犯罪的区分管辖模式

公职人员所在单位纪检监察部门,属于监察监督的"神经末端",发挥监督探头的功能,强化这些组织或主体的监督职责,是监察优先主义的应有之义,而地方监察委员会具有更强的职务犯罪调查能力,由其对职务犯罪案件进行排他性管辖,有助于提高管辖能力和案件处理质量。据此,根据职责区分原则,可以考虑确立以下管辖规则:一是单位纪检监察部门发现职务违法或犯罪线索的,应当移交各级监察委员会或派驻或派出监察机构、监察专员。二是派驻或派出监察机构、监察专员可以对职务违法案件进行立案调查,在调查过程中发现涉及职务犯罪的,应当移交给作为委派方的各级监察委员会。三是在工作地点在地方、干部管理权限在上级单位的情形下,上级单位纪检组发现职务违法或犯罪线索的,应当将案件移交给对应级别的监察机关,由对应级别的监察机关直接立案受理或由其通过指定管辖方式,指定派驻地方监察委进行管辖;派驻地方监察员发现职务违法或犯罪线索的,应当通知上级单位纪检部门及对应级别的上级监察机关,由上级监察机关进行指定管辖。

---

[1] 夏伟、刘艳红:《程序正义视野下监察证据规则的审查》,载于《南京师大学报(社科版)》2019年第1期。

3. 确立管辖权转移的具体规则

以干部管理权限作为监察机关普通管辖的主要标准，是中国特色监察体制改革的重要制度创新，但由于监察管辖与司法管辖的标准不同，容易导致两种管辖之间的错位，对此，根据程序协同原则的要求，通过合理设置管辖权转移的具体规则，实现监察管辖与司法管辖的对接。具体建议包括：一是与司法管辖相对应，将职务犯罪涉及数额、案件复杂疑难程度等因素，作为上级监察机关提级管辖或管辖权下放的标准，上级监察机关对于普通案件，可以指定下级监察机关管辖，但对于重大疑难案件，不得指定下级监察机关管辖；下级监察机关对于重大疑难案件，可以申请提级管辖，从而避免下级监察机关管辖能力不足或上级监察机关管辖案件过多的困境。二是明确监察指定管辖与司法级别管辖的对等性，指定管辖的地方监察委员应当与追诉及审理的司法机关具有同等级别。如：根据《中华人民共和国刑事诉讼法》的规定，中级人民法院受理可能判处无期徒刑或死刑的案件，不得指定基层监察委员会受理。三是确立"逐级指定"方式，即由上级监察委员会确定被指定管辖的下一级监察委员会，"逐级指定"应以两次为限。

4. 明确分案管辖的例外规则

基于监察优先主义，涉及职务犯罪的案件通常由监察机关立案调查，其他机关予以协助，以便及时高效地调查追诉职务犯罪案件，但在一些特殊情形下，基于程序谦抑原则，应当对监察优先主义加以必要限制，允许以其他机关立案调查为主，监察机关予以协助。《监察法》第34条规定"一般应当"由监察机关为主调查，也为分案管辖的规则例外留下了空间。对此，可以考虑确立以下例外规则：在案件情节不复杂，且主罪为非职务犯罪的，由其他机关立案调查，监察机关予以协助。

5. 严格并案管辖的适用条件

职务犯罪并案管辖有利于提高犯罪追诉效果，但也存在着限制、剥夺被调查对象、犯罪嫌疑人诉讼权利的问题。基于权利保障原则，应当对监察优先主义予以修正，严格限制并案管辖的适用条件，目前《管辖规定》第20条第2款规定的并案管辖条件仍然过于宽泛，应当予以进一步限制。并案管辖是相对于分案管辖而言的，均为职务犯罪或共同职务犯罪的案件，不存在并案管辖问题，而是由其共同上级监察机关进行指定管辖。据此，在下列情形下监察机关可以进行并案管辖：一是一人犯数罪，主罪为职务犯罪的；二是共同犯罪的主罪为职务犯罪的；三是多人实施的犯罪存在关联，并案处理确实有利于查明职务犯罪事实的。在并案管辖之后，仍应当注重保护被调查对象的合法权利，对于不属于《监察法》规定的行使公权力的公职人员以及涉嫌行贿犯罪或者共同犯罪的其他涉案人员，不得适用留置措施；对于此类人员，应当在监察体系下建立特殊的公职律师法律帮助制度，以确保其原本应当享有的诉讼权利得到最低限度的保障。

监察机关瑕疵言词证据的印证与补强
——以《监察法》第33条第2款为中心的展开

夏 伟[*]

《中华人民共和国监察法》(以下简称《监察法》)主要是以原《中华人民共和国行政监察法》(以下简称《行政监察法》)为原型,分别从横向与纵向上扩展规制对象与规制事项,将全体公职人员履行公职的行为纳入进来,最终实现"监察范围全覆盖"目标的反腐败基本法。然而,在言词证据的审查与适用领域,这种"全覆盖"的监察模式建立以后,一个非常重要的问题将摆在我们的面前:监察机关搜集的言词证据要如何采信以及如何将之在刑事诉讼中予以使用?有鉴于此,本文拟以《监察法》第33条第2款所具备的"委任性功能"为中心,剖析"与刑事审判相一致"的监察证据标准,在此基础上,以监察职能在不同阶段的运行情况为基本线索,明确监察机关采信言词证据所应秉持的基本立场,力求在克服"口供中心主义"的前提下,激活监察机关调查职能,提升腐败发现能力。

一、《监察法》第33条第2款的"委任性功能"及其确立的证据标准

监察权与检察权的衔接是监察体制改革过程中不可回避的问题,其主要表现之一就是证据的移送和衔接。[1]换言之,监察机关采用的是何种证据标准,才能够将其获取的证据妥善地运用于刑事诉讼过程中?《监察法》第33条第2款的回答是,"监察机关在收集、固定、审查、运用证据时,应当与刑事审判关于证据的要求和标准相一致"。因而,这里的核心问题又转化为,何为"与刑事审判关于证据的要求和标准相一致"?

(一)《监察法》第33条第2款"委任性功能"的证成

着眼于《监察法》第33条第2款之语义的一般分析结论是:既然要求监察阶段证据要采取"与刑事审判相一致"的标准,则意味着监察机关在收集、固定、审查、运用证据时可以考虑直接参考适用《刑事诉讼法》中关于刑事审判证据的规定。表面上看,这种做法既符合《监察法》第33条第2款的文义要求,又能够很好地利用现有的刑事诉讼证据规则,可谓是最为理想的方案。但是,如果从《监察法》与《刑事诉讼法》之间的关系以及监察权独立性的角度来看,这种理解有待商榷。

直接参考适用《刑事诉讼法》关于刑事审判证据的规定,不可避免地会将监察证据规则与刑事审判证据规则相混同,进而有损监察独立性。独立性是监察权作为现代公共"第四

---

[*] 夏伟,中国政法大学刑事司法学院讲师,法学博士。本文受中国政法大学青年教师学术创新团队支持计划资助,原载于《地方立法研究》2020年第1期。

[1] 参见陈光中、邵俊:《我国监察体制改革若干问题思考》,载《中国法学》2017年第4期。

权"的重要前提,它表明,监察权不再是其他国家权力的分支或组成部分,而是与其他国家权力相平行的独立权力。[1] 监察独立性在 2018 年 3 月 11 日《中华人民共和国宪法修正案》第 52 条中予以明确,即新修订的《宪法》第 127 条第 1 款规定:"监察委员会依照法律的规定独立行使监察权,不受行政机关、社会团体和个人的干涉"。它有两个层面的含义:第一,监察机关具有独立性,即监察机关是独立于立法、行政、司法之外的独立国家机关。设立专职专责的监察机关,是监察体制改革第一阶段[2] 的重大成果,即监察机关不再是立法机关、行政机关、司法机关的附属,而是具备监察职责的专门机关,其在履行职责之时,"与权力机关是'产生、负责和监督'的关系,与司法机关是'互相配合、互相制约'的关系,与行政机关则为'不受干涉,且互相配合、互相制约'的关系,上下级监察机关间则是'领导与被领导'的关系"。[3] 除了权力机关之外,监察机关与其他机关之间都体现出充分的独立性;而即便是权力机关,对监察机关也是"寓支持于监督之中",是在尊重监察独立性基础上的再监督。第二,监察权具有独立性,即监察权的行使不受来自权力主体之外因素的干涉。《监察法》的制定使得监察权的独立运行有了法律保障。所谓监察权的独立性,依照《监察法》第 11 条的规定,实际上是指监督、调查、处置这三大职责的独立性。其中,与证据获取和使用紧密相关的是调查职责,证据规则的独立性也主要体现在调查职责的履行过程中。由于监察机关调查职责的履行不适用《刑事诉讼法》[4],相应地,监察证据审查也不宜直接适用刑事诉讼证据规则。

既如此,《监察法》第 33 条第 2 款中的"与刑事审判关于证据的要求和标准相一致"应当如何进行解释,从而能够使之既符合该款的文义,又能够避免毫无保留地适用刑事审判证据规则? 笔者认为,《监察法》第 33 条第 2 款具有"委任性功能",它的作用在于明示未来制定监察证据规则时要参考刑事审判证据规则或者不能与刑事审判的证据规则相冲突。法理上,委任性规则的基本结构是"尚未明确的内容+概括性指示",其主要作用是为配套规范的制定提供上位法的依据。[5]《监察法》第 33 条第 2 款虽然并非完整的委任性规则,但通过分析该款的结构和内容可以得出两个基本结论:一是《监察法》中并没有完整的证据收集、固定、审查、运用的规则;二是在收集、固定、审查、运用监察证据之时,不能与刑事审判的证据要求和标准相违背。前文分析表明,监察机关及监察权具有独立性,这当然意味着监管阶段的证据规则也具备独立性,不能直接援引《刑事诉讼法》关于刑事审判的证据要求和规定。

---

[1] 参见魏昌东:《国家监察委员会改革方案之辨正:属性、职能与职责定位》,载《法学》2017 年第 3 期。

[2] 参见刘艳红:《〈监察法〉与其他规范衔接的基本问题研究》,载《法学论坛》2019 年第 1 期。

[3] 秦前红:《我国监察机关的宪法定位以国家机关相互间的关系为中心》,载《中外法学》2018 年第 3 期。

[4] 参见冯俊伟:《国家监察体制改革中的程序分离与衔接》,载《法律科学》2017 年第 6 期;刘艳红:《监察委员会调查权运作的双重困境及其法治路径》,载《法学论坛》2017 年第 6 期;左卫民、安琪:《监察委员会调查权:性质、行使与规制的审思》,载《武汉大学学报(哲学社会科学版)》2018 年第 1 期,等等。

[5] 参见童之伟、苏艺:《我国配套立法体制的改革构想》,载《法学》2015 年第 12 期。

在排除适用《刑事诉讼法》之后,并不意味着监察机关可以随意收集、使用证据。《监察法》虽然没有完整的证据规则,但该法第33条第2款具有"委任性功能",即为了确保"法法衔接的畅通",在制定监察证据相关适用细则时,应当以刑事审判的证据标准为参照。这种"委任性功能"表明,监察证据规则与刑事审判证据规则之间具有紧密的联系,在监察证据相关细则尚未制定的情况下,作为权宜之计,要求监察机关收集、固定、审查、运用证据时既要符合刑事证据法理的要求,也要与刑事审判的证据规则基本吻合。

(二)"与刑事审判相一致"的监察证据标准的确立

1. "与刑事审判相一致"不等于"以刑事审判为标准"

问题是,应当如何理解《监察法》第33条第2款中的"与刑事审判相一致"的监察证据标准呢?事实上,监察机关的性质决定了其不可能完全以刑事审判为标准收集、固定、审查和运用证据,最多只能够做到与刑事审判标准的相对一致。这是因为:

一方面,监察证据与刑事审判证据的获取方式存在明显区别,这种形式的差异限制了监察证据在刑事诉讼阶段的直接使用。《监察法》为调查职责的运行配置了12项一般调查措施以及技术调查措施,在这12项一般调查措施里,有部分措施属于纪检调查措施,所处理的是公职人员违纪事项。这样可能产生的问题是,当某公职人员涉嫌职务犯罪时,通过纪检调查措施如谈话、询问(非针对证人)等措施获取的证据,能否直接在刑事诉讼中加以使用呢?由于谈话、询问主要针对公职人员违纪行为,而纪律规范又要求党员干部如实供述违纪事项,依照这种程序所形成的先决(违纪)事实如果能够引申出犯罪事实,则这部分证据作为证明犯罪事实的证据能力恐怕还有待重新评价。显然,由于证据获取方式无法达到刑事审判的要求和标准,通过查处违纪的过程中获取的证据在刑事审判中的适用应当有所限制。

另一方面,《刑事诉讼法》的证据规定不能替代《监察法》的证据规则。在监察体制改革前阶段,有学者提出"调查活动宜接受国家监察有关法律和修改后的《刑事诉讼法》双重规制"的观点,其主要理由是,监察机关调查活动既要实现惩罚犯罪的目标也要贯彻人权保障的理念。[1] 确然,《刑事诉讼法》在人权保障方面更为完善,以刑事审判的标准来审查监察证据有助于做到最大限度地保障人权。但问题是,高效反腐与人权保障之间存在此消彼长的关系,这种关系不会因为规则的成熟化与完善化而消失,"建立集中统一、权威高效"的监察体制必然意味着从某种程度上削弱人权保障的功能,以便于最大限度地发挥监察机关发现真实的功能。当然,这并不意味着可以为了实现高效反腐的目标而放弃人权保障,只是说在腐败治理中,基于公职人员的职业伦理要求,人权保障更多地被赋予了消极的内涵,即由积极保障转向消极不侵犯。从立法来看,《监察法》有选择性地从《刑事诉讼法》中吸收证据规则,导致其对证据的要求较低。比如,《刑事诉讼法》中既规定犯罪嫌疑人、被告人"如实供述"义务,又规定了不得强迫自证其罪;但在《监察法》中,只规定了被调查人"如实供述"义务。换言之,监察阶段的被调查人只有"说"的义务,而没有"不说"的权利。这也意味着,如果将《刑事诉讼法》中的证据规则引入到监察阶段,势必会在客观上架空《监察法》的适用。

---

〔1〕 参见秦前红、叶海波等:《国家监察制度改革研究》,法律出版社,2018年版,第207-211页。

因为相对而言,《刑事诉讼法》对调查活动的要求更加严格,在《监察法》的要求相对较为宽松,而两者同时有规定的情况下,按照前述观点往往会得出适用《刑事诉讼法》而非《监察法》的结论。

2."与刑事审判相一致"主要是指消极不违反

前述分析表明,将"与刑事审判相一致"理解为"以刑事审判为标准"不论从事实上还是法理上都是站不住脚的。"与刑事审判相一致"还可以理解为监察证据的标准不能够与刑事审判的证据标准相违背。这是因为,从文义解释的角度来看,"相一致"既可以是"完全一致",也可以是"相对一致"。其中,"完全一致"意味着监察证据标准与刑事审判证据标准的同一化,这种解释方案已在前述分析中加以证伪,不具有可行性;"相一致"也可以是"相对一致"或消极不违反,即监察机关获取的证据没有与刑事审判证据标准形成实质的抵触,准确地说,没有违反《刑事诉讼法》中关于证据的禁止性规则,主要是非法证据排除规则。确立"相对一致"的证据标准,意味着在某些场合,监察证据的收集、固定、审查、运用时会达不到刑事审判所要求的程度,此时,证据能力可能由于程序性瑕疵而不够稳定,需要通过事后程序修复加以补正。从这个角度解释《监察法》第33条第2款,并不会带来文义的冲突,它只是会在事实上确立两套证据标准,即监察证据标准与刑事审判证据标准,且监察证据标准会略低于刑事审判证据标准。这种双重标准的确立并不构成对非法证据排除规则的实质违反,不过会附带出现这样一种现象,即对于监察阶段所搜集的没有达到刑事审判标准的证据,要想在刑事审判中加以运用,必须要通过某种方式加以补强。

问题是,这样理解是否会造成审查标准过低而不利于保障人权呢?从人权保障的角度来看,监察证据审查标准的相对降低与人权保障之间并不存在实质的冲突。一般而言,从制度层面保障人权主要有两条路径:一是积极赋权,即赋予相对人(相对于国家机关而言)救济权,形成对公权力的非正式制约;二是积极限权,通过程序设计要求公权力行使必须恪守规范要求,从而达到防止权力滥用的目的。就国家监察体制改革而言,由于强调反腐机制的高效性,在一定意义上会形成对救济权的限制。例如,对于"严重职务违法"和"职务犯罪"的被调查人,监察机关可以决定对其采取留置措施,且留置期间不允许律师介入,形成相对封闭的调查环境。诚然,在这种封闭的环境下进行调查,难免会让人产生"存在侵犯人权风险"的忧虑。[1] 可也正是考虑到这种风险的存在,立法者在制定《监察法》时从多个层面对留置的适用进行限制,包括留置的审批、留置的决定、留置的期限、留置折抵刑期,等等。基于同样的理由,如果监察证据审查的标准低于刑事诉讼的标准,只要做好限制公权力的工作,依然可以有效防止侵犯人权现象的发生。总体看来,《监察法》所呈现的第一印象是赋权有余而制约不足,即赋予监察机关过多的权力,又极少对监察权进行制约。必须承认,这种设定是符合"建立集中统一、权威高效"的监察体制改革目标的。但是,在赋权的同时也要强调对权力的制约,才能够防止权力的滥用所带来的侵犯人权的风险。其实,《监察法》在移送审查

---

[1] 张翔、赖伟能:《基本权利作为国家权力配置的消极规范——以监察制度改革试点中的留置措施为例》,载《法律科学》2017年第6期。

阶段设置了反向监督的措施,即"人民检察院经审查,认为需要补充核实的,应当退回监察机关补充调查,必要时可以自行补充侦查"。这样,检察机关可以对案件调查的存疑情况进行实质的审查,分情况退回补充调查或者自行补充侦查。除此之外,纵观《监察法》全文,只有人大监督这项柔性的外部监督或许能够发挥一定作用,总的说来对监督权的再监督极为匮乏。因此,是否有效地保障被调查人人权的关键,不在于证据的审查标准是否与刑事审判标准完全一致,而在于证据移送审查阶段检察机关能否对监察机关的前端调查活动形成实质的制约。

总之,监察证据的收集、固定、审查、运用只需要做到与刑事审判标准"相对一致"即可,换言之,监察证据的标准与刑事审判证据的标准并非同一标准而是相对独立的标准,监察机关可以根据案件情况展开调查取证工作,不必完全遵守刑事审判的高标准。当监察机关所获取的证据无法达到刑事审判证据的高标准要求时,不能一律以证据存在瑕疵为理由而加以排除,而应当根据情况允许监察机关补充瑕疵证据。

二、瑕疵的言词证据在监察阶段的补正

众所周知,高度倚赖言词证据是腐败案件的重要特性,而非法证据排除规则主要排除的正是程序违法或者不符合法定程序搜集的证据,因此瑕疵的言词证据可能成为排除的对象。非法证据排除规则所否定的并非证据的真实性,而是证据的能力,即由于证据搜集方法的不合法而使其丧失成为证据的资格。由于言词证据的可靠性较弱,加上职务犯罪的翻供率相对较高,因而严格审查监察阶段所获取的言词证据,是形成可靠证据链、避免程序回流的必要保障。然而,"证据在诉讼中永远是稀缺的,必须通过证据制度的安排将尽可能多的有效事实材料纳入诉讼的范围"[1],检察机关获取职务犯罪证据主要依赖于监察机关的移送,而其中很多证据可能程序上存在,这些证据属于广义上的瑕疵证据,但从发现案件真实情况的角度来看又是不可或缺的。因此,从监察阶段来看,多大程度的瑕疵证据是可以接受的,或者说可以被补正而不是直接被排除?

(一) 瑕疵言词证据的采信与排除

现代刑事证据制度的演变趋势是,在发现真实与人权保障之间越来越倾向于后者,与之相适应,相继确立无罪推定、非法证据排除等原则与制度。然而,监察体制改革总体上以发现真实为主要目标,整合反腐资源、形成反腐合力的目的恰恰是为了提升腐败发现能力。于是,职务犯罪证据的处理就分为两个明显的阶段,分别是监察阶段与刑事诉讼阶段。毋庸置疑,在刑事诉讼阶段,瑕疵证据的排除优先于采信,"我国法律对于瑕疵言词证据采取的是绝对排除的规则,没有赋予裁判者自由裁量权"[2]。但这是否意味着在监察阶段也要执行如此严格的非法证据排除规则呢?

---

[1] 张栋:《中国刑事证据制度体系的优化》,载《中国社会科学》2015年第7期。
[2] 谢小剑:《重复供述的排除规则研究》,载《法学论坛》2012年第1期。

笔者认为，监察阶段言词证据的采信应当优于排除，理由是：

首先，这是由监察体制改革建立集中统一、权威高效的反腐败机制所决定的。监察体制改革注重提升反腐效能主要表现为：其一，整合纪检、行政、检察监督职能，建立反腐败专门机关——监察委员会，有效集中了反腐资源。监察机关享有执纪、执法以及犯罪监督的职能，这是监督机构重新整合的产物，其以监督权的移转和重新塑造为基本进路，目的是为避免由于反腐权力分散所带来的互相推诿、重复处理等问题，有效地保障了腐败治理的连贯性。其二，以"列举＋兜底"的方式规定监察对象的范围，实现对人"监察范围的全覆盖"。《监察法》以落实对人的监督为中心，因为在立法者看来，腐败问题的根源不在于权力本身，而在于用权的人，"将权力关进制度的笼子里"要优先锁定滥权的公职人员，这是治理腐败的关键所在。其三，赋予监察机关监督、调查、处置三大职责，为高效监察提供职责保障。监督、调查、处置三项职责是相辅相成的，只有监督或只有监督、调查而没有处置的监察权力是不完整的。监察体制改革以提升腐败治理能力与治理效果为基本目标，要想证立腐败事实，完整的证据链是不可或缺的，故而，监察体制改革必然要在证据制度上更加强调证据的搜集的便利性和有效性。其实，对比《监察法》和《刑事诉讼法》关于证据的规定可以看出，前者基本上是在后者的基础上选择性地保留，而缺省的部分很多恰恰是口供补强规则、不得自证其罪等有利于被调查人的规定。当然，这并不意味着《监察法》是以"可能不利于人权保障"的方式实现高效反腐，它只是基于不同阶段反腐力度要求设置了对应的反腐标准罢了，对刑事诉讼阶段人权保障的要求丝毫没有降低。

其次，瑕疵言词证据不应成为监察阶段非法证据排除的重点。我国《刑事诉讼法》所建立的"非法证据排除规则"以排除瑕疵言词证据为重点，这种现象的产生有着深刻的历史因素。近年来频频披露的冤假错案，实际上反映出过去乃至当下刑事司法实践存在偏信口供的现象，而为什么会出现假的有罪口供，人们的第一反应往往是可能存在刑讯逼供的现象，而非法证据排除规则正是在重大冤假错案频频发生的背景下出台的，二者不谋而合。其实，相对于言词证据而言，实物证据更应重点排除。因为，对于以瑕疵手段获取的言词证据，"可以根据不被强迫自证其罪的特权规则、自白任意性规则加以排除，无需再创造一个非常证据排除规则加以排除"[1]。而对于实物证据，即便是伪造的也很容易被采信。原因在于，实物证据较之言词证据更容易让人信服，学界通常认为言词证据的易变性较强，但事实上，恰恰由于实物证据的易变性较弱，在被伪造成证据后容易被轻信，由此也更应当成为非法证据排除的重点。从监察实践来看，对言词证据的采信采取相对比较宽泛的态度。《刑事诉讼法》第 55 条规定："只有被告人供述，没有其他证据的，不能认定被告人有罪和处以刑罚。"如果《监察法》采取与之完全一样的标准，就意味着如果只有被调查人供述而没有其他证据，就不能认定被调查人违纪违法。可监察实践中存在大量的违纪违法案件，都是以被调查人供述为主要依据的，最典型的是时间跨度比较大的违规收礼的案件。换言之，只有被调查人供述

---

[1] 张建伟：《非法证据缘何难以排除——基于刑事诉讼法再修改和相关司法解释的分析》，载《清华法学》2012 年第 3 期。

而没有其他证据的,并不影响监察实践中违纪和违法的认定。

最后,瑕疵言词证据采信优先并不违反非法证据排除规则。发现真实与人权保障之间并不存在不可调和的冲突,其正确的表达方式应当是在保障人权的基础上兼顾发现案件真实。监察体制改革并不是要打破这种基本关系格局,只是强调在保障人权的基础上尽可能地发现案件的真实,在制度设计上减少对证据获取方式的阻碍,而不是要否定非法证据排除规则。从具体职能来看,监察机关虽然负责统筹调查违纪、职务违法以及职务犯罪案件,但其重点仍然是聚焦于违纪与职务违法案件的监督、调查与处置。职务犯罪的调查与处理分为两个环节,即监察机关调查与检察机关审查,这两个环节都涉及证据真实性、合法性、关联性的审查,当然也适用非法证据排除规则。监察阶段采取相对柔性的非法证据排除规则,不会影响刑事诉讼阶段严格的非法证据排除规则的适用,不会导致以非法证据定案的现象。换言之,同样是非法证据排除规则,在监察阶段稍微放宽也并不会使得刑事诉讼阶段的证据标准被放宽,因为检察阶段的严格审查能够有效地过滤瑕疵的证据。

总之,监察阶段与刑事诉讼阶段应分别坚持瑕疵言词证据采信优于排除和瑕疵言词证据的排除优于采信的不同立场,后者具有补充前者的功能,并不存在冲突。监察阶段对瑕疵言词证据的采信优先也并不意味着鼓励监察机关移送瑕疵证据,在移送有罪证据之后,检察机关当然有权对证据的获取过程等进行审查,并形成对监察机关的反向监督。

(二) 瑕疵言词证据柔性排除规则的确立

"以非法方法收集的证据应当依法予以排除,不得作为案件处置的依据",这是《监察法》第 33 条第 3 款就监察阶段的非法证据排除规则所作出的纲领性规定。随后,《监察法》第 40 条第 2 款作出示例规定,即"严禁以威胁、引诱、欺骗及其他瑕疵方式收集证据,严禁侮辱、打骂、虐待、体罚或者变相体罚被调查人和涉案人员"。《监察法》没有使用《刑事诉讼法》中的"刑讯逼供"、"暴力取证"这两点表述,主要是考虑到监察机关工作人员的上述行为不构成刑讯逼供罪、暴力取证罪,但视情况可以成立侵犯人身权利的犯罪。当然,这并不意味着没有造成轻伤以上结果的逼供行为不受法律规制,对于这类行为,仍然可以根据《监察法》第 64 条对领导人员和直接责任人员进行问责、追责。

此间的主要问题是:对由于轻微程序违法所搜集的言词证据是否具备证据资格?以及监察实践中频繁使用的默示推定是否违背了非法证据排除规则?

第一,"以威胁、引诱、欺骗及其他瑕疵方式收集证据"应当依法排除,这里的"其他瑕疵方法"当然包括暴力性方法。但从根本上看,非法证据排除规则是通过否定证据能力或资格的方式排除那些可能存在证明力问题的证据,也就是说,其最终目的是否定证据的真实性。因此,如果能够通过旁证或其他证据证明案件的真实情况,即使言词证据的获取过程有轻微违法,也不应当直接否定其证据能力。以承诺式诱供为例,监察机关调查人员以提出减轻处罚建议为理由要求被调查人员供述犯罪事实的,在被调查人供述之后,调查人员发现被调查人犯罪情节严重,最终没有提出减轻处罚的建议,此时获取的证据能否作为认定犯罪事实的根据呢?如前所述,这里的关键是要看这种轻微的违法行为是否达到损害证据真实性的程度。显然,并非所有以引诱、欺骗等方法获取的证据都是不真实的,监察机关对其中基于轻微程序违法行为获取的证据,可以先保留,再根据其他证据的情况决定是否加以排除。承接上述例子,按照《监察法》第 32 条的规定,监察机关工作人员在将证据移送给检察机关时有权提出从宽处罚的建议,前述事例程序违法之处在于,调查人员不应作出这项承诺以及不应以此为理由引导被调查人供述案件事实。对于这种轻微的程序性违法事项,笔者认为不能够直接作为非法证据排除的对象,而应当允许其予以补正,也就是预先保留这项陈述,留待后续获取证据加以印证。如果无法印证,则不宜将之作为认定事实的依据。

第二,默示推定不属于对非法证据排除规则的违背。《刑事诉讼法》为保障犯罪嫌疑人、被告人的人权,明确规定"不得强迫任何人证实自己有罪",结合"如实供述义务",似在"说"与"不说"之间摇摆不定。《监察法》未吸收"不得强迫任何人证实自己有罪"的规定,反而在该法第 20 条第 2 款对"如实供述义务"作出规定,即"对涉嫌贪污贿赂、失职渎职等职务犯罪的被调查人,监察机关可以进行讯问,要求其如实供述涉嫌犯罪的情况"。这种立法的倾向性非常明显,即意在强化被调查人的供述义务,以便通过被调查人之口挖掘犯罪线索。实际上,在这背后所隐含的是"纪法衔接"的要求。"党纪挺在前"是当前反腐政策的基本立场,2016 年 10 月 27 日中国共产党第 18 届中央委员会审议通过的《中国共产党党内监督条例》第 7 条规定的监督执纪的"四种形态"旗帜鲜明地表现这种理念,"用纪律管住大多数,才叫全面从严治党"。[1]虽说监察体制改革后,留置通常被认为是"双规"法治化的替代措施,[2]但即便"双规"被替代后,党纪规范要求党员干部在接受调查的过程中要如实交代违纪情况的义务并没有实质克减,而违纪事实与职务违法、职务犯罪事实通常具有紧密的关联性,交代违纪事实与交代职务违法、职务犯罪事实在绝大多数情况下并没有本质的区别。基于这种逻辑关系,可以说职务犯罪"如实供述义务"在新监察制度下得到了很好的实践。然而,对于违纪、职务违法而言,是否必须要挖掘口供才能够认定事实成立呢?恐怕未必如此。"如实供述义务"为监察阶段违纪、职务违法证据的获取提供了新的思路,即在有相关证据证明涉嫌违纪、职务违法的情况下,即便行为人保持沉默、不供述,也可以根据其他证据与待供述事实的关系推定为事实成立。例如,在违规收受礼物案件中,监察机关接到举报线索有明确的转账证据,经过询问后被调查人不愿意说明财物来源的,可以默示推定事实成立。这种情况并不违反证据裁判原则,因为在这类案件中,被调查人"如实告知义务"以及初步证据表明事实成立,被调查人如果不作出反对,经监察机关充分说明后,推定为默示认可也不会对被调查人的人权形成实质的侵犯。但是,在移送审查阶段,默示推定能否作为证明犯罪事实的证据呢?笔者认为,由于《刑事诉讼法》规定"不得强迫任何人证实自己有罪",在无罪推定原则项下,即便是有其他间接证据,也不能够以默示推定的结果作为认定犯罪事实的主要证据。此时,默示推定的证明力应当适当降格,需要在刑事诉讼阶段补充其他证据加以佐证。

---

〔1〕 陈治治:《惩前毖后、治病救人,须善用"四种形态"》,载《中国纪检监察报》2015 年 9 月 29 日第 1 版。

〔2〕 参见刘艳红:《程序自然法作为规则自治的必要条件——〈监察法〉留置权运作的法治化路径》,载《华东政法大学学报》2018 年第 3 期。

总之,监察阶段对瑕疵非言词证据的排除应当是柔性的,允许合理的例外。监察阶段所获取的言词证据不能简单地以程序违法为理由而加以排除,对于以违法手段获取的证据,要综合考虑违法性的程度、违法行为与有罪供述的关系、是否可以通过程序修复或间接证据加以佐证等,才能够作出妥当的认定。对于违纪、职务违法事实的证明而言,可以采用默示推定的规则;而对于职务犯罪的认定而言,默示推定需要在事后进行再验证,从而保证证明结论的合法合理性。

三、瑕疵的言词证据在刑事诉讼阶段的补强

监察证据的审查与刑事审判证据的审查所遵循的是两套"相对一致"的标准,这就允许相对较低标准的监察证据进入到刑事诉讼活动中。在监察体制改革以前,通过非刑事调查手段获取的证据要想在刑事诉讼中加以使用非常困难,比如在此之前,"纪检监察部门随案移送的证据,有些需经转化才能作为诉讼证据使用,在一定程度上造成了司法资源的浪费"[1]。监察体制改革之后,监察机关获取的言词证据无需转化适用于刑事诉讼,固然大大提升了证据的利用效率、节约了司法资源,但在进入刑事诉讼阶段以后,还要结合待证事实对瑕疵言词证据予以补强。

(一) 对瑕疵言词证据的说明义务

我国《刑事诉讼法》第46条规定了口供的补强规则,即"只有被告人供述,没有其他证据的,不能认定为被告人有罪和处以刑罚"。一般认为,补强证据与主证据共同达到"排除合理怀疑"的程度即可认定犯罪事实,即补强证据主要是"为了增强、担保主证据的证明力而提出的"。[2]《监察法》并未吸收这项口供补强规则,其主要原因有两点:一是从公职人员职业伦理和党纪要求的角度来看,如实说明情况是其义务,尽管这项义务的规范强制力存在疑问,但它却具有极强的现实强制力;二是从案件查处效率的角度来看,很多腐败案件调查程序的启动源于怀疑或一般线索,但具体事实如何主要有赖于被调查人的口供,而这种依赖于口供的现象在腐败案件的调查中是无法根除的。这样就可能产生证据证明力的落差,即监察机关所依赖的口供证据,在刑事诉讼中可能无法符合证明犯罪事实的要求。

其实,不光是口供,监察阶段收集的多数言词证据都需要进行补强。原本按照《刑事诉讼法》第52条第2款及配套规范的规定,行政执法过程中的言词证据要想在刑事诉讼中加以使用,是需要经过严格的转化手续的;而"对于纪检监察部门收集的言词证据一般也要实行司法转化才能作为定案的根据"[3],因为不同性质的证据在证据标准上有明显差异,即便是将违纪、职务违法、职务犯罪监督相聚合的国家监察体制改革,也无法真正做到证据标准的统一化。例如,证明违纪的事实,可能只需要被调查人的口供配合简单的事实就可认定,

---

[1] 刘振洋:《论国家监察体制重构的基本问题与具体路径》,载《法学》2017年第5期。
[2] 纵博:《论证据推理中的间接相关证据》,载《中国刑事法杂志》2015年第5期。
[3] 卞建林:《监察机关办案程序初探》,载《法律科学》2017年第6期。

但要证明受贿犯罪事实,则不仅需要证明行为人具有收受财物的故意,还要至少证明其许诺为他人谋取利益,这就要求多种证据组合形成完整的证据链。确切地说,根据待证事实的性质,我们可以将监察阶段的言词证据分为证明违纪事实的言词证据、证明职务违法事实的言词证据以及证明职务犯罪事实的言词证据。后两者之间或许在融合上不存在过多的法理难题,毕竟职务违法严重到一定程度往往可以直接转化为职务犯罪。问题是,证明违纪事实的言词证据与证明犯罪事实的言词证据在内在属性上不一致,其所适用的主要是1994年3月25日颁布的《中国共产党纪律检查机关案件检查工作条例》所确立的证据标准,很难直接作为犯罪证据。

因此,在保障高效反腐的前提下,一个非常重要的问题重新进入到我们的视野,即对在监察阶段获取的言词证据,可以通过何种方式补强其证明力,从而达到能够证明犯罪事实的程度?很显然,我们不能走证据转化这种近乎重复取证的老路,只能够探索新的路径。笔者认为,在排除适用证据转化规则后,可以要求监察机关承担言词证据真实性的说明义务,理由在于:第一,基于权力和责任相一致的原则,监察机关承担说明义务具有法理的正当性。权责一致的表述多见于行政管理理论中,其以协调利益冲突为基本价值导向,[1]但事实上,任何国家机关与个人之间的关系处理都应当恪守这项基本原则。监察机关作为反腐败专门机关,掌控监察全局,可谓"重权在握"。但是,立法者在赋予监察机关种种权力的同时,没有充分关注对权力的再监督,而这也正是学界对国家监察体制改革前阶段工作的忧虑所在。换一个角度说,如果能够通过加强监察机关的责任,要求监察机关移送证据时承担说明义务,恰恰是要求其承担对证据的真实性作出承诺的责任。第二,说明义务在效果上具有补强证据的作用,可以说是证据补强规则的简化。前文述及,监察阶段所获取的言词证据未必能够达到刑事审判证据的要求,此时,补强主证据的证明力就显得非常重要,这将决定该项证据能否作为认定犯罪事实的证据加以使用。在职务犯罪案件中,监察机关知晓所有的证据是证明何种事实以及是通过何种渠道获取的,监察机关说明义务的内容也正是这两点。显然,说明义务不是简单的口头说明,而是要有配套的证据,如被调查人的口供、证人证言应有与之相对应的录音录像。此外,说明义务的对象是证据的真实性,这是补强证明力的基本逻辑所决定的。言词证据合法性审查属于当然义务,非法证据排除规则要求职务犯罪从调查到审判各个阶段都应排除瑕疵的证据;言词证据的关联性审查多属于证据选择的技术性问题,不是说明义务的对象;说明义务的关键在于,监察机关应当对证据所证明的内容的真实性负责,是对证据内容可靠性的补强。第三,说明义务可以强化监察机关的自我监督,并构成对调查人进行追责的证据。要求监察机关承担说明义务,事实上给监察机关调查活动提出更高的要求,即监察机关要注重对言词证据真实性的审查,特别是对前后言词不一致、仅有口供等情况进行严格筛查,有助于提升言词证据的质量,避免调查程序的回流。而且,以承诺的方式作出说明,当检察机关审查后发现说明的情况与真实情况不一致时,可以视情况将之作为对调查人员追责的证据,更好地照应《监察法》第65条有关直接责任人员追责的

---

[1] 参见麻宝斌、郭蕊:《权责一致与权责背离:在理论与现实之间》,载《政治学研究》2010年第1期。

规定。

(二) 瑕疵言词证据的补充调查(侦查)

从证据利用的角度来看,我国刑事审判已经逐渐跳脱以往对证据进行"清单式"的简单罗列,转向环环相扣、逻辑紧密的"链式"印证思维,即分别从纵向上"并联"证据以支撑构成要件事实的印证,从横向上"串联"证据以实现印证方向的同一性。[1] 但是,"链式"思维也增加了印证的难度,对案件关键事实的证明要达到"排除合理怀疑"的程度,而对于证据链的形成来说,更需要的是"补充"而非"排除"。

作为前提,需要避免一种极端化的"链式"思维,即将"排除合理怀疑"理解为"排除所有怀疑",追求证据链的绝对纯洁或无瑕疵。例如,有这样一则监察案例:李某1系某国有企业副董事长(国家工作人员),李某2系其侄子,2014年某工程竣工后,刘某通过李某2转款给李某1共计50万元。关于这部分转款性质的认定,有如下证据加以证明:① 银行转款手续证明,在2010年12月,李某1通过银行卡转给李某2银行卡40万元,用于工程垫资;② 刘某证言证实曾委托李某2转交给李某1的50万元为好处费;③ 李某2有两种证言,一是认可刘某的证言,二是称这50万元属于其干活挣的钱;④ 李某1表示这50万元是李某2还的借款(用于垫资)。[2] 在案件审判的过程中,人民法院始终将案件的焦点集中在"李某2究竟垫资多少"这一问题上,其预设的前提是,李某2所有的垫资款项都是来源于李某1。因此,只要这部分垫资数额没有查清,就不能认定李某1收受50万元的行为构成受贿罪,人民法院也以此为由最终认定受贿事实不成立。诚然,对李某2垫资的数额,在本案中确实存在疑问,但这部分事实的查明与李某1收受多少财物并没有直接的关系,而是受刘某与李某1之间的合同关系所调整的。基于前述被调查人供述及证人证言,至少可以认为,在李某1已经收受的50万元中,有10万元属于不应当收受的范畴,即属于刑法中的"贿赂",因为在这50万元好处费中(根据刘某证言),李某1只能够证实其中40万元不属于"贿赂"。在职务犯罪的认定中,并非所有的疑问都是影响犯罪事实认定的"合理怀疑",有些"怀疑"只是在客观上构成证据链的内容,但剔除后并不影响整个证据链的证明力,此时排除与否都并不影响受贿事实的认定。

从《监察法》的规定来看,言词证据瑕疵对应的法律后果主要是退回补充调查(侦查),通过后续的调查(侦查)活动来查清案件事实。《监察法》第47条与《刑事诉讼法》第171条具有结构和内容上的相似性,但如果对法条展开文义分析并结合具体的制度设计进行考察,则可以发现二者的根本性差异。比如,《刑事诉讼法》第171条属于任意性规范,检察机关可以自主选择是否退回补充侦查;而《监察法》第47条属于偏强行性规范,检察机关以退回补充调查为原则,只有在"必要时"才能够自行侦查。因此,在监察机关所处理的案件中,检察机关的反向监督权其实是相对消极的、被动的,不论是在前期调查还是后期补充调查,检察机关都是以配合监察机关为主的。再如,何为"在必要时",其实对两机关而言也不尽相同。就

---

[1] 参见栗峥:《证据链与结构主义》,载《中国法学》2017年第2期。
[2] 参见大庆市龙凤区人民法院(2017)黑0603刑初122号刑事判决书。

《刑事诉讼法》第171条而言，需要分情况进行讨论。其一，对检察机关自侦的案件，在多数情况下都可以由其自行补充侦查。2018年10月26日，第十三届全国人民代表大会常务委员会通过的《全国人民代表大会常务委员会关于修改〈中华人民共和国刑事诉讼法〉的决定》明确保留了检察机关对侵犯公民权利、损害司法公正犯罪的共计14个罪名的自侦权，这些案件补充侦查的决定权掌握在检察机关手中。其二，对于公安机关移送的案件，考虑到原侦查机关对案件情况的了解程度，多数情况下会退回补充侦查。然而，《监察法》第47条以退回补充侦查为原则，且监察机关所办理的案件不存在由检察机关自侦的情况，因而其补充侦查的范围实际上要相对较小。

笔者认为，《监察法》中的补充调查（侦查）制度与《刑事诉讼法》中的补充侦查制度，在功能上、目的上具有相似性，即都是以查明案件事实、补足证据链为依归的。但是，鉴于监察机关与检察机关之间的配合制约关系，可以作如下两种区分：

第一，作为专职专责的监察机关，职务犯罪的调查职权归属于监察机关。《监察法》第33条第2款的"委任性功能"表明，检察机关应在刑事诉讼阶段对证据的内容进行实质的审查，包括证据的内容、证明力大小、证据的获取方式等等，确保所获取的证据不能与刑事审判证据要求相抵牾；如果发现证据证明力不足或不完善、无法证明案件事实的，则应当退回补充调查。这项原则性规定，使得监察机关能够牢牢地掌握职务犯罪调查的全局，体现出监察权的优先性，是基于高效反腐的考虑。但是，调查活动的特殊性表明，在确保反腐效率的同时也应当注重保障人权，至少不能以侵犯人权为理由实现反腐的高效能化。因而，在补充调查阶段，更应当关注的不是调查的效率而是对调查活动的再监督。纵观整部《监察法》，检察机关很少能够对监察机关实施有效的监督，在补充调查阶段对监察机关实施监督的目的不是为了降低效率而是为了提升反腐质量、提升证据链的证明力，为证据的衔接做准备。在调查阶段，《监察法》确立了以监察机关为主导的模式，即便是受移送的案件，人民检察院审查后认为需要补充核实的，也应当退回监察机关补充调查，只有在必要时才能够自行补充侦查。换言之，在调查阶段，监察机关完全能够决定案件是否移送给检察机关审查起诉。立法者在赋予监察机关行为定性"先决权"的同时，如果无法进行反向制衡，反而很容易对反腐形成阻碍。基于此，笔者认为，由于监察机关职务犯罪调查的"先决权"在新体制架构中已经形成，前端以检察机关配合监察机关为主，那么在后端，应当相应地以监察机关配合检察机关为主。在补充调查阶段，应当建立以检察机关为中心的过程监督机制，与此同时，为了保障反腐的效率，应当对过程监督作出适当的限制：(1)检察机关不能依职权介入监督，只能够依照被调查人的申请介入，这是基于监察独立性的考虑。(2)过程监督应当限于被采取留置措施的被调查人，且检察机关只是了解案件的补充调查情况，不参与案件的实际调查，并将监督的结果予以记录，作为后续证据审查的依据。

第二，何为"在必要时"，这是甄别在何种情况下可以由检察机关自行侦查的关键。前述分析表明，职务违法、职务犯罪案件的调查权主要由监察机关掌控，对监察机关调查的案件，如果检察机关认为证据不足、事实不清的，需要退回补充调查。那么在什么情况下构成"在必要时"这种例外，从而应当由检察机关自行补充侦查呢？这就需要结合监察体制改革的价值权衡,加以分析。"当前反腐败行动在发现实质真实和保障人权两大价值取向方面,更侧重于发现真实……新监察制度仍然以便于查清案情为主要价值取向"[1],不论是集中监督资源还是设立专门的监察机关,都以此为基本立足点。在绝大多数情况下,由监察机关补充调查是契合改革目标的,此处的"在必要时"也应当作限制理解,即只有当退回补充调查可能不利于查清案件事实时,才可以由检察机关补充侦查。于是问题转化为,在何种情况下退回监察机关补充调查会不利于案情的查清?根据监察实践中出现的具体情况,此处可以分为两种情况讨论:一是监察机关履职懈怠。例如,监察机关留置超期、提交的言词证据存在重大瑕疵等不利于形成完整证据链的情况,因为在这种情况下,再退回监察机关补充调查,可能仍然不能够查清案件真实情况,而补充调查(侦查)是有次数限制的,为了尽快查清案件真实情况、提升反腐的效率,由检察机关自行侦查是合适的。二是监察机关在调查的过程中存在违法行为。例如,检察机关发现监察机关存在刑讯逼供、暴力取证或者其他瑕疵手段获取言词证据等情形,在排除瑕疵证据以后,为了不影响证据能力、保障被调查人的人权,可以由检察机关自行补充侦查。

结　语

《监察法》不是"第二《刑事诉讼法》",监察证据规则也不能被代换为刑事诉讼证据规则。腐败案件查处依赖于言词证据,而高效反腐的目标设定又很容易形成逆向思维,即先假设犯罪事实的存在,再根据事实来查找对应的证据,这就可能会造成言词证据与案件真实情况有所出入。再加上,监察机关获取的言词证据未必能够达到刑事审判所要求的标准,如果事后不加以补充,则会有损整体证据链的证据能力。职是之故,立基于《监察法》第33条第2款的"委任性功能",监察机关瑕疵言词证据的印证与补强应分阶段考虑:一是在监察阶段应坚持瑕疵证据的采信优先于排除,即采取柔性的非法证据排除规则,从而将部分瑕疵的言词证据保留下来,以备证明犯罪事实情况;二在刑事诉讼阶段应坚持瑕疵证据的排除优先于采信,即采取严格的非法证据排除规则,从而充分保障刑事诉讼阶段犯罪嫌疑人、被告人的人权。以此为出发点,监察机关所获取的瑕疵言词证据将会形成完善的审查机制,从而真正做到腐败治理能力与治理效果相协调、高效反腐与人权保障相统一,在言词证据审查环节打通《监察法》与《刑事诉讼法》相衔接的脉络。

---

[1] 张建伟:《法律正当程序视野下的新监察制度》,载《环球法律评论》2017年第2期。

第三专题 企业合规与职务犯罪的预防和惩治

国家监察体制下企业腐败的防控

——从"企业合规性管理"说开去

李晓明　聂春阳*

　　2018年3月11日,第十三届全国人民代表大会第一次会议决定设立中华人民共和国国家监察委员会作为国家最高监察机构,自此,企业腐败防治工作便拉开了新的历史帷幕。与此同时,大量事实告诉我们,企业腐败犯罪早已严重影响到我国的经济建设和社会稳定,反腐败斗争刻不容缓。但监察体制的改革对防治企业腐败有何作用?企业腐败的风险点和常涉罪名又是什么?企业腐败治理模式的转变是否能为反腐败斗争带来新的希望?而这些问题都关乎反企业腐败犯罪斗争的成败。

一、国家监察体制与企业腐败的关系:合规性研究

(一) 企业合规管理的由来与现状

　　合规管理与业务管理、财务管理是当代企业管理的三大支柱,既是企业内控的重要组成,也是风险管理的关键环节。一般认为,企业合规管理始于美国1977年颁布的一部单行法——《反海外腐败法》(Foreign Corrupt Practices Act,简称FCPA),该法意在控制美国公司和个人对外国公职人员的贿赂行为。该法不仅是一部"反贿赂"合规领域的重要法律,更拉开了企业合规管理责任的序幕。至19世纪70年代末,美国境外投资企业几乎都建立起了自己的合规部门。此后,美国又通过与经济合作与发展组织(OECD)、国际商会(ICC)、世界银行(WB)、国际货币基金组织(IMF)、美洲国家组织(OAS)、非洲发展银行(AFDB)、欧洲理事会(Council of Europe)和联合国等国际组织的合作,在世界范围内推动类似法案的立法活动。自此,企业合规管理便在世界范围内迅速推广开来,被多数国家所接受,为控制商业贿赂、建立全球性的良性市场秩序发挥着积极作用。

　　近年来,我国政府也先后出台了若干合规管理规定,如《证券公司和证券投资基金管理公司合规管理办法》《保险公司合规管理办法》《银行业金融机构全面风险管理指引》《企业内部控制基本规范》《企业境外经营合规管理指引》等,这些规定对企业经营管理提出了制度上的硬性要求,为企业构建合规管理体系提供了方向指引。从我国当下的发展来看,随着我国社会主义市场经济改革的逐步深入和"一带一路"建设的不断推进,国内市场的开放程度日益提高,在大量外资涌入我国的同时,我国企业走出国门也呈现井喷之态。由于企业合规经营现已成为当今世界的主流趋势,建构有效的企业合规管理体系,不仅有助于我国企业提高

---

　　* 李晓明,苏州大学王健法学院教授,博士生导师,法学博士,苏州大学国家监察研究院院长,主要从事刑法学和国家监察法学研究;聂春阳,法律硕士。

自身的管理能力、降低经营中的法律风险,更有利于我国企业走向世界。就企业的合规管理而言,监察委不仅不能缺位,反而应积极作为,找准定位,依法履行职责,为经济建设保驾护航。

(二) 国家监察体制下的企业合规管理

合规一词由"compliance"翻译而来,意为(对法律、条约或协议的)遵守、服从、听从。巴塞尔银行监管委员会在1998年于《银行机构的内部控制制度框架》中首次给出了"合规"的概念,即要确保所有的银行业务遵循相关的法律与管理条例、合乎监管当局的要求并遵守机构的相关政策与程序。在我国,合规概念是指企业及其员工的经营管理行为符合有关法律法规、国际条约、监管规定、行业准则、商业惯例、道德规范和企业依法制定的章程及规章制度等要求。合规管理是指以有效防控合规风险为目的,以企业和员工经营管理行为为对象,开展包括制度制定、风险识别、合规审查、风险应对、责任追究、考核评价、合规培训等有组织、有计划的管理活动。

1. 监察部门参与合规管理的必要性

首先,从监察委的职权来看,《中华人民共和国监察法》(以下简称《监察法》)第十二条和第十五条规定各级监察委可以对国有企业管理人员进行监察,向国有企业派驻或者派出监察机构、监察专员。可见,监察部门参与国有企业的合规管理是履行法定职责的必然要求。而在此番监察体制改革中,对国有企业监察对象也做了适当的扩大,从原先的国有独资企业、国有控股企业及其分支机构的领导班子成员扩大到对国有资产负有经营管理责任的国有企业中层和基层管理人员,这一改变扫清了监察死角,完善了监督体系。此外,随着国有企业党组织在公司内部的法定地位的日益明确,国有企业内部的党组织有权利也有义务对企业职员的职务违法行为进行监管,企业纪委也可协同同级党委对相关违法违规行为进行调查核实。而在现有的监察体制下,纪委与监察委通常是一套人马两块牌子,在涉及公职人员违法违规的情况下,监察委的介入则是必要且必然的。

其次,就合规管理本身的要求来看,一要合乎国家法律法规规定,二要合乎商业行为守则和企业伦理规范,三要符合公司内部的章程规则。[1] 而《监察法》第三条和第六条规定,监察委在调查职务违法和职务犯罪的同时,还负有廉政教育、法治教育、道德教育的职责。可见,合规管理的要求与监察委的法定职责相互辉映,通过监察委职责的履行,能够有效防控合规风险,保障企业健康持续发展。

2. 监察部门与合规管理部门的协作与分工

根据《中央企业合规管理指引(试行)》第十条和《企业境外经营合规管理指引》第十二条的规定可知,法律事务机构通常作为合规管理牵头部门,组织、协调和监督合规管理工作,为其他部门提供合规支持,合规管理部门与审计部门、监察部门等应建立明确的合作和信息交流机制,加强协调配合,形成管理合力。但就合规管理部门与监察部门二者而言,彼此之间

---

[1] 参见陈瑞华:《企业合规制度的三个维度——比较法视野下的分析》,载于《比较法研究》2019年第3期。

仍有以下差异,这也为明确二者各自的工作重心提供了依据。

其一,二者的监管对象不同。合规管理部门监督的是全体员工,甚至包括与之合作的商业伙伴,如投资人、供应商、经销商等。而监察部门的监督范围则相对较小,一般限于公职人员。其二,二者履行监管职责的主要依据不同。合规管理部门的工作依据为法律法规、行业规则及公司章程等,而监察部门履行职责的最重要的依据则是《监察法》,这就要求其在进行监察工作时,必须在《监察法》的授权范围内开展工作,一旦越权将导致行为失效。其三,二者的宣传重点不同。监察部门的宣传教育通常以法律法规、国家政策为依据,重心常放在企业的廉洁性建设上。而合规管理部门则在法律法规的基础之上进一步拓展,将行业规范、企业文化、员工守则等纳入宣传教育内容。其四,二者的关注点也不相同。监察部门重点关注公职人员的职权行为对公权力行使的廉洁性的影响,而合规职能则重点关注企业腐败行为给企业本身造成的负面影响,包括企业商誉、产品质量、市场份额、商业秘密、员工待遇等诸多方面。其五,二者的问责手段也有所差别。监察部门的问责依据主要是法律法规、国际条约、行业准则和企业规章,违规者可能要承担法律责任。而合规管理部门问责的依据除了上述范围以外,还包括员工守则、培训协议、竞业保密协议、劳动合同等,违规者可能只需承担来自企业内部的批评、罚款、降级、停职等处罚。由此可知,监察部门与企业合规管理部门二者之间相互配合、互相补足,对于防治企业腐败,推进企业合规化管理有着重要意义。

二、企业腐败的现状、危害、风险点及其常涉罪名

(一) 企业腐败的现状与危害

企业腐败现象自 20 世纪末以来逐渐蔓延、愈演愈烈,一直未能得到有效治理。早些年,国务院前总理朱镕基在一次讲话时痛心地说:"去年,国有资产管理局调查了 24 个省区的 5 800 个单位,国有资产流失了 360 亿,调查了 10 个市的 280 个单位,国有资产流失了 85 亿。"据《企业家刑事风险分析报告(2014—2018)》显示,在最近几年上传的刑事判决案例中,企业家犯罪案例共 9 210 件,企业家犯罪 11 854 次,企业家犯罪人数 11 185 人,其中国有企业家犯罪数为 1 705 次,民营企业家犯罪数为 10 149 次,犯罪国有企业家为 1 497 人,犯罪民营企业家为 9 691 人。而媒体关于企业腐败案件的报道更是让人触目惊心,如云南铜业集团"11·28"案件,涉及 60 多个单位、百余名个人;再如近年大疆公司的反腐败公告,共处理涉嫌腐败和渎职人员 45 人,涉及金额超 10 亿,移交司法处理的达 16 人,另有 29 人被直接开除。

企业腐败的程度早已超出人们预想,而其危害也并不亚于其他犯罪。就国有企业腐败的危害性来说,由于我国走的是社会主义道路,自然以公有制经济为主体,而国有企业又是公有制经济的重要组成部分,国有企业资产从本质上说就是全民所有财产。国企职工通过贪腐行为,将国企财产收入个人腰包,这就必然会损害广大人民的利益,久而久之必然危及共同富裕这一社会主义伟大目标的实现,从而动摇社会主义制度。另外,由于国有企业的所有权归中央或地方政府所有,由相应的国资委监督管理,并由党的组织部门选派企业领导,

这样一来,国有企业的腐败往往伴随着党政机关领导干部的腐败,长此以往必将损害党的形象,动摇党的群众基础。[1] 最后,由于国有企业往往占有垄断地位,拥有高额的利润空间和庞大的资金流,如果让这样一个庞然大物在经济市场上脱缰乱撞,不仅会让企业本身命悬一线,更会危及其他中小企业,最终破坏社会主义市场经济的建设与发展。在十八届中央纪委五次全会上,习近平总书记强调:国有资产资源来之不易,是全国人民的共同财富。只有加强国有企业廉洁制度的建设,人民的财富才能得以充分保护,党和人民的利益才能得以完全实现。

然而,民营企业腐败的危害性也不容小觑。由于民营企业家乐于创新,勇于接受新鲜事物,善于洞察新的市场领域,往往能够凭借自身的先发优势,迅速占领相关市场,逐渐形成垄断局面,最终占有大量社会资源。如果仍由这样的民营企业倒向腐败,损害的将不仅是民营企业家本人,还可能导致岗位、技术、物质资源和交易机会的流失,进而造成一定程度的社会动荡。除此之外,正如有的学者所指出的那样,民营企业家腐败犯罪真正的深层危害在于:作为创造财富和享有受人尊敬地位的社会阶层,他们在社会发展和社会建构过程中日益拥有话语权和示范效应,他们滥用职权谋取私利的行为,不仅侵犯了法的权威性与安定性,容易引发社会规范的失范效应,而且更破坏了正当、诚实与信用这些维系社会存在和发展根基的核心价值观。[2]

自改革开放以来,国有企业和民营企业都得到了长足的发展,尤其是民营企业,其在我国市场经济的发展中扮演着越来越重要的角色,占据越来越大的比重。因此,不论是国有企业还是民营企业的腐败控制,对于我国经济发展、社会繁荣稳定都具有不可替代的价值,对国有企业和民营企业的防控必须两手抓,不能松懈对任何一方的监察管理。

(二)企业腐败的风险点及其常涉罪名

1. 国有企业经营中的风险点及其常涉罪名

参照国资委下发的《中央企业合规管理指引(试行)》第十三条对合规管理重点领域的梳理,以下将对国有企业经营中的风险点及其常涉罪名展开探讨,并给出防控参考。

其一,市场交易环节。在经济往来中,国有企业常见的风险点主要表现在商业贿赂、垄断、不正当竞争、资产交易、招投标活动等方面。如:国有企业改革过程中,可能发生对外募股、改变股权比例或者上市交易等重大资产重组的情况,而这些过程往往涉及资产评估和未公开信息,有些企业员工便借由职务之便,将内幕信息告知亲友,或在资产评估过程中以较低的作价将物资或股权卖于亲友。又如:在工程项目中,招投标、工程监管、验收、借款环节也存在较大的寻租空间。因为国有企业的工程项目一般较大且预算充足,加之有国家政府做靠山,中标者往往能够以较低的风险获得较高的利润。因此,有些投标者便不择手段、吃喝送请,在招投标活动中围标串标。另有部分国有企业工作人员对于工程监管过程中的违

---

[1] 参见刘智峰:《国有企业腐败现象的三大危害》,载于《前线》2015年第3期。
[2] 张远煌:《民营企业家腐败犯罪的现状、危害与治理立场》,载于《河北大学学报(社会科学版)》2014年第6期。

规行为,以收受红包代替开具罚单;对于不符合质量要求、合同标准的项目,在承包方的打点下,作出验收合格的决定;更有甚者,面对合法中标者的合格工程项目,通过索要不必要的票据凭证、文件证明等将结算流程复杂化,或者以单纯的不作为等方式故意拖延工程款,迫使对方给予其好处费。

其二,安全环保方面。有些企业未能严格执行国家安全生产和环境保护的法律法规,在安全评价和环境影响评价过程中,通过贿赂第三方机构以获得较好的评价报告,以此逃避行政机关的监督管理。如:有些化工医药企业为了节约成本,随意关停废气废水处理设备,直接向河流、地下排放废气废水,或将放射性、爆炸性、传染性物质就地掩埋。再如:有些企业为了逃避环保部门的监督,只在环保部门设有检测站的地方或进行检测的时间段,对废物进行处理以获得较好的检测数据。更甚者,某些矿山企业在发生安全事故后,瞒报、谎报相关事态,妄图逃避责任,导致救援不及时,造成更大的人员伤亡和财产损失。

其三,产品质量问题。原本国有企业大厂生产的产品是高质量的象征,广受老百姓喜爱,但随着部分企业腐败的发生,这样的金字招牌也开始松动,如举国震惊的三鹿事件和假疫苗事件,使得老百姓对国产奶粉和疫苗失去了信心。对于产品质量,生产工艺自然是其重要的决定因素,但在原材料的采购、工艺流程的操作和产品抽检等环节,则存在灰色空间。如:有些企业通过采购劣质、不合格的原材料来谋取巨额利润,或关停部分机器设备,省去某些工艺流程,将送检产品与流通商品进行区分,或利用检测方法的漏洞以更廉价的他种物质代替有效成分,或者直接与质检部门的贪腐分子沆瀣一气,操控质检过程。

其四,劳动用工方面。由于国有企业的工作相对稳定,部分岗位享有编制,通常被人们视为"金饭碗",这也为国有企业在人事管理方面提供了权力寻租的可能。如:在人员录用上不以贤举才、以才用人,而惟亲惟财,违背公平原则录用亲友故交和送礼打点者;在人员提拔环节,无视岗位要求和考核标准的客观性,完全凭借领导个人喜好、任人唯亲,将国有企业视为家庭作坊,更为日后的窝案串案埋下隐患;在岗位调动上,对于热门岗位私相授受、以权谋私,对于"出力不讨好"的岗位便假公事之名,打击报复、排除异己,为自己日后滥用职权、贪污腐败扫清障碍。

其五,财务税收方面。由于国有企业实力雄厚,通常保有大量现金,资金流转较为顺畅,即便一时周转不灵,凭借国有企业的牌子,往往也容易获得贷款,不影响企业表面的运营状况。这也为管理层和财物人员公款私用提供了方便和掩护。实践中,某些企业领导和财物人员串通勾结,一套明账一套暗账,通过编造虚假报表,或通过境外子公司、分公司或境外合作伙伴,通过虚假出口,骗取出口退税,达到逃避税款、侵吞或私分国有资产的目的。

其六,知识产权和商业秘密的保护。由于国有企业以政府为依托,其在吸纳人才、技术研发、资金投入等方面有着得天独厚的优势。而一项技术、一个产品的研发不仅需要企业投入大量的人力物力,还要承担巨大风险。如果不能进行有效的知识产权和商业秘密的保护,不仅会损害企业原有的竞争优势,还可能使企业创新研发的热情受挫,不利于产业升级和国家转型。部分企业领导或技术人员,在攻克技术难关后,擅自将相关技术授权给亲友或关联企业使用,或对于应作为商业秘密进行严格保密的专业技术应疏忽职守而导致技术外泄,使国有企业丧失了在市场中的竞争优势。

其七,对商业伙伴的筛查。国有企业的特殊性质决定了其在商业合作过程中,对于重要的商业伙伴应预先开展合规调查,通过签订合规协议、要求作出合规承诺,以此促进商业伙伴的合规经营。原因不仅在于国有企业负有发展健全社会主义市场经济的重任,更在于国有资产为国家所有、全民所有的特殊属性。如果国有企业对商业伙伴不加考察,随意融资入股、合作经营,一旦对方发生违法犯罪行为,不仅将导致国有资产的严重流失,更损害了国有企业的声誉和形象。

综上可见,国有企业的常涉罪名包括但不限于行贿罪、受贿罪、对单位行贿罪、单位行贿罪、单位受贿罪、串通投标罪、污染环境罪、重大责任事故罪、不报,谎报安全事故罪、贪污罪、逃税罪、骗取出口退税罪、私分国有资产罪、挪用公款罪、利用未公开信息交易罪、徇私舞弊低价折股、出售国有资产罪、生产、销售伪劣产品罪、生产、销售劣药罪以及侵犯知识产权罪等。在上述罪名中,大多处于监察委的职权管辖范围,因此,监察委的监察管理与国有企业的合规经营密切相关,监察委通过对国有企业经营中风险点的监察监督,有望遏制企业腐败的发生。

对于以上国有企业经营过程中的风险,可以考虑从以下六个方面进行防控:(1)加强对经营决策的监督。将管理制度化、制度流程化、流程表单化,合理、明确地分解和配置权力,职责清晰、责任到人,恪守重大问题集体决策的原则,充分发挥基层职工的民主监督作用,尝试建立"企务公开"制度,通过制度建设来实现不能腐的目的。(2)加强物资采购管理。对采购决策权的行使要加强监督,科学合理地设计采购决策流程,尽量避免领导个人因素拍板决策;建立评标委员会名单及评标记录保密制度和利害关系人回避制度。(3)加大监察委、证监会等外部监督力度,疏通监督机构彼此之间的联系交流,确保国有资产在市场流动中不因个人私利而亏损流失。(4)对人员的录用和调动,要严格按照法律和章程的规定,通过民主决策程序进行录用和调动,并对重要岗位人员的必要信息进行公开公示,积极主动地接受企业内部员工和社会的监督。(5)加强企业内部培训,在企业内部开展法治教育、道德教育和企业文化教育,抵制拜金主义思想,形成廉洁氛围,通过反面案例的分享,使企业员工保持高度警觉,达到不想腐的目的。(6)加大打击力度,对于企业内部腐败行为一打到底,对于违反规章的行为不仅要处以经济处罚,还要进行通报批评,涉嫌违法犯罪的则移交司法机关处理,通过对企业内部腐败的打击,敲山震虎,达到不敢腐的效果。

2. 民营企业经营中的风险点及其常涉罪名

由于民营企业具有私有性质,对于其内部的贪腐现象往往也被视为民营企业的"家务事",而不以腐败论处。因此,有学者将民营企业的腐败犯罪称作"被司法遗忘的角落"。[1]

---

[1] 参见梅传强、张永强:《民营企业家腐败犯罪的多元化治理》,载于《云南社会科学》2016年第4期。

但随着我国市场经济的发展和《联合国反腐败公约》的签署，我国已明确将民营企业的腐败行为列入打击范围。

但民营企业的腐败是否属于监察委的监管范围？单就《监察法》第十五条的规定来看，由于民营企业家不具有公职身份，所以被排除在监察委的直接监管之外。但根据《监察法》第二十二条第二款规定，对涉嫌行贿犯罪或者共同职务犯罪的涉案人员，监察机关可以依照前款规定采取留置措施。而行贿人和从犯等是不需要具备特殊身份的，换言之，对于监察委所管辖的罪名，民营企业家可能作为行贿主体与公职人员形成对合犯或以从犯身份出现，可能成为监察委间接监管的对象。民营企业的经营性质、产品及服务的种类庞多、差异较大，各类企业的同一经营环节的风险点也不尽相同，因此，下文将就常见的民营企业的风险点和常涉罪名作部分讨论。

其一，食药和餐饮行业。俗话说"民以食为天"，饮食安全是老百姓亘古未变的关注焦点。但随着市场的发展和拜金主义的横行，加之食品化工技术的发展和行政监管的不到位，使得部分食药餐饮企业为牟取暴利出现以下现象：使用有毒有害物质作为原材料，如地沟油、毒胶囊；违规使用饲料、农药，滥用防腐剂和食品添加剂，如瘦肉精、"666"；将过期、霉变的食品进行处理后再次销售，如过期月饼、霉变大米。除了这些在生产环节中存在风险点外，由于民营企业的竞争压力大，市场地位较低，监管部门多，民营企业为了"生存"往往还会向监管部门行贿或被索贿，或向其他企业的负责人送礼打点以获得交易机会。当然，该风险是各类民营企业所具有的共性。

其二，酒店和娱乐行业。自2016年上海宜必思酒店摄像头事件曝光以来，人们开始格外关注外出住宿的安全和隐私问题。据媒体报道，在各地酒店房间内都有发现安装微型摄像头的案例，尤以民营小旅馆为甚。这就说明该行为并非某些酒店工作人员或前期入住者的个别行为，而是在其背后有着一条完整的黄色利益链。酒店负责人通常将私密录像对外出售以谋取不法利益。此外，各地酒店普遍存在的另一现象是，当旅客入住酒店后往往会接到酒店的内线电话或收到小卡片，而这些电话和卡片的内容多为卖淫招嫖信息。与此同时，在各地的KTV、酒吧、足疗、洗浴等休闲娱乐场所，常常也会向消费者提供所谓的"特殊服务"。据媒体曝光，这些黄色行业之所以存在，往往都是卖淫组织者、商家和公安部门相互勾结的结果，其间的腐败行为不言而喻。

其三，互联网行业。互联网企业作为新兴行业，其历史较短、发展迅猛、样态繁多、信息庞杂，且绝大多数互联网企业和网上平台的商家都是民营企业或个体商户，其管理经验不足、合规意识淡薄，企业腐败的问题自然随之而来。许多互联网公司通过捆绑流氓软件、控制肉鸡等非法途径窃取用户个人信息并向外出售；一些电商网站靠出售假冒伪劣产品和逃税爆发式增长；个别搜索引擎公司在未经核查的情况下通过企业竞价排名获取收益；一些打着社交旗号的违规网站靠情色内容牟取暴利。[1]

其四，物流行业。物流行业的腐败表现也是多种多样，总的归纳起来可以分为两类，一

---

[1] 参见于琴：《国家治理现代化视域下互联网企业腐败治理》，载于《重庆社会科学》2019年第4期。

类是显性腐败,另外一类是隐性腐败。显性腐败主要是获取金钱财物利益,也就是通常所说的权钱交易。常见的表现形式是采购腐败、公关腐败、人事腐败。如:虚报采购价格、数量、品质,收受采购对象的回扣和提成;在人力招聘的时候收取人头费、介绍费等;借由公关名义,谎报、虚报招待费、红包数额;利用职务之便挪用、窃取公司财物,或向下属、客户、合作商索要财物等。而隐性腐败一般不是以个人直接获取财物为目的。比如说滥用职权任人唯亲,建立和巩固小团体,扩大小团体利益,或者推卸职责等。

其五,金融行业。当下民间小额贷款公司众多,除了"套路贷""校园贷"等现象频发之外,该类公司内部的腐败行为也尤为严重。如:小额贷款公司的负责人在向亲友发放贷款的时候往往作不足额抵押,或明知其没有偿还能力而故意放贷,甚至与他人合谋骗取公司贷款,通过损害公司和其他合伙人利益来攫取私利。再如:农村合作社的经营范围原本限于向加入本社的社员吸收资金、向本社社员的农业生产活动发放贷款,但部分合作社负责人,利用合作社与银行的相似之处进行虚假宣传,骗取村民信任,通过向社员之外的村民吸收存款,违规挪用资金,向社员之外的个人或企业进行高风险放贷,以此牟取更多利益,一旦出现贷款无法收回、资金链断裂的情况,又常常选择毁灭财务账目,甚至携款潜逃,社会影响极其恶劣。

综上可见,民营企业的常涉罪名包括但不限于生产、销售有毒、有害食品罪,生产、销售不符合安全标准的产品罪,行贿罪,单位行贿罪,非国家工作人员受贿罪,对非国家工作人员行贿罪,制作、复制、出版、贩卖、传播淫秽物品牟利罪,侵犯公民个人信息罪,逃税罪,盗窃罪,职务侵占罪,挪用资金罪,非法吸收公众存款罪,集资诈骗罪等。在民营企业的常涉罪名中,部分犯罪行为可能涉及公权力部门,与之形成对合犯或共犯,对于此类案件,监察部门在处理公职人员违法犯罪时,能够抽丝剥茧、顺藤摸瓜,对民营企业的腐败行为进行间接监管,有利于肃清市场氛围。

对于以上民营企业经营过程中的风险,可以考虑从以下五个方面进行防控:(1)提升民营企业管理水平。充分发挥商会和行业协会的作用,积极组织民营企业管理人员参加管理培训讲座,交流企业管理经验。对于有一定实力的民营企业可与商学院、法学院建立合作关系,在为学生提供实习机会的同时,利用高校资源,学习了解企业管理理论。(2)健全民营企业管理制度。良好的企业制度是企业防腐的有力保障,而快速建构企业制度的捷径便是让专业的人做专业的事。如:在财物管理制度的制定方面可以考虑引进专业的财务会计人员;在经营管理制度的制定方面可以考虑聘请职业经理人。(3)深化市场改革,强化对行政部门的监管,改善民营企业的外部生存环境。进一步减少和规范行政审批,削减政府管理部门的行政权力,对国企、民企一视同仁,依法规范权力边界,阻断官商勾结的利益链。[1](4)完善非公领域的反腐败法律体系。将民营企业纳入到全社会预防、惩治的腐败犯罪治理体系中,充分发挥监察部门、公安机关、检察院等专业部门的经验和作用,对民营企业家的贪污贿赂行为,坚持受贿行贿一起查,加大对企业腐败行为的打击力度,保持企业反腐的高

---

[1] 参见宋寒松、杨静、姜勇:《民营企业家腐败犯罪与预防对策》,载于《人民检察》2015年第6期。

压态势,形成不敢腐的市场环境。(5)构建清廉企业文化,定期开展违规警示教育,防止思想腐化。在企业的周例会、月例会等有多数员工参与的会议上进行廉洁和法治宣传,通过观看企业腐败的反面案例,明确企业腐败的法律责任,形成清廉的职场环境。

三、监察体制改革前后企业腐败治理模式对比

(一) 监察体制改革前的企业腐败治理模式

从过往企业腐败案件的立案受理来看,大致可以分为三类:一是税务、工商等市场监管部门在行政执法过程中,发现相关企业及人员涉嫌刑事犯罪后移送司法机关处理;二是纪委、国资委等部门在对国有企业及其公职人员的日常监管过程中,发现国有企业或个人违纪违法,将其中可能涉嫌犯罪的移送司法机关处理;三是纪委、国资委等部门在处理国有企业及公职人员违纪违法行为时,发现民营企业及其负责人可能涉嫌行贿等腐败犯罪的,移送司法机关处理。因此,在原有的司法体制下,对于企业腐败犯罪通常移送反贪局或公安机关处理。

在传统模式下,由于反贪局本身是针对国家公职人员设立的监督部门,其对于国有企业公职人员的违法犯罪行为有权依法查处,但是对于国有企业公职人员的违纪行为则无权处理;而纪委刚好相反,对于国有企业内部党员的违纪行为有权直接处理,但对于非党员及党员的违法犯罪行为则无权进行审判。且由于反贪局与纪委隶属两个系统,未能构建信息共享机制,而二者对于国有企业的监督管理工作却存在重复劳动,不仅增加了企业负担,也浪费了公共资源,可谓事倍功半。

另外,对于行政执法部门将涉嫌腐败犯罪的企业及人员移送公安机关处理的做法,一方面可能导致公安机关过度依赖行政执法部门,形成惰性,不再主动侦查企业腐败案件;另一方面,由于相关企业长期与特定的行政执法机构及公职人员打交道,可能形成不正当利益关系,即便企业腐败行为涉嫌犯罪也不向公安机关移送,仅以行政违法处罚代替了事。此外,由于国家政策和民意舆论的影响,公安机关的主要精力和资源常常集中于治安管理、暴力犯罪、命案等影响力较大的案件上,对于其直接侦办的经济犯罪也常局限于非法集资类案件上,这就为企业腐败犯罪留下了较大的空间。并且,行政执法机关囿于监管方式和行政强制措施的限制,往往只对各企业上报的书面材料进行审查审计,很少深入企业内部调查,也无法像公安机关一样运用审讯、技侦等刑事侦查手段,难以发现隐藏在企业深层的腐败证据,使得腐败分子逍遥法外。

最后,从司法实践来看,自企业出现腐败现象到公安机关立案查处之时,多数企业早已到达严重资不抵债的程度,且内部工作人员互相腐化,形成串案窝案,即便将之绳之以法,也难以挽回相关损失。此外,我们以苏州市两级法院近十年在职务犯罪审判中的罪名适用为对象进行了统计(如图1所示)并发现,在过往十年间处理的3 803件职务犯罪中,仅有30个职务犯罪罪名得以适用,而监察委管辖的职务犯罪罪名高达88个。换句话说,超过六成的监察委管辖下的职务犯罪罪名在传统监察模式下沦为"僵尸罪名",而这些"僵尸罪名"中包

含多个涉及企业腐败风险的罪名。正是由于上述诸多弊端的存在,使得传统模式下的企业腐败防治工作成效不佳。面对此种罚的了而防不了的困境,只有对监察体制进行大刀阔斧的变革,才有可能有效防范企业腐败的发生。

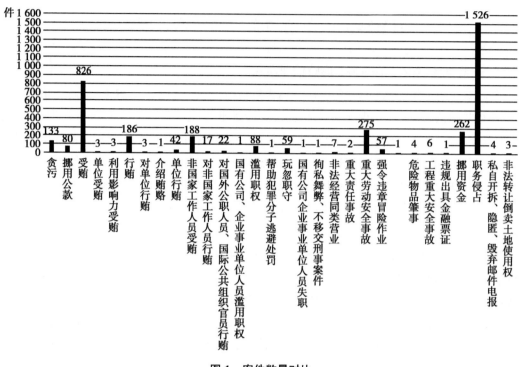

图 1 案件数量对比

(二)监察体制改革后的企业腐败治理模式

2018年3月20日,《监察法》正式实施,这是自党的十八大以来最为重要的政治体制改革,也是党和国家反腐败斗争进程中具有里程碑意义的创举,《中华人民共和国宪法》总纲部分也赋予了国家监察机关以宪法地位,与国家行政机关、审判机关、检察机关共同组成人大之下的"一府一委两院"体制。此次改革,将原反贪局部分人员并入监察委,纪委与监察委共用一套人马,由于公安机关隶属于行政机关,其宪法地位明显低于监察委,各级监察委可以对同级及下级公安机关及其公职人员的行为依法监察监督。

2018年4月17日,中纪委国家监委印发了关于《国家监察委员会管辖规定(试行)》,该规定详细列举了国家监委管辖的六大类共计88个职务犯罪的罪名。在对该88个职务犯罪的构成要件和风险点进行分析后发现,即便抛开共同犯罪不说,企业能够单独构成的犯罪近30个,约占监察委管辖罪名的三成。至此,可以说对于国有企业腐败的防治重任几乎全部交由监察委,对于参与国有企业腐败行为的民营企业家,监察委同样有权并案处理,其在企业腐败斗争中的地位和作用可见一斑。

较之传统模式而言,改革后的监察体制在防治企业腐败工作中有着更专业、更清廉、更独立、更高效等优势,具体体现在以下五个方面:

其一,从监察委的人员组成来看,几乎全部选自原反贪局、检察院渎职侵权监察科、纪委等常年奋战在反职务犯罪一线的工作人员,这些人员不仅拥有充足的侦办职务犯罪的经验和能力,而且其自身的党性足、素质高、作风清廉,为监察委自身的廉洁性提供了源头上的保障,能够为党政机关、国有企业等组织团体塑造廉洁榜样,有助于在全社会范围内形成清廉氛围。

其二,监察委独立进行监察工作,干扰因素少,有利于客观公正的侦办案件。在传统模式下,因为公安机关要接受当地政府的领导管理,在侦办案件过程中缺乏必要的独立性,容易受当地政府的影响,尤其是在涉及政府领导亲属等与之有密切关系的人的案件时,很可能无法继续开展工作。但监察体制改革后,各级监察委与同级政府地位平等,不仅不受当地政府的领导,反而依法对政府部门进行监察监督。因此,其在办理职务犯罪案件时拥有更大的独立性,有利于摆脱裙带关系,使案件侦办工作更加客观公正。

其三,监察委拥有独立的调查权,可同公安机关一样有权采取技术调查措施,并对涉案人员进行留置。可以说,监察委的调查权是融公安机关和纪委的调查特色于一身的,这有利于发现更深层次的企业腐败现象,对于窝案串案等重大案件能够及时查明幕后黑手,将企业中的腐败组织连根拔起,避免漏网之鱼。

其四,监察体制的改革,使得原本对企业腐败的监督由被动受理变为主动出击。与原先公安机关受理企业腐败案件主要依赖于行政机关的传统不同,监察委可以直接向国有企业派出或派驻监察机构和监察专员,既能深入实地地对国有企业进行现场监察,有利于了解掌握国有企业日常经营生产和职能分配的实际情况及企业腐败的风险点所在,提高企业合规经营的意识,对企业内部贪腐分子起到震慑作用,又能避免国有企业与当地行政机关之间不正当利益关系的形成,有利于及时发现企业腐败苗头,为及时止损提供可能,还能够从企业腐败的第一现场获得原始证据材料,有利于监察机关快速积累对企业腐败案件的调查取证能力,形成对企业腐败案件的高度敏感性。换言之,由于监察体制改革后,监察委站在了企业腐败防治的第一线,原先由行政执法机关向司法机关移送案件的模式,很可能变为监察机关向行政执法机关移送企业行政违法案件。

其五,行政监督与监察监督双管齐下,形成治理企业腐败的高压态势,保障行政监管部门依法积极履职,迫使企业及时自查,为企业经营营造清廉氛围。由于在传统模式下,行政执法机关和公安机关同归当地政府领导,一旦企业腐败背后涉及政府官员及其亲属等人的利益,案件侦办工作很可能被叫停。监察体制改革后,监察委能在监察企业的同时,对行政执法机关、公安机关乃至当地政府的不作为和干涉案件处理的行为进行监察监督,保障行政监督的有效运行。

惩治企业贿赂犯罪的冲突模式与合作模式研究

周振杰[*]

一、引　言

从近年来曝光的重大贿赂犯罪案件来看,如法国的赛诺菲公司、英国的阿斯利康公司和葛兰素史克公司、比利时的优时比公司等医药企业在华贿赂案,[1]预防与惩治贿赂犯罪的重点应在于范围广、时间长、数额大以及隐蔽性高的企业(法人、单位)贿赂犯罪。近年来,我国虽然在采取措施加大对贿赂犯罪,尤其是行贿犯罪的打击力度,但是目前尚无专门的反腐败或者打击贿赂的立法。在有效预防与惩治企业贿赂犯罪方面,我们缺少全局性的思路,过于注重权力机关的职能,而且过于拘囿于传统刑法理论的束缚。因此,在预防企业贿赂犯罪方面,我们需要改变思路,站在政策的高度重新进行再思考。本文将尝试在介绍国外惩治企业贿赂犯罪的冲突模式与合作模式的基础上,论述中国预防与惩治企业贿赂犯罪的现实困境、未来选择与实施贯彻问题。

二、冲突模式与合作模式的内涵与不同

从国外的立法与司法实践来看,在惩治企业贿赂犯罪方面,目前存在两种迥然有异的模式:其一,是传统的以司法机关和企业之间的冲突关系为主线,以个人责任为企业责任基础的冲突模式,其代表性立法是代理责任与同一视原则;其二,是现代的以司法机关与企业之间的对立合作关系为主线,以企业自身的组织管理为责任基础的合作模式,其代表性立法是组织责任原则与企业文化原则。[2]二者的不同之处主要在于:

(一) 对企业贿赂犯罪本质的认识

在传统刑法理论中,犯罪的本质被认为是个体在故意或者过失支配下所实施的反社会

---

[*] 北京师范大学刑事法律科学研究院副教授、法学博士。本文为 2015 年国家社科基金一般项目"企业贿赂犯罪预防模式研究"(15BFX053)的阶段性研究成果。本文原载于《刑法论丛》2016 年第 2 期。

[1] 参见搜狐财经:《在华药企在华集体涉行贿门》,http://business.sohu.com/s2013/glssk/,最后访问时间:2016 年 3 月 3 日。

[2] 关于各项原则的内容及其比较,参见 Zhou Z J. Corporate crime in China: History and contemporary debates[M]. London: Routledge, 2015: 91 - 115.

的或者"特别危险的侵害法益的不法行为"。[1]在形式上,"犯罪是一个刑法中规定的违法或者说由刑法加以威慑的与他人权利相违背的行为",[2]而且只有自然人才能成为犯罪的可能的主体,"法人(moralische Person,如公司、大学或者学院等)绝不可能成为犯罪的主体。"[3]从另一个角度而言,犯罪是社会个体所实施的不法行为与刑法规范之间产生的,能够导致制裁后果的激烈冲突。

冲突模式在对企业贿赂犯罪本质的认识上延续了上述传统立场。冲突模式虽然追究企业的刑事责任,但是无论是代理责任还是同一视原则,在本质上都是将之视为个人刑事责任的转嫁。例如,在美国确立代理责任的1903年《埃尔金斯法》(Elkins Act)规定:任何代理或者受雇于普通航运人的官员、代理人或者其他人在其职责范围之内实施作为、不作为或者不履行法定义务,都应同时被视为行为人与航运人的作为、不作为或者不履行法定义务;英国1957年的H. L. Bolton, (Engineering) Co. Ltd v. T. J. Graham &Sons Ltd案也明确指出:企业中代表企业的精神与意志、支配企业行为的高级职员的心理状态,就是企业的心理状态。[4]显而易见,冲突模式不过是将个体行为与刑法规范之间的冲突关系转移到了企业的身上,仍然认为企业贿赂犯罪是自然人行为,企业处罚不过是对自然人处罚的延续。[5]

与冲突模式不同,合作模式实现了个人责任与企业责任的分离。首先确认企业文化原则的澳大利亚1995年的联邦刑法典规定,如果企业内部存在着引导、鼓励、容忍或者导致违反法律规范的企业文化,或者企业未能建立并保持要求遵守法律的企业文化,就可以认定企业具有犯罪的故意或者过失。与此类似,英国的《2010年贿赂罪法》(Bribery Act 2010)第7条以组织责任原则为基础,明确规定在商业组织未制定并实施预防贿赂犯罪的内部措施,履行犯罪预防义务,从而导致贿赂行为发生的情况下,就可以追究其刑事责任。可见,在合作模式之下,企业贿赂犯罪不再被认为是个人行为与刑法规范之间的冲突,而被认为未能履行"建立守法文化,预防企业犯罪"这一刑法义务的后果。

(二) 对企业贿赂行为的违法性判断

对企业贿赂犯罪本质的不同认识,必然导致对具体行为违法性判断上的分歧。无论是在大陆法系还是英美法系国家,在冲突模式下,企业贿赂行为的违法性判断都可以分为三个阶段:(1)根据传统刑法原则认定个人行为的违法性;(2)判断具体行为是否是行为人职权范围内的行为与行为人是否具有为企业谋利的主观目的;(3)是否存在违法阻却事由(辩护理由)。在合作模式下,企业贿赂行为的违法性判断则分为四个阶段:(1)判断刑法禁止的

---

[1] [德]李斯特:《德国刑法教科书》,徐久生译,法律出版社,2000年版,第5页。
[2] [德]费尔巴哈:《德国刑法教科书》,徐久生译,中国方正出版社,2010年版,第25页。
[3] 同[2],第37页。
[4] Michael J A. Textbook on criminal law[M]. New York: University of Oxford Press, 2009:251.
[5] 正因如此,有的观点提出,既然个人处罚是必要的,对企业的处罚主要是罚金,从经济的角度而言,将企业排除在犯罪主体范围之外,追究其经济责任与民事责任才是最佳选择,因为在刑事诉讼中企业受到更严格的程序保护,而且定罪处罚的比例较低。参见Vikramaditya S K. Corporate criminal liability: What purpose does it serve? [J]. Harvard Law Review, 1996,109(7): 1477-1534.

贿赂行为是否存在;(2)判断企业内部文化或者组织管理中是否存在缺陷,或者违反法定义务;(3)上述结果或者状态与企业罪过之间是否存在因果关系;(4)是否存在违法阻却事由(辩护理由)。

从上述内容可以看出,冲突模式与合作模式在企业贿赂行为的违法性判断方面,首先,依据的基础不同。在冲突模式之下,个人行为的违法性,构成了企业行为违法性的基础。在英美法系刑法理论中,判断具体行为违法性的基础,当然包括行为、结果以及故意、过失等主客观要素;在大陆法系刑法理论中,行为与结果也是必备要素,有的观点甚至认为构成要件包括构成要件的故意与过失。[1]但是,无论如何,都可以说真正构成企业行为违法性基础的,还是传统意义上的构成要件要素。而在合作模式之下,虽然在某些国家的立法之中,个人违法行为仍然构成企业追责的前提,例如,根据上述《2010年贿赂罪法》第7条,追究企业贿赂犯罪的刑事责任必须存在个人贿赂行为,但是在个人行为出现之后,企业行为的违法性判断是以企业本身的组织管理、经营活动、内部制裁措施等客观事实为依据,并不依赖个人的行为,以及该行为是否被起诉或者定罪。如果说冲突模式下的企业刑事责任是主客观相一致的责任形式,合作模式下的企业刑事责任则是几近于客观责任的责任形式。

其次,对行为本质的认识不同。冲突模式中的"行为"仍然是个人的实行行为,即"相对于外部世界的任意举止,……这一举止能够改变外部世界,不论是造成这种改变的作为,还是造成某种改变的不作为"。[2]对于不作为犯,无论追究行为人的责任是以法律义务、契约义务还是先行行为引起的义务为前提,作为义务的对象、内容、实现方式都是非常具体的。而在合作模式中,行为并非"能够改变外部世界的任意举止",而是未能改变企业内部的作为或者不作为,即容忍违法文化、未建立起守法的文化或者未能阻止违法文化的滋生,从而导致危害社会的结果或者状态。作为不作为犯成立前提的义务,不再是具体义务,而是一种抽象的普遍义务,即预防企业中违法行为发生的义务。

最后,违法阻却事由不同。在冲突模式中,刑事立法对企业贿赂犯罪未规定特殊的违法阻却事由,在司法实践中,只能适用针对个人规定的正当防卫、紧急避险等。在合作模式中,刑事立法为企业规定了特殊的违法阻却事由,即合规计划(Compliance Programs)及其有效实施。[3]例如,上述英国《2010年贿赂罪法》第7条第2款规定,如果被追诉的企业已经制定并有效实施了预防贿赂行为的适当程序,构成辩护理由,这里的适当程序就是合规计划。意大利于2001年颁布的第231号法令在规定企业刑事责任的同时,明确指出,如果被追诉

---

[1] [日]山中敬一:《刑法总论》,成文堂,2008年版,第179-183页。
[2] [德]李斯特:《德国刑法教科书》,徐久生译,法律出版社,2010年版,第176页。
[3] 合规计划指企业为预防、发现违法行为而主动实施的内部机制,基本的构成要素包括正式的行为规则、负责官员以及举报制度。详细参见周振杰:《企业刑事责任二元模式研究》,载于《环球法律评论》2015年第6期;Philip A W. Effective compliance programs and corporate criminal prosecutions[J]. Cardozo Law Review, 2005, 27(1): 497. 在此前的研究中,作者也将之翻译成"适法计划"。考虑到近年来国内的企业组织通常将之翻译成合规计划,这里采用了"合规计划"的译法,以方便读者理解。

的企业在犯罪实施之前已经制订并积极地实施合规计划,可以对之不予追诉。[1]

(三) 对企业刑事责任本质的认识

责任主义是近现代刑法的根本原则之一。在冲突模式下,由于企业责任以个人责任为基础,所以在本质上,其仍然是一种道义责任或者强调非难可能性的规范责任。在代理责任的场合,甚至是严格责任,"因为即使企业毫不知情,只要某一雇员为了其利益在职权范围内实施了违法行为,都可以追究其刑事责任"。[2] 而在合作模式下,企业责任在本质上既非道义责任也非规范责任,而是"企业在保证产品品质安全性、防止事故、保证公平交易、公正竞争、保护个人信息、内部举报人等方面所承担的确立守法体制、环境保护等社会责任。"[3] 就如日本刑法学者所言:"如果将责任理解为社会非难可能性,而不是道义的、伦理的非难可能性,对于法人,通过刑罚加之以法的、社会的非难是十分可能的,尤其是在违反具有强烈的合目的性特征的行政管理法规的犯罪(行政犯、法定犯)的场合,肯定法人的犯罪能力具有更大的合理性。"[4] 与此相适应,冲突模式中的责任认定是积极的过程,即使行为违法也不能就此认定行为人有责任;而在合作模式中,责任认定是消极的过程,如果认定企业行为违法,则推定企业是有责任的,除非企业能够证明合规计划的有效存在。另言之,合作模式的企业刑事责任是一种推定责任,企业承担证明无责或者责轻的证明责任。

基于对责任本质的不同认识,在故意与过失的认定方面,冲突模式与合作模式也有着实质的区别。冲突模式基于传统刑法"明知而故犯是为故意,不知而犯是为过失"的立场,认为无论是认定企业故意还是企业过失,都应以个人对法益侵害的"具体预见可能性"为前提条件。在合作模式之下,这一前提条件被"抽象预见可能性"取而代之,如果企业已经或者应该意识到在当前的组织结果、经营管理或者文化氛围之下,存在发生某种违法事实的可能性,而且在客观上实际发生了一定的违法事实,就可以肯定企业存在故意或者过失。这与板仓宏、藤木英雄等日本学者提出的"危惧感说"非常接近,因为后者也主张只要"就可能对不特定多的人招致灾害的危害业务,存在不能完全无视的不安感,就应该肯定结果回避义务",认定企业存在过失。[5]

(四) 对于刑罚目的及其实现方式的认识

在冲突模式下,因为企业贿赂犯罪在本质上仍然被认为是个人行为,企业责任仍然是个人责任,所以"报应"更侧重于道义报应,即基于犯罪人是道义存在,犯罪在终极意义上违反道德秩序的认识,主张刑罚是对犯罪人的道义谴责。与此相对,在合作模式下,企业贿赂犯罪是企业自身行为对刑法义务的违反,企业责任是企业所承担的社会非难,所以合作模式下

---

[1] 关于意大利、英国、美国等国家的合规计划,参见 Stefano M, et al. Preventing corporate corruption[M]. London: Springer, 2014: 333-363.

[2] Arlen J, Kraakman R. Controlling corporate misconduct: An analysis of corporate liability regimes[J]. New York University Law Review, 1997,72(4): 717.

[3] [日]铃木幸毅、百田义治:《企业社会责任研究》,中央经济社,2008年版,第13页。

[4] [日]曾根威彦:《刑法总论》,弘文堂,2006年版,第70-71页。

[5] [日]中山研一:《刑法总论》,成文堂,2007年版,第246页。

的"报应"更准确地说是一种对企业本身的"社会报应"。对报应对象的认识不同,进而导致对预防对象的认识差异。在冲突模式下,无论是根据代理责任还是同一视原则,预防的对象仍然是实施具体贿赂行为的个人,但是"仅仅起诉个人不仅是不公正的,也是无效的。即使对企业官员的控诉得以成功,也很难对企业的行为方式产生影响。对一个企业而言,其组织结构的缺陷不会因为一个成员被审判而消失。"[1]从这一认识出发,强调企业内部组织管理的合作模式将企业作为预防对象。

上述不同的具体体现之一就是:在冲突模式下,许多旨在矫正犯罪人的刑罚措施,例如社区劳动、缓刑、暂缓起诉、不起诉等,通常仅适用于自然人而不适用于企业;而在合作模式下,不但适用于自然人的矫正措施可以适用于企业,而且立法针对企业制定了特殊的矫正措施。例如,1993—2008年根据《反海外腐败法》处理的贿赂犯罪案件中,美国司法部与企业达成了100余份不起诉或暂缓起诉协议。该法还特别规定,美国证券交易委员会可以要求实施贿赂行为的企业在一定的期间内向其报告合规计划的实施情况,或者任命独立的合规计划顾问或者监督员审查后者提交的合规计划实施报告。[2]

(五) 企业贿赂犯罪预防责任的分配

在冲突模式下,因为企业贿赂犯罪在本质上仍然被视为个人行为与刑法规范之间的直接冲突,犯罪预防的对象仍然是实施具体贿赂行为的个人,所以在预防贿赂犯罪方面,立法与执法机关对企业并无特殊要求,对于企业在预防犯罪方面的努力也并无积极回应,针对自然人所规定的自首、立功、胁迫等从宽量刑情节通常也并不适用于企业。所以,至少在法律层面,可以说国家承担起了主要甚至是所有的预防责任,企业本身并无承担预防贿赂犯罪的责任与动机,司法机关与企业之间主要是一种冲突关系。

合作模式则从企业贿赂犯罪即是企业对其社会责任的违反这一认识前提出发,将企业本身视为预防对象,所以通常在立法中明确规定企业预防犯罪的义务,并相应地将企业是否以及在多大程度上履行了预防义务作为认定企业刑事责任有无以及大小的依据。例如,美国《量刑指南》第八章第C2.5条明确规定,在犯罪发生之时,如果企业内部存在合规计划,可以根据企业的规模、合规计划的实施情况以及犯罪情节,减免罚金,以"为组织行为的实质性改变提供了动力,实现'预防与威慑犯罪'量刑改革目的"。[3]澳大利亚的判例也明确表明:"是否存在有效的合规计划,原则应该纳入量刑的考虑范围。如果存在有效的合规计划而发生了犯罪,则减轻刑罚可能是适当的。与此相反,未能实施合规计划则应该成为加重处罚的

---

[1] Guy S. Corporate criminal liability: A comparative perspective[J]. International and Comparative Law Quarterly, 1994, 43: pp. 518-519.

[2] Finder, L. D., McConnell, R. D. & Scott L. Mitchell. "Betting the Corporation: Compliance or Defiance? Compliance Programs in the Context of Deferred and Non-Prosecution Agreements-Corporate Pre-Trial Agreement Update-2008". http://papers.ssrn.com/sol3/papers.cfm?abstract_id=1332033 (accessed 6 November 2013).

[3] Molly E J. Organizational sentencing[J]. Criminal Law Review, 1997-1998, 35: 1018.

裁量因素。"[1]

在司法实践中,采取冲突模式的权力机关主要是通过严罚预防企业贿赂犯罪,在对企业处罚之后,通常不会关注企业的后续改善工作。而采取合作模式的权力机关虽然也认同严罚的必要性,但是在加强外部制裁的同时,注重提高企业的内部控制。例如,美国的《反海外腐败法》被誉为史上最严厉的反腐立法之一。但是,执法实践表明,该法既有严厉的一面,也有宽容的一面,即对于通力合作的企业,执法机关原则上会网开一面,不会对之处以高额罚金,而是强制或者监督被制裁对象根据法律要求,提高内部控制,严防再度发生贿赂行为。[2] 这表明,就宏观的犯罪预防而言,合作模式同时把企业视为预防对象与合作对象,将企业贿赂犯罪预防的部分责任转移给了企业。[3] 也即,司法机关与企业之间宏观上是合作的关系,在具体案件上既存在冲突关系,也存在合作关系。

三、合作模式的产生及其发展

合作模式产生的标志是合规计划成为认定企业刑事责任的核心要素。合规计划作为注重企业自律的理念,可以追溯至20世纪30年代美国对证券进行规制之时,但是直到20世纪80年代才真正引起决策者的关注。当时,美国公众对于国防工业中频发的欺诈、滥权等丑闻口诛笔伐,引发了严重的信任危机。有鉴于此,美国的国防工业企业联合签署了国防工业计划书,以培养与促进相关企业中的道德准则、适法文化以及自我管理,该计划书通常被认为是正式的企业合规计划的开端。[4] 其后,"对电力产业的数项控诉促使许多企业开始制订实施合规计划。贸易管理单位与反托拉斯联合会也开始建议企业致力于实施合规计划。"[5] 为了提高企业的积极性,并规范合规计划的制订与实施,美国的执法机构开始在调查与起诉过程中考虑合规计划。例如,当时的美国司法部反诈骗部门明确要求检察官在决定是否提出控诉之际,要考虑国防企业在实施合规计划方面做出的努力。[6] 美国联邦量刑

---

[1] Clough J, Mulher C. The prosecution of corporations[M]. Melbourne: University of Oxford Press, 2002: 188.

[2] 在美国证券交易委员会2011年至2015年7月处理完毕的32个案件中,只有14个企业因行贿被处以民事罚金,其他企业都因为自我披露违法事实或者在SEC调查之际积极合作,没有被罚。参见 The Enforcement Division of the U.S. SEC, Summaries of FCPA Cases. https://www.sec.gov/spotlight/fcpa/fcpa-cases.shtml (accessed 6 May 2015).

[3] 参见周振杰:《企业刑事责任二元模式研究》,载于《环球法律评论》2015年第6期。

[4] Robert F. Roach. Compliance at Larger Institutions. http://www.higheredcompliance.org/wp-content/uploads/2012/02/larger-institutions.pdf (accessed 3 March 2016).

[5] Charles J W, Alissa P. Corporate compliance programs as a defense to criminal liability: Can a corporate save its soul? [J]. Rutgers Law Review, 1995, 47: 650.

[6] 参见 Jeffrey M. Kaplan. Semi-tough: A Short History of Compliance and Ethics Program Law. http://conflictofinterestblog.com/wp-content/uploads/2012/06/Rand-Kaplan-White-Paper-post-publication4.pdf (accessed 3 March 2016).

委员会1991年颁布的《组织量刑指南》是合规计划发展过程中的里程碑,因为该指南正式赋予了合规计划法律地位。之后,"有效实施的合规计划就成为减轻企业刑事责任的情节"。[1]《组织量刑指南》也标志着合作模式的正式产生。

其后二十余年,随着文化原则、组织责任、集合原则等新的责任原则在企业贿赂犯罪领域的确立,[2]以及合规计划被规定为定罪量刑情节并进入国际公约,合作模式得到了越来越多国家的认同,除上述英国的《2010年贿赂罪法》与意大利2010年第231号法令外,美国1988年修改后的《反海外贿赂法》、加拿大2004年的C-45号法案、澳大利亚1995年的联邦刑法典、俄罗斯联邦2012年修订后的2008年联邦第273号法案、西班牙2015年第1号组织法等都已经采纳了合作模式,[3]日本虽然迄今没有在立法上承认企业的犯罪能力,但是早自20世纪80年代开始,日本政府就开始推动日本企业制订实施合规计划,司法判例也早已经肯定了合规计划的影响。东京高等法院1996年在某串通招投标案件中,在认定被告人的行为构成犯罪的同时,指出"在犯罪行为被发现后,9名企业被告人深刻反思了事件的重大性,对企业组织进行了改进,对人事进行了调整,并制定了反垄断法合规手册,对雇员进行了教育,可以期望其能够贯彻再犯预防",[4]据此减轻了对被告人的量刑。

在国际层面,经济合作与发展组织(OECD)理事会2009年11月26日通过了《关于进一步打击国际商业交易中贿赂外国公职人员行为的建议》(以下简称《建议》),要求各成员国的"公司制定和实施适当的内部管控、道德操守和自觉履约方案或措施,以预防和查明海外贿赂行为",这里的"内部管控、道德操守和自觉履约方案或措施"其实就是合规计划,OECD的专家组进一步就如何制定与实施有效的合规计划也提出了详细的建议。[5]同时,就如何认定《关于打击国际商业交易中行贿外国公职人员行为的公约》第2条规定的"法人责任",理事会公布的《执行〈打击在国际商业交易中贿赂外国公职人员公约〉具体条款的良好做法指南》特别指出,成员国有关国际商业交易中贿赂外国公职人员的法人应负责任制度,不应将责任限于犯有此类罪行的自然人被起诉或被定罪的情况,并应将"疏于监督或者没有充分实施内部管控、道德操守和自觉履约方案或措施"规定为法人应该为贿赂外国公职人员行为承担责任的基础之一。显而易见,《关于打击国际商业交易中行贿外国公职人员行为的公约》也是采纳了合作模式。

合作模式能够得到快速发展的原因主要在于:首先,随着企业数量的快速增加,执法机关对企业贿赂行为的监管与预防负担日益加重,从监管的有效性而言,需要对执法机关进行减负,并分散监管责任。例如,据美国调查局的统计,2013年全美有5 775 055家公司,员工

---

[1] Molly E J. Organizational sentencing[J]. Criminal Law Review, 1997-1998, 35: 1018.
[2] 参见周振杰:《英美国家企业刑事责任的最新发展》,载于《河北法学》2010年第12期。
[3] 参见 Zhou Z J. Corporate crime in China: History and contemporary debates[M]. London: Routledge, 2015: 120-122.
[4] [日]川崎友巳:《企业的刑事责任》,成文堂,2004年版,第300-301页。
[5] 参见 Zhou Z J. Corporate crime in China: History and contemporary debates[M]. London: Routledge, 2015: 122.

人数超过500人的就有18 636家，[1]仅仅依靠执法机关对如此多的公司进行有效监管显然是不可能的。而且，由于贿赂行为本身具有隐蔽性与多样性，兼之企业内部结构与管理活动日趋复杂，调查取证都面临更大的难题，这进而加大了对企业定罪的难度。而合作模式通过将违法性判断客观化、转移证明责任以及预防责任，减轻了执法与司法负担，提高了定罪量刑的可能性。

其次，通讯与交通技术的发展促进了企业的国际化。企业的国际化进而促进了贿赂行为的国际化，贿赂支付的行为过程可能发生在不同国家，贿赂犯罪的行为人也可能分处世界两端。例如，在美国证券交易委员会公布的2011年至2015年6月处理完毕的32个案件中，贿赂行为的实施地遍布世界各地，包括英国、法国、意大利、德国等西方发达国家，也包括尼日利亚、泰国、印度尼西亚、中国等发展中国家。[2]如此，一方面，查处跨国贿赂行为面临更多的管辖权障碍；另一方面，跨国调查取证意味着更大的执法与司法成本。而在合作模式下，企业承担证明无罪或者罪轻的责任，而且违法判断的客观化给企业带来了更大的外部压力。为此，企业需要通过内部调查收集并向执法与司法机关提供证据。与公权力机关相比，作为私权利主体的企业要便利得多。一方面，企业与企业雇员之间是雇佣关系，对于违反法律或者企业内部行为规范的雇员，企业可以直接对之予以内部制裁，不受诉讼法尤其是刑事诉讼法规定的权利保障以及程序正义等要求的约束。就此而言，企业内部制裁对于企业雇员而言具有更大的威慑力；另一方面，如果企业雇员跨国实施违法行为，企业总部委派的内部调查人员到位于其他国家的分企业或者子企业进行调查，不受国家主权以及刑事管辖权等因素的限制，因为企业内部调查在本质上属于企业内部的管理行为，只要不违反相应分企业或者子企业所在国的法律，该国的权力机关就无权进行干涉。

最后，以有效预防与查处跨国贿赂行为为目的的国际公约，推动了合作模式在各国立法与司法实践中的发展，其中以经合组织的《关于打击国际商业交易中行贿外国公职人员行为的公约》的影响最为明显。该公约第4条强制要求：缔约方应采取必要措施，对全部或部分在其领土内发生的行贿外国公职人员的犯罪行为确立管辖权。而且每一缔约方应审查其现行管辖权的依据在反对行贿外国公职人员方面是否有效，如无效，则应采取补救措施。一方面，如上述，该公约明确要求各缔约国将怠于履行内部监管责任而导致贿赂行为的情况规定为追究企业刑事责任的基础之一，直接体现出了合作模式的核心要求，所以各缔约国有义务采纳合作模式的核心要素。更重要的是，由于美国、英国、澳大利亚等采纳合作模式，以合规行为为企业刑事责任基础的欧美经济强国都是经合组织的成员国，而以美国的《反海外贿赂法》与英国2010年的《贿赂罪法》为代表的许多现代企业刑事立法，都已经将本国立法的管

---

[1] 参见美国国家调查局官方网站，http://www.census.gov/econ/susb/index.html。

[2] 参见 The Enforcement Division of the U. S. SEC, Summaries of FCPA Cases, https://www.sec.gov/spotlight/fcpa/fcpa-cases.shtml (accessed 6 May 2015).

辖范围拓展到了海外。[1] 在美国司法部与证券交易委员会根据《反海外腐败法》制裁的企业中,大部分都并非在美国注册,贿赂行为也是在美国境外实施。正因如此,巴西学者才会指出:巴西的企业与在巴西开展业务的企业都需要接受英国贿赂罪法的域外管辖权。该法适用于任何在英国开展业务的企业,其管辖权覆盖范围比美国的《反海外腐败法》更大。在英国开展业务的巴西公司可能因为未能预防雇员在墨西哥实施的与该业务相关的贿赂行为被追究刑事责任,即使该行为与英国毫不相关。[2]

四、合作模式的合理性与有效性分析

从传统刑事法理论出发,合作模式的合理性存在如下可以质疑之处:其一,合作模式在实质上将企业刑事责任视为一种客观责任,这是否符合责任原则的要求? 其二,合作模式要求企业证明自己无罪或者罪轻,这是否符合"无罪推定"的刑事诉讼基本原则? 此外,国外学者对于合作模式的有效性也提出了质疑,有的观点甚至认为应该废除作为合作模式核心的合规计划。[3] 所以,在进行下一步论述之前,必须对合作模式的合理性与有效性进行分析。

(一) 合作模式的合理性

责任原则是近代刑法的基本原则,其核心内容是从非难可能的角度,评价对符合构成要件的违法行为是否需要处罚,而非难可能性判断包含两层意思:其一,判断行为人是否能够根据规范要求作出意志决定,判断对象是能够认识到"当为"的意志决定自由;其二,如果行为人能够自由作出意志决定,能够在多大程度上期待其实施合法行为,判断对象是根据当为认识实施行为的可能性有无暨大小。而企业作为团体组织,在实质上不具有自由意志。正因如此,日本学者才认为:"责任主义以个人责任原则为前提。也即,责任主义排除连坐制与缘坐制等主张以属于特定团体为理由划定设定处罚对象的团体责任。"[4] 显而易见,从责任原则的角度出发,企业刑事责任,更勿言客观责任是应该予以否定的。但是,在回答企业刑事责任是否符合责任主义的要求之前,首先要问的应该是:是否应该从责任原则出发,来认识企业刑事责任的合理性? 从责任原则与企业刑事责任产生的背景及二者的本质来看,答案都是否定的。

一方面,责任原则是在18世纪随着启蒙运动的兴起,罪刑法定、天赋人权、无罪推定、刑

---

[1] 以后者为例,该法在第7条规定了商业组织不履行预防贿赂义务行为的刑事责任之后,特别规定:无论构成该罪的行为是否是在英国实施,都可以根据该条规定追究刑事责任;如果构成该罪的行为是在英国境外,在英国的任何地方都可以启动追诉程序。

[2] Kelly T. Currie, Gabriel Alves da Costa, and Carlo de Lima Verona. Anti-Corruption Compliance in Brazil: Top Ten Considerations. http://www.acc.com/legalresources/publications/topten/ipehfb.cfm (accessed 3 March 2016).

[3] Philip A W. Effective compliance programs and corporate criminal prosecutions[J]. Cardozo Law Review, 2005, 27(1): 527.

[4] [日]山中敬一:《刑法总论》,成文堂,2008年版,第579页。

罚理性等现代法治观念的传播,以及对封建刑法的连带责任、结果责任等缺陷的批判中被提倡的,就如我国刑法学者所言:"资产阶级启蒙学者以及后来的刑法学者认为,人是具有自由意志的,而人的自由意志是平等的。基于自由一直选择犯罪的过程中形成其实是犯罪的犯意。没有犯意,犯罪人是不可能选择犯罪的。因此犯罪是在犯意的支配下实施的,犯意就成为犯罪人对自己的犯罪行为负刑事责任的主观基础。犯意责任论是资产阶级启蒙学者以及以后的刑法学者在批判封建社会的社会结果责任论的基础上,以意志自由论为理论基础形成的。"[1]所以,从产生的时间来看,责任原则显然早于企业刑事责任,因为法国、意大利、比利时等欧洲大陆国家在18世纪纷纷基于个人主义与道义责任的原因,坚持"法人不能犯罪"的罗马法格言,通过判例甚至宪法否定了企业的犯罪能力,[2]在英美法系国家也一直到19世纪初期,为了遏制工业革命导致的大量违法行为才勉强将企业纳入了刑事规制的范围,[3]而根据以故意为构成要件的贿赂犯罪追究企业刑事责任的最早判例,是1909年的纽约中央铁道公司诉美国案(New York Central & Hudson River Railroad Co. v. United States)。[4]

另一方面,责任主义原则的提出为了保护个体权利免受国家权力的不当侵犯,其根基在于个人理性、自由意志与道德要求,就如德意志联邦法院在判决中所言:"刑罚以罪责为前提。罪责是非难可能性。……责任非难的内在理由是,人类天生能够自由和有责任地作出符合道德的自主决定,就有能力选择法,反对不法。"[5]而企业刑事责任的提出,是为了保护社会免受企业违法行为的侵扰,其根据在于规制需求与政策选择,就如英国法官在1838年的Regina v. Tyler案中所明确指出的:"采纳刑事责任是规制企业行为的最有效的途径";[6]美国学者在进行历史研究后也认为,在18世纪"美国法院与立法机关一直在不断地修改企业的法律地位,以适应社会与司法需求。在19世纪初期,这些需求促使法院赋予了企业以自由,后来又促使法院拿起刑法武器将之纳入控制之中"。[7]

上述表明,从二者的起源来看,责任原则远远早于企业刑事责任,是针对具有自由意志的个人提出来的,而企业刑事责任是针对造成社会困扰的企业违法行为提出来的;从二者的目的来看,责任原则的提出是为了保护个体权利,而企业刑事责任的提出是为了保护整体利

---

[1] 宁汉林、魏克家:《大陆法系刑法学说的形成与发展》,中国政法大学出版社,2001年版,第54页。

[2] See Guy Stessens. Corporate Criminal Liability: A Comparative Perspective. International and Comparative Law Quarterly, 1994, Vol. 43; Leonard Orland and Charles Cachera. Corporate Crime and Punishment in France: Criminal Responsibility of Legal Entities under the New French Criminal Code. Connecticut Journal of International Law, 1995, Vol. 11.

[3] 参见周振杰:《比较法视野中的单位犯罪》,中国人民公安大学出版社,2012年版,第1页以下。

[4] Thomas J B. The historical development of corporate criminal liability[J]. Criminology, 1984, 22(2): 9.

[5] 转引自[德]冈特·施特拉腾韦特、洛塔尔·库伦:《刑法总论 I—犯罪论》,杨萌译,法律出版社,2006年版,第204页。

[6] Regina v. Tyler, 173 Eng. Rep. 643 (Assizes 1838).

[7] 参见 Gary S, Steve T. Corporate crime[M]. Essex: Person Education Limited, 1999: 4.

益。因此,对于企业刑事责任的合理性,不能从以犯意为基础的责任原则出发去阐释,而应该从社会责任与政策需求出发去理解,而越来越多的国家甚至国际公约采纳合作模式这一事实,已经充分证明了其合理性。

与此类似,虽然无罪推定是刑事诉讼的基本原则之一,但是在立法与司法实践中出于政策需求而做出调整的情况可信手拈来。例如,英美刑法在早期就是根据严格责任来追究企业的刑事责任,而严格责任就是要求被告人承担证明责任;1971 年 7 月 1 日开始实施的日本《公害犯罪法》关于推定的第 5 条明确规定:如果伴随工厂或车间的事业活动,有人排出损害人身健康的物质,而且由于其排出即达到使公众生命、身体发生危险的程度,在因该排出活动而产生上述危险的区域内,由于同类物质使公众生命、身体发生危险时,这一危险推定为由于此人所排出的物质产生。这一规定其实也是在法益侵害发生的前提下,要求企业自行承担证明无罪或者罪轻的责任。因此,合作模式从刑事政策的角度出发,要求作为被告人一方的企业承担无罪或者罪轻,也并不违反无罪推定的刑事诉讼原则。

(二) 合作模式的有效性

虽然从社会责任的角度而言,合作模式具有合理性。但是,合理的未必就是有效的。在 2000 年以后,尤其是在安伦公司案件与波音公司案件之后,[1]许多学者对于合作模式的有效性提出了质疑。例如,有的学者指出,作为合作模式核心要素的"合规计划假设前提是企业的领导人总是抱着慈善的念头开展业务,存在根本性的缺陷"。[2]有的学者进一步主张"减少对规定适法计划的法律原则的重视更有助于实现起诉企业的目的"。[3]还有的学者认为,要求企业实施合规计划其实是置企业于两难之地:一方面,根据法律的精神与要求有效实施合规计划能够免责或者减轻责任;另一方面,这一举措使得其受到处罚的可能性更大。而且制订和实施合规计划需要付出经济成本,这对于中小型企业而言无疑是沉重负担。所以,许多企业都不过是在做做门面功夫而已。[4]

从目前的情况来看,对于合作模式有效性的质疑,主要是从企业的角度提出来的。但是如上所述,合作模式与合规计划是作为整体政策的一部分提出来的,所以对其有效性不能仅仅从企业的角度,而应该从多个角度进行分析。从企业的角度来看,的确存在合规计划依赖领导者与增加企业负担的可能性。但是,从长远来看,从管理层的角度而言,"虽然传统的企业管理理论认为,企业管理层的最大责任是保证所有权人的最佳利益,但是当代企业管理理论的观点是,企业管理阶层必须以建立起良好的企业守法文化为己任;不能够仅仅保证企业

---

[1] 二者都制订有完善的合规计划,所以当时许多评论都认为,这两个案件是合规计划失败的证据。参见 Kimberly D K. Organizational misconduct: Beyond the principal-agent model[J]. Florida State University Law Review, 2005, 32: 571-614.

[2] Charles B. Why compliance programs fail: Economics, ethics and the role of leadership[J]. HEC Forum, 2009, 19(2): 109.

[3] 参见 Philip A W. Effective compliance programs and corporate criminal prosecutions[J]. Cardozo Law Review, 2005, 27(1): 516.

[4] Ibid., p.519.

守住底限,而应该关注企业持续发展的最佳利益"[1]。实证研究已经证明,企业文化对于提高企业的组织效率与改善企业行为具有重要价值,例如,针对1986年至2000年15年间日本大型企业的企业政策所进行的研究表明,与其他企业相比较,具有鲜明企业文化的企业,更能够保留现有员工、改善内部协作、提高企业经营能力。[2] 为了建立并保持良好的企业文化,企业就必须及时发现并制裁违法行为,在实践中,能否发现违法行为很大程度上依赖于雇员的内部举报。虽然在理论上,企业雇员作为最重要的利益攸关者有着举报违法行为的动机与利益,但是研究表明,"许许多多的组织都陷入了大多数组织成员都对组织内部的问题心知肚明却不敢向上反映的矛盾之中"。[3] 如果在一个企业,所有人对于企业的违法行为都不闻不问,听之任之,久而久之就会形成一种犯罪亚文化,而合规计划"有助于鼓励职工向权力机关说出真相,即报告他们认为可能已经过界的行为"。[4]

同时,在合作模式下,犯罪企业面临非常严厉的处罚。例如,根据英国《2010年贿赂罪法》第10条之规定,如果企业根据该法第7条之规定被认定有罪,可对之处以无限额罚金,还可能被剥夺在欧盟范围内参与公共采购等方面的资格。[5] 当然,主管机构还可以根据《公司法》等立法,对违法行为进行处罚,根据反洗钱立法,剥夺犯罪人的犯罪收益。[6] 而如上所述,合规计划的有效实施可以减免企业刑事责任,在有些国家还可以成为对企业免予起诉或者暂缓起诉的基础。如此看来,企业在制订与实施合规计划之际付出的经济成本,在本质上是值得付出的机会成本。而且,企业不但能够在刑事制裁方面获得收益,在民事制裁方面也能够获得收益。例如,虽然《反海外腐败法》被誉为史上最严厉的反腐立法之一,但是在上述美国证券交易委员会处理的32个案件中,违法行为人被处以民事罚金的案件只有14个,而其他案件,都是因为存在积极实施的合规计划、自我披露违法事实、在美国证券交易委员会调查之际积极合作,而没有被处以民事罚金。

最后,合作模式要求企业在被调查或者起诉之际,必须与执法机关或者司法机关通力合作,包括进行内部调查收集、提供证据、自我认罪、主动赔偿等,这毫无疑问能够降低执法与司法成本。例如,在上述美国证券交易委员会处理的32个案件中,自我披露违法行为的有9个案件,占28%,承认指控的有13个案件,占41%,既不承认也不否认但自愿接受处罚(其

---

[1] 参见 Thomas K, et al. The effects of diversity on business performance[J]. Human Resource Management, 2003,42(1):3-21.

[2] 参见 Shinichi Hirota, Katsuyuki Kubo and Hideaki Miyajima. Does Corporate Culture Matter? Evidence from Japan. http://www.waseda.jp/wias/event/dp/2008.html (accessed 8 July 2010).

[3] Elizabeth W M, Frances J M. Organizational silence: A barrier to change and development in a pluralistic world[J]. The Academy of Management Review, 2000,25(4):706-725.

[4] Andrew W, David N. Rethinking criminal corporate liability[J]. India Law Journal, 2007(82):419.

[5] 参见 Funahashi H. UK Bribery Act[J]. AZ Insight, 2011,46:1.

[6] The Director of the Serious Fraud Office and the Director and Public Prosecutions, Bribery Act 2010: Joint Prosecution Guidance. http://www.sfo.gov.uk/media/167348/bribery%20act%20joint%20prosecution%20guidance.pdf (accessed 12 July 2012).

实是变相承认指控)的有 10 个,占 31%,后两者加起来高达 72%。鉴于这些案件中的违法行为都发生在国外,违法范围广,时间跨度长,调查机关不但面临着管辖权冲突与程序障碍,而且要投入大量的人力物力,所以违法企业自愿披露案件,或者自愿承认指控、提供违法证据,从执法机构的角度而言,不但对犯罪企业进行了严厉处罚,实现了刑事制裁的威慑与预防价值,而且尽可能地节省了执法资源。当然,从涉案企业的角度而言,其通过内部调查、主动认罪等方式与执法机构展开合作,不但能够获得处罚方面的优惠,甚至被免予起诉,而且可以借助制裁程序的快速结束与表现出的悔改诚意,尽量减少名誉损失,重拾投资者的信心。

所以,虽然合规计划存在一定的缺陷,但是其有效性还是可以肯定的,正如日本学者所言:"与单纯的刑法对策相比,合规计划可能为更有效的结论,因为合规计划在照顾到企业利益的同时,承认企业具有制订与实施的自由。"[1]这也是在采取合作模式的国家,自愿制订并实施合规计划的企业不断增加的原因所在。在 2001 年的第 231 号法令颁布之后,意大利内部审计协会 2006 年 4 月针对上述第 231 号法令进行的研究结果显示,在接受调查的 72 家企业中,82% 的企业已经制订并正在实施合规计划,91% 的企业已经或正在根据第 231 号法令制订特殊的行为监督计划。[2] 在早于 20 世纪 80 年代就开始实施合规计划的日本情况也是如此。早稻田大学企业法制与法创造研究所 2004 年针对日本 3 100 家上市企业进行的调查问卷表明:在企业内部规定了企业社会责任的企业占 68%,在企业内部建立起雇员违法行为预防制度的企业占 67.3%,通知股东本企业存在合规计划的企业占 31.5%,对消费者公开的有 20%。[3]

五、中国应否采纳合作模式?

我国虽然早在 20 世纪 80 年代末就规定了企业犯罪,近年来针对企业贿赂犯罪增加了许多新的罪名并加大了处罚力度。例如,《中华人民共和国刑法修正案(九)》针对刑法典第 391 条规定的对单位行贿罪与第 393 条规定的单位行贿罪中的自然人犯罪人都增加了罚金刑的规定,但是对于追究企业贿赂犯罪刑事责任的基础并没有明确的立法或者司法解释。在实践中,双罚制与单罚制都以自然人刑事责任为前提,而且对于企业犯罪人的适用刑罚单一,并无强制性的矫正性措施。所以,可以说我国企业贿赂犯罪的预防与惩治采取的是冲突模式。那么,在目前国内企业贿赂犯罪多发,甚至成为潜规则的情况下,我们应否引入合作模式? 回答这一问题需要明确:第一,中国预防企业贿赂犯罪实践是否需要合作模式;第二,中国的刑事立法与刑法理论能否接纳合作模式?

---

[1] [日]甲斐克则、田口守一:《企业活动与刑事规制的国际动向》,信山社,2008 年版,第 428 页。

[2] Framcesca Chiara Beviliacqua. Corporate Compliance Programs under Italian Law. www.ethikosjournal.com(accessed 12 July 2009).

[3] [日]田口守一等:《企业犯罪与适法计划》,商事法务,2007 年版,第 20 页以下。

就第一个问题,答案是肯定的。近三十年来,中国经济的快速发展造就了数量庞大的企业群体:国家统计局2015年的统计年鉴表明,截至2014年,我国共有企业法人单位数1 061万7 154个。显然,仅仅依靠权力机关是无法有效监督与预防企业违法行为的,就是查处暴露出来的违法事实也存在很大难度。根据公安部的统计,在2000年至2006年6月之间,全国公安机关共调查了2 529件非国家工作人员收受贿赂的刑事案件,而同时期调查的行贿案件仅有564件。另言之,受到公安机关处罚的行贿者仅占实际行贿人数的约五分之一,司法机关为了获取嫌疑人的合作,搜集证据而不得不网开一面。[1] 但是这一做法无异于是在放纵甚至鼓励企业贿赂行为,因为最终的利益获得者逃脱了刑事处罚。

与此同时,中国的资本与企业正快速跨出国门,走向世界。根据商务部公布的数据,中国企业对外投资在2007—2014年以年均30%的速度大幅增长,预计到2025年将达到3 000亿美元以上的对外投资规模。[2] 中国工商银行西班牙马德里分行和中国银行意大利米兰分行涉嫌洗钱被调查的实例表明,[3] 从事涉外业务的中国企业必然会受到合作模式的影响,而最好的选择就是去适应这一模式。尤其需要指出的是,即使中国企业不出国门,仍然会受到这一模式的影响。例如,根据英国《2010年贿赂罪法》的规定,从事石油业务的中国公司,如果在英国境内有办事机构,如果位于中国的总公司为了拓展该办事机构的业务,在南非向当地公司行贿,即使犯罪的行为地与结果地都不在英国境内,英国的司法机关仍然可以该贿赂行为与在英国的业务有关为理由,强行行使管辖权。所以,在国内立法中采纳合作模式,可以帮助中国企业熟悉国外的相关法律制度,提高规避刑事风险的能力,减少损失。

与此同时,许多在中国境内开展业务的外资企业,往往充分利用其本身的跨国优势,以召开国际会议、提供国外上学、定居、旅游等非常隐蔽的形式跨国实施贿赂行为。例如,根据SEC朗讯公司贿赂案的调查报告,在2000年到2003年间,朗讯耗资千万美元,邀请约1 000名中国政府"官员"赴美国旅行315起,以"参观工厂,接受培训"为由安排前往夏威夷、拉斯维加斯、大峡谷、迪士尼乐园和纽约等地的行程。与国内企业实施的贿赂行为相比,外资企业的贿赂行为往往更具有隐蔽性、组织性与复杂化的特点。[4] 因此,我国司法机关同样面临着司法资源不足、管辖权冲突、难以跨境取证等困扰,而合作模式有助于解决这些问题。

就第二个问题,从刑事立法的角度而言,我国直接采纳合作模式显然是行不通的,因为合作模式的核心是以组织原则认定企业责任,通过推定转移证明责任,而现行刑法就企业贿赂犯罪仍然以个人责任为追究企业责任的基础,并没有规定推定原则。但是从刑法理论的角度而言,企业刑事责任在中国的产生与实质与国外的情况基本相同。一方面,责任主义在

---

[1] 参见周振杰:《比较法视野中的单位犯罪》,中国人民公安大学出版社,2012年版,第102页。
[2] 中国与全球化智库:《中国企业全球化报告》(2015),载于http://www.ccpit.org/Contents/Channel_3430/2016/0215/579939/content_579939.htm(2016年3月27日登录)。
[3] 参见韩秉宸:《中行米兰分行洗钱案将搞5场听证会,或争取庭外和解》,载于http://news.sohu.com/20160318/n440909068.shtml(2016年3月19日登录);王迪:《工行马德里分行遭搜查,涉嫌洗钱至少4 000万欧元》,载于《环球时报》2016年2月18日。
[4] 张远煌、操宏均:《跨国企业在华行贿现象透视》,载于《青少年犯罪问题》2014年第2期。

中国的确立也要早于企业刑事责任,因为在新中国成立初期的20世纪50年代至70年代,我国的刑法理论"几乎是全盘照搬了前苏联的刑法理论"。[1] 尤其是在犯罪论领域,前苏联的理论深受以个人责任与道义责任为基础的德国刑法理论的影响,[2] 而企业刑事责任一直到20世纪80年代末才进入我国刑事立法。另一方面,20世纪80年代以前,我国刑事立法没有规定企业刑事责任,刑法理论也鲜有提及并非仅仅是受责任主义的影响。在客观上,当时实行的是严格的计划体制,企业既没有实施犯罪的客观环境,也没有追求经济利益的犯罪动机,但是,20世纪80年代初开始实施的以"权力下放,利益下放"为中心的体制改革使得国有企业、集体企业逐渐成为可以追求自身利润的独立经济实体,而且合资企业、合伙企业等各种形式的经济组织走上了历史舞台。在利益的驱动下,企业违法行为开始出现并很快呈蔓延之势,正是在这种宏观背景下,1987年修订的海关法面对理论界的强烈质疑规定了企业刑事责任,1997年修订的刑法在总则中肯定了企业的犯罪能力。[3] 显而易见,企业刑事责任在本质上也是一种政策选择,与刑法理论的自我演绎与发展无关。

综上所述,从国内与国际形势出发,在企业贿赂犯罪的预防与制裁领域,我国需要采纳合作模式;从刑事政策的角度而言,这一模式在我国同样具有合理性。所以,现在的问题是为了确立与实施合作模式,我们应该如何进行相应的立法改革。

六、初步改革建议

国外的立法与司法实践表明,合作模式的基础与核心在于:其一,采取几近于客观责任的组织责任论,在违法事实出现之后,通过推定原则转移证明责任,减轻司法负担,提高定罪处罚的可能性,加大外部压力;其二,将合规计划的有效实施规定为减免企业的刑事责任从宽情节,促进企业培养内部守法文化、廉洁自律,推动企业在违法行为出现之后与执法与司法机关展开合作、进行内部调查。因此,如欲确立与实施合作模式,我们也应该从这两方面着手。本文试提出初步改革建议如下:

首先,统一具体罪名,区分二种责任。目前,在刑法典中可以据之直接追究企业贿赂犯罪责任的罪名主要有:对非国家工作人员行贿罪(第164条第1款)、对外国公职人员、国际公共组织官员行贿罪(第164条第2款)、单位受贿罪(第387条)、对单位行贿罪(第391条)与单位行贿罪(第393条)。这几个罪名在微观上存在许多问题。例如,在主观方面,对非国家工作人员行贿罪、对单位行贿罪与单位行贿罪都要求存在"为谋取不正当利益"的目的,而对外国公职人员、国际公共组织官员行贿罪要求的是"为谋取不正当商业利益"的主观目的,

---

[1] 张文、何慧新:《二十世纪中国刑法的回顾与展望》,载于《法政研究》2000年第1期。

[2] 侯国云:《犯罪构成理论的产生与发展》,载于《南都学坛》2004年第4期。

[3] 参见周振杰:《比较法视野中的单位犯罪》,中国人民公安大学出版社,2012年版,第22页以下。

比较而言,后者的范围即使从《联合国反腐败公约》第 16 条的规定出发,显然也要小得多。[1] 再如,单位受贿罪的处罚对象是"国家机关、国有公司、企业、事业单位、人民团体",并不包括私有制与混合所有制的企业,而后二者在实践中也是商业贿赂的高发区。

上述罪名设计在宏观上的问题更加需要重视。一方面,即使是在单位受贿罪这样特别针对单位设计的罪名中,立法也要求必须追究直接责任人和直接主管人员的责任。如此,其实不必特别规定上述罪名,只要在相应的个人犯罪罪名中加入单位处罚的内容即可。例如,只要在刑法第 389 条加入一款规定"单位犯前款罪,对单位判处罚金,并对其直接负责的主管人员和其他直接责任人员,依照第一款的规定处罚"即可,不必单独规定单位受贿罪。由于目前区分单位犯罪与个人犯罪并没有明确的标准,存在两个竞合的罪名反而会导致实践中的混乱。例如,国有企业负责人以企业的名义受贿后,自己留下部分,交给企业部分,是以受贿罪还是以单位受贿罪处罚?另一方面,现有罪名其实强调的仍然是个人责任,而且虽然针对单位规定了上述特殊的贿赂犯罪罪名,但是并没有规定特殊的刑罚措施或者执行方法,这无益于促进单位改变整体环境,增加自我预防能力。

为了提高企业本身的预防积极性,完善惩治企业贿赂的法网,我们应该首先区分企业因为自身实施贿赂行为而承担的责任,与未尽到预防贿赂义务而承担的责任,前者是一种故意责任,后者是一种过失责任;其次,区分个人责任与企业责任,明确二者的基础都在于自身的行为:个人责任的基础当然是其在故意支配下实施的具体行为,企业责任的基础则在于其放任、容忍、纵容贿赂行为的内部文化或者未合理履行预防贿赂的义务。

基于上述,建议将企业贿赂犯罪罪名统一为三个罪名:企业行贿罪、企业受贿罪、企业履行预防贿赂责任失职罪。在前两个罪名中,可以借鉴澳大利亚 1995 年刑法典中关于"企业文化"的规定来认定企业的故意,[2] 即如果企业内部存在促进、放任、容忍贿赂行为发生的政策、制度、规定或者惯例,即可认为企业存在犯罪故意。这可以根据企业是否根据所承担的社会责任,规定了相应的制度、原则与政策,并将之付诸实施,企业是否针对本企业内部可能出现的与企业活动相关的贿赂行为采取了预防措施,并对成员进行守法教育,以及企业在发现已经存在或者可能存在贿赂行为之后,是否积极采取措施进行调查与处罚,是否向执法机关举报并展开合作等情况进行判断。在最后一个罪名中,可以借鉴上述英国贿赂犯罪立法的规定,在出现违法事实的前提下,推定企业存在监督过失,由企业承担已经合理履行了监督义务的证据。与此同时,可以借鉴不纯正身份犯的规定,将"国家机关、国有公司、企业、事业企业、人民团体"的身份规定为这三个罪名中的从重处罚情节。

---

[1] 该条规定:各缔约国均应当采取必要的立法和其他措施,将下述故意实施的行为规定为犯罪:直接或间接向外国公职人员或者国际公共组织官员许诺给予、提议给予或者实际给予该公职人员本人或者其他人员或实体不正当好处,以使该公职人员或者该官员在执行公务时作为或者不作为,以便获得或者保留与进行国际商务有关的商业或者其他不正当好处。虽然该条突出了"为商业利益的目的",但是"其他"二字表明其要求的主观方面是"为获得或者保留一切不正当好处"的目的。

[2] 关于"企业文化"原则,参见周振杰:《英美国家企业刑事责任的最新发展》,载于《河北法学》2010 年第 12 期。

在采取上述措施加大外部压力的同时,将合规计划纳入到刑事立法之中,作为认定企业是否存在故意、是否已经合理履行了贿赂预防义务的基础。从国外的立法与司法实践可以看出,合规计划在一定程度上,就是通过规定优惠措施来换取企业在预防与制裁贿赂犯罪方面的合作,而这一点在当前的司法解释中已经有所体现。例如,最高人民法院、最高人民检察院于2009年3月12日联合发布的《关于办理职务犯罪案件认定自首、立功等量刑情节若干问题的意见》(法发〔2009〕13号)已经就企业自首进行了规定。所以,将合规计划纳入到我国刑事立法之中已经有了一定的司法基础。具体而言,本文建议:

第一,消除刑法典第164条第3款与第391条第2款中关于单位处罚的规定,将单位行贿的行为统一到刑法典第393条"单位行贿罪"之中。

第二,将刑法典第387条第1款修改为:单位索取、非法收受他人财物,为他人谋取利益,情节严重的,对单位判处罚金。保留第2款的规定,同时,增加第3款规定:国家机关、国有公司、企业、事业单位、人民团体实施第1款规定之罪,从重处罚。

第三,将刑法典第393条修改为:单位为谋取不正当利益而行贿,或者违反国家规定,给予国家工作人员以回扣、手续费,情节严重的,对单位判处罚金。同时,增加第2款规定:国家机关、国有公司、企业、事业单位、人民团体实施第1款规定之罪,从重处罚。

第四,在刑法典第393条之后,增加两条,作为第393条之一与第393条之二,在前者中规定:单位中的个人在履行单位职务过程中收受或者提供贿赂被人民法院认定有罪的,对单位判处罚金。国家机关、国有公司、企业、事业单位、人民团体犯前款罪从重处罚;在后者中规定:如果单位制订并有效实施了预防、制裁贿赂行为合规计划的,人民法院应免除或者减轻单位刑事责任。[1]

最后,为了帮助企业提高自我预防能力,建议在刑法典中规定单位缓刑制度。法人缓刑制度在许多国家久已存在。1971年的美国联邦刑法改革委员会(布朗委员会)就已经规定了法人缓刑制度,尽管并没有规定具体的定义与适用原则。几乎是与此同时,美国司法实践中也出现了法人缓刑制度的判例。在1972年的"United States v Atlantic Richfield Company"案中,[2]法院在判处被告公司罚金的同时,同意缓期执行,条件是其采取有效措施治理被其污染的土壤与河流。1991年,美国量刑委员会提出的《组织量刑指南》(Federal Sentencing Guidelines for Organizations,FSGO)明文将法人缓刑制度规定为矫治与干涉性制裁措施,并规定了具体的强制性与选择性附加条件。[3] 根据上述加拿大C-45号法,为了保证与提高职业安全,法院可以对被定罪的企业颁布缓刑令,要求法人犯罪人满足其具体指明的一项或者多项条件,例如提供补偿、制定具体的预防政策、标准以及程序以减少未来

---

[1] 关于合规计划的有效性判断,作者将另行撰文研究。关于诸外国的判断原则,参见 Zhou Z J. Corporate crime in China: History and contemporary debates[M]. London: Routledge, 2005: 125-130.

[2] 465 F. 2d 58 (7th Cir. 1972)

[3] 关于美国法人缓刑制度的详细情况,参见 Christopher A W. Corporate probation under the new organizational sentencing guidelines[J]. Yale Law Journal, 1992, 101(8): 2017-2042.

发生犯罪的可能性,并要求法人犯罪人向法院定期报告实施情况,接受法院监督。

《中华人民共和国刑法》第72条规定的缓刑制度以自由刑为基础,仅适用于自然人犯罪人。为了避免罚金的溢出效应以及应对犯罪单位不能支付罚金等特殊情况,可以考虑在第73条之后插入一条,作为第73条之一,规定单位缓刑制度,即:在认为合适之际,法院可以在单位贿赂犯罪案件中宣告缓刑,并要求单位犯罪人在缓刑期间满足如下条件:(1)采取措施减少其犯罪行为造成的损害并进行补救;(2)以法院确定的方式披露关于其犯罪与量刑等相关信息;(3)制订并实施以预防贿赂行为为目的的合规计划,并在确定的期间内向人民法院报告实施情况;(4)遵守其他法院认为有利于预防贿赂犯罪或减少、补偿其造成的伤害的条件。

七、结　　语

仅仅依靠刑法不足以完成企业贿赂犯罪预防的任务,必须采取措施促进企业在这方面的积极性。英国学者早已经通过实证研究证明:"在管理阶层因自身所有权要承担更大风险的企业,犯罪发生的概率就比较低。"[1]因此,虽然从传统刑法理论角度而言,合作模式的基本立场与归责原则的合理性值得质疑,但是从企业刑事责任的本质与社会责任的角度而言,合作模式应该是既经济又合理的选择。同时,在通过将合规计划规定为企业刑事责任的减免情节之外,刑法应该采取措施促进合规计划的有效实施。例如,对违法举报人提供切实保护,这也是采纳合作模式的国家的普遍性实践。最后,权力机关与企业之外的第三方监督,或言社会监督的作用同样重要。一方面,企业贿赂犯罪间接也侵犯了个体权利,以市民权利为基础的第三者监督不言而喻是正当而且必要的;另一方面,如上所述,权力机关无法对数量庞大的企业进行有效监督,必须依靠其他力量的参与,而第三方监督正是可以依赖的力量。因此,权力机关应该通过保障言论自由、集会与结社自由等基本宪法权利,充分发挥作为第三方监督主体的非政府组织与媒体在监督企业贿赂行为方面的作用。

---

[1] Cindy R A, Mark A C. Why do corporations become criminals? Ownership, hidden actions, and crime as an agency cost[J]. Journal of Corporate Finance, 1999(5):1.

企业腐败预防机制研究
——刑事合规硬规则之建构

郭泽强　王英豪 *

2018年"中兴事件"与"华为事件"相继爆发,2019年中美贸易战的打响,使我国政府和企业逐步认识到合规对企业全球发展的重要意义。为更好地应对纷繁复杂的经济形势所附随的刑事风险,更好地推进企业全球发展,提升企业应对国内国际法律风险的能力,国家相继出台了《中央企业合规管理指引(试行)》《企业境外经营合规管理指引》。之所以将目光聚焦于刑事合规,其实在于企业腐败的刑事研究已经是一个世界性的话题,确立该项制度并付诸有效执行的国家基本上都取得了对于企业腐败治理的智慧结晶,并形成了一些制度或雏形,美国于2002年即制定了《萨班斯-奥克斯利法案》,在其中针对企业科以严格的合规义务要求;意大利于2018年12月28日通过的《反贿赂法案》中也强化了有效的合规计划与道德行为守则的重要性。在日本,企业的适法计划早已经在进出口贸易中成为相关企业获得出口许可的必要条件。面对日益严峻的企业腐败形式,我国学者对刑事合规制度进行了更深层次的研究与讨论,国内已经有学者在刑事合规研究中引入的正当性基础、刑事合规的概念、刑事合规的基本特征、刑事合规的适用范围、刑事合规的具体内容、刑事合规的法律后果、刑事合规涉及的程序法问题和刑事合规视角下的单位犯罪等,并形成了某些基本共识,为后来人进行研究提供了极大的助力。[1] 笔者在借鉴学界前期刑事合规研究的基础上,根据数据分析,并借助硬规则这一分析工具,试图确定刑事合规制度在中国语境下的渐进式发展,确定刑事合规制度中国家和企业的角色分配,并尝试在国家与企业的话语权的分配中寻找平衡点。笔者相信,在未来一段时间内,以刑事合规为中心建构我国企业腐败治理的硬规则无疑是目前企业腐败预防机制研究的切入点之一。

一、问题的提出

1. 企业家腐败的状况分析

北京师范大学中国企业家犯罪预防研究中心于2019年4月20日发布《企业家刑事风险分析报告2014—2018》[2],该报告以中国裁判文书网上传的2013年12月1日至2018年

---

* 郭泽强,中南财经政法大学刑事司法学院教授,法治发展与司法改革研究中心互联网金融犯罪治理研究首席专家。王英豪,中南财经政法大学刑事司法学院研究生。基金信息:中国行为法学会2018年度部级法学研究课题(重大项目),项目编号:(2018)中行法研004。

[1] 孟珊、敖博:《刑事合规制度与单位犯罪重构》,载于《检察日报》2019年6月。

[2] 参见北京师范大学中国企业家犯罪预防研究中心:《企业家刑事风险分析报告2014—2018》,载于《河南警察学院学报》2019年第4期。

11月30日的所有判决书、裁判书为对象,一共筛选出6 988件分析样本,从该份报告中我们可以看到目前中国企业犯罪的具体境况。通过数据分析,企业刑事犯罪形势仍然严峻,各项犯罪数据皆呈不断上升趋势,由此可见,企业犯罪治理上仍然存在一定问题(图1)。

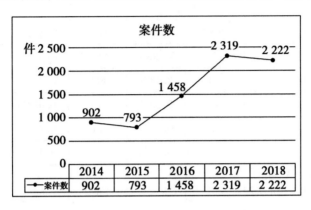

图1　2014—2018年企业家犯罪案件数

2. 企业家腐败犯罪的结构

从表1可看出,2014年至2018年间,不论是犯罪数量(件)还是犯罪人数(人),民营企业家都以84.66%和85.77%远高于国有企业家,而表2中2018年这一数据相较于整体五年高将近4个百分点,民营企业家面临着更大的刑事风险。

表1　2014—2018年企业家犯罪结构

国有企业家犯罪数量		民营企业家犯罪数量		合计	国有企业家犯罪人数		民营企业家犯罪人数		合计
数量	比例	数量	比例	8 965	数量	比例	数量	比例	8 412
1 375	15.34%	7 590	84.66%		1 197	14.23%	7 215	85.77%	

表2　2018年企业家犯罪结构

国有企业家犯罪数量		民营企业家犯罪数量		合计	国有企业家犯罪人数		民营企业家犯罪人数		合计
数量	比例	数量	比例	2 889	数量	比例	数量	比例	2 773
330	11.42%↓	2 559	88.58%↑		297	10.71%↓	2 476	89.29%↑	

3. 腐败犯罪企业家的职务分布

根据表3可以看出,国有犯罪企业家中的涉罪党群负责人的比重较民营犯罪企业家大,而实际控制人、股东所占比重较民营企业家更小,因此分布情况差异,与企业性质、企业的人员成分和公司的组织权力结构有关,主要体现在企业家职务分布特征体现的是企业家在公司的权力大小,附着于企业家的权力,使企业家时刻面临着滥用职权的风险。同时,民营犯罪企业家更为集中,将近80%的比例集中于企业主要负责人,权力及其行使的便利性与企业家刑事风险具有正相关关系。因此,一旦企业家犯罪,民营企业将比国有企业更为脆弱,甚至会因此而受到致命性的打击。

表3 2014—2018年犯罪企业家的职务公布

企业性质职务	国企		民企		合计	
	频数	百分比	频数	百分比	频数	百分比
企业主要负责人	718	59.98%	4 866	79.60%	5 584	66.38%
实际控制人、股东	29	2.42%	668	11.25%	717	8.52%
党群负责人	43	3.59%	40	0.65%	83	0.99%
董事	6	0.50%	21	0.34%	27	0.32%
监事	10	0.84%	30	0.49%	40	0.48%
财务负责人、技术负责人、销售（采购）负责人以及其他核心部门负责人	391	32.66%	1 570	7.66%	1 961	23.31%
合计	1 197		7 215		8 412	

4. 企业家犯罪的罪名分布

根据表4可知国有企业家涉及的具体罪名呈现出总体数量较少、范围也较小的特点。由于国企规模更大，管理也更为规范，所以罪名相对集中，均与不当履行职务行为密切相关，即腐败犯罪。因此，制约权力、预防与惩治腐败犯罪为国有企业家犯罪治理的重点。

表4 2014—2018年企业家犯罪的犯罪分布

序列	国有企业家			民营企业家		
	具体罪名	触犯频次	占比	具体罪名	触犯频次	占比
1	受贿罪	481	35.01%	非法吸收公众存款罪	1 494	19.71%
2	贪污罪	338	24.60%	虚开增值税发票罪	955	12.60%
3	挪用公款罪	146	10.63%	职务侵占罪	744	9.82%
4	私分国有资产罪	67	4.88%	合同诈骗罪	520	6.86%
5	职务侵占罪	48	3.49%	单位行贿罪	488	6.44%
6	行贿罪	37	2.69%	挪用资金罪	403	5.32%
7	挪用资金罪	37	2.69%	拒不支付劳动报酬罪	379	5.00%
8	非法吸收公众存款罪	33	2.40%	行贿罪	357	4.71%

整体来看，企业腐败犯罪防控研究已经成为学界研究的热点问题，相关研究也朝着更加全面、系统的方向发展。但从目前这些研究成果来看，绝大部分都是对企业腐败犯罪现象、特征、危害的直观描述，而对其犯罪背后的深层原因以及防控体系建构等方面的研究就显得极为薄弱。

二、问题之出路——以硬规则为标杆的刑事合规制度

域外经验已经得出,仅为企业提供市场合法性和减轻法律责任的表象化的刑事合规无法阻止企业内的犯罪行径,并且导致大量粉饰太平的高价低能的内部合规形式出现,从而削弱了对企业违规行为的威慑,无法达到合规制度设立的初衷,甚至导致协商治理的秩序崩塌。[1] 笔者认为,导致表象化的合规失败的一大原因在于,域外刑事合规的发展形势趋向于软规则体系的建构,而这种以软规则为标杆的刑事合规制度建构无疑与时代的选择背道而驰,为更好地阐释笔者的见解,在此有必要就笔者所理解的软规则与硬规则进行相应的介绍。

(一)软规则与硬规则之辨析

冯象教授认为,智能时代的规则由算法制定,是硬性的。[2] 随着人类社会步入大数据和人工智能时代,许多行为必须符合代码和算法建构起来的规则,否则根本无法进行到下一步操作,可以说,这是对硬规则的一个最初步的定义。根据冯象教授的理念,硬规则在过去表现为物理上的硬规则,如高校门口的拦车杆、紧闭的大门等物理设施;人类进入数码时代之后,密钥则成为典型的硬规则,人类生活的诸多日常活动,无不受这类硬规则的约束,如不通过手机厂商的协议无法使用手机、记不得密码无法登录软件或利用邮箱收发电子邮件等,而这些已经成了我们日常生活必须遵守、不能违背的基本规则。

相较于硬规则,对于软规则更多的理解是"软法",即一种非典型意义上的法,以和谐秩序、利益平衡、多元共治等为其法理支撑。[3] 此处所言的软规则,与通常理解的"软法"含义有所差别,软规则的遵守往往需要内心约束或自觉意识。相对于写在纸上或挂在墙上的法条、政策或伦理规范,人们显然更遵从"物理规则"。比如挡在入口处的路障、马路中央的隔栏,没有这些物理屏障,光是立一块牌子、贴一纸告示,往往不起作用。以十字路口的红绿灯信号与立交桥为例,前者是软规则,后者是硬规则,红绿灯显示禁止通行的信号经常会有人去闯,但即便是绕行,立交桥设计的路线人们往往都会遵循。[4]

由此,可以得出区分软规则与硬规则的第一个标准:对规制的承认力度,或说遵守规则的可能性。软规则的遵守取决于被执法者认可该法,取决于政府的宣传和民众的信任,百分百地遵守软规则的概率无限趋向于 0;硬规则的遵守是无条件的,甚至是强迫的,不需要政府的宣传,百分百地遵守硬规则的概率无限趋向于 1。根据第一个标准,著作权法中的某些权

---

[1] 参见[美]金伯莉·D. 克拉维克:《表象化的合规与协商治理的失败》,李本灿译,载于李本灿编译《合规与刑法:全球视野的考察》,中国政法大学出版社,2018 年版,第 95 页。

[2] 参见冯象:《我是阿尔法——论人机机理》,载于《文化纵横》2017 年第 6 期。

[3] 参见潘怀平、石颖:《软规则——公域之治的法理指引与规范性实现》,载于《中共杭州市委党校学报》2019 年第 3 期。

[4] 参见肖冬梅、陈晰:《硬规则时代的数据自由与隐私边界》,载于《湘潭大学学报(哲学社会科学版)》2019 年第 3 期。

利规则是典型的软规则。如：我们日常生活下载的某些歌曲、小说甚至论文资料，从不同程度上其实已经违反了著作权法中的某些规定，但因其隐蔽性、长期性以及查处的不必要性和对成本的考虑，这些违反规则的行为往往难以被发现乃至受到规制，违反者极易逃避制裁；相反，无论是物理上的硬规则还是数码上的硬规则，只要有违反规则的行动出现，其可视性往往是明显的，且违反者受到规制的可能性也极大。

由此，可以得出区分的第二个标准：对违反规则的重视力度，或说规则违反的可视性。一个行为违反了软规则往往难以被发现，也就谈不上制裁的可能性，相反，违反硬规则的行为在日常生活中极易被发现，其受到制裁的可能性也附随着增加。根据上述两个标准，正是基于对规则的承认力度和对违反规则的重视力度，违反软规则的再犯可能性显得更大且更契合日常生活；相反，违反硬规则的再犯可能性则因受到制裁而显著减少。违反软规则付出的代价要远远小于违反硬规则的代价，从另一个角度而言，违反软规则即使受到制裁也不会很严重，而违反硬规则的后果往往使得行为人难以承担。

由此，可以得出第三个标准：对违反规则的打击力度，或说规则的有效性。对于违反软规则的行为，打击力度很小甚至不会形成打击，再犯的可能性较大，因此软规则的有效性难以保证，相反，违反硬规则受到的制裁后果往往更加严厉，再犯的可能性较小，因此其有效性也可获得保证。在此需要强调的是：正因为软规则的有效性难以保证，从规则执行的长期运行来看，极易造成某一软规则的设立目的无法实现，软规则存在的价值无法得到验证，严重时甚至可能造成整个规制秩序的崩塌；而违反硬规则可能起初受到的制裁比较严厉，但是鉴于硬规则的特质，规则执行的可能性和有效性得以获得极致的发挥，反而使得规则制定的目的得到实现，从长远来看更有利于规制秩序的形成。尽管硬规则的打击力度远大于软规则，但其设立之目的并非在于严厉的打击，而在于防止再犯。

结合上述三个标准，可以说，当一个规则制定之初，遵守它的可能性极高、违反它的可视性极大、执行它的效果极大时，那么这个规则即具备了硬规则的特质，反之，则只能将该规则归为软规则。

除上述三个标准之外，规则的制定主体也是区分二者的关键，但溯及刑事合规问题之中，规则的制定者不再单单是区分标准的问题，而是涉及刑事合规制度的发展中企业和国家话语权的交接、犯罪预防私有化的平衡点的核心要素，因下文对此有详细解读，在此不再赘述。

由此，表象化的刑事合规之所以无法达成其设立之初的目的也就显而易见了。正如笔者上文所述，表象化的刑事合规是以软规则为标杆来建构内部合规结构的，西方国家因其法治土壤的完备，在一开始即给予企业高度的自治，企业可以选择是否在内部制订合规计划，而制订合规计划的企业往往也是觊觎合规计划带来的经济利益和法律利益，即规避大额的经济罚单和对企业高管的追责，而非承认刑事合规对于企业风险防控的可信度；同时，恰恰因为表象化的刑事合规为了粉饰太平，从而导致大量的高价位低性能的企业内部合规机构的成立，而这些机构不仅无法自查自纠，反而在某些违规行为上重蹈覆辙，相关犯罪依然难以发现，甚至与其他企业机构产生排斥反应，不利于企业的发展。所以，以软规则为标杆建构起来的刑事合规制度无法达成防治企业犯罪的目标,进行企业合规治理的目的也就不难理解了。

退一步讲,落实到我国的企业腐败犯罪治理上,囿于国家对于经济的发展需求,我国经济环境确实存在国企与民营企业在经济犯罪上的处置不平等、融资环境、资源获取上的不平等、官商勾结、权力寻租、企业贿赂等现象,但企业犯罪态势居高不下,与相关规则的发展在向软规则的特质靠拢或许也有一定的关联。以企业贿赂现象为例,我国企业贿赂具有组织化、隐蔽化、长期化与国际化的特征[1],并且随着世界经济全球化、法人组织复杂化、经营活动跨国化,各国在预防法人贿赂犯罪方面不得不面对调查取证越来越难的挑战。[2] 正是因为这些特点,企业贿赂现象难以被揭发,相关证据链条无法连接,刑事追诉难以成功,而深究这背后的原因,则在于经济环境不允许某些企业去百分百地避免违反刑法中的规制条款,更何谈对于刑事规则的信赖,许多涉案人员认为收回扣并不涉嫌犯罪,仅仅是一些"潜规则"。因此,企业反腐罪最大的困难即在于发现难,群众举报几乎为零。[3] 结合上述的三个标准,针对企业反腐的相关规则即使不能完全说是软规则,也多少具备了软规则的特征。

随着现代企业经营环境风险的加剧,尤其是21世纪以来美国系列公司丑闻的直接刺激,许多国家已经意识到必须将刑事合规规则由任意性条款转向强制性措施。在日本,《公司法》《公司法施行规则》《金融商品交易法》都规定了董事的内部控制义务,实践中的大量的股东代表诉讼也都确认了董事负有控制义务,董事因未尽内部控制义务而对公司承担巨额赔偿责任。自"安然事件"后,《萨班斯-奥克斯利法案》也要求企业建立内控措施,内控报告由自愿性披露转向强制性披露。[4] 可见,西方国家在刑事合规问题上观念的转变,在目前阶段不再寄希望于企业的高度自治来实现企业犯罪治理,即使是澳大利亚犯罪学家布雷斯韦特多元立体犯罪控制金字塔模型中的"强制的自制"理念,笔者认为其本质仍是强制。因此,企业犯罪治理的建构应当以刑事合规为中心,且应当以硬规则为标杆和方向进行发展。

因此,将刑事合规视作硬规则,或从长远来看以硬规则的特质来要求刑事合规中国化的改造,更加符合中国国情,对于刑事合规规则的推介可能不需要经历其他国家由任意向强制、"由软及硬"的发展历程。

(二)以硬规则为标杆的刑事合规的优势

笔者已经证明了选择硬规则作为刑事合规制度发展的标杆优于选择以软规则作为标杆,其优势在国家、企业和可能涉及的第三方咨询机构方面均可获得支持。

首先是国家的利益方面。刑事合规作为自治与刑事追诉私权化的外在表现形式,对于国家机关难以介入的发生在公司、企业和其他社会子系统内部的犯罪以及源于它们的犯罪

---

[1] 参见周振杰:《惩治企业贿赂犯罪合作模式之提倡》,载于《云南社会科学》2016年第4期。
[2] 参见周振杰、赖伟静:《合规计划有效性的具体判断:以英国SG案为例》,载于《法律适用》2018年第14期。
[3] 参见王阳:《扩大监察覆盖面推进民企反腐常态化》,载于《法制日报》2019年8月29日第5版。
[4] 参见李本灿:《企业犯罪预防中国家规制向国家与企业共治转型之提倡》,载于《政治与法律》2016年第2期。

有很好的防治效果,通过使公司自身建立监督体系或开展内部调查的方式承担贯彻现行法律的义务,将成本转嫁给公司,国家可以降低司法成本,同时公司自身内部的调查得出的结果往往可以使国家层面的刑事追诉成为可能,或者至少会明显对其发挥推动作用。基于这种思路,有学者提出中国特色"公权合规计划",其核心在于,公权组织或者其他依法行使法定公共职权的组织,在法定框架内,结合组织性质、公权性质与组织规模等因素,设立有效运行法定职权的规范系统,以达到有效运行公权、确保公权合规行使的机制系统。[1]

其次是企业的利益方面。关于公司的利益可以划分为法律利益与经济利益。就法律利益而言,它们从一般性的利益开始,即通过刑事合规避免一切形式的不利于企业或者其领导人的法律,这无疑对企业领导层具备极大的诱惑力;同时,最明显的经济利益无疑是企业利益的最大化,或者消极地表述为:避免因对不当举止的处理和施加的外部惩罚而遭受损失。例如,在西门子案中,因为缺乏合规措施而承担的费用高达 22 亿欧元,无疑令人印象深刻。当然,为了贯彻刑事合规的制度,在企业内部设立专业的合规部门,配备专业的合规负责人,进行员工的定期培训等手段所产生的成本,对于中小企业而言可能是不符合效益原则的,这也可以推演出,为了契合企业的经济利益,刑事合规制度的发展从一开始就不应当是统一的封闭的,应当是分阶段进行的。为避免合规再次走向软规则的怀抱,企业在建构内部合规机构的同时,必须强调企业文化的渗透,成功的合规应当最终形成良好的企业文化,这无疑是刑事合规的灵魂。

最后是第三方咨询机构的利益方面。在刑事合规方面,新的机构和研究所可能成为合规计划发展的必需品,在新的法律业务领域,律师的法律咨询市场将呈爆炸式增长的趋势,同时在律师和会计师的资讯市场中,合规计划将创造出许多前所未有的机遇。

三、刑事合规建构之阶段论

以刑事合规为中心来建构企业犯罪治理的硬规则,显然这是一个循序渐进的过程,不可能一蹴而就,并且在这个多阶段的发展过程中,国家和企业扮演着不同的角色,二者的对角戏将贯穿合规发展的始终。从国内学者对刑事合规概念上的理解也可佐证这一观点,如孙国祥教授认为,"刑事合规,是指为避免因企业或企业员工相关行为给企业带来的刑事责任,国家通过刑事政策上的正向激励和责任归咎,推动企业以刑事法律的标准来识别、评估和预防公司的刑事风险,制定并实施遵守刑事法律的计划和措施"。[2] 李本灿教授认为,"刑事合规实际上是借助刑事法手段,构罪或者量刑,以推动组织体自我管理的相关立法和实

---

[1] 参见魏昌东:《监督职能是国家监察委员会的第一职能:理论逻辑与实现路径》,载于《法学论坛》2019 年第 1 期。

[2] 参见孙国祥:《刑事合规的理念、技能和中国的构建》,载于《中国刑事法杂志》2019 年第 2 期。

践"。[1] 从上述定义不难看出,国内学者基本上均提倡国家与企业的共治模式,刑事合规的发展应当分阶段进行。在此之后,应当思考的一个核心问题是,具体规则的制定者应当由谁来担当。刑事合规规则的制定者应当由不同角色来承担,并且在制度的发展过程中,刑事合规必不可能一蹴而就,而应当是分阶段循序渐进。在此之中寻找二者之间的平衡点是重中之重:

(一) 规则的制定者由国家和企业共同承担

刑事合规在中国企业犯罪治理的硬规则建构中的总体设计为:在现代企业治理中,企业内部根据自己企业的实际需要制定具体的规章制度、行为准则用以日常经营、自察反腐、培养良好企业文化等;在企业外部,使得刑事合规得以在企业治理中有效施行的配套的外围措施是刑事合规成为硬规则的硬性条件,国家应当在不同的阶段分别承担不同的角色,该进则进该退则退。同时,企业对于自身的刑事犯罪应当建立与国家公权力机关的对接机制,企业的犯罪防治由单一的国家治理转向国家与企业的共同(协商)治理。甚至当立法者可以接受企业制定的标准,可以进一步提高该标准以及对标准的解释的可信度和效力,最终可能使得这个标准成为行业标准甚至法律。

当然,即使刑事合规制度适合中国未来企业犯罪防治的发展,也应当考虑当下中国国情和经济相关领域的现状。毋庸置疑,照搬某个国家的某项制度是不可取的,我们应当分阶段地推介刑事合规,在不同的阶段,国家和企业所扮演的角色也附随着产生变化。

(二) 规则制定的阶段论之思考

刑事合规的发展需要分几个阶段进行认识,已经获得许多国家的共识,并且一些学者已经提出了建设性的意见,根据金伯利·D. 克拉维克教授在其《表象化的合规与协商治理的失败》一文中的理念,刑事合规应当分四个阶段发展:第一阶段是制定正式的政策和不完备的法律;第二阶段是填补契约空白;第三阶段是普及化和制度化;第四阶段是正式合法化。[2] 克拉维克教授的阶段分析大致方向是正确的,法律建设是一个当事方协商让步的过程,其目的是达成一个各方利益都均衡的协议,不过以上的阶段分析对于目前我国的企业犯罪治理而言仍有所偏差。因此,笔者认为,刑事合规的发展阶段可以按如下进行:

第一阶段为国家政策指导下的刑事合规试行阶段。文章开篇即言,我国已经逐渐意识到刑事合规对于防治企业犯罪方面的重要性,并相继出台了相关的文件。笔者认为,既然有意在企业治理方面推行刑事合规,但我国目前企业的普遍发展程度还无法达到自行合规完善形成合规文化的地步,国家在此时应当主动承担政策引导者的角色,在银行、商业机构和证券业进行刑事合规的试行,国家层面成立刑事合规专门委员会,根据政策需要筛选会计师、律师、审计师等专业人员组成合规负责(监管)机构,通过培训的合规负责(监管)人再派

---

[1] 参见李本灿:《刑事合规理念的国内法表达——以中兴通讯事件为切入点》,载于《法律科学(西北政法大学学报)》2018年第6期。

[2] 参见[美]金伯利·D. 克拉维克:《表象化的合规与协商治理的失败》,李本灿译,载于李本灿编译《合规与刑法:全球视野的考察》,中国政法大学出版社,2018年版,第125页。

往试行的银行、商业机构和证券公司,进行合规的再设计、评估和自查等合规业务,并要求他们定期向合规委员会提交合规汇报,由合规委员会总结经验,同步完善相关合规指导政策;与此同时,在银行、商业机构和证券业所在地区建立合规研究所,召集专家学者,针对现时反馈的合规信息,结合域外经验,进行相应的研究并向合规委员会提出处置建议。

第二阶段为相关行业大型企业共同参与的刑事合规阶段。合规委员会根据合规负责(监管)机构和合规研究所的成熟程度决定,是否在相关行业的有能力承担合规风险的大型企业内进驻合规负责(监管)机构。当企业与合规专业人员双方均达到可以协商治理的程度时,双方可以共同参与企业内部刑事合规结构的建设,合规负责(监管)机构此时承担起一部分合规委员会的职责,即对于企业反馈的合规业务进行审查,就不符合要求的合规业务反馈给合规委员会,并指导企业进行修正,对不接受修正的企业有权直接强制停止合规计划的进行。在企业不能及时跟进合规业务的更新时,合规负责(监管)机构应对企业的合规业务进行及时的修补更新,确保合规业务与企业业务的同步性,并定期在企业内部开展合规培训,确保企业人员对于合规文化的认同感。此外,当行业发展进入平衡阶段,对于相关行业内形成的共同合规见识,合规负责(监管)机构可以向合规委员会进行申报,由合规委员会审查并转交给立法者进行二次审查,以决定是否提升为行业内部的通用合规计划。

第三阶段为相关地区企业共同参与的刑事合规阶段。在经历前两个阶段的适应之后,刑事合规的发展可以说进入到一个新的实质性的阶段,在这一阶段中,刑事法手段应当适当地介入了,当然,在这一阶段刑事法还不必发挥其反向归咎的机能,而主要是借助刑罚的激励机制促进某地区内企业对于刑事合规的热衷以推介刑事合规发展阶段的顺利进行。合规负责(监管)人应当根据行业需求,进一步地发展分化,形成一种新的职业形态,并细化为不同行业的合规负责(监管)人。在国家机关和企业双方的对接方面,企业的某些业务的开展,必须以具备形式上的合规计划为必要,此时合规负责(监管)机构应当助推企业的合规结构符合国家的要求,并且在企业发展中,要保证合规计划的有效性,并定期进行合规计划有效性的审查[1]。同时,地区机关可以参考合规委员会的意见进行地区立法,将合规计划的发展接纳在法秩序的发展之中,确保合规计划健康发展,尤其在企业的犯罪制裁方面,对制订合规计划并有效执行的企业减免刑事责任,对制订合规计划但没有有效执行的企业,督促合规负责(监管)机构和企业共同恢复合规计划的有效性。

第四阶段为区域内企业参与的刑事合规阶段。在地区企业参与后的刑事合规制度已经发展得较为丰满,企业对合规计划和合规文化的耐受性程度已经较为普遍,此时刑事法应当发挥其反向归咎的机能。这个阶段的刑事合规制度已经接近完全体,当企业出现相应犯罪行为,法院此时可以考察其是否制订了合规计划以及合规计划的有效性。当企业制订了合规计划并有效执行时,应当减免刑事责任;反之,则应当加重刑事责任。当然,如果企业提出可以在一定期限内改变合规计划的结构,改革企业内部的规章制度,预防再犯,法院可以暂

---

〔1〕 关于合规计划的有效性详见周振杰、赖伟静:《合规计划有效性的具体判断:以英国SG案为例》,载于《法律适用》2018年第14期。

缓起诉，并视企业改良的结果给予不同程度的刑罚或者不起诉。[1]

第五阶段（最终阶段）为企业合规文化的形成阶段。当刑事合规发展到第四个阶段时，实际上已经基本具备全国推广的条件，刑事法与其他相关法律已经可以纳入合规制度的相关内容并付诸实施，但是如果没有形成良好的企业文化，那么这种刑事合规是没有灵魂的，甚至可以说刑事合规在某一发展阶段出现了问题导致该制度并没有完全成功。企业合规文化的发展与刑事合规的发展一样，也是多阶段的，为了更好地审视刑事合规制度完全形成，笔者认为企业合规文化的形成应当在刑事合规的各个阶段中渗透，具体可以分为以下几个步骤：

第一步，广而化之的，各行各业都应当遵循的合规文化。刑法典规定的违法行为自不必说，抵触垄断禁止法的串通投标、抵触金融商品交易法的内幕交易、粉饰决算等，这些明显构成犯罪行为的便是最具代表性的共同事项。另外，虽说未必是犯罪行为，但成为严格的行政规制的对象的，或是明确地被当成民法上的不法行为的事项也被包含在了共同事项中。对于其周边的企业活动而言，从"预防"合规文化的观点出发，其越重视就越不得不变得更加详细，在这种情况下我们可以预想到，设立新的共同框架会因行业及企业规模而面临困难。

第二步是考虑行业的特殊事由（有的情况下是企业规模），设定出具有柔软性的合规文化。例如，即使是在制造业这个行业，与国民健康休戚相关的医药品制造企业或是健康乃至食品制造企业与其他制造业之间存在或多或少的差异。而就言论、出版、广播等企业而言，与言论、表现自由等有关的行业也许能形成独树一帜的局面。另外，对于金融证券保险相关企业而言，以最近的金融危机为契机，或许也能形成独树一帜的局面。例如，对于所谓风险企业而言，若排除某种风险性要因或许就根本无法开展企业活动。

第三步是在以上各阶段的基础上企业也可以纳入独特的规则，从而制定更加细致的合规文化。这应当被称为公司风气、公司规范或是企业法则等，也许还包括员工接待顾客的做法等。但这可以说已经是法律框架以外的东西了。[2]

能够经历以上三个阶段的企业合规文化，才可真正地嵌入刑事合规的灵魂，这样发展完备的刑事合规，企业必须百分百地去执行，否则企业在经济活动中将寸步难行，由此，以刑事合规为中心的企业腐败治理的硬规则的建构基本上就完成了。

---

[1] 关于不同程度的刑罚，可以借鉴组织体量刑指南设立的责任点数规则，即随着企业罪责的增加或减少，基础罚款会乘以 0.05 到 4 之间的一个倍数，因此罚款可能会被减少到原始数值的 1/20 或者增加到原始数值的 400%。

[2] 参见[日]甲斐克则：《企业的合规文化·计划与刑事制裁》，谢佳君译，载李本灿编译《合规与刑法：全球视野的考察》，中国政法大学出版社，2018年版，第275页。

法国反腐败合规立法创新及其启示

陈 萍*

2016年12月9日,法国第2016—1691号《透明度、反腐败和经济生活现代化法》(即"Loi Sapin 2",下文简称《萨潘法2》[1])颁布,旨在预防腐败、提高透明度、加强企业内部风险管理和监督的义务。《萨潘法2》是一部具有较高原创性的法律,通过全新的实体性和程序性的法律框架,引入全新的反腐败合规制度,重点强化反腐败斗争中的企业义务,同时促进"合规"理念在法国法律体系中的渗透。[2] 在"巩固发展反腐败斗争压倒性态势"已经成为我国反腐历史新使命的当下,法国反腐败合规立法的创新式探索,对我国反腐败立法的理念导向、模式选择和机构供给方面具有非常重要的启示意义。

一、法国反腐败合规的立法背景

2016年3月《萨潘法2》正式启动立法程序,短短9个月之后,该法便于12月初完成所有审读程序,正式公布于《官方公报》(Journal Officiel,简称JO)。如此之高的效率和速度在法国立法史上非常罕见。对此,法国国家人权咨询委员会(Commission Nationale Consultative des Droits de l'Homme,简称CNCDH)在其审读意见报告中,曾明言道:《萨潘法2》是通过加速程序完成的,这在某种程度上压缩了立法者对条款内容进行反思和完善的时间,间接地会影响到立法的质量。[3] 但从另一面来说,加速程序本身却足以反映出该立法的现实紧迫性。

(一)国际反腐败环境之要求

在全球范围中,法国整体政治经济环境较为廉洁。从透明国际的全球清廉指数(Corruption Perceptions Index, CPI)排名来看,2012—2017年,法国的得分徘徊在69分

---

* 陈萍,上海立信会计金融学院法学院常任轨教师,巴黎一大与南京大学联合培养博士,华东政法大学博士后流动站研究人员,上海社会科学院法学研究所欧洲刑事法研究中心特约研究员。

[1] Sapin是指法国政治家米歇尔·萨潘(Michel Sapin)。该法也有译成《萨宾法》,为尊重法语发音和著名人物的固定译法,本文采用《萨潘法》之译法。另因萨潘曾主持过1993年1月29日第93—122号《预防腐败、经济生活和公共程序透明度法》的立法,而2016年12月9日第2016—1691号《透明度、反腐败和经济生活现代化法》与前法在立法宗旨、立法内容等多个方面具有承继性关系,故该法又被简称为《萨潘法2》。

[2] 法国总检察长让-克劳德·马兰(Jean-Claude Marin)在2017年7月6日举行的"合规"会议开幕式上致敬辞,https://www.courdecassation.fr/publications_26/prises_parole_2039/discours_2202/marin_procureur_7116/compliance_37302.html,访问日期:2018年9月27日。

[3] CNCDH报告原文地址:https://www.legifrance.gouv.fr/affichTexte.do?cidTexte=JORFTEXT000033560422&categorieLien=id,访问日期:2018年11月18日。

(2014/2016)、70分(2015/2017)和71分(2012/2013)之间,排名则波动于第22位(2012/2013)、第23位(2015/2016/2017)和第26位(2014)之间。但是,若将范围缩小到发达国家尤其是欧洲国家来看,法国的腐败问题则较为严重。长期以来,法国CPI排名均低于欧洲邻国(荷兰、卢森堡、瑞士、德国、瑞典、英国等)。[1] 全球清廉指数反映的是企业家、经济学者及风险评估人员对各国腐败状况的观察和感受,排名高低较大程度上反映某个国家的经济发展和腐败治理情况。其中,各国企业是否主动建立守法文化、腐败风险预防机制是一项重要考虑因素。然而,尽管法国绝大部分企业能够较好地履行其反腐败义务,但因为欠缺国家层面系统性的顶层设计,使得法国企业的该项得分较低,一定程度上影响了得分和排名。加之长期以来,法国经济增势始终低迷,增长率一直低于2%,增速始终徘徊于低区间,在激烈的国际竞争中难掩其捉襟见肘。自密特朗时代开始,法国政府对市场进行管理的目的已经转变为"使法国经济更适应欧洲乃至世界市场的需求"。[2] 不得不说,促进本国经济社会发展正是法国如此急于全面推进企业自主反腐制度的内在刚需。

若聚焦于腐败犯罪的刑事治理层面,法国的司法机关则似有懈怠之虞。对此,世界经济合作与发展组织(Organisation for Economic Co-operation and Development,简称OECD)在其2014年年度报告中,毫不讳言地指出,"现如今,在法国,对违反公共廉洁义务和经济领域的重大违法犯罪行为进行的追诉和处罚非常不足"。[3] 但是,至今这种状况也未得到明显改善。据统计,2016年,法院共判处253起腐败犯罪案件。10年来,这个数字一直保持相对稳定。其中,犯案率较高的分别是贿赂罪(41%)、徇私罪(12%)、非法获取利益罪(11%)。[4] 另以"向国外公职人员行贿罪"(《刑法典》第435—3条)为例。2000年6月30日第2000—595号《关于〈刑法典〉和〈刑事诉讼法典〉中反腐败条款的修订法律》就已将该罪名规定在《刑法典》之中,但至今尚无任何法国企业因海外腐败行为而受到法国本国司法机关的处罚。

当然,无法否认的是,在目前反腐败比以往任何时候都更加重要的国际背景下,《萨潘法2》的立法目标之一是满足法国司法机关的国际管辖权限之需求,尤其是与美国司法机关竞争腐败犯罪的管辖权。与本国司法追诉寥寥无几形成鲜明对比的是,法国企业却在其他国家,尤其是在美国,因腐败问题而遭受巨额处罚。特别引起法国媒体关注的是,近年来,不少法国公司因行贿外国公职人员而受美《海外反腐败法》(Foreign Corruption Practices Act,FCPA)管辖,最终接受认罪协议,并支付高额罚款。比如,2010年,阿尔卡特朗讯(Alcatel-Lucent)股份有限公司被罚1.37亿美元,德西尼布(Technip)股份有限公司被罚3.38亿美元;2013年,道达尔(Total)股份有限公司被罚3.84亿美元;2014年,阿尔斯通(Alstom)股

---

[1] http://www.transparency.org/research/cpi/overview,访问日期:2018年10月15日。
[2] 张亦珂:《法国的国家干预经济经验及对我国的启示》,载于《经济问题探索》2014年第6期。
[3] 2014年经合组织(OECD)关于法国执行《经合组织反腐败公约》第3阶段跟踪报告,报告原文:http://www.oecd.org/fr/daf/anti-corruption/France-Rapport-Suivi-EcritPhase-3-FR.pdf,访问日期:2018年11月02日。
[4] https://www.economie.gouv.fr/afa/rapports-annuels,访问日期:2018年9月20日。

份有限公司被罚7.22亿美元。[1]这些法国公司因本国无合规要求,在签订协议之时,无法享受减免政策优惠,使其处于非常被动之境遇。更加引起法国当局关注的是在反腐败执法的不平衡现象背后,如影随形的是本国数据保护、金融安全、国家安全等重大议题。

(二)国内反腐败法律之沿袭

客观来讲,自1980年以来,在紧锣密鼓的中央与地方分权运动的背景下,法国的反腐败斗争才取得标志性发展。1982年《市、省、大区权力和自由法》标志着分权运动的开始,创建地方审计法院(Chambre Régionale des Comptes),以检查地方行政区域的管理情况。1983年7月13日第83—634号《公务员权利和义务法》禁止公务员从其管理下的企业获取利益。在1988年政治金融丑闻背景下,出台首个规定政党筹资的整体性法律——1990年1月15日第90—55号《政治生活财务透明度法》,创建全国竞选账目和政治资金委员会(Commission Nationale des Nomptes de Campagne et des Financements Politiques,简称CNNCFP)。1993年1月29日第93—122号《预防腐败、经济生活和公共程序透明度法》(《萨潘法》),创建预防腐败中央服务处(Service Central de Prévention de la Corruption,简称SCPC),主要任务是向行政单位、公共部门提出防止腐败的意见,收集有关腐败的信息,分析腐败发展状况、规律并提出应对之策。

此后,直到2013年,法国才开始新一轮的反腐败立法改革进程,打击腐败并提高公共生活透明度。2013年10月11日第2013—907号《公共生活透明度法》创建公共生活透明度最高委员会(Haute Autorité pour la Transparence de la Vie Publique,简称HATVP),通过监管特殊人员的利益和财产申报情况,以防止当选官员和高级官员的利益冲突。2013年12月6日第2013—1115号《国家金融检察院组织法》和第2013—1117号《打击逃税和严重经济金融犯罪法》,创建国家金融检察院(Parquet National Financier,简称PNF)和反腐败、金融与税务犯罪的中央办公室(Office Central de Lutte contre la Corruption et les Infractions Financières et Fiscales),负责调查全国范围内重大复杂的金融腐败案件。2014年9月9日,巴黎大审法院第32号刑事法庭成立,专门处理国家金融检察院负责的案件。2015年8月7日第2015—991号《共和国地方新组织法》强化地方当局的预算和财务透明度义务。2016年4月20日第2016—483号《公务员道德和权利义务法》再次规定公职人员的廉洁义务和公正原则,并明确应在公共服务部门中任命道德协调员(référent déontologue),为公职人员提供咨询和建议,进而更好地履行上述义务。

不难发现,法国反腐败的立法改革的历史表现出"强化透明度义务、建立专门机构"主要趋势。从历史上反腐败立法的对象来看,立法者关注的重点一直是公共领域中公职人员的腐败现象,而且多以道德伦理规范和事后制裁为主。对于经济领域中,企业主动性地开展反腐败的义务关注不足。结合国际反腐的潮流趋势,法国是时候在对本国立法继承的基础上,更进一步,将反腐败当作全社会的共同责任,更加注重私营经济中的反腐败事务,促进国家和企业的共同治理,并通过立法完成顶层设计。

---

[1] https://www.sec.gov/spotlight/fcpa/fcpa-cases.shtml,访问日期:2018年12月19日。

二、法国反腐败合规的机制创新

《萨潘法 2》第 2 章"打击贿赂和各种违反廉洁义务行为的其他措施"第 17 条—第 24 条[1]集中规定反腐败合规制度。根据适用范围、义务主体、法律后果等不同,法国反腐败合规制度主要分为以下三种不同类型:

(一) 行政法中的反腐败合规

与美国法将合规作为企业承担刑事责任时的量刑考量因素不同,《萨潘法 2》往前更进一步,该法中的反腐败合规首先是特定企业必须依法遵守的法定义务。该义务是否得到有效履行也无须等到是否真正出现腐败犯罪才能盖棺定论。《萨潘法 2》在借鉴《美国联邦量刑指南》中合规计划[2]的基础之上,明确规定标准化的程序和措施要求,并确定怠于履行反腐败义务时,行政机关能够施加的阶梯式处罚方式。

《萨潘法 2》第 17 条规定,满足以下雇员人数标准和营业收入标准的企业应当建立反腐败合规制度,以预防和发现发生在法国或国外的贿赂或利用影响力交易行为:(1) 雇员人数达到 500 人,或隶属于总部设在法国且雇员人数达到 500 人的公司集团;(2) 单独报表或合并报表中的营业收入达到 1 亿欧元。反腐败合规制度应包括如下 8 个方面的措施和程序:(1) 行为准则,界定并说明可能被视为贿赂或利用影响力贿赂的不同类型的行为;(2) 内部举报系统,旨在收集雇员关于存在违反法人行为准则的行为或情况的举报;(3) 定期更新的风险绘图资料,旨在识别、分析和排列以诱惑法人贿赂为目的的外部风险,尤其是根据活动部门和法人经营业务的地理区域;(4) 评估程序,对客户、一级供应商和中介机构就风险绘图方面的情况而进行;(5) 内部或外部的会计监督程序,旨在确保账簿、记录和账户不被用于隐瞒贿赂或影响力交易;(6) 培训机制,针对最容易受到贿赂和影响力交易风险的高管和职员;(7) 纪律制度,允许违反法人行为准则时对法人的雇员予以制裁;(8) 执行措施的内部

---

[1] 本部分内容由《萨潘法 2》法条翻译、梳理、总结而成,法条原文地址:https://www.legifrance.gouv.fr/eli/loi/2016/12/9/ECFM1605542L/jo/texte,访问日期:2018 年 8 月 15 日。

[2] 《美国联邦量刑指南》列明模范合规计划的关键要素:(1) 确立预防和发现不法行为的规范和程序。(2) A. 组织管理机构应该熟知合规及伦理计划的内容和运行状况,并对计划的有效运行进行监督; B. 组织高层人员应该按照量刑指南的标准建立有效的合规及伦理计划,并由高层专职人员对此负责;C. 负责合规的人员应该逐日对合规情况进行监管并定期向组织高层报告合规情况,于适当机会,向主管部门或者其隶属机构报告合规及伦理计划的执行情况及有效性;D. 为了有效执行该任务,特定员工应该被提供充足的资源和权威,直接向相关部门报告合规情况。(3) 组织应尽其所能确保其所知道或者通过特定程序应当知道的曾经实施过不法行为或者其他不符合合规行为的员工不被雇佣到合规部门。(4) 组织应当采取必要措施,包括组织培训以及其他适当的传媒措施,定期就合规及伦理计划的标准、程序及其他方面与监督机构职员、高层职员、普通员工以及组织代理人进行沟通。(5) 组织应当采取适当措施保证合规及伦理计划得到遵守,对犯罪行为进行监督核查,对计划的有效性进行评估,建立匿名举报机制以消除员工对报复的担忧。(6) 组织的合规及伦理计划应当通过适当的奖励机制及惩罚机制对合规行为进行奖励,对犯罪及其他不合规行为进行惩戒,从而使计划得到加强。(7) 犯罪行为被发现之后,组织应当迅速采取措施对此进行反应,并通过对合规及伦理计划的适当修正预防类似行为的再次发生。

监督和评估机制。

建立和实施企业反腐败合规制度的义务主体是作为企业相关负责人的自然人(董事会成员、总裁、总经理或经理)[1]。但无论上述人员的责任如何,只要违反上述合规义务,企业都应承担责任。对此,法国反腐败局(Agence Française Anticorruption,简称 AFA)承担企业反腐败合规措施和程序实施情况的监管职责。如果发现企业存在未遵守上述合规义务的情况,在给予有关人员提交说明的机会之后,该局可向企业的代表发出警告,可以命令企业及其代表在最长 3 年的期限内,根据其建议调整预防和发现腐败或影响力交易的内部合规程序。当然,如果此时企业还不能有效改正,反腐败局有权通过其下设的制裁委员会对企业处以 100 万欧元罚款并对相关自然人处以 20 万欧元罚款。对于反腐败局的处罚决定,相关企业若有异议,可在接到有争议决定后 2 个月内,向行政法院提起完全裁判之诉(le recours de pleine contentieux)[2]。

(二) 刑法中的反腐败合规

正如有学者指出,真正意义上的"合规计划"应当有刑法担当,没有刑法担当的"合规计划"不是真正意义上的"合规计划"。[3]《萨潘法 2》勇于创新性地将合规计划(programme de mise en conformité)引入法国刑罚体系。该法中法国立法者创立合规计划之附加刑,适用于被认定犯有贿赂及其他违反廉洁义务行为的法人,以防止上述行为之再犯或不适当的企业政策之实施。

《萨潘法 2》第 18 条对《刑法典》做出重要修订,在第 1 卷(总则)第 3 编(刑罚)第 1 章(刑罚之性质)第 2 节(法人适用之刑罚)第 1 小节(重罪及轻罪刑罚)第 131-37 条至第 131-39-1 条之后,新增第 131-39-2 条。根据《刑法典》第 121-1 条之规定,若法人应对特定轻罪承担刑事责任,则可判处合规计划之刑罚:在法国反腐败局监管下,在最长 5 年的期限内,提交一份合规计划,旨在确保特定的措施和程序在法人内部得以建立并实行。2004 年 3 月 9 日生效的第 2004—204 号《关于促使司法适应犯罪发展的法律》废除法国法人刑事责任的"特例原则"(le principe de spécialité),将其全面普遍化,可适用于所有犯罪类型,并均可对法人判处罚金刑。[4] 然而,若要对法人判处罚金刑之外的其他刑罚,则必须由法律明文规定。此处,根据《萨潘法 2》的明确规定,可对法人判处合规计划刑罚的轻罪仅仅包括以下 12 个罪名:《刑法典》第 433-1 条个人行贿罪、第 433-2 条利用影响力交易罪、第 434-9 条

---

[1] 根据企业性质不同,合规义务的责任人也会有所不同。一般而言,股份有限公司(SA)的责任人是总裁、董事或董事会成员,简易股份有限公司(SAS)/一人简易股份公司(SASU)的责任人是总裁或董事,有限责任公司(SARL)、一人有限责任公司(EURL)、股份两合公司(SCA)和共同名义公司(SNC)的责任人则是经理。

[2] 法国行政法中,共有四种类型的行政诉讼,分别是对越权行政行为提起的撤销之诉(le contentieux de l'excès de pouvoir),可对涉案行政行为撤销、确认、变更甚至是替代的完全裁判之诉(le recours de pleine contentieux),行政行为合法性的解释和评定之诉(le contentieux de l'interprétation et de l'appréciation de légalité)以及处罚之诉(le contentieux de la répression)。

[3] 李勇:《"合规计划"中须有刑法担当》,载于《检察日报》2018 年 5 月 24 日第 3 版。

[4] 陈萍、孙国祥:《中法法人犯罪刑事规制体系对比与借鉴》,载于《学海》2017 年第 6 期。

倒数第2款司法人员受贿罪、第434-9-1条第2款向司法人员行贿罪、第435-3条向国外公职人员行贿罪、第435-4条向对国外公职人员有影响力的人行贿罪、第435-9条向国外司法人员行贿罪、第435-10条向对国外司法人员有影响力的人行贿罪、第445-1条非公职人员行贿罪、第445-1-1条向体育比赛运动员行贿罪、第445-2条非公职人员受贿罪、第445-2-1条体育比赛运动员受贿罪。

上述"特定的措施和程序"则具体是指：(1) 行为准则，界定并说明可能被视为贿赂或利用影响力贿赂的不同类型的行为；(2) 内部举报系统，旨在收集雇员关于存在违反法人行为准则的行为或情况的举报；(3) 定期更新的风险绘图资料，旨在识别、分析和排列以诱惑法人贿赂为目的的外部风险，尤其是根据活动部门和法人经营业务的地理区域；(4) 评估程序，对客户、一级供应商和中介机构就风险绘图方面的情况而进行；(5) 内部或外部的会计监督程序，旨在确保账簿、记录和账户不被用于隐瞒贿赂或影响力交易；(6) 培训机制，针对最容易受到贿赂和影响力交易风险的高管和职员；(7) 纪律制度，允许违反法人行为准则时对法人的雇员予以制裁。与前文作为法定义务的反腐败合规制度相比，作为附加刑罚的合规计划中并不包括《萨潘法2》第17条中的"内部监督和评估机制"。对已经触犯腐败罪名的企业而言，可以逻辑地推导出其内部监督机制已经完全失效，否则不会出现腐败犯罪的严重后果。因此，无法再依靠企业本身的内部监督机制来确保合规计划的建立，而只能通过法国反腐败局的监督来代为实现。故此，受刑的企业应当承担法国反腐败局因求助专家或适格的个人或机构协助其实施法律、财务、税务和会计分析的费用，但这些费用的数额不得超过该刑罚所判之轻罪的罚金数额。

关于合规计划刑之执行程序，《萨潘法2》第18条同时对《刑事诉讼法典》第764-44条做出修订。合规计划刑在共和国检察官的监管下执行。反腐败局至少每年向共和国检察官报告判决的执行情况。反腐败局和被判刑的法人都可以告知共和国检察官其在合规计划的制订或实施方面存在的任何困难。反腐败局还应在执行措施的期限届满时向共和国检察官递交报告。当执行合规计划刑罚已经超过1年，并由反腐败局向共和国检察官提交报告说明，被定罪的法人已采取适当的措施和程序来预防和发现腐败行为并表明后续行动已非必要，共和国检察官可向刑罚执行法官提出申请，通过充分说理判决提前终止刑罚。

从司法实践来看，至目前为止，法国刑事法院仍未做出相应判决。值得称赞的是，法国立法者已对企业不执行合规计划刑的情况予以规定。《萨潘法2》进一步对《刑法典》修订，在第4卷(危害民族、国家及公共秩序之重罪和轻罪)第3编(危害国家权威罪)第4章(妨害司法罪)第3节第3小节(其他妨害刑事司法权威罪)中，新增第434-43-1条规定："被判处第131-39-2条规定刑罚的法人机关或代表未能采取必要措施或妨碍有效履行该刑罚义务的，将被处以2年监禁和5万欧元罚金。对于因本条第1款规定的罪行而被追究刑事责任的法人所处的罚金数额，可增至该法人被定罪并被判以第131-39-2条刑罚的罪行所判决的罚金数额。被判承担刑事责任的法人也得因其被定罪并被处以该刑罚的罪行而受到所有其他刑罚。"

(三) 刑事诉讼法中的反腐败合规

当然,前文所述的合规计划刑至今尚未运用到司法实践中,可能还受到《萨潘法 2》中另一项创新制度——公共利益司法协议(Convention Judiciaire d'Intérêt Public,简称 CJIP)的影响。以该协议为核心,法国法初步建立起与美国法类似的延迟起诉(Deferred Prosecution Agreement,简称 DPA)制度。在经济犯罪领域,延迟起诉已被证明是有威慑并有效果的。法国引入该协议主要也是更高效、更快速地处理经济领域中的重大违法犯罪。这种协商性的刑事司法机制为涉案法人的主动合作提供激励,并通过监管机构的积极介入,有助于涉案法人的自我修正。这得益于合规性的双重维度,通过非刑事性的金钱刑罚来进行惩治,同时通过合规计划来管理受刑的企业,以达到预防再犯之目的,成为法国司法体系中衡量企业反腐败合规性的重要载体。

《萨潘法 2》第 22 条对《刑事诉讼法典》进行了重要修订。在"第 1 卷(刑事政策、公诉和预审之实施)第 1 编(刑事政策、公诉和预审实施之机构)第 2 章检察官第 3 节检察官职责"第 41-1-1 条之后,新增第 41-1-2 条规定,对因特定腐败罪名(《刑法典》第 433-1 条个人行贿罪、第 433-2 条利用影响力交易罪、第 435-3 条向外国公职人员行贿罪、第 435-4 条对国外公职人员有影响力的人行贿罪、第 435-9 条向外国司法人员行贿罪、第 435-10 条向对外国司法人员有影响力的人行贿罪、第 445-1 条非公职人员行贿罪、第 445-1-1 条向体育比赛运动员行贿罪、第 445-2 条非公职人员受贿罪和第 445-2-1 条体育比赛运动员受贿罪、第 434-9 条司法人员受贿罪、第 434-9-1 条向司法人员行贿罪、《税法通典》第 1741 和 1743 规定的洗钱罪及共同犯罪)而受到调查的法人,共和国检察官在起诉之前,可向其建议达成公共利益司法协议,要求其完成以下一项或多项义务内容:(1)向国库缴纳公共利益罚金。该笔罚金数额应与被确认的未履行反腐败义务行为所获利益成比例,最高不得超过未履行反腐败义务行为确认之日前 3 年累计营业额的年平均营业额的 30%。根据检察官确定的时间表,可分期付款,该期限由协议规定但不得超过 1 年;(2)在法国反腐败局监管下,在最长 3 年的期限内,提交一份合规计划,旨在确保《刑法典》第 131-39-2 条第 2 款规定的措施和程序在法人内部存在并得以实行。法国反腐败局因求助专家或适格的个人或机构协助其执行法律、财务、税务和会计分析的费用由被定罪的法人承担,数额范围由协议确定。

若被调查法人同意共和国检察官提出的公共利益司法协议的建议,则共和国检察官通过申请书将协议提交大审法院院长以确定协议有效性。协议建议应附在申请书后。申请书中应包括具体案件事实及其可适用的法律条件。大审法院院长对被调查法人和受害人(必要时,其律师)举行公开听证会。听证会结束后,大审法院院长审核诉诸该程序是否于法有据、其进展是否具有规律、罚金数额是否符合法律规定及协议计划措施是否与腐败犯罪行为所获利益成比例,来决定协议建议是否生效。大审法院院长的裁定应告知被调查法人以及(必要时)受害人,裁定不得上诉。若大审法院院长裁定生效,从生效之日起 10 日内,被调查法人拥有撤回权。撤回通过带回执信件通知共和国检察官。若被调查法人不行使撤回权,则应当切实履行协议中规定的义务。否则,提议失效。生效裁定并不做有罪宣告,也不具有定罪判决的性质和效果。生效裁定、公共利益罚金数额和公共利益协议在法国反腐败局网站公布。执行协议期间诉讼时效中止。法人履行协议规定义务，则检察官不得提起公诉。若大审法院院长认为协议建议无效，或被调查法人决定行使其撤回权，或在协议规定期限内，被调查法人并未充分履行规定义务，则共和国检察官得提起公诉[1]。在起诉和定罪时，法人部分履行协议规定义务的情况应予以酌情考虑。一旦确认协议无效或当该法人没有充分履行规定义务时，共和国检察官通知受调查法人中止履行协议。若有必要，该决定赋予法人要求退还向国库缴纳的公共利益罚金的权利。但是，对于法国反腐败局因监管职责需要而求助专家或适格的个人或机构协助其执行法律、财务、税务和会计分析的由法人承担的费用，协议法人无权要求退还。

值得注意的是，公共利益司法协议不记录于犯罪司法档案，检察官可以公开，并在AFA网站公布。这对于法国公司参与欧盟市场竞争具有非常重要的作用，能防止法国公司被自动剥夺进入某些国家市场权利的经济优势。不过，虽然公共利益司法协议相当于取消被调查法人的刑事诉讼并且不会定罪，法人的机关或代表仍然作为自然人承担刑事责任。另外，检察官决定向被调查的法人提出公共利益司法协议之时，应当告知受害人。一旦确定受害人，除非被调查的法人证明其已支付损害赔偿金，公共利益司法协议中必须同时规定因犯罪行为造成损害的赔偿数额和方式，且赔偿期限不得超过1年。受害人向共和国检察官呈交任何可确定其损害事实和程度的证据。而且，即使公共利益司法协议生效且被调查法人履行合规义务，亦不影响因法人此前未履行反腐败义务的行为而遭受损害之人在民事法庭上要求损害赔偿的权利。一旦生效裁定，受害人可根据《民事诉讼法》中强制还款命令程序之规定，要求法人向其支付损害赔偿金。

从司法实践来看，截至目前，法国已成功适用5起公共利益司法协议案件。缔约法人分别是汇丰私人银行（瑞士）股份有限公司、兴业银行股份有限公司（Société Générale SA）、SET ENVIRONNEMENT简易股份有限公司、KAEFER WANNER简易股份有限公司、POUJAUD简易股份有限公司。根据各自协议规定，汇丰私人银行（瑞士）股份有限公司因洗钱罪和加重情节洗钱罪而受到调查，应支付公共利益罚金157 975 422欧元、受害人赔偿金142 024 578欧元；兴业银行股份有限公司因向国外公职人员行贿罪而受到调查，应支付公共利益罚金250 150 775欧元，并应在2年内建立并实施有效的反腐败合规制度，同时支付300万欧元作为AFA的专家费用等支出。其余3家公司均因在南特向法国电力公司行贿罪而受到调查，应分别支付公共利益罚金80万欧元、271万欧元和42万欧元，分别支付受害人赔偿金3万欧元，并在一定期间（2年、18个月、2年）内建立并实施有效的反腐败合规制度，同时支付一定费用（20万欧元、29万欧元、27.6万欧元）作为AFA的专家费用等支出。[2]

---

[1] 公诉之时，共和国检察官不得在预审法院或裁判法院中引用法人在签订公共利益司法协议程序中做出的陈述或提交的文件。

[2] 这5起案例的公共利益司法协议均公布于AFA官网：https://www.economie.gouv.fr/afa/publications-legales，访问日期：2018年12月27日。

三、法国反腐败合规的体制完善

与反腐败合规机制的具体规定相比,《萨潘法2》对法国反腐败局的着墨更加浓重,足见该局在法国新一轮反腐败体系改革中具有重要地位。《萨潘法2》第1章专章(第1条至第5条)规定该局的职责权限、调查手段、机构设置等。根据《萨潘法2》的授权,2017年3月14日第0063号经济和财政部与司法部法令(arrêté)[1]具体规定该局的机构组成和运作机制。从此,法国反腐败合规制度才得以开始正式运行。

(一)法国反腐败局的职能更新

法国反腐败局是《萨潘法2》新设立的全国性专门机构,受司法部长和预算部长共同领导,任务是协助主管机构和服务对象预防和发现腐败行为。法国反腐败局在继承原中央预防腐败处的基础上得以发展。与其前身相比,法国反腐败局的人员及预算都得到了提升,由原先法国中央预防腐败处的16人增加到约70人,年度预算也由1 000万增至1 500万欧元。与之相适应,反腐败局在吸收前身的意见、建议、培训等"软"措施的基础上,新增行政处罚权、附加刑罚执行监管权、公共利益司法协议履行监督权等"硬"措施。当然,法国反腐败局并非检察机关,如果在履行职能过程中发现腐败行为,法国反腐败局应通知检察机关。

目前,在职责权限方面,反腐败局主要负责:(1)参与行政协调,集中和传播信息,以帮助预防和发现贿赂、利用影响力交易、贪污、非法获取利益、挪用公款和偏袒行为。就此而言,该局的职能范围包括国家行政部门、地方行政单位和任何自然人或法人;(2)制定建议,帮助公法法人和私法法人预防和发现前述腐败行为。这些建议适用于达到特定规模的实体,旨在识别风险性。这些建议会定期更新,以考虑到不断变化的实践,并且在政府公报上以通知名义发布;(3)主动监管国家行政部门、地方行政单位及其公共机构、混合经济公司以及具有公共职能的协会和基金会实施的预防和发现腐败行为的程序的质量和有效性;(4)行使本法第17条、《刑法典》第131-39-2条以及《刑事诉讼法典》第41-1-2条和第764-44条规定的权力;(5)应总理要求,在执行外国当局对总部位于法国领土范围内的公司处以在其内部执行合规程序以预防和发现腐败行为的决定之时,确保遵守1968年7月26日第68-678号《向外国自然人或法人传递经济、商业、工业、金融或技术的文件和信息法》;(6)根据《刑事诉讼法典》第43条,向共和国检察官通知该局在履行职责时发现的可能构成轻罪或重罪的行为。若根据《刑事诉讼法典》第705条第1点至第8点或第705-1条,上述罪行可能属于公共金融检察官的职权范围,法国反腐败局则应同时通知共和国金融检察官;(7)制定并公布年度活动报告。

(二)法国反腐败局的机构人员

在机构组成方面,法国反腐败局主要包括制裁委员会、咨询及战略分析和国际事务分

---

[1] 该法令原文地址:https://www.legifrance.gouv.fr/eli/arrete/2017/3/14/JUSD1707051A/jo/texte,访问日期:2018年8月25日。

局、监管分局和总秘书处。制裁委员会由6名成员组成：2名国务委员（由国务委员会副主席任命）、2名最高司法法院法官（由最高司法法院首席院长任命）、2名审计法院法官（由审计法院首席院长任命）。咨询及战略分析和国际事务分局负责收集和传播信息和最佳做法，制定并更新旨在帮助前述监管对象、预防和发现腐败行为的建议，参与法国主管机构在国际组织内的立场确定，推荐并实施与外国机构的协作、支援、技术支持行动。监管分局通过文件监察和现场监察，具体负责该局的监管工作，评估相关主体反腐败合规措施和程序的质量和效率，同时负责确保制裁委员会决议之执行、监管合规计划刑罚（《刑法典》第131-39-2条）和公共利益司法协议（《刑事诉讼法典》第41-1-2条）中的合规计划之执行。总秘书处负责该局的行政和财务管理，与财政部以及司法部的总秘书处联络，同时提出并实施该局的组织沟通和公共关系政策。

在工作人员方面，法国反腐败局局长应当由司法体系之外的法官担任。局长由共和国总统法令任命，任期六年，不得连任。局长只能在自动请辞、意外事件或严重违反义务时才能终止职务。在履行职务时，反腐败局局长不得受到亦不得要求任何行政部门或政府当局的任何指示。局长不得成为制裁委员会成员，不得参与制裁会议。局长和制裁委员会成员应受职业保密义务约束。反腐败局的工作人员、求助的专家和其他适格的人员以及任何有助于履行监管义务的人员，对其执行任务了解的事实、行为或信息均应受专业保密义务约束，但撰写监管报告所必需除外。任何人不得对其拥有或曾经拥有的、直接或间接利益的经济实体或公共实体进行监管。

（三）法国反腐败局的职权行使

除前文已具体介绍运行机制的监管职能之外，还值得注意的是法国反腐败局行使的检查权。在履行职务的权限范围内，法国反腐局工作人员在法令授权下，得向被监管实体的法定代表人要求提交任何专业文件（无论何种载体）或任何有用的信息。若有必要，工作人员可以进行复印。工作人员可以在现场验证任何提供信息的准确性。在确保交流保密前提下，工作人员可以与任何其认为有交流必要的人员进行讨论。任何阻碍反腐败局工作人员履行职责的行为，均得处以3万欧元罚款。一般而言，这些阻碍行为可能包括拒绝出示文件、拒绝接受工作人员面谈、采用延迟策略来阻碍检查，等等。

2017年，尚无任何政府部门向AFA提出监管申请。2017年10月17日，AFA主动出击执行监管任务，向法国6家公司发出检查通知，要求这些公司应提供相关文件。[1] 2018年2月，AFA在其官网公布初步标准调查问卷，具体列明相关实体需要提供的相关信息。然而，《萨潘法2》对于AFA在检查阶段提出的要求，比如，通过挂号邮件向被检查公司的董事寄送要求公司接受文件检查和/或现场检查的通知，是否可以提出异议并未明确规定。目前也尚未遇到这种情况。从理论上说，受检查的公司可以针对AFA检查过程中的决定在行政法院提起诉讼。因为行政法院的管辖权可适用于任何影响公司现有法律情况的行政行

---

[1] 参见2017年AFA年度报告，报告原文地址：https://www.economie.gouv.fr/afa/rapports-annuels，访问日期：2018年9月13日。

为。若AFA的检查涉嫌滥用权力、滥用程序或违反保密义务,则受检查的公司可提起越权(撤销)之诉。

四、法国反腐败合规的启示意义

近年来,合规计划在企业犯罪治理中的作用越来越受到国内学界的重视。有学者提出,可通过量刑激励推动企业合规,借鉴合规计划中蕴含的企业犯罪惩治的刑罚理念,进一步严密刑事法网,严厉个别犯罪的刑罚,以推动企业自觉实施自我管理。[1] 此次,《萨潘法2》敢于实现理论和实践的双重突破,将合规计划专门运用于反腐败领域,创立专门的监管机构——法国反腐败局,取道刑法和刑事诉讼法,通过附加刑罚和公共利益司法协议的法律工具等具体方式,勾勒出特色鲜明的法国反腐败合规的初步轮廓。发轫伊始,恰可为我国的反腐败立法和企业合规建设提供些许借鉴。

(一) 法治反腐理念之更新

法国思想家孟德斯鸠曾精辟指出:"一个良好的立法者关心预防犯罪多于惩罚犯罪,注意激励良好的风俗多于施行刑罚"。[2] 这为《萨潘法2》的反腐败合规立法提供了最好的注解。正如AFA首任局长夏尔·杜歇(Charles Duchaine)[3] 接受法国《观点报》(Le Point)采访时介绍的那样,AFA采取的是"预防性"路径,旨在针对腐败风险制定"集体纪律"。社会上总有人试图收受贿赂,没有任何立法可以彻底阻止这种现象。但通过结构性的共同监管并要求公司实施"防火墙"措施,会让腐败变得更加困难。当你知道自己受到监管,这就会产生威慑力,更容易地发现异常行为。这对公司来说也是一个形象问题,在打击腐败方面的努力将成为一种"标签"奖励。

这与本文所倡议的积极治理主义理念不谋而合。积极治理主义是国家腐败治理的应然观念选择而首倡的一种理论主张,核心主旨在于,立基于权力的生成与运行过程、围绕权力限制、透明与滥用惩治建构全面、系统的腐败治理体系。积极治理主义提高国家腐败治理能力,是"新国家主义"的必然要求,是解决国家治理危机的必由之路。[4] 加强反腐败立法的预防能力建设,是突破腐败犯罪立法功能瓶颈的关键,也是当下我国反腐败立法创新的重点。确立基于权力的生成与运行过程,围绕权力限制、透明与滥用惩治,积极建构全面、系统的腐败治理体系,重点在于构建有效的腐败预防机制,实现由"惩治法"向"预惩协同型"的积极治理模式转型。

---

〔1〕 李本灿:《企业犯罪预防中合规计划制度的借鉴》,载于《中国法学》2015年第5期。

〔2〕 [法]孟德斯鸠:《论法的精神(上)》,张雁深译,商务印书馆,1982年版,第82页。

〔3〕 夏尔·杜歇在20世纪90年代曾任欧里亚克地区预审法官,2014年起任法国查封和没收资产追回管理局(AGRASC)局长,2017年3月起任法国反腐败局局长。

〔4〕 魏昌东:《积极治理主义提升立法规制腐败的能力》,载于《中国社会科学报》2014年10月31日第6版。

(二) 法治反腐模式之突破

在积极治理主义理念指导之下,《萨潘法2》对反腐败合规的规定初步勾勒出以预防为导向的刑事规范体系,深化腐败的根源性治理,优化刑法预防功能。这种预防功能也较好地体现在国家与企业的二元合作模式之上。既在刑法中将企业自主预防腐败作为刑事处罚措施,又在刑事诉讼中引入公共利益司法协议模式,这种法国式的政府主导下的合作模式愿景宏大。鉴于法律实施时日尚短,我们还无法客观评价其真实效果。但是,这种立法模式选择的现实背景,同样可以无缝切换到我国反腐败立法的客观需求。对此,我国学者也曾建言,合作模式有利于促进企业内部守法文化的形成,其合理性在于其实践价值与实现企业社会责任。中国立法机关可以考虑通过统一单位贿赂犯罪罪名、区分个人与单位刑事责任、将合规计划规定为单位刑事责任的基础,以及增设单位缓刑制度等改革措施,将惩治企业贿赂犯罪的合作模式引入到立法之中。[1]

从企业角度来说,合作模式能够有效避免现行刑罚体系(企业和负责人的双罚制、高额罚金)对企业的毁灭性打击,更长远的考虑是自身发展的内在需求。随着全球反商业腐败力度的加强,"走出去"的中国企业亟须重视内部守法文化的构建。《2017—2018中国合规及反商业贿赂调研报告暨中国年度合规蓝皮书》指出,反洗钱、反垄断、反腐败是2017年中国企业受境外执法最主要的三大原因,占比分别为39.1%、39.1%和26.1%。[2] 对此,反腐败合规不失为一劳永逸的有效路径。随着时间的推移,反腐败合规的自我约束力只会越来越强大。法国市场开放程度高,法律体系健全,投资者合法权益有保障,近几年成为中国投资者首选的国家之一。中国在法国累计投资额从2005年的25亿增加到2016年的115亿欧元。中国的很多企业(比如圣元、海尔、中兴、联想、华为等)在法国的直接投资形式主要就是建立分支机构或办事处。最新的例子是2017年3月,比亚迪宣布在法国博韦市投资1000万欧元建设电动大巴工厂。目前,中国在法创造了4万到5万的就业机会。[3] 在后《萨潘法2》时代,在法国开拓市场的中国企业更应及时跟进应对之策,适应跨国合规经营、提升企业外部竞争力。

(三) 法治反腐体制之革新

《萨潘法2》基于对反腐败合规的顶层设计,果断地攻克了行政法、刑法、刑事诉讼法之间的森严壁垒,使得反腐败合规的机制设计呈现出一致性、连贯性和层次性。在此基础上,法国反腐败局通过集中权限、增加执法手段等方式,加强不同反腐主体权利/权力运行协同,有效地实现"预防与惩治兼顾、预防为主"的反腐败机构功能整合。尤其是,在合规计划刑和公共利益司法协议的执行方面,尽管共和国检察官负责监管,但是最后的执行是由法国反腐败局监督涉案企业的落实情况,只有前两者积极配合,才能防止反腐败合规沦为规范性的象征

---

[1] 周振杰:《惩治企业贿赂犯罪合作模式之提倡》,载于《云南社会科学》2016年第4期。

[2] http://www.legalweekly.cn/article_show.jsp? f_article_id=16107,载于法制周末网,访问日期:2018年12月01日。

[3] 潘诺、汪信君、郭亮:《马克龙的经济政策及对中法合作的影响》,载于《国际金融》2017年第9期。

性措施。

然而,在立法者对反腐败局赋予重担也寄予厚望的同时,我们也不得不承认,反腐败局体制的革新还是有些令人抱憾之处。一方面,反腐败局的独立性不足。《联合国反腐败公约》第 6 条第 2 款规定,各缔约国均应当根据本国法律制度的基本原则,赋予本条第 1 款所述机构(即预防性反腐败机构)必要的独立性,使其能够有效地履行职能和免受任何不正当的影响。对此,立法者只规定反腐败局局长的个人独立性,反腐败局本身则受到司法部和经济部的联合监督,亦即不独立于行政部门。这就不得不让人怀疑在反腐败局在对公共部门的腐败执行监管任务时能否保持独立和公正。另一方面,反腐败局的设立和运行并未充分考虑多元化,市民社会的参与不足,特别是在反腐败领域深耕细作多年的非政府组织和协会。它们既无权推举该局制裁委员会成员,也无权向反腐败局提出监管申请。对比来说,我国监察委员会的设置更加符合上述条约的客观标准,如何将反腐败合规的机制设计巧妙地契合进监委的职能值得进一步研究。

五、结　　语

2018 年 11 月,国资委重磅发布《中央企业合规管理指引(试行)》,标志着我国企业合规建设已经出发,但尚处于起步阶段,亟待借鉴其他国家的企业合规经验,推进我国企业合规的法治体系建设。法国的最新立法聚焦反腐败合规,通过整合行政法、刑法和刑事诉讼法,将企业社会责任规则的道德性"软法"深度整合为具有强制执行力的"硬法"。法国的最新尝试既为我国企业合规提供了新的样板,又为我国反腐败立法提供了新的参考。当然,即便最为科学的立法也无法保障自身的实际社会效果,仍需严格执法、公正司法的持续跟进方能实现。这正需要我们继续关注,方能真正发挥后发优势,续写中国特色腐败治理国家立法体系新篇章。

企业合规计划的中国式建构*
——以认罪认罚从宽制度为切入点

李 勇**

引 言

随着经济的全球化,要想增强企业的核心竞争力,引入合规计划(compliance program)[1]是必经之路。[2]合规计划不仅能预防刑事犯罪所带来的直接经济损失,也有助于提升企业形象和声誉,提升企业软实力和竞争优势。从这个意义上来说,合规计划是一种企业治理结构的变革,是"最佳经营方式"。时至今日,对于企业经营来说,合规是"必需品而非选项"。[3]广义的合规计划涵盖了从商业伦理到民事责任、行政责任,再到刑事责任的规范,层层递进,最终以刑事责任为依归和核心。合规计划的前置领域在"结构上是开放的",多维度地构建以刑事法律与其他法律、经济学、管理学等多学科交融的风险防范和公司治理体系,所以"合规/刑事合规显然是如此地具有多面性",但是,合规计划以预防刑事法律风险为终极目的,以刑法激励措施作为终极推动力。[4]美国学者将合规计划定义为一种旨在全面发现和预防企业犯罪的组织体系(organizational systems),其目标有二:一是在于阻止公司内部不端行为,二是提供一种内部监督和报告不当行为的方法。[5]正是从这个意义上,笔者曾提出:真正的合规计划,必须体现刑法担当,没有刑法担当的合规计划不是真

---

* 本文系2019年度最高人民检察院检察理论研究课题"金融领域风险防控与检察职能发挥"(课题编号 GJ2019C09)成果之一。

** 李勇,南京市建邺区人民检察院副检察长、东南大学反腐败法治研究中心特邀研究员、南京财经大学法学院兼职教授、国家检察官学院检察教官、全国检察业务专家。

[1] 在美国,一般使用"合规计划"(compliance program)的表述。由于合规计划以刑事激励和预防企业犯罪为核心,所以德国以及我国学者习惯于使用"刑事合规"(criminal compliance)的表述。本文在同等意义上使用合规计划与刑事合规。

[2] 参见川崎友巳:《合规管理制度的产生与发展》,载于李本灿等编:《合规与刑法——全球事业的考察》,中国政法大学出版社,2018年版,第6页。

[3] John J F. The case for compliance: Now it's a necessity, not an option[J]. Business Law Today, 2003,13(1): 26-29.

[4] 参见[德]弗兰克·萨力格尔:《刑事合规的基本问题》,载于李本灿编译《合规与刑法——全球视野的考察》,中国政法大学出版社2018年版,第51、71-72页。

[5] 参见 Michael G, Chad W K. Policing corporate crime: The dilemma of internal compliance programs[J]. Vanderbilt Law Review; Nashville,1997,50: 3-45.

正的合规计划。[1]由于企业以追求经济利益为目的,如果企业不能从合规计划中获得好处,就会导致合规计划流于形式,这也是美国通过量刑指南给予刑法上的激励的原因所在。所以中国式合规计划的建构必须找到刑事法的切入点。法律界特别是刑事法界亟须在比较研究的基础上,寻找合规计划的刑事激励机制,本土化构建中国特色的合规计划,为中国企业发展出谋划策,为中国经济发展保驾护航。笔者认为,发挥现有制度资源——认罪认罚从宽制度,是构建中国式合规计划的契机和突破口。

一、我国企业腐败犯罪及其治理现状

众所周知,合规计划在美国产生的直接动因是日益严重的企业犯罪,随着美国企业犯罪丑闻的增加,合规计划获得长足发展,被誉为是在企业犯罪预防中有效而切实可行的对策。[2]对当下的中国而言,企业腐败犯罪也日益严重,到了需要寻求更有效治理方法的时候了。

(一) 我国企业犯罪现状

我国的企业犯罪主要体现为两个方面,一是法人犯罪即单位犯罪,二是企业人员犯罪(自然人犯罪)。笔者通过裁判文书网对单位犯罪的一审刑事判决进行统计分析,2014年1月1日至2019年1月1日5年中单位犯罪共计16 861件,其中2014年单位犯罪共计2 634件,2015年单位犯罪共计2 563件,2016年单位犯罪共计2 764件,2017年单位犯罪共计4 469件,2018年(截至2019年1月1日)单位犯罪共计4 431件。5年来,单位犯罪呈明显上升趋势,增长趋势如图1所示:

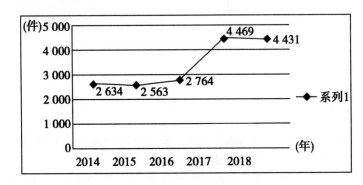

图1 2014—2018年单位犯罪增长趋势

从罪名分布上看,贿赂犯罪、环境资源犯罪和金融犯罪是三大重灾区。5年中,该三类

---

[1] 参见李勇:《合规计划中需有刑法担当》,载于《检察日报》2018年5月24日;笔者的这一观点也得到孙国祥教授的认同,参见孙国祥:《刑事合规的理念、机能和中国的构建》,载于《中国刑事法杂志》2019年第2期。

[2] 参见川崎友巳:《合规管理制度的产生与发展》,李世阳译,载于李本灿编译:《合规与刑法——全球视野的考察》,中国政法大学出版社,2018年版,第4页。

犯罪案件数分别为2 465件（其中单位行贿罪2 062件）、1 522件、1 134件（其中非法吸收公众存款罪658件）；紧随其后的三大类罪名分别是扰乱市场秩序犯罪570件（其中合同诈骗罪239件、非法经营罪109件、串通投标罪68件），走私犯罪562件，知识产权犯罪496件；第三梯次包括：税收犯罪348件，生产销售伪劣产品犯罪278件，拒不支付劳动报酬罪391件，拒不执行判决裁定罪104件。如图2所示：

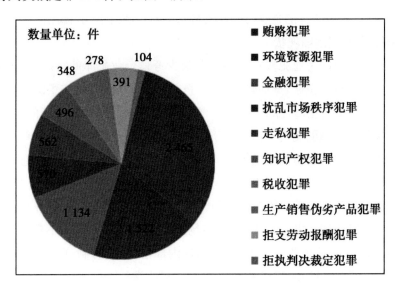

图2　2014—2018年单位犯罪罪名分布

从企业管理人员犯罪来看，2014—2018年涉罪企业家总人数为2 337人，其中民营企业家1 569人、国有企业家768人。企业家腐败犯罪共涉及17个罪名，包括受贿罪、贪污罪、行贿罪、巨额财产来源不明罪、私分国有资产罪、职务侵占罪、挪用资金罪、非国家工作人员受贿罪等。四年间，企业家腐败犯罪数逐年攀升，2014—2017年递增215％。职务侵占罪与受贿罪分别为民营企业家和国有企业家的第一大腐败犯罪。在具体罪名方面，2014—2017年，17个腐败罪名中触犯次数超过100次的高频罪名有8个，分别为职务侵占罪（共589次）、受贿罪（共429次）、单位行贿罪（共349次）、挪用资金罪（共276次）、贪污罪（共273次）、非国家工作人员受贿罪（共209次）、行贿罪（共203次）、挪用公款罪（共137次）。[1]

结合司法实践，可以概括出我国企业犯罪的以下特点：

1. 贿赂犯罪形势严峻。反贿赂是合规计划的核心内容，无论是美国的《反海外贿赂行为法》还是英国的《反贿赂法案》，抑或法国的《萨潘法2》均以反贿赂犯罪为核心。在我国的企业犯罪中，无论是单位犯罪还是自然人犯罪，贿赂犯罪都位居第一，其中仅单位行贿罪就高达2 062件。这说明企业在经营活动中"信权力不信市场"的观念根深蒂固，习惯于通过贿赂获得竞争优势而不是以产品质量和服务赢得竞争优势。商业贿赂在某些行业、某些领域甚至成为"潜规则"。

---

〔1〕 参见北京师范大学中国企业家犯罪预防研究中心：《企业家刑事风险分析报告（2014—2018）》。

2. 企业治理中"家天下"的企业文化横行。我国企业法人治理结构存在严重问题,很多企业管理人员把个人财产与企业财产混同,甚至一些民营企业家把企业当成自己的"私人家产",企业管理中家族关系、裙带关系严重,呈现出"家天下"的企业文化。在这种企业文化背景下,企业管理人员侵吞、占用企业财产的现象较为常见,职务侵占和挪用资金现象频发。一些案例中,被告人认为当初创业时是自己一个人拼出来的,后来其他股东入股甚至上市,还认为企业是自己一个人的,把企业财产当成自家的财产随意占用、挪用。

(二)我国企业犯罪治理现状

如何治理日益严重的企业犯罪?司法机关很少考量企业犯罪的特殊性,国家习惯于用刑罚打击的手段遏制刑事犯罪,重刑轻行(民);企业自身刑事风险防控意识不足,重民轻刑。

1. 国家层面,刑事优先,重打击轻预防。企业犯罪属于经济活动领域的犯罪,其治理对策必然要受市场经济原理的制约。市场经济强调市场的作用,市场原理主义之下最佳策略就是用市场竞争的方法解决市场中的问题,政府尽量减少干预。但是这种绝对的市场自由主义也是有问题的。市场以利润为唯一目标,不可避免地出现越轨行为,需要规制和调控。这种两难境地决定了治理对策要平衡市场与干预之间的关系。日本学者齐藤丰治对如何治理企业越轨行为概括出四类方法:(1)根据市场原理,通过市场竞争对不良企业进行淘汰和重新"洗牌"治理;(2)依据企业的自主规制,构建内部治理机制,制订和实施合规计划进行解决;(3)强化市场监管机构的制裁来解决,特别是扩大课征金的适用;(4)通过刑事制裁来解决。这四种方法并非对立排斥关系,而是相互补充的并存关系。[1]就我国企业犯罪治理现状而言,第四种方法即刑事制裁"一枝独秀",市场原理和契约等民事手段运用不足,行政不作为现象突出,缺乏切实有效的预防机制,合规计划还相当陌生。但是刑事优先对于企业犯罪治理来说,绝非良策,因为"侦查程序一旦开启,孩子就已经掉进井里了"。[2]企业一旦被定罪,几乎宣告企业死刑,不仅将承受巨大的直接经济损失,随之而来的股票下跌、招投标被禁止、企业声誉受影响、订单量下降,甚至引发破产,进而导致失业等一系列社会问题。

2. 企业层面,自我监管匮乏,重民轻刑。说我国企业不注重法律风险的应对和防控,那是不客观的,只是它们注重的是与企业直接营利活动密切相关的民商事法律风险,而非刑事法律风险,呈现出"重民轻刑"的特征。我国企业一般都设有法务部,而并无合规部。即使近年来,一些企业组建了合规部,但职能依然停留于法务部的层面。法务部(包括法律顾问)的主要职责是审核民商事合同条款、处理民商事法律纠纷、债权债务纠纷,缺乏专业的刑事法律合规体系。同时,企业对管理人员以及员工的监管责任明显不足。我国并未如美国一样实行严格责任、代位责任,也没有类似日本的监督过失责任,企业管理人员、普通员工的犯

---

[1] 参见[日]齐藤丰治:《新自由主义与经济刑法》,尹林译,载于魏昌东、顾肖荣主编:《经济刑法》第18辑,上海社会科学院出版社,2018年版,第19页。

[2] [德]丹尼斯·伯克:《合规讨论的刑法视角——〈秩序违反法〉第130条作为刑事合规的中心规范》,黄礼登译,载于李本灿编译:《合规与刑法——全球视野的考察》,中国政法大学出版社,2018年版,第308页。

罪行为并不必然会导致企业承担刑事责任,这样反过来导致企业对员工的管理和监督力度严重不足。上述双重不足,导致企业犯罪和企业人员犯罪"双高"现象频发。

综上所述,我国企业犯罪特别是企业腐败犯罪的严峻形势和企业犯罪治理对策的严重不足,决定了构建中国式合规计划迫在眉睫。

二、合规计划与认罪认罚从宽制度的关系

2018年《中华人民共和国刑事诉讼法》(以下简称《刑事诉讼法》)修改时增加了一项重大的制度即认罪认罚从宽,这是一种在犯罪嫌疑人、被告人自愿认罪认罚的情况下,给予从轻、减轻甚至免除处罚处遇的制度设计,其基本特征是"程序从简"和"实体从宽"。《刑事诉讼法》第15条规定的认罪认罚从宽制度既适用于自然人犯罪也适用于单位犯罪(企业法人犯罪)。因为认罪认罚从宽是刑事诉讼总则中的规定,作为"贯穿整个刑事诉讼程序的重要制度",[1]也是被告的一种权利,当然平等地适用于所有的犯罪主体。2018年11月6日最高人民检察院检察长张军在谈论保护民营企业产权时指出:对于涉企业犯罪,"要落实好修改后刑事诉讼法有关认罪认罚从宽的规定,对符合改变羁押强制措施的及时改变,对符合从宽处理的案件依法坚决从宽"。[2] 2018年11月16日,最高人民检察院相关负责人再次就办理涉民营企业刑事案件中如何贯彻落实认罪认罚从宽制度时指出,办理涉民营企业案件,应当根据修改后《刑事诉讼法》的相关规定,落实认罪认罚从宽的相关要求:一是坚持平等保护,不能因不同经济主体而在认罪认罚从宽适用范围上有所不同。二是准确认定"认罪""认罚",涉案民营企业经营者承认指控的主要犯罪事实,仅对个别细节提出异议的,或者对犯罪事实没有异议,仅对罪名认定提出异议的,不影响"认罪"的认定。涉案民营企业经营者同意量刑建议,签署具结书,对检察机关建议判处的刑罚种类、幅度及刑罚执行方式没有异议的,可认定为"认罚"。三是充分体现"从宽"。对于涉案民营企业经营者能够主动配合检察机关调查取证,认罪态度好,没有社会危险性的,不采取拘留、逮捕措施。对于符合速裁程序和简易程序条件的涉民营企业案件,应当依法从速办理。[3]这为合规计划的本土化建构创造了极佳的切入口。这里蕴含的合规计划与认罪认罚从宽制度的关系需要从理论上进一步揭示。

(一)合规计划与认罪认罚从宽都是刑事司法模式由对抗走向合作趋势中的一环

传统刑事司法模式是国家垄断的刑罚处罚与犯罪行为的二元对立模式。但是这种传统二元对立模式进入现代以来正在悄然发生改变。西方国家20世纪70年代兴起的"恢复性

---

[1] 孙谦:《检察机关贯彻修改后刑事诉讼法的若干问题》,载于《国家检察官学院学报》2018年第6期。

[2] 姜洪:《"三个没有变"关键在落实,着力为民营经济发展贡献检察力量》,载于《检察日报》2018年11月7日第1版。

[3] 参见王治国、徐日丹:《最高检明确规范办理涉民营企业案件执法司法标准》,载于《检察日报》2018年11月16日第1版。

司法"运动,将被害人与被告人之间的谅解与合作置于刑事司法的中心地位,着眼于修复因犯罪行为而遭受破坏的社会关系,国家给予这种合作予以认可和鼓励,这种认可和鼓励体现了刑罚上的从宽。在这一观念的影响下,我国司法机关在 2001 开始尝试刑事和解,到 2012 年《刑事诉讼法》修改时正式立法,刑事和解的案件可以从宽处理甚至可以不起诉。这是一种全新的合作刑事司法模式。与刑事和解相似的是刑事协商程序。辩诉交易在英美法系具有悠久的历史,受英美法系辩诉交易的影响,大陆法系国家相继推出认罪协商程序,其基本特征就是被告人认罪与代表国家的检察官合作,以获得从宽处罚的处遇。我国的认罪认罚从宽制度也是一种认罪协商模式。这种合作型刑事司法模式已成为一种世界性潮流。

从恢复性司法到刑事和解,从认罪协商到认罪认罚从宽,代表着刑事司法模式从对抗走向合作的趋势。合规计划是这种变化中的一环,通过企业的自我管理来代为履行国家的犯罪预防职责,配合国家的司法调查,获得从宽处罚的处遇,与认罪认罚一样也是一种合作模式。合规计划的重要特点是自制与共制的结合,属于"规制了的自制",公、私规章制度之间的合作、协作。"合规计划与私人规范融入到国家法律制度中,是当前预防经济犯罪的最引人注目的方式"。[1] 可以说,这种"规制了的自制"理念是一种全新的刑事政策模式。德国学者托马斯·罗什指出:企业"合规计划"是一种犯罪控制和治理的"家庭模型",其"特别的魅力在于原本属于国家主权的管理责任转移给了私人",刑法模式由"对抗模式"走向"合作模式",因此,将其视为新刑法的风向标不是没有道理的。合规计划表明刑法的演进受到了民法协商一致原则以及在公法领域已被讨论已久的由国家化到私人化一般发展的影响。

(二) 合规从轻与认罪认罚从宽的正当性根据相同

认罪认罚案件可以实体从宽的正当性依据何在? 现代意义上的罪刑均衡早已走出了"以牙还牙,以眼还眼"的报应刑观念,而走向了报应与预防折中的并合主义。根据并合主义原理,刑罚正当化的根据是报应的正当性与预防目的的合理性。对被告人施加刑罚以其具有罪责能力为前提,不得对没有罪责能力的人施加刑罚,罪责为刑罚的合法性奠定基础,也为刑罚划定了上限(责任刑);但是刑罚的裁量还必须考虑预防犯罪的必要性(预防刑)。"预防目的使刑罚具有必要性,罪责原则限制其合法性"。[2] 具体裁量刑罚时,先根据影响责任刑的情节裁量责任刑,然后,在责任刑之下根据影响预防刑的情节确定宣告刑。[3] 这里的预防包括一般预防和特殊预防,而一般预防又分为消极的一般预防和积极的一般预防。消极的一般预防是为了威慑一般人不实施犯罪,而积极的一般预防是为了实现公民对刑法规范的忠诚和认同。裁量预防刑时可以因预防必要性降低而从宽处罚。认罪认罚的被告人,由于其认罪悔罪,其预防必要性明显降低。事实上,与赔偿、刑事和解、诉讼时效等一样,"许

---

〔1〕 [德]乌尔里希·齐白:《全球风险社会与信息社会中的刑法——二十一世纪刑法模式的转换》,周遵友、江溯等译,中国法制出版社,2012 年版,第 271 页。

〔2〕 [德]许迺曼:《罪责原则在预防刑罚中的功能》,载于许玉秀、陈志辉主编:《不移不惑献身法与正义——许迺曼教授刑事法论文选辑》,台湾新学林出版股份有限公司,2006 年版,第 621 页。

〔3〕 张明楷:《论预防刑的裁量》,载于《现代法学》2015 年第 1 期。

多程序性条件中,特殊预防的需要被明显地减少了"。[1]因特殊预防的必要性降低,所以可以减轻甚至免除刑罚处罚。同时通过对认罪认罚的被告人刑事责任的减轻、免除,促进一般人对刑法规范的认同,进一步实现积极的一般预防。

合规计划为什么能够成为企业犯罪减轻刑罚甚至不起诉的依据?这与认罪认罚可以从宽的正当根据高度契合。因为建立并有效实施了"合规计划"的企业,其预防的必要性降低,从而影响预防刑,进而减轻甚至免除刑罚处罚,通过刑事责任的减轻、免除,给予企业合规以压力和动力,从制度合规逐步形成合规文化,进一步实现积极的一般预防。可以看出,认罪认罚从宽与合规计划从轻的正当性根据都是预防必要性降低,可谓异曲同工。对于企业、单位来说,虽然没有自然人一样的肉体和灵魂,但是企业作为一个组织体,企业文化、企业文脉类似于自然人的灵魂,一个合规的企业文化,其应受惩罚性就会降低,"如果个人刑法要求个人只在他或她的行为应受谴责的情况下才受到惩罚,那么公司刑法也应该对公司提出同样的要求"。[2]美国在制定《组织体量刑指南》时,之所以将合规计划作为减轻处罚的因素,合规计划有利于企业犯罪预防是一个重要原因。时任美国量刑委员会主席的威尔金斯指出,"大幅度减轻的潜力将成为促进公司行动的一种激励,从而导致预防和发现组织体的犯罪",即奖励该企业为防止和发现其代理人的犯罪行为而采取的行动,但对不守秩序的企业给予重大惩罚,这是胡萝卜加大棒的方法,即奖励好人,惩罚坏人。或许怀疑论会质疑该目标是否有效实现,但常识认为,这种方法不仅有控制的潜力,而且有减少组织犯罪的潜力。[3]

(三) 合规计划所体现的合规意识与认罪认罚制度中的认罪态度互为表里

一个企业的合规计划征表出该企业的认罪认罚态度。根据刑法的规定,单位犯罪实行双罚制,对单位判处罚金,对直接负责的主管人员和直接责任人员判处刑罚。直接负责的主管人员和直接责任人员的认罪认罚可以体现在其本人认罪态度上,但是企业作为一个法人其认罪认罚该如何体现出来呢?直接负责的主管人员和直接责任人员的认罪认罚态度并不能完全反映单位的合作和认罪认罚态度,而合规计划才是最佳体现。一个企业建立了有效、完备的合规计划,对调查的配合,表明其对法规范的忠诚。这种合规意识,恰恰是企业认罪认罚的最好体现。

根据建构主义系统理论,企业组织、人以及法律体系都被认为是自生系统即能够自我复制的系统,区别只在于它们实现自我复制的方式不同。企业主体通过企业决策进行自我再生产,人类通过思维过程进行自我再生产,法律制度通过法律沟通进行自我再生产。公司特别是一些成熟的大型公司,能够发展出一种内部复杂性,最终使他们能够自我组织和自我治理。公司的不端行为应该是某种组织行为,而不单是个人行为,公司的行为是由公司(自我)

---

[1] [德]克劳斯·罗克辛:《德国刑法学总论(第1卷)》,王世洲译,法律出版社,2005年版,第704页。

[2] Carlos G-J D. Corporate culpability as a limit to the over criminalization of corporate criminal liability: The interplay between self-regulation, corporate compliance, and corporate citizenship[J]. New Criminal Law Review: An International and Interdisciplinary Journal, 2011, 14(1): 78-96.

[3] 参见 William W W, Jr. Sentencing guidelines for organizational defendants [J]. Federal Sentencing Reporter, 1990, 3(3): 118-120.

随着时间的推移而组织起来的,而不是由员工在某一特定时刻的行为来揭示的。因此,要承担刑事责任,公司应该具有(自我)组织的能力。因此,我们不应该看一个公司是否能够采取行动,而是应该问自己,这个公司实体是否已经达到了一定程度的内部复杂性,使它能够以一种有意义的方式组织自己。[1] 因此,有什么样的企业文化,就会有什么样的企业行为。企业行为意图的评估应该从整体上看企业,而不是从单个员工的角度。就像个人知识是决定个人动机的关键因素一样,企业文化(组织知识)应该是建立企业动机的最重要因素。组织知识的核心不在于个人的"头脑",而在于组织内不同知识要素之间的关系和联系。这些链接构成了一个独立的组织知识。只有那些有行为能力的个人才能犯罪,也只有那些有自我组织能力的公司才能被认为负有刑事责任。[2] 因此,合规的企业文化是企业作为一种组织体所体现出的守法意识,有效的合规计划体现的是企业作为一种组织体对法律的敬畏、遵从,体现的是一种认罪悔罪的态度。

(四) 合规计划与认罪认罚从宽在优化司法资源配置的目标上相互通联

认罪认罚从宽制度在程序上的基本特征是实体从宽、程序从简,立法的直接目的是解决案多人少的矛盾,推进繁简分流,合理配置司法资源。实体从宽体现的是宽严相济刑事政策,对于认罪悔罪的被告人给予从宽处罚;程序从简体现的是节约司法资源,提高诉讼效率,与自首一样,一方面体现了认罪悔罪的态度,另一方面节省了司法资源,因此给予刑罚从宽的奖励。正是从这个意义上讲,认罪认罚从宽制度改革,"是推动宽严相济刑事政策具体化、制度化的重要探索,对完善刑事诉讼制度、优化司法资源配置、依法及时有效惩治犯罪、加强人权司法保障具有重要意义"。[3]

合规计划与认罪认罚从宽制度的上述立法目的相趋一致。建立了有效合规计划的企业,其犯罪发生时配合司法机关调查并改进其合规管理,体现了认罪认罚的态度,依法可以从宽;同时节约了司法资源和犯罪预防的成本,理应给予刑罚上的激励。众所周知,企业犯罪、经济犯罪侦查难度要高于一般犯罪,其侦查成本也远高于一般犯罪。例如,美国《反海外腐败法》(FCPA)起诉德国西门子公司案,案件事实涉及向65个国家的政府官员行贿14亿美元,西门子进行内部调查花了5亿美元的费用。[4] 我国企业犯罪的侦查成本也极其高昂。一些环境污染案件,仅污染物的鉴定费用有时都会超过刑事判决所判处的罚金,而损失的评估费用则更高,有时甚至超过治理费用。一些经济犯罪的司法会计鉴定、审计费用极其高昂。一些非法集资类案件,审计费用动辄数百万元。通过合规计划,让企业配合调查甚至

---

[1] 参见 Carlos G-J D. Corporate culpability as a limit to the over criminalization of corporate criminal liability: The interplay between self-regulation, corporate compliance, and corporate citizenship[J]. New Criminal Law Review: An International and Interdisciplinary Journal, 2011, 14(1): 78-96.

[2] Ibid.

[3] 周强:《关于在部分地区开展刑事案件认罪认罚从宽制度试点工作情况的中期报告》,载于《人民法院报》2017年12月24日第2版。

[4] 参见 Brandon L G. Globalized corporate prosecutions[J]. Virginia Law Review, 2011, 97(8): 1775-1875.

内部调查,能够有效降低司法成本,提高经济犯罪的办案效率,合理配置司法资源,与认罪认罚一样,理应得到从宽处罚。

三、以认罪认罚为基点的中国式合规计划之建构

当我们找到合规计划与认罪认罚从宽制度的契合之处,找到认罪认罚从宽制度这个切入点的时候,中国式合规计划呼之欲出。一方面,认罪认罚从宽制度经过多年的试点,积累了大量经验,已经有了较为可行的操作模式,实践资源相对成熟;另一方面,认罪认罚从宽制度已经写入刑事诉讼法,制度框架已经具备,制度资源相对完善。在这种双重资源背景下,构建中国式合规计划,很容易找到"四梁八柱"。具体来说,包括以下方面:

(一) 建立单位犯罪量刑指南的"中国版"

最高人民法院从 2014 年 1 月 1 日起正式实施量刑规范化工作,出台了《关于常见犯罪的量刑指导意见》(2017 年 3 月 9 日重新修订,以下简称《量刑指导意见》)规定了 15 种罪名的量刑规则,2017 年 5 月 1 日又出台了《关于常见犯罪的量刑指导意见(二)》(以下简称《量刑指导意见(二)》)增加规定了 8 种罪名的量刑规则。上述文件对量刑起点、量刑基准和量刑步骤与方法进行了规范。值得注意的是,《量刑指导意见》第 9 条已经明确将认罪作为量刑调节的因素,即"对于积极赔偿被害人经济损失并取得谅解,综合考虑犯罪性质、赔偿数额、赔偿能力以及认罪、悔罪程度等情况,可以减少基准刑的 40%以下"。在认罪认罚从宽制度试点过程中,试点地区在原有量刑指导意见的基础上,将认罪认罚作为独立的量刑情节,根据犯罪嫌疑人认罪认罚的不同诉讼阶段,形成了逐级递减的量刑模式,有的地方从侦查到审判阶段均认罪认罚的,可以在原量刑的基础上从宽 30%;从审查起诉阶段开始到审判阶段认罪认罚的,可以在原量刑的基础上从宽 20%;在审判阶段后才认罪认罚的,可以在原量刑的基础上从宽 10%。[1] 有的地方在上述三个阶段认罪认罚,分别从宽 20%、15%、10%。[2]

在认罪认罚从宽制度已经写入《刑事诉讼法》的背景下,《量刑指导意见》也面临修改,亟须将认罪认罚从宽制度在《量刑指导意见》中予以明确。目前的《量刑指导意见》主要是针对自然人犯罪而设计的,虽然《量刑指导意见(二)》增设了非法吸收公众存款罪、集资诈骗罪、信用卡诈骗罪、合同诈骗罪等犯罪主体可以是单位的罪名,但是对于单位犯罪的罚金刑如何裁量并没有提及。认罪认罚从宽作为《刑事诉讼法》总则规定的基本制度,当然平等适用于自然人犯罪和单位犯罪,《量刑指导意见》忽视这一点是不科学的。因此,在修改《量刑指导意见》过程中,应当将单位犯罪及合规计划纳入其中,这既是构建中国式合规计划的必然要求,也是《量刑指导意见》本身科学性、完整性的必然要求。这种从自然人扩展到企业单位的量刑指导意见与美国的量刑指南具有相似之处,可以借鉴美国的相关做法。美国 1987 年的

---

[1] 参见《南京市检察机关认罪认罚刑事案件办案指引(试行)》。
[2] 参见《郑州市人民检察院、郑州市中级人民法院认罪认罚案件常见罪名量刑指引(试行)》。

《联邦量刑指南》主要适用于自然人犯罪,并没有专门针对企业等组织犯罪。为了解决自然人犯罪与企业犯罪量刑之间的差异,联邦量刑委员会于1991年颁布了《组织体量刑指南》,编入《联邦量刑指南》第八章,将合规计划正式纳入联邦诉讼和量刑的参考,并列举了有效合规计划的"七个通用标准":(1)建立合理的合规标准和计划,能够减少犯罪行为的可能性;(2)指定专人负责监督合规标准及计划;(3)谨慎行事,不要将重大的自由裁量权授予那些组织知道或应当知道的将会从事非法活动倾向的人;(4)向员工有效普及公司合规的标准和流程,例如,通过员工培训项目;(5)采取合理的步骤来实现合规计划,例如,利用监控和审计系统旨在发现员工的犯罪行为,通过员工的举报系统报告可疑的不当行为;(6)通过适当的纪律机制一贯执行合规标准;(7)发现违法行为后,采取一切合理的必要措施,对违法行为作出反应,防止发生类似的违法行为,例如修改或修订合规计划。[1] 1999年时任美国司法部副检察长的霍尔德(Holder)发布了《企业诉讼指南》(1999年霍尔德备忘录),列举了检察官对公司提起刑事诉讼时应当考虑的八项因素:(1)犯罪的性质和严重程度;(2)公司内部违法行为的普遍性;(3)公司有类似行为的历史;(4)公司披露不当行为的时间和自愿,以及与调查机构合作的意愿;(5)公司合规计划的存在及其充分性;(6)公司的补救措施;(7)任何附带后果,包括对没有个人责任的股东和雇员造成不成比例的损害;(8)可采取的非刑事补救措施的充分性。[2] 这八项因素中,(2)、(5)、(6)项属于合规的内容,其中第(4)项是关于合作的。这里的合规和合作都与认罪认罚具有高度相似性。我国的单位犯罪量刑指导意见,可以在原有自然人量刑指导意见的基础上,借鉴美国的做法,引入合规计划的内容。

(二) 建立认罪认罚具结书的"企业版"

一些地方把单位犯罪"双罚制"中的直接负责的主管人员或直接责任人员当作一般的自然人犯罪一样对待,签署同样的具结书,忽视单位犯罪"双罚制"中的另一端,即单位本身的认罪认罚。事实上,单位犯罪的中单位自身承担刑事责任的方式——罚金——也应当因认罪认罚适用《刑事诉讼法》第15条认罪认罚从宽的规定。为解决上述问题,基于单位犯罪与自然人犯罪的不同特点,为企业的单位犯罪量身定制认罪认罚具结书的"企业版"。具体来说,可以包括以下内容:(1)企业的负责人、管理层承认单位犯罪事实。(2)企业建立完备的合规计划,包括相对具体的流程图,从风险识别到风险堵塞,从举报监督体系到培训沟通,从专业人员配置到评估监管等大大小小的步骤。一个好的合规计划,没有什么比构建"流程图"更重要。需要精心设计结构和流程,而不仅仅是阐明实质性的法律规则。[3] (3)企业负责人及管理层对合规计划作出绝对承诺。成功的合规计划最重要的因素是管理层和顾问

---

[1] 参见 Jay M, Ryan D M, Charlotte A S. Plan now or pay later: The role of compliance in criminal cases[J]. Houston Journal of International Law, 2011,33: 21.

[2] Ibid., p.24.

[3] 参见 Michael E F. Putting the pieces together: A game plan for an effective compliance structure[J]. Business Law Today, 2003,13(1): 10-15.

对该计划的绝对承诺。如果高层管理人员都缺乏信心,那么合规计划必然难以奏效。如果一家公司的负责人及其法律顾问不认真对待这个项目,其他人也不会认真对待。这种承诺必须是可见的、持续的和真诚的。管理层的行为必须与合规计划的教导保持一致。[1]
(4)接受检察机关合规计划有效性的评估。(5)检察机关根据犯罪事实、情节及其合规计划,结合《量刑指导意见》提出量刑建议,企业接受该量刑建议。

(三)探索附条件不起诉的"扩展版"

如前所述,我国最高司法机关明确要求在涉企业犯罪中贯彻认罪认罚从宽制度,2017年1月6日《最高人民检察院关于充分履行检察职能加强产权司法保护的意见》中明确指出,严格依法把握起诉条件,从经济安全、公共利益、市场秩序等方面准确认定社会危害性,综合考虑政策调整、经营不善、市场风险等市场主体意志以外的因素,对符合不起诉条件的,依法适用不起诉。我国目前没有类似于美国的暂缓起诉协议(DPA)和不起诉协议(NPA),但我国的相对不起诉在企业犯罪中已经广泛适用,特别是在2018年11月1日"民营企业座谈会"之后,检察机关加大了对企业犯罪的不起诉力度。但现有的相对不起诉在企业犯罪中适用存在一系列弊端:(1)不起诉的标准较为混乱,什么样的单位犯罪可以不起诉?实践中的尺度把握较为混乱。(2)对企业的威慑力不足。对于涉嫌犯罪的企业不起诉之后,检察机关无权进行罚款。(3)犯罪预防功能彰显不足。不起诉之后缺乏后续监督措施,"不诉了之"。(4)无助于改变企业内部治理结构和企业文化。

如何解决这一问题?美国的不起诉及暂缓起诉制度与我国的未成年人附条件不起诉制度能提供重要灵感。美国检察官对企业犯罪可以进行不起诉和暂缓起诉,通过联邦执法机关与涉案企业之间达成协议(NPA和DPA),涉案企业通常要配合调查并承认犯罪事实,检察官会要求公司建立有效的合规计划,改变其内部报告结构,向董事会增加特定的个人,修改某些商业惯例,或者聘请一名检察官批准的公司监察员。设定一定的考验期,如果公司在规定的时间内遵守约定的条款,就可以避免刑事起诉。[2]

我国现有法律框架中,与美国暂缓起诉制度最相类似的制度,就是未成年人犯罪的附条件不起诉制度。我国《刑事诉讼法》2012年修改时,针对未成年人犯罪设立了附条件不起诉制度,即对于未成年人涉嫌刑法分则第四章、第五章、第六章规定的犯罪,可能判处一年有期徒刑以下刑罚,符合起诉条件,但有悔罪表现的,人民检察院可以作出附条件不起诉的决定。附条件不起诉的考验期为6个月以上1年以下。在附条件不起诉的考验期内,由人民检察院对被附条件不起诉的未成年犯罪嫌疑人进行监督考察。被附条件不起诉的未成年犯罪嫌疑人,在考验期内有实施新的犯罪或者发现决定附条件不起诉以前还有其他犯罪需要追诉

---

[1] 参见 Robert E B. Compliance programs and criminal antitrust litigation: A prosecutor's perspective[J]. Antitrust Law Journal, 1988, 57(1): 223-230.

[2] 参见 Jennifer A, Marcel K. Corporate governance regulation through nonprosecution[J]. The University of Chicago Law Review, 2017, 84(1): 323-387(339); Wulf A K, Timothy A L. The effect of deferred and non-prosecution agreements on corporate governance: Evidence from 1993-2013[J]. The Business Lawyer, 2014-2015, 70(1): 61-119.

的,或者是违反治安管理规定或者考察机关有关附条件不起诉的监督管理规定,情节严重的,检察院撤销附条件不起诉的决定,提起公诉;在考验期内没有上述情形则做出不起诉的决定。实践证明,附条件不起诉制度对于惩治和预防未成年人犯罪发挥了重要作用,它与一般的相对不起诉相比,优点在于设定一定考验期并要求被不起诉人在考验期内遵守相应的条件,违反相应条件随时面临可能起诉的威慑,促使其遵守规则,实现特殊预防,并对其他未成年人形成遵守规则的导向作用,有利于积极一般预防的实现。

未成人附条件不起诉制度的两个核心特点:一是犯罪嫌疑人悔罪,这与认罪认罚从宽是一致的;二是承诺遵守相应规定,这与合规计划是一致的。以认罪认罚从宽为基点的中国式合规计划完全可以将附条件不起诉制度纳入其中,打造附条件不起诉的"扩展版"。将未成年人的附条件不起诉帮教协议转化为企业犯罪附条件不起诉协议,使之成为中国版的"DPA"。所附条件的核心内容就是"合规计划",由检方与企业以及第三方机构共同研究制定,设立1年以上的考验期,在考验期内由检察院及其委托的第三方机构跟踪考察。考验期满后,检察院与其委托的第三方机构进行评估,符合条件的作出不起诉的决定,违反规定或合规计划不成功的则提起公诉。至于附条件不起诉协议中合规体系的具体内容,可以借鉴美国的做法。在美国一般包括以下要素:(1)改进合规措施;(2)配合美国司法部;(3)向政府披露信息;(4)解雇员工;(5)内部审查和调查;(6)加强监测;(7)更换旧的任命新的管理人员;(8)设立新的人事职位;(9)增加对政府官员的汇报;(10)增加培训;(11)任命新的董事会。[1]但是,这对具体案件和具体的企业,需要根据"最佳实践"原则进行调整和修改,"实际上,现在每个DPA和NPA都需要对公司的合规计划进行一些修改。虽然早期的协议只是顺便提到了法规遵循程序的开发,但是最近的协议提供了详细的合规计划框架。这些详细的合规修订强调了合规作为指控和量刑考虑的重要性,以及作为接受刑事调查的公司获得DPA或NPA的关键因素"。[2]对企业犯罪适用附条件不起诉,也有利于审前分流,这与认罪认罚的繁简分流一脉相承。我国的认罪认罚从宽制度立法初衷之一就是实现审前分流,也就是构建以认罪认罚为基础的审前程序分流机制,实现案件诉讼模式的多元化,这是起诉便宜主义原则、诉讼经济原则的应有之义。

(四)探索预防企业犯罪的"升级版"

刑罚的目的是预防犯罪,对企业犯罪追究单位的刑事责任,其正当性也只能在于预防犯罪。"根本不可能存在这样的情况,即立法者将特定行为规定为犯罪,却并未因而表现出预防此类'犯罪'行为的意愿与目的。因此,预防似乎成了首要且唯一普遍的惩罚目的"。[3]我国传统的企业犯罪预防模式存在的弊端在于:对企业判处罚金,一罚了之,缺乏后续的跟

---

[1] 参见 Wulf A K, Timothy A L. The effect of deferred and non-prosecution agreements on corporate governance: Evidence from 1993-2013[J]. The Business Lawyer, 2014-2015, 70(1): 61-119.

[2] Jay M, Ryan D M, Charlotte A S. Plan now or pay later: The role of compliance in criminal cases [J]. Houston Journal of International Law, 2011, 33: 21.

[3] [美]霍姆斯:《法律的生命在于经验——霍姆斯法学文集》,明辉译,清华大学出版社,2007年版,第122页。

踪和监督;因单位犯罪而导致企业失去从事一定商业行为的资格,导致企业生存困难甚至破产,如有行贿罪犯罪记录的企业将失去竞标资格。我国检察机关曾经成立专门的职务犯罪预防机构,其职责也涵盖了企业犯罪预防。在国家监察体制改革过程中,职务犯罪预防机构与反贪污贿赂、反渎职侵权机构一并转隶到国家监察机关。但是转隶之后,检察机关的普通犯罪以及企业犯罪的预防和综合治理职能依然存在。无论是转隶前还是转隶后,检察机关企业犯罪预防职能的履行方式,体现形式多为法治讲座、以案说法、警示教育、检察建议,没有任何的约束力和强制力,更不要说触及企业内部治理结构,属于典型的"蜻蜓点水"模式。合规计划的引入将会使检察机关预防企业犯罪职能和功效实现"升级换代"。

首先,合规计划将使检察机关成为改变企业治理结构的推手。合规计划的直接目标在于培育企业的合规文化,终极目的在于培养企业及其人员对法律、对规则的忠诚和信赖。通过认罪认罚制度这个切入点,使合规计划成为企业犯罪的出罪或从宽事由,检察官由此深入企业治理结构改变的"深水区",从而赋予检察职能新的使命,即检察官成为促使公司治理结构改变的推动者。正如美国学者所指出的,因合规计划而对企业犯罪作出的不起诉和暂缓起诉,拓展了联邦检察官的传统职能,通过增加 NPA 或 DPA 的使用改变对上市公司和整个行业的治理,从而改革美国公司,重塑美国公司。这意味着检察文化从注重事后惩罚到事前预防的转变,从注重事后惩罚转向注重事前合规。[1] 汤姆森备忘录明确指出,改善公司治理是联邦检察官在起诉决定中的重点,通过不起诉协议和暂缓起诉协议,检察官直接促使公司治理结构的改变,从根本上改变了检察官的角色。[2] 我国通过将合规计划纳入企业犯罪的认罪认罚具结书和附条件不起诉协议中,不仅帮助涉案企业建立合规计划,改变治理结构,也能推动其子公司、关联公司建立完善的合规计划,并连锁引发其客户企业、合作伙伴、投资对象等不得不建立与之相适应的合规计划,同时还会对其他企业具有警示和激励作用。这种预防犯罪的"连锁效应"是传统企业犯罪预防模式所无法比拟的。对于我国而言,合规计划的引入将使检察机关预防企业犯罪工作从"蜻蜓点水"模式转变为"追根溯源"模式,真正实现政治效果、法律效果和社会效果的统一。

其次,合规计划使得预防犯罪成为企业的自主行为。现代社会分工越来越精细化,社会结构越来越复杂化,所面临的风险越来越多元化,国家管理资源越来越捉襟见肘。大型公司、跨国企业内部结构的复杂性,使得国家无法监管这些大型复杂企业中专业领域的风险。由于其规模庞大和内部复杂性,国家制定的法律并不能完全符合具体企业的复杂情况,国家进行外部直接干预或管制并不能奏效。"刑法之外的预防措施可能比刑法上的规定还要有效得多……应当将新法从其不能完成的任务以及无端施加的任务中解脱出来"。[3] 对于企

---

[1] 参见 Wulf A K, Timothy A L. The effect of deferred and non-prosecution agreements on corporate governance: Evidence from 1993-2013[J]. The Business Lawyer, 2014-2015,70(1): 61-119.

[2] 参见 Jennifer A, Marcel K. Corporate governance regulation through nonprosecution[J]. The University of Chicago Law Review, 2017,84(1): 323-387.

[3] [德]乌尔里希·齐白:《全球风险社会与信息社会中的刑法——二十一世纪刑法模式的转换》,周遵友、江溯等译,中国法制出版社,2012年版,"作者自序"第5页。

业犯罪而言,合规计划就是刑法之外的卓有成效的解决方法。合规计划将风险管理和风险控制转移到这些自我调节的公司,因为只有这些公司拥有资源和风险。允许公司自我调节对政府来说在经济上更有效率。[1] 通过合规计划这种胡萝卜加大棒的政策导向,逐步使企业从被动预防转为主动预防,从被动守法转为主动合规。

四、结　语

合规是当今刑法全球化中最显著的例子,这样一个英语化的词汇作为一个全球的现象在全世界被广泛使用也不是没有道理。无论是保护中国企业产权,还是增强中国企业的国际竞争,在这个全球化的时代,都必须建立中国式合规计划。与其临渊羡鱼,不如退而结网,我们并不缺乏本土资源,而是缺乏发现和利用本土资源的能力。认罪认罚从宽制度已经为中国式合规计划提供了极佳的制度资源和实践资源,我们只需在这些本土资源上深耕细作,即可培育出具有中国特色的合规计划。当然,本文只是从法律定位、刑事激励的角度提出一个宏观的框架,具体到个案中企业的合规计划如何设计、附条件不起诉协议条款如何规定等属于典型的"最佳实践",只要在国际经验和国内现有合规指南的基础上逐步探索,并非不可实现。

---

[1] 参见 Carlos G-J D. Corporate culpability as a limit to the over criminalization of corporate criminal liability: The interplay between self-regulation, corporate compliance, and corporate citizenship[J]. New Criminal Law Review: An International and Interdisciplinary Journal, 2011, 14(1): 78-96.

第四专题 职务犯罪境外追逃追赃的制度完善

反腐败国际追逃的法律适用困境及有效应对

刘 霜*

党的十八大以来,党和政府非常重视反腐败的国际追逃工作,将其纳入国家反腐败总体战略布局。习近平同志指出,"人民群众最痛恨腐败现象,腐败是我们党面临的最大威胁。……不管腐败分子逃到哪里,都要缉拿归案、绳之以法"。2019年中央纪委第三次全会对反腐败国际追逃作出部署,强调要继续保持惩治腐败高压态势,"打虎""拍蝇""猎狐"多管齐下。当前,我国反腐败斗争取得压倒性胜利,全面从严治党深入有效推进,政治生态逐步得到净化,国家反腐败工作继续推进,国际追逃继续开展并取得阶段性胜利。经统计,自2015年3月启动"天网"行动以来,截至2018年年底,我国先后从120多个国家和地区追回外逃人员4 997人,其中党员和国家工作人员1 015人,追回赃款105.14亿元人民币,追回"百名红通人员"56人。[1] 我国已和71个国家签署了54项引渡条约和63项刑事司法协助条约。2019年6月29日外逃18年的"百名红通人员"之一、职务犯罪嫌疑人刘宝凤回国投案自首并积极退赃。这是党的十九大以来第11名归案的"百名红通人员",也是开展"天网行动"以来第59名归案的"百名红通人员"。[2] 短短四年时间,百名红通人员已归案58名,占一半还要多,我国开展的反腐败国际追逃专项行动取得显著成绩,许多还是"历史性突破",体现党和国家严惩腐败的坚定信心和决心,即绝不让腐败分子逍遥法外、逃避法律制裁。然而不可否认的是,由于国际追逃工作开展时间较晚,相关法律法规还不完备,实践经验还有待进一步积累,法律适用方面还存在若干困境,亟须寻求实践中切实可行的应对措施,以便于腐败犯罪国际追逃工作的顺利开展,为全方面惩治腐败奠定良好的基础。

一、问题的提出

笔者拟从国内外颇具影响力的成功追逃案例入手,分析归纳当前我国在腐败犯罪国际

---

* 刘霜,中意刑法学双博士,天津大学法学院教授。本文系作者主持的国家社科基金一般项目(16BFX056)、河南省高等学校哲学社会科学基础研究重大项目(2018-JCZD-003)和河南省社科规划项目(2015BFX017)的阶段性成果。本文原载于《河南社会科学》2020年第4期。

[1] 参见姜洁:《持续保持惩治腐败高压态势——党的十九大以来全面从严治党成果巡礼之一》,载于《人民日报》2019年1月7日第4版。

[2] 中央纪委国家监委网站:http://www.ccdi.gov.cn/gzdt/gjhz/201906/t20190630_196302.html,2019年8月15日访问。

追逃方面存在的问题。首先以黄海勇引渡案[1]为例,该案是我国开展国际追逃较为成功的案例之一,被誉为新中国成立以来最为复杂的引渡案件。[2]该案涉案金额特别巨大,犯罪嫌疑人滞留境外时间特别漫长,引渡程序异常繁复,其难度之大超出想象。黄海勇妄图逃脱中国法律的制裁,穷尽秘鲁所有国内法律程序,从秘鲁地方法院到最高法院再打到宪法法院,还被提交到美洲人权委员会和美洲人权法院,历经八年时间,最终由美洲人权法院判定秘鲁政府可以引渡黄海勇回国。黄海勇是我国首次从拉美国家成功引渡的犯罪嫌疑人,该案的成功对于我国以引渡方式开展国际追逃具有极其重要的借鉴意义,也引发了笔者对于国际追逃问题的深入思考。

问题一:黄海勇案的成功前提是中国与秘鲁签署有双边引渡条约。那么引渡作为最为常见的国际刑事司法合作形式,为何实践中以引渡方式实现成功追逃的案例却少之又少?

截至2018年12月底,我国已和71个国家签署了54项引渡条约和63项刑事司法协助条约[3],但是以引渡方式实现的国际追逃案例却屈指可数。分析起来,有如下原因:其一,各国对于引渡规定了一些我国难以逾越的前提条件。很多国家规定"死刑不引渡""政治犯不引渡",此外还有条约前置原则、互惠原则、双重犯罪原则等制约,因此在实践中成功引渡的案例并不多。其二,我国多数是与发展中国家签订引渡条约,而与发达国家签署的较少。但目前国内贪官潜逃最多的目的地大多集中于发达国家,其中以美国、加拿大、澳大利亚和新西兰为最多。我国与美国、加拿大以及澳大利亚虽然签署有双边引渡条约,但中加引渡条约尚未生效,美国等国家奉行条约前置主义原则[4],因此条约引渡只能在现有的已经签署并生效的双边引渡条约的国家范围内进行。黄海勇案之所以能够顺利实施,也是由于中国与秘鲁签署有双边引渡条约。由于红通人员的潜逃目的地多集中在美澳加新等发达国家,所以以引渡方式追逃犯罪嫌疑人面临重重法律障碍。

问题二:如果以引渡方式追逃犯罪嫌疑人困难重重,那么能否适用引渡替代措施?

如前所述,由于种种条件及客观原因的限制,目前适用条约引渡难度大,成功案例很少,

---

[1] 黄海勇,原系香港宝润集团有限公司董事、深圳裕伟贸易实业有限公司法人代表、武汉丰润油脂保税仓库有限公司董事长、深圳市亨润国际实业有限公司董事及总经理。1996年8月至1998年5月期间,黄海勇伙同他人共同走私进口保税毛豆油10.74万吨,案值12.15亿元,偷逃税款7.17亿元。案发后,黄海勇于1998年8月出逃,2001年6月,中国通过国际刑警组织的红色通缉令对黄海勇进行全球通缉。2008年10月,秘鲁警方逮捕黄海勇。我国外交部根据2003年生效的《中华人民共和国和秘鲁共和国引渡条约》向秘鲁政府提出引渡黄海勇的请求。该案分别经过秘鲁法院、秘鲁最高法院、秘鲁宪法法院、美洲人权委员会及美洲人权法院等多级法律程序。2015年6月,美洲人权法院判定由于引渡黄海勇回国不存在其被判处死刑和遭受酷刑的风险,所以秘鲁政府可以引渡黄海勇回国。黄海勇于2016年7月17日被引渡回中国。

[2] 赵秉志、张磊:《黄海勇引渡程序研究》,载于《法学杂志》2018年第1期。

[3] 人民网:《境外不是法外之地,也不是犯罪天堂》,http://bbs1.people.com.cn/post/1/1/2/170191859.html,2019年6月15日访问。

[4] 条约前置主义要求以双边引渡条约作为向外国引渡逃犯的前提条件。

效果甚微。我们是否可以尝试采用引渡替代措施呢？以头号红通分子杨秀珠案[1]为例，她潜逃的国家大多数是美国、加拿大、意大利、法国、荷兰等发达国家，我国与这些国家之间还没有生效的引渡条约。即使有引渡条约，但适用引渡的前提条件过于严苛，因此引渡替代措施的适用就显得尤为重要。该案中我国灵活采用非法移民遣返、异地追诉以及劝返等各项引渡替代措施，最终成功劝返杨秀珠，使其回国投案自首。

杨秀珠案的积极意义在于：杨秀珠是"百名红通人员"的头号嫌犯，我国积极与美国、荷兰等国开展国际刑事司法合作，最终促使其回国自首，其威慑效力和样本效应不容小觑。有学者认为，杨秀珠案是我国国际追逃追赃工作的标志性实践，是党的十八大以来追逃追赃工作体制创新成果的范本。[2] 杨秀珠案的成功经验在于，并没有局限于引渡，而是综合运用各类引渡替代措施，成功劝返百名红通头号嫌犯。该案带来的威慑效应不言而喻，既然百名红通头号嫌犯都能主动回国投案，那么对于其他潜逃国外的嫌犯有很大的示范意义。因此，在腐败犯罪的国际追逃过程中，可以尝试适用各种引渡替代措施，更能促进国际追逃工作的开展和顺利进行。

问题三：腐败犯罪国际追逃工作面临的主要法律障碍在于政治犯罪、死刑和酷刑问题，因此提升我国的国际法治形象刻不容缓，促进国际司法协助势在必行。

国外一般认为我国刑法仍然规定有死刑，个别案例中可能存在酷刑情况，因此被请求国在遣返外逃人员时会存在顾虑。我国应逐步减少死刑适用，避免适用酷刑，遵守量刑承诺，维护良好的法治形象，方能进一步推进国际追逃工作的顺利进行。以赖昌星案[3]为例，赖昌星案是中加两国在国际刑事司法合作方面的成功范例[4]。赖昌星潜逃国外长达12年之久，穷尽一切救济手段，妄图逃脱中国法律的制裁。赖昌星的顺利遣返，中加双方都付出了极大努力。由于中国和加拿大引渡条约尚未真正实施，适用引渡困难重重，我国应当开拓引渡合作新领域，尝试适用个案协议或多边国际条约合作手段。

---

[1] 杨秀珠，曾任温州市市长助理、温州市副市长、福建省建设厅副厅长，涉嫌腐败犯罪，于2003年4月携家人出逃境外。2003年6月16日，浙江省人民检察院以涉嫌贪污受贿罪立案侦查，批捕杨秀珠，并于7月22日通过国际刑警组织发布红色通缉令。从2003年4月20日起，杨秀珠携女儿、女婿经由香港前往新加坡，后辗转逃往意大利、法国、荷兰、加拿大、美国等地。2016年11月16日，杨秀珠在外逃13年之后回国投案自首。

[2] 张磊：《境外追逃中的引渡替代措施及其适用》，载于《法学评论》2017年第2期。

[3] 赖昌星是震惊中外的厦门特大走私案的主犯。从1996年到1999年，他所领导的走私集团在厦门大肆走私进口成品油、植物油、汽车、香烟等货物，案值高达人民币530亿元，偷逃税款300亿元，是1949年以来中国最大的经济犯罪案件。1999年8月，赖昌星携家人出逃加拿大。2000年3月，其旅游签证到期，加拿大边境服务局向其发出有条件的离境令到2011年7月23日，赖昌星在加拿大警察押送下遣返中国，厦门海关缉私局依法对其执行逮捕，历时11年，其潜逃时间长达12年。2012年5月18日，厦门市中级人民法院一审宣判赖昌星犯走私普通货物罪、行贿罪，数罪并罚，决定执行无期徒刑，剥夺政治权利终身，并处没收个人全部财产。赖昌星在一审宣判后没有提出上诉。

[4] 张磊：《从高山案看我国境外追逃的法律问题——兼与赖昌星案比较》，载于《吉林大学社会科学学报》2014年第1期。

二、反腐败国际追逃的法律适用困境

(一) 适用条约引渡困难重重

目前,腐败犯罪的外逃人员主要目的地为美国、加拿大、澳大利亚和新加坡。[1] 此外,新西兰、泰国等也是外逃人员相对比较集中的国家。我国与美国、加拿大、澳大利亚、新西兰均无生效的双边引渡条约、协定。2007 年 9 月 6 日,中国和澳大利亚在悉尼签订《中华人民共和国和澳大利亚引渡条约》,但该条约至今未在澳大利亚议会获得通过,尚未生效。因此,与澳大利亚进行条约引渡也存在困难。

条约引渡适用的首要条件就是我国应与对方国家签订有双边(多边)引渡条约或协定。根据各国引渡法的不同规定,启动条约引渡的方式分为三种:其一,互惠为基础的引渡。《中华人民共和国引渡法》(以下简称《引渡法》)第 3 条规定:"在平等互惠的基础上进行引渡合作"。其二,以引渡条约为基础的引渡。此类引渡又分两类,第一种可以被称为"条约前置主义",即引渡双方要以存在双边引渡条约为基础,例如美国就奉行严格的条约前置主义。另一种是以双边、多边条约(公约)为基础的引渡,例如澳大利亚、新西兰、加拿大等国家。[2] 这里的"多边条约"还可以扩大解释为含有引渡内容的其他多边条约(公约)。其三,外交途径的个案协议引渡,即可以通过外交手段就个案进行协商后展开引渡,往往是外交利益的互惠交换。

1. 从美国进行条约引渡不现实

美国奉行严格的条约前置主义,且中国和美国没有签署双边引渡条约。《美国法典》第 209 章第 3181 条规定:"本章与移交外国犯罪人有关的各条款,仅在与该国政府签订的任何引渡条约存续期间有效。"[3] 此处的"引渡条约"应该做狭义的理解,仅仅指"双边引渡条约"。因此,我国目前不存在从美国通过条约引渡犯罪嫌疑人回国的可能性。

2. 从加拿大进行条约引渡存在可能性

加拿大与我国在打击犯罪方面合作相对密切。1995 年,中国和加拿大在北京签订《中加关于刑事司法协助的条约》,该条约于 1995 年 7 月 1 日生效。1999 年 4 月 16 日,中加两国在渥太华签订《中加政府关于打击犯罪的合作谅解备忘录》,该备忘录的有效期为 5 年。2010 年 6 月 24 日,中加两国签订《中华人民共和国公安部和加拿大皇家骑警关于打击犯罪的合作谅解备忘录》,有效期也是 5 年(遗憾的是这两个备忘录现在均已失效)。2016 年,中加双方还签署了《中国政府和加拿大政府关于分享和返还被追缴资产的协定》。

我国与加拿大虽然没有签署双边引渡条约,但双方是否可以依据引渡法的相关规定,在

---

[1] 中央纪委监察部网站,http://www.ccdi.gov.cn/,2018 年 7 月 8 日访问。
[2] 黄风、凌岩、王秀梅:《国际刑法》,中国人民大学出版社,2007 年版,第 177-181 页。
[3] 黄风、凌岩、王秀梅:《国际刑法》,中国人民大学出版社,2007 年版,第 178 页。

国际公约框架下进行合作,开展引渡呢?我国《引渡法》规定,双方共同参加的"载有引渡条款的其他条约"可以作为引渡的依据。加拿大《1999年引渡法》第2条规定,"引渡协定涵盖多边公约";第10条规定,"不存在引渡协定的情况下,征得司法部长的同意,外交部长可以与有关外国就个案达成'特定协议',以便执行该国的引渡请求"。

由此可见,我国国内法规定引渡的依据包括双方共同参加的条约,而加拿大也在立法上允许将多边公约或者个案协议作为引渡合作的依据。根据中加两国各自的引渡法,双方如果启动引渡程序,是有法律依据的。实践中也有成功的案例,中加双方在赖昌星案中就有密切合作。因此,中加双方进行国际刑事司法协助、开展条约引渡有可能性,也是有先例可循的。

3. 可以尝试与澳大利亚开展引渡合作

2007年9月6日,澳大利亚与我国签订了《中澳引渡条约》,我国早在2008年4月24日的第十一届全国人民代表大会常务委员会第二次会议上已经批准了条约,但该条约至今未被澳大利亚议会通过,导致条约至今尚未生效。从澳大利亚直接进行条约引渡尚不可行。

但中澳双方进行引渡的大门并未完全关闭。澳大利亚引渡法第5条对"引渡条约"有明确规定,包括"有关外国和澳大利亚均为缔约国的、全部或者部分涉及移交因犯罪而受到指控人员或被定罪人员的条约"。为了强调这一概念不局限于双边条约,有关解释条款特别在括号中注明,"无论是否其他任何国家也为该条约的缔约方"。由此可见,澳大利亚的引渡依据不仅包括双边条约,也包括多边国际条约。由于中国和澳大利亚都是《联合国反腐败公约》缔约国,中澳两国可以在《联合国反腐败公约》框架内尝试开展引渡合作。

(二) 引渡替代措施程序繁杂

引渡替代措施也可称为事实引渡,是指一国通过遣返非法移民、驱逐出境等方式将外国人遣送至对其进行追诉的国家,无论作出遣返或者驱逐决定的国家具有怎样的意愿,在客观上造成与引渡相同结果的措施。[1] 目前实践中适用的引渡替代措施主要包括遣返非法移民、异地追诉、劝返等。杨进军[2]就是采用强制遣返方式回国的。

1. 遣返非法移民方式

所谓遣返非法移民,是指由于入境者不具有入境资格而非法入境,或者存在入境签证造假、签证到期后滞留境内等行为,由于违反入境国相关移民法规定,由该入境国的行政机关通过一定程序将其遣送回国。在遣返非法移民的过程中我国往往通过司法协助等手段向入境国提供犯罪嫌疑人在申请签证时存在资料造假、骗取签证、签证期限已过等证据,使其受

---

[1] 参见黄风、凌岩、王秀梅主编:《国际刑法》,中国人民大学出版社,2007年版,第212页。
[2] 参见中共中央纪律检查委员会、中华人民共和国国家监察委员会官网:《"百名红通人员"杨进军被从美国强制遣返回国》,http://www.ccdi.gov.cn/toutiao/201509/t20150918_124259.html,2019年6月12日访问。

到入境国的遣返,从而达到追逃目的。赖昌星就是通过遣返非法移民方式使其成功回国的,该案的成功经验值得我们借鉴。

关于遣返非法移民的方式,以美国为例进行说明。美国法律对非法移民有明确的定义,即所谓"没有资格获得签证和没有资格入境的外国人"(aliens ineligible to receive visas and ineligible for admission)。根据美国移民法,假如在美国的外国人出现以下情况,就会成为"可被驱逐的外国人"(deportable aliens):在入境或变更"非移民身份"时,根据当时有效的移民法律,属于不得入境的外国人;入境后实施犯罪行为;没有依法登记或伪造文件;从事任何威胁美国国家安全或公共安全的活动;入境5年内沦为需接受美国政府救济的人;以违反美国宪法、各州宪法及其他法律的方式参与投票活动。上述情况都可能导致非法移民遭强制遣返。美国的遣返程序被称为"递解程序",外国公民通常会因以下情况被递解出境:企图非法入境美国(没有持合法签证或者持假护照、签证等);非法入境以及合法进入美国,但是随后丧失合法身份或者犯有需要被递解出境的违法犯罪行为。

笔者认为,在追捕外逃人员时如果决定采取遣返非法移民的方式,应当注意追逃策略,不宜对外过分强调欲对外逃人员实行刑事追诉的目的,以防事态出现不利局面。我国可以根据2001年生效的《中国和美国政府关于刑事司法协助的协定》向美国政府提供外逃人员在入境前犯有严重罪行的证据资料,以证明其不符合美国移民法保护的条件,也可以提供外逃人员构成非法移民的证据、资料。值得注意的是,遣返非法移民程序繁琐且复杂,是一个相当漫长的过程。我国追逃人员应充分了解犯罪嫌疑人所在国的遣返非法移民程序,掌握确凿证据,在该国法律允许的范围内开展行动,方可能被所在国认可。

2. 驱逐出境

驱逐出境也是一种引渡替代措施,与遣返非法移民方式类似,可以适用行政程序,也可以作为刑事制裁的后果。根据美国移民法的规定,如果外国人在入境后的5年内被判定犯有轻罪,或者被判定犯有可判处一年或一年以上监禁刑的罪行,将被驱逐出境;如果被判定犯有严重罪行,将一律被驱逐出境。同时,美国法律赋予可能被驱逐出境人以某些法律手段进行救济,例如申请避难的权利,但是犯有严重罪行的人可能会被剥夺这一权利。我国有采用驱逐出境方式成功的案例,如余振东就是以驱逐出境方式被遣送回国的。

3. 劝返

所谓劝返是指在确定犯罪嫌疑人已经潜逃国外,并锁定其位置后,相关部门根据具体情况联系其原单位领导、家属成员、好友,前往境外或者通过网络、电话、微信、QQ、书信等形式与犯罪嫌疑人取得联系,采用摆政策、讲道理、说人情等手段做其思想工作,劝导其主动回国的措施。劝返在国际追逃工作中发挥着非常重要的作用。仅2014年"猎狐行动"刚刚开始的头三个月,在180名成功回国的犯罪嫌疑人中,各地劝返的境外犯罪嫌疑人有76名,其中采用劝返方式的占42%。[1]

---

[1] 参见刘仁文:《贪污贿赂犯罪的刑法规制》,社会科学文献出版社,2015年版,第229页。

劝返具有重要的积极意义:不仅可以大大降低国际追逃的经济代价,提高追逃的效率,而且可以彰显刑罚的及时性和必然性,鼓励更多外逃人员主动接受劝返。对于外逃人员所在国来说,在劝返中只需要被动配合,即可将重大经济或职务犯罪嫌疑人遣送出境,不必在非法移民遣返程序中处于主导地位。而且由于外逃人员违反移民法的规定,所在国愿意配合追逃人员将犯罪嫌疑人遣返回国。对于外逃人员来说,劝返回国的一般可以认定为"自首",其刑事责任可以从轻或减轻处罚,还是有着很大诱惑力的,因此更易于说服其回国,使其回国接受法律制裁,从而结束其在国外颠沛流离的生活。

笔者认为,劝返工作应当在法治轨道上进行,需要注意以下几点:(1)重视劝返过程中的量刑承诺问题。最高人民法院、最高人民检察院、公安部、外交部于2014年10月11日联合印发《关于敦促在逃境外经济犯罪人员投案自首的通告》(以下简称《通告》)。《通告》规定,如果嫌疑人不存在立功等量刑情节,不能为了实现"劝返"做出过分降低法定刑的承诺,必须把握好"减轻处罚"和"从轻处罚"的界限,不能承诺做出过低的量刑承诺,应当在法律允许的范围内劝服犯罪嫌疑人回国自首。追逃人员应当避免"先斩后奏",轻易做出过低的量刑承诺,会将司法机关逼进"进退维谷"的境地。一方面,如果按照过低的量刑承诺作出判决,对其他情节相同却没有出逃的犯罪人来说显失公平;另一方面,如果不按照量刑承诺作出判决,会使追逃人员的"信用度"降低,影响以后劝返工作的顺利开展。(2)劝返活动必须在所在国法律框架内开展工作。参加"劝返"的追逃人员如果到犯罪嫌疑人逃亡的所在国开展劝返工作,追逃人员特别是国家工作人员一定要严格遵守所在国法律,避免出现违反所在国法律的情况。如果我国在当地设有驻外使领馆,可以在进行劝返活动时与我国驻外使领馆联系,寻求必要的帮助和支持(我国部分驻外使领馆派驻有警务联络代表)。(3)应当注意采取劝返措施的合法性。我国追逃人员在开展劝返活动时,不仅针对犯罪嫌疑人应当采取合法措施,在涉及犯罪嫌疑人家属时,也应当注意"施压"措施的合法性。近期曝光的罗山县在"打击盗窃民航旅客财物犯罪专项治理行动"中采取的不当措施,引起全国人民的广泛关注。[1]罗山县为了抓到犯罪嫌疑人采取的措施无可厚非,但这种株连三代的方法却违反"自责自负"原则,甚至对犯罪嫌疑人的家属构成民事上的侵权行为。国际追逃工作纷繁复杂,在实施劝返措施的过程中,更应当注重在法制轨道上进行,不得违反所在国法律,不得采取非法措施,应当在合法框架内采取合适措施,积极劝返外逃人员回国自首。(4)劝返活动应当与红色通缉令、财产冻结、扣押等各种追逃手段相结合。劝返工作可以从以下两个方面展开:首先是从犯罪嫌疑人自身方面的原因入手,促使其放下思想负担,回国自首。考虑到犯罪嫌疑人在异国他乡的精神压力较大,对国内家属的牵挂,对自己犯罪行为的负罪感,对

---

[1] 参见新华网:《河南罗山就"株连三代"公告致歉:及时撤回,吸取教训》,http://www.xinhuanet.com/2018-06/09/c_1122961749.htm,2018年6月12日访问。具体案情:河南省信阳市罗山县针对当地四名在国际航班上偷盗财物的嫌疑人,发出了一则劝返告知书。这份劝返告知书中明确指出,若7日内不回国配合公安机关调查,将把其个人情况在县电视台曝光,必要时将其父母、兄弟姐妹、儿子儿媳、女儿女婿曝光;若10日内不回的,将其本人及父母、兄弟姐妹、子女全部拉入诚信系统,限制出行,株连三代人;若20日内仍不回,将在其家门口、村口悬挂"飞天大盗之家"的牌子等。

自己可能会被遣送回国的担忧,对自己一个人生活存在的压力和风险的担忧等,追逃人员可以做好犯罪嫌疑人的思想工作,促使其放下思想负担,回国面对法律的审判。其次是可以采取综合措施,灵活运用各种手段,切断其经济来源,促使其及早回国。犯罪嫌疑人的财产被扣押、冻结、没收,就断绝了经济来源,生活难以自立,劝返的成功性会大大提高。中国与美、加、澳、新四国签署的刑事司法协助的协定都有关于对涉案资产"查询、搜查、冻结和扣押"的规定,可以要求犯罪嫌疑人的所在国给予司法协助,对其非法财产进行查封、扣押、冻结,让其失去生活来源。此外,国际刑警组织发布的"红色通缉令"虽然在美国没有强制执行的效力,至少能让当地警察对外逃人员持有"警惕心理"。如果存在非法移民、非法转移财产、洗钱、签证欺诈等违反美国国内法的犯罪行为,会受到当地执法机关的追诉。"红色通缉令"也会对被缉捕人的生活带来困扰,给其生活带来诸多不便,也在一定程度上促使劝返工作的顺利进行。

4. 异地追诉

异地追诉是指我国通过司法协助等手段向外逃人员所在地政府提交其在该国的犯罪证据,使其受到该国法律追诉。以杨秀珠案为例,我国对杨秀珠主要采用非法移民遣返程序,同时我国政府也在努力采取异地追诉措施对杨秀珠施加压力,推动其早日回国。杨秀珠除了涉嫌在中国实施腐败犯罪以外,在转移赃款到美国以及入境美国过程中,都涉及洗钱犯罪,而这种罪行在美国也是严重的犯罪。因此,中方在努力推动非法移民遣返程序的同时,也将杨秀珠涉嫌跨境洗钱的证据提交给美国,促使美国方面以洗钱犯罪追究其刑事责任,迫使杨秀珠认识到,即使不回国,即使非法移民遣返程序进展缓慢,其也可能因为刑事犯罪而受到美国的刑事制裁。[1] 异地追诉也是引渡的重要替代措施,杨秀珠最终能够回国自首,与我国成功适用异地追诉方式密不可分。我国在开展追逃工作的过程中,也可以采取异地追诉方式,更容易获得所在国的支持,促进追逃工作的顺利进行。

三、反腐败国际追逃的有效应对

(一) 严守国家主权原则是国际追逃工作的重要前提

国家主权原则是国际法的基本原则,各国在国际交往中应当尊重他国主权。一方面,腐败犯罪国际追逃的出发点和归宿是为了维护国家主权,通过实现对于外逃人员的刑事管辖权来维护追逃国的司法主权;另一方面,国际追逃主要在境外进行,可能会对被请求国的司法主权造成侵犯。就某种意义而言,国际追逃是请求国与被请求国之间主权的博弈。因此在国际追逃过程中,一定要注意尊重被请求国的国家主权,应当在该国法律框架内开展工作,不要引起该国的反感、抵触和反击。否则不仅会导致追逃行动的失败,甚至会给两国的外交关系带来不利影响。

---

[1] 参见张磊:《境外追逃中的引渡替代措施及其适用———以杨秀珠案为切入点》,载于《法学评论》2017年第2期。

(二) 以法治思维和法治方式开展国际追逃工作

2018年3月20日颁布的《中华人民共和国监察法》第六章对反腐败国际合作做出明确规定,使我国的国际追逃工作有法可依,国际合作有章可循。新修订的《中华人民共和国刑事诉讼法》增设刑事缺席审判制度,构建腐败犯罪嫌疑人、被告人潜逃境外的缺席审判程序,有利于严密我国追逃追赃法网,有利于获得外逃人员目的地国家的司法协助。2018年10月26日通过的《中华人民共和国国际刑事司法协助法》(以下简称《国际刑事司法协助法》),填补了我国反腐败刑事司法协助国际合作的空白,为进一步加强我国开展反腐败国际合作提供强有力的法律支撑。而且《国际刑事司法协助法》的颁布,使我国国内法与《联合国反腐败国际公约》《联合国打击跨国有组织犯罪公约》以及我国同外国签订的刑事司法协助条约有效衔接,编织更为严密的反腐败法网,使腐败犯罪分子无处可逃。此外,《国际刑事司法协助法》确立国家监察委员会为国际刑事司法协助的主管机关之一,赋予监察机关在腐败犯罪案件调查等活动中与外国相关机构开展反腐败国际合作、司法协助的职责,对于规范和完善我国刑事司法协助体制,加强国际追逃提供更完善的法律依据和程序保障。

在国际追逃过程中,为了把握机会,避免错失良机,我国追逃工作人员往往在锁定犯罪嫌疑人准确位置后迅速行动,持旅游、商务护照"秘密"入境请求国。境外追逃过程中有些机会稍纵即逝,为了提高追逃追赃行动的成功率,这是无可厚非的。但是,在时间允许、条件允许的情况下,劝返人员还是应该通过跨境警务合作和跨境司法协助来进行,尽量避免"秘密"入境。2015年8月16日,一则发表在美国《纽约时报》上题为"奥巴马政府就在美行动的秘密工作人员警告北京"的文章引起了舆论的广泛关注。美方提出,中国的追逃人员不遵守美国法律,在美国从事秘密工作,而且中国没有向美国提供开展刑事司法合作的证据。澳大利亚也曾经就类似事件向我国政府发出照会[1]。

笔者认为,美国和澳大利亚提出的警告确实值得我们警醒,在国际追逃过程中一定要依法、依约进行。具体实施过程中应当注意以下几点:(1) 应当严格遵守所在国的法律,积极寻求国际司法协助。我国与美、加、澳、新四国都签有刑事司法的协定,可以依约申请司法协助,尽量避免"秘密"入境。(2) 我国与美、加、澳、新四国都是国际刑警组织的成员国,可以通过国际刑警组织国家中心局之间进行沟通,请求警务协助。(3) 我们要对外逃人员所在国政府和司法机关基于充足的信任,积极寻求国际合作或司法协助。任何国家都不会承认自己的国家是避罪天堂,因此只要采取合法正当渠道,就能获得他国的信任和支持,以利于国际追逃工作的顺利进行,同时赢得国际信任。

(三) 充分利用我国已经签署或者参加的各种双边条约或国际公约

我国与美、加、澳、新四国都是《联合国反腐败公约》的缔约国,根据公约和各国引渡法的

---

[1] 2014年12月,山东日照警方曾经派遣两名警察进入澳大利亚,到墨尔本劝说犯罪嫌疑人董锋回国投案,澳洲媒体称中国警方没有提前通知澳洲警方和外交部,而是以非正式的方式悄悄前往墨尔本与董锋直接谈判的。据《悉尼先驱晨报》等澳洲媒体报道,中国政府就此事向澳洲保证以后这样的事情不会再发生。

规定,我国和加拿大、澳大利亚之间都存在启动引渡程序的可能性(详见表1)。要尝试探索通过引渡开展国际追逃的新途径,因为引渡相对于遣返非法移民、驱逐出境等手段来说,更加经济高效。

表1 国际协议签署/参加情况

	引渡条约	刑事司法协助条约	国际刑警组织成员国	《联合国反腐败公约》	《联合国打击跨国有组织犯罪公约》	其他
美国	无	有	是	成员国	成员国	
加拿大	无	有	是	成员国	成员国	
澳大利亚	已签署未生效	有	是	成员国	成员国	关于移管被判刑人的条约
新西兰	无	有	是	成员国	成员国	

(四) 着力打造专业的国际追逃队伍

全球化背景下中国与其他国家开展反腐败国际刑事司法合作不仅是大势所趋,也是强势反腐的紧迫要求。打造一支强有力的追逃队伍是时代发展的要求,也是国际追逃工作能否顺利开展的关键。应当做好如下几个方面的工作:

第一,应当提升追逃人员的专业素养。专业追逃人员不仅应了解国际公约、国际刑事司法协助条约等内容,还应当掌握外逃人员目的地国家的法律法规和程序规定。在追逃过程中应结合各国外交政策,提出符合对方法律、政策要求的刑事司法协助请求,防止因为法律制度的误解或程序上的错讹影响追逃工作的开展。此外,追逃人员还应具备熟练的专业外语应用能力。实践中,仅掌握普通外语的人员已经不能满足瞬息万变的国际追逃的工作需要,因为关键词语、法律术语翻译的些许误差都可能造成不必要的损失。目前,我国熟知法律知识且外语水平高的专业人员数量太少。应当培养专门的国际追逃人才,做到不仅熟知各国法律,而且精通外语,能够熟练与国外司法机关沟通和联系,以方便国际追逃工作的开展和深入。

第二,应当注重追逃工作的规范化。2019年4月1日,由中央纪委国家监察委牵头开展的职务犯罪国际追逃追赃专项行动拉开帷幕,彰显了监察体制改革带来的成果及职责转变。追逃人员应当适应新时代要求,注重工作规范化,在法治轨道上运用引渡、司法协助、异地追诉、遣返等多种手段,促进追逃工作的成功。

第三,应当注重与监察法衔接,将新增监察对象纳入防逃体系。将防逃机制下沉到国有企业事业单位、基层群众性组织。紧盯国有企业和金融机构的海外分支等监督薄弱领域,结合扶贫领域腐败和作风问题专项治理、扫黑除恶专项斗争,将新增监察对象整体纳入防逃范围,真正实现防逃全覆盖,追逃无死角。

四、全面构建国内防逃工作机制

虽然近年来我国国际追逃工作取得辉煌战绩,但防患于未然更为重要。应当构建国内防逃制度,将腐败分子拦截在我国边境之内,使其受到法律的制裁,将赃款赃物收归国库所有。实践中,腐败犯罪的犯罪嫌疑人在携款外逃时一般会有严密筹划、准备证件、伪造身份、转移财产的过程,可能有频繁的出入境记录、大量账面资金异动等明显特征。我们可以建立国内防逃工作机制,监控可疑人员的行动,及早切断其外逃进程。

(一) 严格执行关于党员干部出国的相关管理规定

目前关于党员干部出国的规定包括:《关于加强党政机关县(处)级以上领导干部出国(境)管理工作的意见》(中办发〔1999〕23号)、《中纪委关于进一步加强党员干部出国(境)管理的通知》(中纪发〔2004〕26号)、《关于进一步加强因公出国(境)管理的若干规定》(中办发〔2008〕9号)、《关于领导干部报告个人有关事项的规定》(中办发〔2010〕16号)、《因公出国人员审批管理规定》(中办发〔2012〕5号)、《中共中央组织部关于进一步加强领导干部出国(境)管理监督工作的通知》(组通字〔2014〕14号)等重要文件或规定。党员干部应当严格执行,将该项规定落到实处。具体包括:① 加强对因公出国(境)人员的管理。例如,上海市卢江区原副区长于2008年10月中旬在法国考察期间擅自离团,后经劝返回国。② 对因私出国(境)党员干部进行严格审查。例如,中国银行哈尔滨河松街支行原行长高山就是因私出国到加拿大看望妻女时(其出国时购买有返程机票),得知案发滞留加拿大。③ 做好出国(境)证件的管理工作。相关证件(包括私人证件)必须及时上交有关部门管理。应当严格审核、定期不定期抽查,发现问题后严肃处理,防止该制度形成"一纸空文",一定要严格执行,将该制度落到实处。

(二) 建立监察部门、公安部门、金融部门信息共享机制

潜逃人员在准备出境前往往精心策划出逃路线,频繁出入国(境)进行财产转移、出国后生活安置等活动。各部门可以联合建立信息共享平台,建立防控模型。银行系统应当建立大额资金转移监测制度,实施金融交易报告制度。国家外汇管理部门肩负着防止资金外逃的重担,应明确国家外汇管理局作为全国管理外汇资金的责任部门,对进口付汇的报关单位严格查验其真实性,对弄虚作假的单位及利用单位账户外逃资金的腐败分子通知相关部门严肃查处。还应完善外汇管理制度,对国内出境的外汇进行严格的审查,对在国外的外汇必须加强监督和审计,对公职人员的境外财产进行监控或审查。

(三) 构建中央反腐败协调小组统筹指挥多部门联动的工作机制

2014年10月,中央反腐败协调小组国际追逃追赃工作办公室成立。除了中央纪委监察委,还有最高法、最高检、外交部、公安部、国家安全部、司法部、中国人民银行等其他七个单位的负责人士参与该工作,各单位按照中央反腐败协调小组的统一部署和职责分工开展行动。国家监察委员会统筹协调与其他国家、地区、国际组织开展的反腐败国际交流、合作,组织反腐败国际条约实施工作;最高人民法院从审判职能角度,负责对外逃犯罪嫌疑人依法

作出量刑承诺；最高人民检察院负责出台关于开展境外缉捕及取证程序的规范性文件；外交部负责利用外交渠道配合境外缉捕工作，加强个案磋商；公安部负责警务合作，加大侦查力度跟踪案件；司法部负责配合办案部门及时对外提出司法协助请求；而人民银行、银监会、外汇局则分别承担反洗钱调查、跨境资金监管和打击地下钱庄等职责。

国际追逃工作应在党的统一领导下，在中央反腐败协调小组国际追逃追赃工作办公室的统筹安排下，立案单位力抓主办，成员单位强化协同，外逃人员所在单位积极配合，追逃办督办协调，各部门上下一心履行职责，齐心协力开展国际追逃工作，将外逃人员一网打尽，夺取反腐败斗争的压倒性胜利，以不懈努力换得海晏河清、朗朗乾坤！

犯罪嫌疑人、被告人逃匿境外案件诉讼程序衔接问题研究

——以李华波、徐德堂案为视角

刘晓虎*

犯罪嫌疑人、被告人逃匿境外后,当前诉讼程序成功衔接最典型的案件莫过于李华波案和徐德堂案。李华波是"百名红通人员"2号,系小官巨贪的典型。2006年10月至2009年11月,李华波利用时任江西省鄱阳县财政局经济建设股股长职务上的便利,伙同时任鄱阳县农村信用联社城区信用社主任徐德堂等人骗取国家基建专项资金共9400万元,用于个人赌博、投资、移民以及生活消费。2011年,李华波在案发后潜逃至新加坡,检察机关依法对同案犯徐德堂提起指控。2012年11月,江西省上饶市中级人民法院作出判决,认定被告人徐德堂犯贪污罪,判处无期徒刑,剥夺政治权利终身,并处没收个人全部财产。徐德堂不服,提出上诉。2013年3月,江西省高级人民法院驳回上诉,维持原判。2015年3月3日,上饶市中级人民法院在李华波未到案情况下适用违法所得没收程序,裁定没收李华波违法所得及其他涉案财产。2015年5月9日,李华波被遣返回国。2017年1月23日,上饶市中级人民法院作出判决,认定被告人李华波犯贪污罪,判处无期徒刑,剥夺政治权利终身,并处没收个人全部财产;扣除同案犯徐德堂等人已被追缴的赃款以及依照违法所得没收程序追缴的赃款,剩余赃款继续追缴;对被害单位合法财产,应当及时返还。李华波案、徐德堂案的审判为犯罪嫌疑人、被告人逃匿境外后两种诉讼程序的衔接提供了宝贵经验和参考。随着党中央反腐败国际追逃追赃力度的持续加大,类似李华波案、徐德堂之类的案件将会越来越多。基于近年来我国反腐败追逃追赃实践,笔者认为,对类似追逃追赃案件要重点把握以下几类问题:

一、注意不同诉讼程序的衔接梯次

(一)具体案件的衔接梯次

犯罪嫌疑人、被告人逃匿境外后需要审理的案件至少包括国内同案犯先审案件,犯罪嫌疑人、被告人违法所得没收申请案件和犯罪嫌疑人、被告人回国受审案件等三个案件。因犯罪嫌疑人、被告人逃匿境外,首先审理的往往是未逃匿境外的国内同案犯,其次审理的是逃匿境外的犯罪嫌疑人、被告人违法所得没收申请案件,最后审理的是逃匿境外的犯罪嫌疑人、被告人回国受审案件。(1)国内同案犯先审案件。同案犯为多人的,宜合并审理。

---

* 刘晓虎,法学博士、博士后,二十国集团反腐败追逃追赃研究中心研究员。

(2) 逃匿境外的犯罪嫌疑人、被告人违法所得没收申请案件。两个或两个以上同案犯分别逃往不同国家的,可以根据情况分案审理;同案犯逃往同一国家的,一般宜合并审理,特殊情况除外;犯罪嫌疑人、被告人逃匿境外后,境内和境外均有违法所得的,一般宜合并审理。确有必要分案审理的,可以分案审理。(3) 逃匿境外的犯罪嫌疑人、被告人回国受审案件。因为是同案犯中最后审理的案件,故既要坚持一切从事实出发,又要注意在定罪处罚上与之前审理的案件保持衔接。

(二) 两种诉讼程序的衔接梯次

首尾均适用普通刑事诉讼程序。对国内同案犯案件审理适用的是普通刑事诉讼程序;犯罪嫌疑人、被告人回国受审案件适用的亦是普通刑事诉讼程序。中间适用违法所得没收程序。犯罪嫌疑人、被告人未到案的,只能适用违法所得没收程序。在审理犯罪嫌疑人、被告人违法所得没收申请案件过程中,如果犯罪嫌疑人、被告人到案,依法应当终止审理程序。如李华波案,首先审理的是徐德堂案,其次审理的李华波违法所得没收申请案,最后审理的是李华波回国受审案。在犯罪事实上,审理查明的都是李华波伙同徐德堂等人骗取国家专项资金用于赌博、移民、投资以及生活等事实,各个案件事实基本保持一致。

二、注意对国内同案犯先审案件犯罪事实的认定留有衔接空间

虽然国内同案犯先审案件适用普通刑事诉讼程序,采取的是排除合理怀疑证明标准,但因部分同案犯甚至是主犯逃匿境外,且被告人往往具有避重就轻的心理,故对犯罪事实的审查难以真正做到客观、全面。基于这一现实情况,对国内同案犯先审案件犯罪事实的审查,如犯罪数额不涉及定罪或者确定法定刑幅度的,可原则性表述。特别是对犯罪所得的分配、赃款赃物去向等事实的认定,要保留与其他案件衔接的空间,避免不同案件对同一基本犯罪事实的认定出现颠覆性矛盾和冲突。如在徐德堂案中,澳门警方提供的李华波、徐德堂在澳门赌场赌博输赢情况资料证明,二人在澳门威尼斯人赌场多次赌博,共输掉港币5 647.26万元。该材料证明内容与徐德堂的供述不一致,由于缺少李华波的供述,其他佐证的证据不充分,无法具体认定李华波和徐德堂各自实际输了多少。同时,考虑到李华波和徐德堂将钱转移境外以及李华波移民等行为需要一定费用开支,在无法准确认定上述数额的情况下,对徐德堂的分赃数额只能确定一个大致范围,故上饶市中级人民法院认定徐德堂至少分得赃款1 600余万元。"至少分得赃款"即是在无法认定具体数额的前提下,为保留与其他案件的衔接空间采用的原则性表述。

三、注意主从犯认定的原则性和灵活性

在共同犯罪案件中,先审案件被告人避重就轻的现象比较常见,在其供述和辩解时,往往会刻意减小其在共同犯罪中的作用。如将犯意的提起、主导犯罪的过程以及犯罪所得分配的主体辩解为逃匿境外的犯罪嫌疑人、被告人。有鉴于此,办理此类案件时,要坚持实事

求是,同时坚持底线思维,对于没有确切证据证明先审案件被告人在共同犯罪中起主要作用、次要作用的,可不区分主从犯。如在徐德堂案中,不少物证、书证显示徐德堂与李华波存在分工合作,均实施了实行行为,考虑到徐德堂与李华波均实施了贪污实行行为,明显大于其他同案犯,故可以首先明确不宜认定徐德堂为从犯;徐德堂、李华波在共同犯罪中所起的作用难以比较,为与将来李华波归案后认定的犯罪事实保持基本一致留有空间,可不认定徐德堂为主犯。后在李华波回国受审案件中,有观点认为,既然徐德堂案未区分主从犯,对李华波亦无须认定主犯。上饶市中级人民法院最终坚持实事求是,根据依法审理查明的事实认定李华波是犯意最早提出者,是计划的拟订者、犯罪手段的策划者、具体行为的实施者,在共同犯罪中起关键作用,而且还是赃款的主要使用者,故认定李华波为主犯。

四、准确把握综合情节对犯罪嫌疑人、被告人回国受审的影响

(一) 国外已经作出处罚的是否作为免除或者减轻处罚事由

对此,要区分情况,不能一概而论。如果国内和国外处罚的是同一犯罪行为,依照《中华人民共和国刑法》(以下简称《刑法》)第十条的规定,可以免除或者减轻处罚;如果国内和国外据以处罚的不是同一犯罪事实,则不应适用《刑法》第十条免除或者减轻处罚的规定。李华波回国归案后,其辩护律师以李华波在新加坡受过刑事处罚为由提请法院免除或者减轻处罚。上饶市中级人民法院经审理查明,李华波逃亡新加坡后,新加坡法院根据其本国法以不诚实接受偷窃财产罪判处监禁15个月,并在李华波服完三分之二刑期当天将其遣返回国。因李华波在新加坡的犯罪事实与国内贪污事实虽有关联,但不是同一犯罪事实,故对李华波贪污犯罪的处罚不适用《刑法》第十条免除或者减轻处罚的规定。

(二) 国际追逃追赃案件中"自动投案"的认定

对于逃匿境外的犯罪嫌疑人、被告人,即使已经被国外司法机关羁押,通过国际刑事司法协助途径遣返,程序上也比较复杂,耗时很长,且不确定因素较多。基于国际追逃追赃实际,对于在境外已被羁押或者已被采取限制措施的犯罪嫌疑人、被告人主动提出回国接受司法机关审判的,亦视为"自动投案",如实供述犯罪事实的,可以构成自首。如李华波在新加坡樟宜监狱服刑期间,我国驻新加坡大使馆有关人员前往探视时,李华波承认自己在国内犯下了严重的罪行,给国家造成了巨大损失,主动将写给鄱阳县检察院检察长的信交给中国驻新加坡大使馆,请求回国投案自首,接受调查。此种情形严格意义上不属于刑法规定的"自动投案",但考虑到反腐败国际追逃追赃特殊情况,鼓励更多外逃人员主动回国受审,对在国外监狱服刑期间主动提出回国受审的,视为"自动投案",其归案后如实供述犯罪事实的,依法可以构成自首。

(三) 积极退赃是否作为被告人从轻处罚的法定情节

追逃追赃如鸟之双翼,车之双轮。根据《刑法》及新的贪污贿赂司法解释规定,积极退赃是贪污受贿犯罪法定从宽处罚情节的必要条件,属于法定从轻处罚情节。对于被告人积极退赃的,可以从宽把握从轻处罚的幅度;对于被告人不具有积极退赃情节的,在从宽处罚的

限度上应当严格限制。在李华波案中,李华波在国内的资产均已被查封、扣押、冻结,其转移到国外的资产,也已经被新加坡司法机关按照我国司法机关的请求进行了查封、冻结和扣押。李华波在新加坡投案时,虽然已经提出自愿放弃诉讼及不申请撤销没收令,该行为仅体现出其有退赃的主观意愿,但客观上其没有实际控制新加坡境内的赃款赃物,更没有将其在新加坡的赃款、赃物实际归还给中国政府。因此,李华波不具有积极退赃情节,应当严格限制其从轻处罚限度。

(四)适用违法所得没收程序是否作为从轻处罚情节

对于已适用违法所得没收特别程序的被告人,是否从轻处罚,要根据被告人在违法所得没收特别程序中的综合表现而定。如果被告人在违法所得没收特别程序中有认罪、悔罪表现,并积极配合国内司法机关将赃款赃物返还我国境内的,可以根据其认罪、悔罪表现和在申请执行没收境外资产过程中所起的作用,决定是否从轻、减轻处罚。对于认罪、悔罪态度不明朗,在申请执行没收境外资产过程中所起作用不大的,适用违法所得特别程序不应作为从轻处罚情节。在李华波案中,辩护人提出李华波已适用违法所得没收程序,应当从轻处罚。上饶市中级人民法院以李华波在违法所得没收程序中未积极配合司法机关追赃,认罪、悔罪态度不明朗,故对其已适用违法所得没收程序未作为从轻处罚情节。

五、注意加强刑事没收与违法所得没收的衔接

(一)国内同案犯先审案件没收财产判决主项的表述

对于国内同案犯先审案件,基于共同犯罪个人承担共同犯罪结果责任原理,在判处被告人主刑和附加刑后,追缴没收的范围应当是全案犯罪所得及孳息,不应限制于被告人个人实际分赃数额,追缴不足的应当继续追缴;具有经济损失的,还应当判处被告人责令退赔。如在徐德堂案中,上饶市中级人民法院判处徐德堂无期徒刑,没收个人全部财产。这里没收的对象是指合法财产。对于徐德堂、李华波贪污所得及孳息的追缴没收,不属于附加刑,判决主项可表述为"追缴9 400万元贪污所得及相关孳息,追缴不足的,继续追缴"。

(二)没收违法所得申请案件判决主项的表述

在没收违法所得申请案件中,因判决主项不含有主刑、附加刑以及责令退赔等内容,故仅需要对违法所得及其他涉案财产的处理进行表述;因国内同案犯先审案件已作出处理,故对国内已经追缴到案的相关财产应当在违法所得没收总额中作相应扣减。如果查封、扣押、冻结在案的财产已超过违法犯罪及孳息总额,超出部分应当返还犯罪嫌疑人、被告人;如果查封、扣押、冻结在案的财产低于违法犯罪及孳息总额,对差额部分应当在判决主项中载明"继续追缴"。

(三)犯罪嫌疑人、被告人回国受审案件判决主项的表述

此类案件判决主项除主刑、附加刑内容外,还涉及违法所得的处理。实践中,关于如何表述追缴财产部分,存在一定分歧。一种观点认为,应当表述为"违法所得予以追缴,不足部分责令退赔"。该观点涉及对"追缴"的准确理解。如果"追缴"是指司法机关追查被告人的

违法所得,则存在追缴不足的现象;如果"追缴"是指上缴国库,就不存在先追缴后退赔的问题。故"违法所得予以追缴,不足部分责令退赔"的表述虽然朗朗上口,但在逻辑上存在问题。另一种观点主张表述为"扣除同案犯已经被追缴的赃款,剩余赃款继续予以追缴"。这种表述未考虑逃匿境外的犯罪嫌疑人、被告人已适用违法所得没收特别程序,人民法院在该程序中已裁定没收部分财产。综合上述分析,笔者主张,关于追缴财产部分的表述,宜整体参照《刑法》第六十四条的规定,不写明先追缴还是责令退赔,同时将违法所得没收程序纳入考虑。如在李华波回国受审案件中,考虑到2015年上饶市中级人民法院裁定对李华波在新加坡已被扣押、冻结的财产予以没收,而且我国司法部门已通过相关程序向新加坡提出请求,不管审判时该请求是否被执行,都应当计入追缴数额,故在判决主项表述时载明已扣除同案犯徐德堂等人已被追缴的赃款以及依照违法所得没收程序追缴的赃款,剩余赃款继续追缴;对被害单位合法财产,应当及时返还。

六、请求协助执行境外限制措施和没收裁定的注意要点

随着反腐败国际追逃追赃的深入推进,如何把握请求境外协助执行限制措施和没收裁定要点,推进我国生效判决、裁定在境外承认与执行,是当前亟须研究的课题。笔者认为,以下三点需要重点注意:

(一)注意准确把握民事诉讼和违法所得没收程序适用的案件类型

近年来,在反腐败国际追逃追赃实践中,不少人主张通过民事诉讼方式将境外赃款赃物追回。这种主张,有过成功的案例,是值得肯定的一种追赃模式。然而,以民事诉讼方式追赃不可能适用于所有追赃案件,在追赃实践中如何明确民事诉讼方式适用的案件类型值得进一步研究。民事诉讼程序必须以被害人名义在境外提起诉请,一般情况下是境外已经对犯罪嫌疑人、被告人提起指控后,被害人及其近亲属或者其委托代理人参与诉讼。这就决定了以民事诉讼方式进行境外追赃在案件范围上的局限性。除了贪污、电信诈骗、网络诈骗犯罪等,受贿、渎职、挪用公款、巨额财产来源不明、隐瞒境外存款、走私、洗钱、毒品犯罪案件等,一般都没有被害人,故不适用民事诉讼方式。即使是在贪污案件中,如果贪污所得仅占境外赃款赃物一小部分,那么以民事诉讼方式追赃的意义也不大。民事诉讼本质上是私权救济,国家一般不会以民事诉讼主体参与诉讼。而违法所得没收程序不同,在境外被称为不定罪没收程序或者民事没收程序,是一种公权救济。对于携带、转移巨额赃款赃物逃匿境外的犯罪嫌疑人、被告人,一般应当优先适用违法所得没收程序。主要理由:一是体现司法主权原则。犯罪嫌疑人、被告人实施犯罪后逃匿境外,依照我国法律适用违法所得没收程序追赃更能体现司法主权,维护我国国家和人民利益。二是适用民事诉讼程序难以起到追逃追赃的震慑效果。适用民事诉讼程序是将犯罪嫌疑人、被告人作为平等民事主体身份对待,而且被害方关于依法返还、赔偿经济损失的诉请必将会受到其他债权、继承以及人道主义等多种因素的限制影响,难以完全切断犯罪嫌疑人、被告人的经济来源,无法对外逃人员产生有力惊扰和震慑效应,难以实现以追赃促追逃的效果。三是对于贪污等犯罪所得仅占境外违

法所得一小部分的案件,适用民事诉讼程序只能依法主张返还被侵吞的财产或者应当赔偿的经济损失,对于利用贪污所得进行再投资的违法所得无法主张权利。如犯罪嫌疑人甲某在贪污某单位100万元现金后在境外购置了房产,现所购置的房产升值为400万元。如果被害单位适用民事诉讼程序只能主张返还100万元加同期银行利息,而无法主张返还和追缴房产升值部分。可见,民事诉讼程序无法确保不让犯罪嫌疑人、被告人通过实施犯罪获得任何收益,反而让外逃人员抱有更多侥幸心理,可能会激发更多的潜在犯罪嫌疑人、被告人外逃。当然,民事诉讼还有一些不利因素。如受时效限制影响大、诉讼时间过长、诉讼成本较大,一般受害人没有相应主张诉请的能力和心理等。这些不利因素,需要在个案中综合权衡。

(二)注意把握协助执行请求函关于犯罪事实及证据的繁简表述

根据相关规定,我国办案机关向境外相关法院发出协助执行请求函需要载明犯罪事实及证据,请求函包括中文版(盖印章)和被请求国语种版(不加盖印章)。实践中,有的境外相关主管部门反映,对我国请求函载明的犯罪事实把握不准,需要进一步沟通和核实。导致这种结果有多方面的原因,有翻译质量方面的原因,但更重要的是办案机关对犯罪事实及证据的表述在繁简尺度上把握不准。无论是请求国对犯罪事实及证据的表述,还是被请求国对犯罪事实及证据的审查,办案机关都难免受到本国法规定的影响,在我国还将受到司法解释性规定的影响。如国有企业改制案件,犯罪嫌疑人、被告人为规避法律,在股权的变更、登记以及循环投资过程中,增加了很多环节和复杂因素。我国相关司法解释性文件对此类股权是否发生实际转让有特殊规定。一旦改制过程中存在实际转让和名义转让两种情形,对犯罪事实的表述就比较复杂,境外相关部门在理解上就可能存在困难。鉴于此种情况,笔者认为,对犯罪事实及证据的表述,整体上应当坚持化繁为简原则,同时根据境外相关法律制度和实践惯例要求把握犯罪事实及证据的表述。如果被请求国对请求国生效判决、裁定的承认、执行采取的是登记制(以澳大利亚为代表),即无须重新审判,仅采取形式审查登记,那么请求函一般可简要载明主要犯罪事实和关键定罪情节,仅列明证据名称,无须载明证据来源和证明内容。但从形式审查角度,证据目录至少显示在案证据已形成完整证据链。如果被请求国对请求国的生效判决、裁定的承认与执行,要求必须经过重新审判(以美国为代表),那么对犯罪事实的表述不应过于简略,关键定罪情节、关键证据来源、证明内容都要准确表述,不应遗漏。此外,还要注意表述要符合所在国的法定要求。如关于银行的表述,澳大利亚采取的是银行号码和个人号码组合,英文缩写以及中间杠号不能随意更改。其中任何一项出了差错,都可能严重影响到追逃追赃工作成效,有的甚至推倒重来。

(三)注意把握请求协助执行事项预留一定弹性空间

由于犯罪嫌疑人、被告人逃匿、死亡,办案机关查明的犯罪事实、违法所得可能仅是犯罪嫌疑人、被告人实施的全部犯罪、全部违法所得的一部分,特别是犯罪嫌疑人、被告人逃匿境外后,可能利用违法所得循环投资。有鉴于此,办案机关既要确保具体请求协助执行事项的明确性,又要保留请求协助执行事项的弹性空间。如我国办案机关提出请求协助执行没收裁定后,被请求国有关部门经调查发现犯罪嫌疑人、被告人除了具有请求协助执行函中载明的涉案财产，还存在大量购置的房产，可能存在其他违法所得。针对此种情况，办案机关在请求函中表述请求协助执行事项时一定要预留空间。在明确提出具体协助执行事项后，可增加兜底请求协助执行事项。如可表述为："如有必要，请求对犯罪嫌疑人、被告人及亲属在贵国的财产进一步调查，一经发现可能属于违法所得及其他涉案财产，请立即查封、扣押、冻结。"

反腐败境外追逃追赃，是一项复杂艰巨的系统工程，涉及方方面面的问题。近年来，通过不断总结实践经验，借鉴国外一些比较好的做法，"两高"出台了司法解释文件，并通过发布典型案例，解决了很多基础性问题，明确了一些指导原则。追逃追赃过程中，还会出现很多新的问题，需要我们在实践中不断研究分析和总结。

国家监察体制改革背景下职务犯罪境外追赃追逃长效机制构建

陈 磊*

职务犯罪境外追赃追逃工作关系到反腐败整体成效以及国际国内政治形象,历来是我国反腐败领域的重点和难点。在全面从严治党、反腐不留死角的新时代背景下,境外追赃追逃在国家反腐败整体战略中占据愈发重要的位置。中央层面相继启动"天网行动2015、2016、2017",综合运用警务、检务、外交、金融等手段,集中时间、集中力量开展境外追赃追逃,三年多时间已有近半数"百名红通人员"落网。依靠社会治理中传统惯常的运动型模式固然取得了不俗效果,但未追回的腐败分子和赃款仍远多于已追回的,追赃追逃实践中长期存在的突出问题未得到根本解决。2016年G20峰会我国主导制定《二十国集团反腐败追逃追赃高级原则》,在华设立二十国反腐败追逃追赃研究中心,进一步扩大了反腐败跨境追赃追逃的共识、强化了国际合作意愿;十九大明确进一步深化国家监察体制改革,成立国家监察委员会,通过《中华人民共和国监察法》,从立法、制度、机构、人员上全面优化反腐败体制机制。以此为契机,深入分析职务犯罪境外追赃追逃的各类障碍以及可行的对策建议,构建系统性的境外追赃追逃法律制度,构筑不能逃、不敢逃、逃不掉的长效机制,进而助益非职务犯罪外逃人员和赃款的追回。

一、职务犯罪境外追赃追逃的基础性障碍

(一)境外追赃追逃的组织、人才与经费保障不力

不同于境内具有直接管辖权的追赃追逃,职务犯罪境外追赃追逃是项系统工程,涉及三阶段的任务:"反腐""防逃""追惩"。境外追赃追逃适用的主要是他国法律,执法合作主要在境外,这是工作困难、复杂的根源。贪官外逃的去向既有美、加、澳等西方发达国家,也有非洲、拉美、东欧等不起眼、法制不太健全的小国,如突尼斯、厄瓜多尔、匈牙利等。[1] 成功开展境外追赃追逃,离不开境外司法机关及相关职能部门的支持与合作,涉及政治、外交、法律、金融等各方面的事项协调与制度完善。就法律制度而言,又涉及刑法、刑事诉讼法、民事

---

* 最高人民检察院检察理论研究所副研究员,法学博士、博士后。本文系国家社科基金青年项目"预防和惩治贪官外逃法律制度研究"(项目批准号:13CFX053)的阶段性研究成果。本文原载于《刑法论丛》2018年第4期。

[1] 参见王明高:《中国预防和惩治贪官外逃模型与机制研究》,中南大学博士论文,2006年版,第49页。

诉讼法、行政法、金融法、国际法等不同部门法的健全完善。在部门分工上，境外追赃追逃工作涉及中纪委、最高法、最高检、公安部、司法部、外交部、央行、涉案地的检察机关及相关行政部门等多个机构的职能协调。境外追赃追逃工作的综合性和复杂性，在中央层面需有科学的顶层设计和综合性的追逃战略。

从域外视角看，以美国为例，海外反腐败调查主体主要是两家单位——司法部和美国证券交易委员会，在涉外调查取证时能够保证统一、快速推进。而我国有调查权的机构众多、职能交叉，需要进行跨国间沟通协调时容易出现衔接问题，这是横亘在中外司法合作之间的主要障碍。[1] 认识到职能分散带来的不利影响，2005年、2007年中央反腐败协调小组先后建立境外缉捕和防止违纪违法国家工作人员外逃两项工作的联络协调机制，并将办公室设在中纪委。2014年10月，中纪委又成立由最高法、最高检、外交部、公安部、国家安全部、司法部、中国人民银行8家单位负责人士组成的国际追逃追赃办公室，统筹协调国际追逃追赃工作。作为专门议事协调机构，国际追逃追赃办公室的主要职责是政略设计，在中央层面内政外交方略上统一研究和制定境外追赃追逃的政策措施和工作计划。由于机构新设，各项工作启动不久，在境外追赃追逃的顶层设计上，比如：追赃与追逃的关系、防逃与追惩的关系、国内反腐与境外追惩的关系、境外追赃追逃的内政外交方针等；还有许多需要进一步明确和理顺的地方。而且执法权分散的问题未能解决，当需要及时对外开展工作时，容易影响效率、贻误战机。

职务犯罪境外追赃追逃工作中人才是稀缺因素。境外追赃追逃是资源密集型的，需要能够处理特殊领域、复杂案件的组织结构和专业人才。来自联合国打击腐败及非法转移资金的报告指出，即便在境外追赃追逃工作中投入大量资源，仍有可能因国内主管机关缺乏相应的专业技能而无法成功：就腐败犯罪和洗钱活动展开有效侦查并起诉，查明、追踪、冻结、扣押犯罪所得并没收尚未转移出境的财产，以及与被请求国进行国际合作。[2] 我国也面临同样困境，目前尤其缺少熟悉国际公约、条约和外国法律、能够有效开展国际刑事司法协助、精通外语、具备境外办案经验的专业人才以及能够对相关办案人员进行培训的专业导师。

职务犯罪境外追赃追逃工作中经费也是紧张因素。境外追赃追逃必然需要与被请求国进行沟通、协调，需要实施或配合开展调查、冻结、没收，必要时需要在境外提起民事诉讼或者刑事附带民事诉讼或确权决定请求，以及聘请被请求国的律师、会计师、翻译等专业性人才，这些都要支付巨额的费用。[3] 据统计，追缉一名逃到东南亚的嫌疑人，所需经费要10万美元以上；追缉一名逃到南美国家的嫌疑人，所需经费在20万美元以上；追缉一名外逃到美国或者加拿大的嫌疑人，所需经费至少在50万美元以上。过去司法经费主要来源于同级

---

[1] 从事《美国海外反腐败法》(FCPA)咨询业务的专家在接受记者采访时也谈到这一障碍。参见周馨怡：《中行开平支行2名原行长在美获刑后准备上诉》，载于《21世纪经济报道》2009年5月23日。

[2] 参见2001年9月联合国秘书长报告《防止和打击腐败行径及非法转移资金的活动》(A/56/403)第78段。

[3] 参见魏晓倩：《腐败犯罪所得跨境追回国际法律问题研究》，大连海事大学博士论文，2012年版，第104页。

政府财政拨款,经费数量受制于地方财力,一些地方司法机关由于经费紧张无法有效开展海外追逃工作。[1] 这一轮司法改革,人财物省级统管后,经费问题将得到一定程度缓解,但追逃工作中"钱"仍是不可回避的问题。许多追逃案件旷日持久,所耗资源更是难以想象。例如,中国银行哈尔滨分行河松街支行原行长高山自2004年出逃加拿大,于2012年8月才被劝返回国,历时近8年。云南省委原书记高严自2002年9月出逃澳大利亚,至2014年中澳才正式达成合作追缴、没收其财产的意向,历时12年。许多案件耗费的资源远比追回的赃款多,赖昌星一案即是明证。国际上还有历时更久的案例,菲律宾前总统马科斯在瑞士银行的腐败资产被追回耗时近20年。在现有办案体制与模式下,有多少经费能够投入到这一工作中,也是值得进一步追问的事情。

(二) 与被请求国之间的国际合作互信不足

境外追赃追逃工作主要依赖被请求国的协助,包括收集和共享情报信息,提供相关资料,调查取证,送达文书,辨认、查封、扣押以及返还境外资产,引渡或遣返等事项的协助。《联合国反腐败公约》(以下简称反腐公约)第4章第43条第1项特别强调"缔约国应当在刑事案件中相互合作"。请求国与被请求国之间的信任关系是开展有效国际合作的基础。国际刑事司法合作的过程就是合作双方法律的一次对话,这种对话是否顺畅取决于双方对彼此的法律制度是否认同。[2] 由于国家之间政治制度、法律体系和司法制度不同,法治发展程度不一,加之境外追赃追逃需要使用他国司法资源,国家之间的互信是困扰国际刑事司法合作的普遍问题。联合国毒品和犯罪问题办公室与世界银行均将"缺乏信任"视为境外追赃追逃工作的首要障碍。[3] 即便是在政治经济一体化的欧盟内部,成员国之间的信任问题也在很大程度上阻碍境外追赃追逃工作的进展。根据欧盟委员会2010年8月23日的一份报告,半数以上的欧盟成员国仍未使返还在其他成员国的犯罪资产协定实际生效,尽管2006年欧盟就已经通过这一协定。[4] 欧盟内部对境外追赃请求的执行效率低下以及官僚作风拖沓,主要原因就是对其他成员国的司法制度缺乏信任。

中国境外追赃追逃工作同样面临因缺乏信任导致司法协助请求被拒绝或者拖延的困境。赖昌星案最为典型:"远华案"案发后,赖昌星于1999年8月携家人出逃加拿大,至2011年7月在中加双方共同努力下被遣返回国,历时12年之久。之所以会历经这么长时间,除了案情重大、程序复杂外,根结在于加拿大对中国的法治状况缺乏信任和认同。加拿大移民部向作为专家证人出庭作证的法学家们提出的十四大类问题都和中国的法治状况相关,而

---

[1] 马海军、贺小霞:《中国海外追逃反腐国际合作中的问题与对策》,载于《社科纵横》2014年第1期。

[2] 王强军:《利用遣返实现境外追逃问题研究》,载于《法学评论》2013年第6期。

[3] Kevin Stephenson, Barriers to Asset Recovery, The World Bank & UNODC, 2011, p. 19.

[4] European commission calls on 14 EU member states to make sure cross-border crime doesn't pay, http://www.baidu.com/link?url=uAMZ6Gr9F6pDsWiECn_yyJH29TA3xeMSNM8f8rBFZXMj3g1oevjy8-tHrDIxLo3y1HC-7XqT2-IGPqzM-xXCQ_&wd=&eqid=c22f5aca0002597100000006582c1fa0,2017年9月16日访问。

根本未涉及本案的法律和事实问题。在赖昌星案中担任专家证人的加拿大籍华裔法学家杨诚教授曾经指出:"我出庭作证时,双方质证的核心问题,并非赖昌星涉嫌犯罪的事实或者'远华案'的真相。而是中国的法律特别是刑事司法制度是否公正,是否符合有关刑事司法的人权标准,是否会受到按照国际司法人权标准认为是基本公道的处理,是否会判死刑。所以赖昌星案件在一定程度上来说,是将中国的刑事司法改革在加拿大的法庭上按照国际人权标准和西方的法制观念进行一场严肃的对抗性的评估。此案的审理结果取决于加拿大法庭对中国司法制度公正性的评价。"[1]赖昌星及其律师们也牢牢抓住这一点利用"难民诉讼"一拖十年。外交部官员也指出,在其他追逃案件中,一些外国法官由于对中国法律和司法实践缺乏了解,有时甚至存在偏见和误解,会时常作出不予引渡或者遣返的判决。[2]

因缺乏信任造成的拖延或拒绝,轻则使查封、冻结境外犯罪资产等请求执行不及时,导致犯罪嫌疑人转移资产或者掩饰、毁灭证据。重则如赖昌星案一般,成为加拿大历史上最大的一次"难民审判",中加两国耗资、耗时空前。赖昌星在加拿大一"赖"十余年,不仅将卷走的巨额犯罪所得挥霍一空,而且"成功地"获得了遣返回国后有利于自己的处刑和监管条件,给我国职务犯罪境外追赃追逃工作造成巨大损失和负面影响。增强国际合作互信是境外追赃追逃工作中必须要面对和解决的问题。

(三) 外逃贪官基础信息记录与追踪不清

追赃追逃的前提是要准确掌握外逃贪官的静态和动态信息,包括是什么人跑出去,如何跑出去,跑到哪里去,赃款数目及流向等基础情报。目前尚无权威性的官方信息渠道对外统计和披露外逃贪官数据,已有的公开报道差异很大,统计准确性有待考证,即使是有权机关内部的统计也并不一致。消息源较为可靠的两组报道:一是根据公安部2004年的统计资料,中国外逃的经济犯罪嫌疑人尚有500多人,涉案金额逾700亿元;[3]二是根据公安部和审计署联合发布的消息,截至2006年5月我国外逃的经济犯罪嫌疑人有800人左右,缉捕到位的有320人,涉及的国家和地区有30多个,直接涉案金额700多亿元人民币。[4]而被媒体广泛援引的"4 000贪官卷走5 000多亿美元"[5],已被所谓的消息源商务部研究院相关研究人员辟谣。[6]另一则更为夸张的报道由于披露外逃贪官人数的庞大性在网络上持续发酵,其援引中国社科院的一份调研资料:自20世纪90年代中期以来,外逃党政干部,公安、司法干部和国家事业单位、国有企业高层管理人员,以及驻外中资机构外逃、失踪人员数

---

[1] 参见杨诚:《赖昌星案中的国际反腐合作》,载于《检察风云》2005年第22期。
[2] 参见杨子岩:《中国正在收紧全球反腐天网》,载于《人民日报(海外版)》2014年11月27日第8版。
[3] 参见李有军、刘晓林:《嫌犯500多,涉案金额700亿,中国阻击贪官外逃》,载于《人民日报(海外版)》2004年9月10日第8版。
[4] 参见储皖中:《外逃贪官人数渐多 检察官揭秘四条外逃线路》,载于《法制日报》2007年2月14日。
[5] 参见郑飞来:《4 000贪官卷走5 000多亿美元》,载于《法制晚报》2004年8月17日。
[6] 参见梅新育:《"四千贪官卷走五百亿美元"谣言出笼始末》,载于《21世纪经济报道》2010年4月30日。

目高达 16 000 至 18 000 人,携带款项达 8 000 亿元人民币。[1] 后被证实"数据来源于网上未经确认的不实消息"。[2] 造成外逃贪官数据不详、不清的原因复杂,既有主观也有客观因素。概括起来,主要有以下四点:

1. 贪官出逃时间久远,事过境迁统计困难。贪官外逃现象始于 20 世纪 80 年代末,大部分发生于 2000 年以前。据不完全统计,境外追逃案件中,职务犯罪嫌疑人潜逃时间最长的已经超过 25 年,一般的都超过了 1 年。[3] 实践中一些案件因官员失踪去向不明无法确定为境内还是境外在逃,还有个别案件因各种原因被隐报瞒报,现在再去查证难度很大。

2. 贪官出逃后变更身份相貌等信息或逃往不同国家,造成追踪困难。贪官外逃都是有备而去,出逃之前就会制订详细计划。有的是变姓更名,比如云南省原省委书记、国电公司原董事长高严,同时拥有"高严""高庆林""张传伟"等至少 3 个不同名字的身份证,4 本中国护照及 1 本港澳通行证。有的是改容易貌,比如广东省中山市实业发展总公司原经理陈满雄,为了更好地伪装身份,他除了买泰国籍身份证并更改姓名外,甚至还接受了一次彻底的整容手术,并将自己的皮肤进行漂白。许多案件由于案发时间超过 10 年,原承办人和负责人已调离原岗位,"人走案凉",人员及赃款赃物的流向难以准确、实时地追踪。

3. 各有权机关统计不一致,信息内部共享不及时充分。中国有权管辖追赃追逃事项的机构众多,最高层面有中纪委、最高检、最高法、公安部、司法部、外交部、央行等,向下则由各地检察机关及行政部门具体管辖。因所涉事权不同,每个机构都有自己的统计数据,对内信息共享也不及时充分。目前官方也难以掌握一份清晰、准确、一致,能够精确到个人以及具体赃款数目的贪官外逃数据。出于保密和侦查的需要,现有的具体数据和信息也不向社会公布。

4. 统计口径不一致,对外公布的数据未做明确区分。网络上众多数据来源出入很大,部分原因在于不同机构发布的数据基于不同的统计口径。在犯罪类型上,外逃经济犯罪嫌疑人与外逃贪腐犯罪嫌疑人有时被混为一谈;在犯罪主体上,国家机关工作人员与国家工作人员,行政单位与国有企业未有所区别;在出逃地域上,同样是"在逃",境内在逃与境外在逃理应不同但时常不加以区分。媒体公布的数据没有进行区分,一些失实报道即源于此。

基础信息不明,严重妨碍对贪官外逃的预防和惩治。首先,基础信息不明,不利于中央掌握整体、准确的贪官外逃情况,影响综合性追赃追逃策略的制定。其次,情报工作不畅,无法向被请求国提供外逃贪官及赃款赃物的准确信息,不利于司法机关加以追惩,降低追逃工作成效。实践中,从一些办案机关起草的刑事司法协助请求文书中就可以看出端倪:请求书关于犯罪事实的描述非常简单,请求材料中不包含必要的调查线索和信息,只是笼统地请求外国"调取与本案有关的一切证据材料"或者"冻结、扣押与本案有关的一切资产",这样的

---

[1] 中国人民银行反洗钱监测分析中心于 2011 年 6 月 14 日在央行网站上刊发《我国腐败分子向境外转移资产的途径及监测方法研究》(参评精简本),第 6-7 页,其中援引社科院的调研资料。

[2] 《中国金融学会第九届全国优秀金融论文及调研报告评审委员会声明》。

[3] 参见最高检反贪总局:《贪官外逃最长已超 25 年》,载于《新京报》2012 年 6 月 28 日第 A15 版。

刑事司法协助请求只会被束之高阁,甚至连国内审查程序都通不过。[1] 信息不详反过来又会制约办案机关向他国提起正式刑事司法协助请求的积极性和有效性。根据司法部司法协助与外事司的统计,自 2003 年至 2013 年,作为刑事司法协助双边条约的中方中央机关,我国司法部共接受外国向我国提出的刑事司法协助请求 1 200 余件,而司法部代表我国办案机关向外国提出的刑事司法协助请求则不足 100 件。[2] 平均每年不到十件,比例不到外国提出的十分之一,这样的利用效率显然有待提高。再次,外逃情况不公开,不利于研究人员对境外追赃追逃法律制度进行实证研究,有碍对策性研究的展开。最后,外逃信息不透明,容易使民众被媒体公布的"外逃贪官近两万人,外逃资金 8 000 亿人民币"这类不实数据误导,夸大腐败和外逃的程度,损害对国家政权的信心。

二、职务犯罪境外追赃追逃的实体性障碍

(一) 刑事司法合作的国际国内法律规范长期缺位

境外追赃追逃工作中,提起正式司法协助请求的法律依据主要有四种:反腐公约、《联合国打击跨国有组织犯罪公约》等国际公约中的刑事司法协助条款;多边、双边的刑事司法协助条约或协定;调整刑事司法协助行为的国内法律规范;通过外交途径的互惠性承诺。追逃的主要方式有引渡、非法移民遣返、异地追诉、劝返等四种,其中引渡是国际刑事司法合作中最正式、最有效的方式。然而,受条约前置主义、双重犯罪原则、政治犯不引渡、一事不再理原则、死刑犯不引渡等引渡基本原则和制度的约束与限制,自从 1993 年与泰国签订了第一个双边引渡条约以来,截至本文成文时,我国只对外缔结了 47 项引渡条约,其中多数是发展中国家,只有西班牙、法国等少数发达国家与我国签订了引渡条约。中法两国自 2007 年 3 月签署引渡条约,中方早已批准,但一直等到 2015 年 7 月法方批准才使其正式生效。贪官外逃的主要目的地美、加、澳三国,或者是没有签订双边引渡条约(如美国、加拿大),或者早已签署但未得到对方国会的批准生效(如澳大利亚)。因此,非法移民遣返、劝返、驱逐出境等变相引渡替代措施仍是当前开展境外追逃追赃的主要方式。引渡条约和刑事司法协助条约是国家间开展刑事司法合作最重要的法律基础。许多研究都认为,与西方发达国家双边引渡条约的缺位是影响境外追逃的一个重要因素。[3] 一些贪官利用引渡障碍这一点,纷纷逃向那些没有和中国签订引渡条约,又适用"条约前置主义"而拒绝引渡的西方发达国家,给我国追逃工作造成很大困难。

除了引渡条约,截至本文成文时,我国已与美国、加拿大、澳大利亚、英国等 60 多个国家签订了刑事司法协助条约。尽管签约的范围和力度不断加大,仅 2014 年一年就完成 10 项引渡和刑事司法协助条约的谈判,彰显了国家对跨境追赃追逃工作的重视和决心,但是认真

---

[1] 黄风:《建立境外追逃追赃长效机制的几个法律问题》,载于《法学》2015 年第 3 期。
[2] 蒋皓:《变相引渡仍为我国海外追逃主要方式》,载于《法制日报》2014 年 11 月 5 日第 5 版。
[3] 张磊:《腐败犯罪境外追逃追赃的反思与对策》,载于《当代法学》2015 年第 3 期。

研究、分析这些条约的内容,还有待进一步完善之处。一方面,在数量上,需要继续扩大签约范围,像瑞士这种境外赃款主要流向地,我国尚未与之签订刑事司法协助条约;另一方面,在质量上,许多条约签订时间较为久远,比如与蒙古签约的时间为1990年,与罗马尼亚签约的时间为1993年,距今都有二十多年。连中美之间的刑事司法协助协定的签约时间也是15年前。过去条约规定的内容较为简单,追赃追逃工作中的关键问题,比如如何查封、扣押、冻结涉案财物,资产能否分享以及如何分享等,条约中或者没有涉及,或者有规定但不符合现在的形势和要求,需要及时予以更新。

反腐公约等国际公约以及其他双边条约都属于国际法文件,其所确立的国际法规则必须通过缔约国的国内法予以制定和实施才能落实。国际刑事司法合作的规范和有效开展,仅仅靠国际公约和条约是不够的,还需要有国际法义务下调整国内执行程序的国内法律规范。[1] 过去国内立法较少有涉及调整刑事司法协助行为的法律规范,只有《中华人民共和国刑法》(以下简称《刑法》)、《中华人民共和国刑事诉讼法》(以下简称《刑事诉讼法》)中有个别的规定,以及《中华人民共和国引渡法》(以下简称《引渡法》)一部专门法。《刑事诉讼法》第17条规定:根据中华人民共和国缔结或者参加的国际条约,或者按照互惠原则,我国司法机关和外国司法机关可以相互请求刑事司法协助。这一条仅对刑事司法协助做了原则性规定,刑法中也是类似原则性的规定。2000年我国颁布的《引渡法》对引渡合作提供了重要的国内法依据,但是从这些年的实践来看,该法规范的司法协助范围太过狭窄,其中"向外国请求引渡"一节只规定了五个简单的条文,实际操作性也不强。双向、平等、互惠是刑事司法协助的基本原则。实践中,不仅中国向他国请求追赃追逃难,他国向中国请求司法协助比如请求协助扣押、冻结财产有时也比较困难,其中部分原因就在于国内法规定的不完善。基于互惠的考虑,这又反过来增加了我国向境外追赃追逃的难度。刑事司法协助国内立法的长期缺位影响了我国对国际公约以及条约项下国际义务的切实履行。值得称道的是,2018年10月26日第十三届全国人民代表大会常务委员会第六次会议通过了《中华人民共和国国际刑事司法协助法》,提供了解决协助请求接收和处理、文书送达、调查取证、刑事诉讼移管等问题的法律规范,期待这一新的立法能够在未来的追赃追逃工作中发挥积极有效的作用。

(二)不同国家之间的法律制度差异

基于司法主权原则,各国对他国提出的刑事司法协助请求都会根据公约、条约和本国法律进行实质审查。不同法系、不同国家间法律制度的差异直接影响刑事司法协助的进展,这一障碍贯穿境外追赃追逃工作的全过程。许多国家的执法者反映,法律制度差异是司法协助请求被退回要求补充更多信息的一个主要原因。[2] 这些差异,既包括实体法上的法律术语、犯罪种类、犯罪构成、刑罚设置等不同,也包括程序法上的时限要求、调查手段、取证技术、证明种类、证明标准等区别。它们会在两个维度上发生作用:一是被请求国在收到刑事司法协助请求时,对请求国的法律制度、法律问题了解得不是很清楚,需要请对方提供补充

---

[1] Kevin Stephenson, Barriers to Asset Recovery, The World Bank &UNODC,2011,p. 51.

[2] Ibid. p. 47.

说明,导致该项请求被延误;或者请求国的法律制度、请求事项不符合被请求国的法律要求,或存在误解,致使该项请求被拒绝。二是请求国不了解被请求国的相关法律制度和特殊规定,制作请求文书时抓不住重点、达不到要求,或者缺乏弹性和可操作性,从而导致请求事项难以实现。试举三例加以说明:

1. 在腐败犯罪中,我国关于"公职人员"的概念、"贿赂"的含义、"违法所得"的范畴等与国外一些立法例有所不同,在向他国请求司法协助时可能会被要求补充说明和解释。以联合国有关公约中资产追缴的"财物"(proceeds of crime)概念为例,我国刑法总则第64条规定"应当予以追缴或者责令退赔"是"犯罪分子违法所得的一切财物",分则第191条洗钱罪中规定应当没收的是"犯罪的所得及其产生的收益",说明在我国刑法中犯罪所得和犯罪收益是分开理解的。在新西兰等国家中使用的则是"污点财产"(tainted property)概念,这个概念较为宽泛,甚至包括"使用合法收入和犯罪所得一起购买的财产"。在审查他国刑事司法协助请求时,厘清这些概念的差异有时需要大费周章,有时会被利用成为拖延的借口。

2. 反洗钱是追赃追逃国际司法合作十分重要而且非常有效的法律和技术手段。关于洗钱罪上游犯罪的范围,我国原有的规定是4类,2006年《中华人民共和国刑法修正案(六)》将其扩容为7种,包括毒品犯罪、黑社会性质的组织犯罪、恐怖活动犯罪、走私犯罪、贪污贿赂犯罪、破坏金融管理秩序犯罪、金融诈骗犯罪。实践中,一些税务、偷渡等犯罪的洗钱行为不能以洗钱罪论处。贪官外逃主要目的地的洗钱罪上游犯罪范围都比较广,比如澳大利亚、英国,所有犯罪都可以作为洗钱罪的上游犯罪,瑞士是法定最低刑高于1年的所有犯罪,加拿大列举了45种犯罪,美国列举了130种犯罪作为洗钱罪的上游犯罪。联合国前秘书长曾指出,如果只对某些洗钱加以禁止,而对另外的洗钱不予禁止,会造成双重标准,这种双重标准,尤其在刑法中,既不利于维持法制规则,也不利于国际合作。[1]另外,根据我国刑法理论与实践,由于洗钱罪的上游犯罪多是重罪,根据重罪吸收轻罪的实践做法,自行洗钱案件均以上游犯罪定罪处理。当洗钱行为只是作为上游犯罪的附加情节加以调查、不影响上游犯罪的认定时,关于洗钱行为的调查就成为次要的,甚至受到忽略,更没有必要就上游犯罪行为人的自洗钱行为进行单独的调查。由此出现了一个反常的现象:针对我国一些贪污贿赂犯罪嫌疑人的洗钱行为,资产流入国司法机关认真地开展了反洗钱调查并向我国提出协助调查取证的请求,而我国司法机关则未自行启动反洗钱调查程序。[2]

3. 从域外司法辖区获得的证据在本国法院使用时,存在证据可采性的问题。这在请求国在本国法院使用从被请求国获得的证据,以及向被请求国提供在请求国获得的证据两种情形下都可能存在。薄熙来案就遭遇了这类问题,薄的辩护人在一审、二审中均提出,"涉及法国别墅的书证均来源于境外,但未经公证、认证程序,亦非通过司法协助途径调取,真实性

---

[1] 李成福:《论洗钱罪的若干问题》,载于《四川警官高等专科学院学报》2004年第3期。
[2] 黄风:《建立境外追逃追赃长效机制的几个法律问题》,载于《法学》2015年第3期。

无法确认,不能作为证据使用"[1]。域外证据可采性的难题,源于证据所在地国与证据使用地国证据制度与证据规则的差异和冲突。比如,在瑞典,"除非在酷刑等非常极端的情形下,以非法、不合法或不适当方式获得的证据都具有可采性";比利时的非法证据排除规则较为严格,任何违反刑事诉讼规定、刑事诉讼基本原则、《欧洲人权公约》的规定获得的证据都不具有可采性;根据《刑事诉讼法》第 54 条的规定,我国在非法言词证据的排除上着眼于"刑讯逼供等非法方法",对非法物证、书证的使用则采取了较为宽松的态度。又如,由于取证方式规定的不同,在一国通过合法搜查和扣押手段获取的证据在另一国可能不被承认。在大陆法系国家比如我国,公安机关、检察机关都有权查封、冻结犯罪嫌疑人财产;而普通法系国家比如美国,刑事搜查扣押制度采用令状主义,只能由法院签发搜查令、扣押令,这种情况在寻求司法协助时就存在是否被认可的问题。

三、职务犯罪境外追赃追逃的程序性障碍

(一) 犯罪资产没收与国际合作不畅

反腐公约规定了两类针对没收事宜的国际合作方式:一是犯罪资产流入国根据流出国的请求,由本国主管机关根据本国法律作出没收裁决并予以执行;二是犯罪资产流入国对流出国主管机关作出的没收裁决予以承认和执行。第二种是没收事宜国际合作的主要方式。近年来,我国在"余振东资产追缴案""李继祥资产追缴案"等少数通过没收国际合作从国外成功追回资产的案件中,所借助的都只是第一种方式。迄今为止,我国尚无通过相互承认和执行没收裁决的形式成功追回资产的案例,因为目前我国主管机关拿不出符合外国承认和执行条件的没收裁决。[2] 在我国境外追赃追逃案件中,根据外逃情况和法律依据的不同,犯罪资产没收可以分为基于实体法的没收和基于程序法的没收两种。

1. 基于实体法的没收,适用于人在境内、资产在境外的情形,法院根据《刑法》第 59 条没收财产刑和《刑法》第 64 条特别没收的规定对犯罪分子作出的没收判决。由刑罚的惩罚属性所决定,《刑法》第 59 条规定的没收财产刑的对象是犯罪分子个人所有的财产,并且须是个人所有的合法财产。第 64 条规定的特别没收的对象是犯罪分子违法所得的一切财物、违禁品和供犯罪所用的本人财物。个人违法所得的财物,应当予以追缴或者退赔;个人持有的违禁品,应当予以没收。对违法所得财物的没收,是基于消除不法状态而非惩罚的需要,因此不具有刑罚的属性。根据《刑法》第 59 条的规定,没收财产可以是犯罪分子个人所有的全部财产。没收全部财产,特别是当财产已经转化为大额不动产或者股权时,容易引发个人合法财产、违法所得、第三人合法财产的混同,这种情况下有关没收的判决就很难得到外国法律的认可。因为绝大多数国家只规定了罚金刑而没有没收财产刑这一刑罚种类,没收的

---

[1] 参见山东省济南市中级人民法院(2013)济刑二初字第 8 号刑事判决书、山东省高级人民法院(2013)鲁刑二终字第 110 号刑事裁定书。

[2] 黄风:《建立境外追逃追赃长效机制的几个法律问题》,载于《法学》2015 年第 3 期。

对象仅限于犯罪所得和犯罪工具,即便是罚金刑也规定了数额的限制。

2. 基于程序法的没收,适用于人在境外、资产在境内或境外的情况,法院根据2012年修改后《刑事诉讼法》增设的违法所得没收程序作出的没收裁定。增设这一程序,主要就是为了解决贪官外逃后既无法对人进行追诉又无法对财进行追缴的现实难题,是我国落实反腐公约与国内法衔接的重要立法举措。五年来,各级检察机关与人民法院密切配合,做了许多理论探讨和实际准备工作,但是从实践效果来看,该程序的适用仍然比较有限。在已经适用的几十起案件中,只有广西上饶李某某贪污案、湖北襄阳张某贪污案、湖北武汉蒋某贪污案等少数几起腐败外逃案件依法启动违法所得没收程序。违法所得没收程序本被视为境外追赃追逃的法律利器,但实际运用情况并不理想,这其中既有司法机关能力和认识不足,也有制度本身不完善等主客观方面的原因:

(1)取证难。适用违法所得程序首先要明确赃款赃物之所在。根据《刑事诉讼法》第280条第3款的规定,没收违法所得的申请应当提供与犯罪事实、违法所得相关的证据材料,并列明财产的种类、数量、所在地及查封、扣押、冻结的情况。现在洗钱的技术、手段越来越高明,钱一旦流出境外,经过地下钱庄等几道"洗白"程序,想要定位和追踪就变得非常困难。即使能够对犯罪资产进行准确定位,也要通过国际刑事司法协助措施进行取证、文书送达和采取强制措施等,又进一步增加了难度。取证难反过来也会影响司法机关运用该程序追赃追逃的积极性。

(2)证明标准高。违法所得没收程序适用何种证明标准,理论上存有争议。新刑事诉讼法对此没有明确规定,最高人民法院有关司法解释的规定是"案件事实清楚,证据确实、充分",最高人民检察院有关司法解释的规定是"证据确实、充分",这都是刑事证明标准。腐败犯罪大多是隐蔽型犯罪,尤其行贿、受贿基本上都是一对一,在犯罪嫌疑人、被告人缺席的场合下,很难查明和证实违法所得的具体来源。司法实践中,如果严格依照相关司法解释规定的"确实、充分"证据标准,那么大部分案件都会因为达不到证明标准和证明要求而使检察机关面对"无法进入申请没收程序或者面临申请被裁定驳回的两难情形"。[1]

(3)当事人诉讼权利保障不到位。违法所得没收程序作为特殊程序,其特殊性在于它是在犯罪嫌疑人、被告人缺席情况下的对物诉讼,因此应当有更为严格的权利保障措施。新刑事诉讼法赋予了犯罪嫌疑人、被告人的近亲属和其他利害关系人参与诉讼的权利,但是没有规定当事人本人参与诉讼的权利,也没有规定向当事人本人公告告知或送达程序。其他各国在开展的相同或类似诉讼中,均赋予当事人本人参与诉讼的权利,并在立法中要求将公告的相关内容送达当事人本人。而且规定,如果外国法院的判决达不到以上条件的话,就不会加以承认与执行。比如,《新加坡刑事司法协助法》第38条和第39条明确规定,对于被没收财产有利益关系的人应当得到通知,而且公告应当送达本人。只有在所有利益关系人都

---

[1] 参见张建升、杨书文、杨宇冠、黄风、熊秋红:《违法所得特别没收程序的司法适用与制度完善》,载于《人民检察》2014年第9期。

被给予足够的抗辩机会的前提下,新加坡法院才可能承认与执行外国的生效没收裁决。[1]《美国法典》中也有相似的规定。

(4) 外国刑事判决承认与执行制度缺位。国际司法协助特别强调互惠原则,外国法院判决的承认与执行,由于涉及国家主权等问题,更是需要以国际条约或者互惠原则为前提。我国目前只有在民事领域承认和执行外国判决,在国内立法和对外签署的刑事司法协助条约中,均未涉及对外国法院刑事判决的承认和执行。实践中我们难以执行外国法院作出的刑事没收裁决,因此想要外国法院承认和执行我国法院作出的刑事没收裁决同样困难重重。从各国的司法实践和国际合作情况来看,承认和执行外国刑事判决已经逐渐成为一种趋势。[2] 比如,美国与一些国家签署了专门的"合作执行刑事判决的条约";德国2013年的《刑事案件司法协助法》整个第四编的内容都是关于"执行外国判决的司法协助"的规定。

(二) 犯罪资产返还与分享不易

许多国家的法律允许分享而不是全部返还没收的国际性资产,这是流出国追缴犯罪资产过程中遇到的普遍性障碍。在国际刑事司法合作领域,犯罪资产由没收国(资产流入地所在国)依其本国法律和程序处置是一项传统原则,也是司法主权原则的体现。1988年联合国《禁止非法贩卖麻醉药品和精神药物公约》第5条第5款a项与2000年《联合国打击跨国有组织犯罪公约》第14条第1款都是规定"由没收资产的缔约国按照其国内法和行政程序加以处理"。在犯罪资产所有权的归属问题上,许多国家(地区)的国内法规定,没收国(地区)通过没收程序或执行他国的没收令而取得了被没收财产的所有权。[3] 只有在互惠或者协议的基础上才会将犯罪资产返还给请求国或者与之共享。意大利刑事诉讼法第740条第2款规定,被没收物品归国家所有。如果宣告判决的国家在互惠情况下能够将物品移交给意大利,则根据请求可以将上述被没收的物品移交给判决国。美国《资产没收政策指南》中明确指出,国际性资产没收与分享适用《美国法典》,视请求国提供协助的程度,可以根据固定的或者个案的分享协定予以分享。[4] 美国与中国签订的《刑事司法协助协定》第16条第3款也是基于这一原则:"收管犯罪所得或犯罪工具的一方依其本国法律,处置这些犯罪所得或犯罪工具。在其法律允许的范围内及双方商定的条件下,一方可将上述犯罪所得或犯罪工具的全部或部分出售有关资产的所得移交给另一方"。

《反腐公约实施立法指南》指出,在反腐公约之前的几项公约中,腐败所得是负责没收的

---

[1] 陈雷:《论我国违法所得没收程序司法认定若干法律适用问题研究》,载于《法治研究》2015年第4期。

[2] 裴兆斌:《论追缴腐败犯罪违法所得司法协助中外国刑事判决的承认与执行》,载于李清伟主编:《上大法律评论》,上海三联书店,2014年第4期。

[3] 高秀东:《国际刑事司法合作框架下的资产分享研究》,载于赵秉志主编:《刑法论丛》(总第37卷),法律出版社,2014年版,第78页。

[4] Asset Forfeiture and Money Laundering Section of Criminal Division of U. S. Department of Justice: Asset Forfeiture Policy Manual, 2012, p. 139.

缔约国专属财产的观点占主导地位。[1] 据我国参与谈判的专家介绍,在反腐公约谈判初期特别是在非正常磋商中,西方国家坚持必须根据本国法律和程序返还和处分被没收的资产,不承认也不接受在公约中写入返还资产是一项原则的内容。后来,在中国等少数发展中国家的坚持下,双方各让一步,达成妥协,同时规定返还和处分的"原则"与"程序",反腐公约第57条第1款缔约国没收的犯罪资产由"缔约国根据本公约的规定和本国法律予以处分"。不过这种规定只是起到了"宣示性"的作用。尽管请求国可以根据公约提出请求,但最终返还和处分的实际程序还是要适用被请求国的国内法。如果被请求国的国内法规定了分享原则,那么除非基于个案的无偿和返还协议,否则请求国就无法全部追缴流出的犯罪资产。

我国在这一问题上曾经坚持的是无偿协助和绝对返还的原则,与绝大多数国家签订的刑事司法协助条约中都有"缔约双方提供司法协助时应相互免费""缔约一方应根据缔约另一方的请求,将在其境内发现的罪犯在缔约另一方境内犯罪时所获的赃款赃物移交给缔约另一方"的明确规定。只有与美国、加拿大等少数几国签订的刑事司法协助条约中设置了"在法律允许的范围内才予以返还"的限定条件。随着国际刑事司法合作的深入以及对其他国家犯罪资产没收与分享制度更多的了解,我国的态度也在逐渐发生变化。在反腐公约谈判过程中,中国有关追缴资产"分享"问题上采取了更为务实的立场:如果被追回的非法所得资产属于提出请求的缔约国或该国其他合法所有人,则应当将该资产全部归还提出请求的缔约国,无论这些资产是采用何种手段追缴的,无论是根据请求国法院的判决没收的还是根据被请求国法院的判决没收的。在此前提下,可以讨论向被请求国补偿费用问题。在特定情况(例如在无财产受害人的情况)下,不排斥考虑分享问题,以便鼓励有关各国通过国际合作和其他一切行之有效的方式积极追缴被转移的犯罪所得。[2] 在加大境外追赃追逃力度的大背景下,2013年中国与加拿大完成谈判,2016年正式签署了"分享和返还被追缴资产协定",这是中国与他国签署的第一份也是唯一一份资产分享协定。总的来说,我国在犯罪资产返还与分享问题上所持的立场还是"返还是原则,例外才分享",这与美、加、澳、日本、新加坡等国普遍采取的"分享是原则,返还是例外"的立场存在分歧,也使得我国境外追赃比追人还困难。

如何在法理上释明犯罪资产流出的权属,在犯罪资产返还与分享问题上采取更为灵活和务实的态度?如何消除"资产分享就是发达国家在'欺负'发展中国家,发展中国家一定会'吃亏'"的观念上的误解?如何建立公平合理的犯罪资产分享机制,厘清资产分享的范围、种类、条件和程序?这些都是开展境外追赃追逃工作中需要进一步研究和解决的问题。

---

〔1〕 参见联合国毒品和犯罪问题办事处条约事务司:《〈联合国反腐败公约〉实施立法指南》(2012年第2修订本),第785段。

〔2〕 参见黄风:《来自国家反腐战线的报告——联合国反腐败公约若干法律问题》,载于《法制日报》2003年8月21日。

四、职务犯罪境外追赃追逃的长效机制构建

境外追赃追逃较之国内反腐难度更大,基于司法主权原则,境外追赃追逃必须依赖于国际间的司法合作。因此,需要我们以更加务实和理性的态度,在国家监察体制改革、全面深化反腐败体制机制的大背景下,从政策、法律、技术三个层面构建职务犯罪境外追赃追逃的长效机制。

(一)政策层面:以中央事权进行战略升级、组织重构

1. 构建境外追赃追逃的系统思维和综合策略。从发生学角度分析,贪官外逃要先后经历境内腐败、出逃或移赃、赃款或人滞留境外三个环节。与此相应,境外追赃追逃应置于国家整体反腐战略下思考,将"反腐""防逃""追惩"三个环节的工作均纳入其中,既注重预防也重视追惩。三项工作环环相扣,发挥"合力"则相互促进,反之则相互制约,对涉及这三项工作的政治、经济、法律、外交等各个层面的制度都应着力加以完善。

2. 将境外追赃追逃视为中央事权进行整体规划与制度构建,在国家监察委设立专门机构,既负责议事协调,也负责组织领导、统一开展具体办案工作。境外追赃追逃不同于境内追赃追逃,需要国家之间的刑事司法合作,作为追逃对象的国家工作人员身份也有一定的特殊性和敏感性,因此境外追赃追逃应作为中央事权,从国家层面统一研究、制定相应的政策措施与工作规划。值国家监察体制改革机构整合、职能整合之机,[1]在中央、省两级监察委员会设立专门内设机构,除负责原国际追赃追逃办公室的专门议事协调职能外,在检察机关反贪、反渎部门转隶的基础上,从公、检、法、司、纪委、监察、金融等部门抽调骨干人员成立专门的追逃追赃办案组织负责办案,以此提高办案的专业性以及与其他职能部门配合办案的力度,统一办案人才培养与经费保障机制。中央层面对地方司法机关开展境外追赃追逃工作需要的国际司法合作给予政策与外交支持。

3. 强调境外追赃追逃的"法治性",淡化案件的政治色彩。实践中,外逃腐败分子经常会利用境内外媒体将所涉案件往"政治案件"上宣传,试图钻"政治案件"不引渡的空子,博得外国执法机构和司法机构的同情,为国际刑事司法合作带来一定障碍。对此,应始终坚持法治反腐,全面依法办理境外追赃追逃案件,严格规范侦查取证,在对外政治、经济、学术交流工作中加大正面宣传力度,努力消除国际合作中的偏见和误解。

4. 正视境外追赃追逃的事实特殊性,积极利用国际合作中的互惠原则。对外逃贪官进行追惩既是国家责任,也是司法主权原则的体现。但是要充分认识到,追赃追逃案件毕竟属于人或赃不在国内,成功追回需要使用他国司法资源,需要他国提供司法协助,这是客观现实。在承认和执行外国刑事判决、犯罪资产返还与分享、支持他国刑事司法协助请求等问题上,需要增强互惠共赢的意识,通过互惠促进合作,通过合作赢得互信。还可以进一步拓展

---

[1] 《中华人民共和国监察法》第六章设专章规定了国家监察机关反腐败国际合作职责,第52条规定了境外追逃、追赃、防逃等三项具体职能,但没有对内设机构设置问题予以规定。

互惠互利的思路,比如,可以考虑通过在政治、经济、外交等事项上的合作,换取他国在追赃追逃方面的刑事司法合作。

(二) 法律层面:完善国内相关法律制度、构建追防一体的法律体系

1. 完善引渡等方面的法律规范。引渡是国与国之间有效开展执法合作非常重要的工具,为追逃提供直接有效的法律依据,而且对外逃分子具有重大的心理威慑作用。因此,一方面,我们应加大与外国签订引渡条约、双方或多边刑事司法合作条约工作力度,特别是对外逃主要目的地,需要积极努力地与外方沟通商谈,推进签署引渡条约。另一方面,应增强条文的可操作性,扩大《引渡法》规范的刑事司法协助范围,切实履行我国签订的国际公约以及条约项下的国际义务,为追赃追逃国际刑事司法合作打下坚实的互惠互利的法制基础。此外,还应扩大刑事司法协助条约的签约范围,对过去落后的条约及时予以更新,堵住法律规范方面的漏洞。

2. 完善刑事没收制度。对刑法中的财产刑进行结构优化,将作为刑罚种类、承担惩罚功能的没收财产刑由罚金刑取代,实现罚没合一。真正的刑事没收仅以犯罪所得、犯罪收益和犯罪工具为对象,不具有刑罚的属性。不给他国留下我们的"没收财产刑"有违人权保障原则的口实。为规范和明确违法所得没收程序的法律适用,最高人民法院、最高人民检察院于2017年1月5日联合发布了《关于适用犯罪嫌疑人、被告人逃匿、死亡案件违法所得没收程序若干问题的规定》,对违法所得没收程序的适用范围、诉讼程序等作出了规定,但这一司法解释并没有触及前文所提到适用该程序存在的关键问题。应充分发挥修改后《刑事诉讼法》新设置的违法所得没收程序在境外追赃追逃中的重要作用,由监察委员会、法院、检察院三家会商,进一步完善违法所得没收程序相关司法解释和针对性操作细则,加强对利害关系人的权利保障,科学确定证明标准、合理分配举证责任,明确并统一办理相关案件的具体程序、法律标准以及境外追赃的国际合作规范。

3. 完善反洗钱法律制度。跨国反洗钱调查是国际社会广泛采用的境外追赃追逃有效手段。根据对2013年反洗钱国际合作情况的统计,我国主管机关采用司法协助方式配合外国调查取证的跨国洗钱案有17件,我国公安部通过执法合作途径协助境外警方调查涉嫌洗钱案有404件,而我国主管机关为调查跨国洗钱案向外国提出的协助请求只有4件。[1] 在立法上,充分利用跨国反洗钱这一手段,改革我国反洗钱法律制度,进一步扩大洗钱罪上游犯罪范围,与国际接轨。在解释上,将上游犯罪行为人把资金汇往境外的行为作为单独的刑法打击对象,不适用吸收犯或牵连犯择一重论处的罪数规定,从而有效预防和打击跨境洗钱行为。

4. 建立犯罪资产返还与分享机制。在犯罪资产返还与分享问题上改变过去坚持的无偿协助和绝对返还原则,采取两点论的态度:既坚持主权原则,又尊重所在国在追缴赃款时的付出。在这一观念指导下建立务实灵活的资产返还与分享机制:(1)采取立法概括规定

---

[1] 参见中国人民银行:《2013年反洗钱报告》,http://cn.chinagate.cn/reports/2014-08/18/content_33265293.htm,访问时间:2019年7月6日。

与个案协议分享相结合的方式;(2)根据案情、他国贡献大小合理确定分享比例;(3)明确资产分享范围、程序、移交方案等内容。充分利用中加两国签订"犯罪资产分享与返还协议"开的这一"好头",扩大签订范围,争取与资产主要外逃地都能签订此类协议。实践证明,截住钱是留住人的必要条件。

5. 改革财产申报与金融管理制度。对现有财产申报制度进行改革,扩大义务申报范围,建立公职人员财产档案与更新制度,对公职人员个人及其家庭成员的私人资产和债务一律如实申报、备案登记。借鉴美国的"社会安全号制度",社会安全号记录公民包括迁移、居住、纳税、驾照、补助金额等在内的多维信息,与工资、信用、福利相连,是美国发达的个人信用制度的基础。改革身份登记制度,将身份证明与收入、消费、纳税、社保、信用等记录相连。改革目前现金管理制度,对大额现金提取、使用进行规范,进一步完善金融实名制,特别是强化对网络新兴金融模式下资金流动去向的监管。借鉴域外经验,建立统一的信息预警机制用以监测人和钱的异动。

(三) 技术层面:完善外逃信息情报制度、确立科学追逃方案和机制

1. 建立外逃信息统计报告与动态更新制度。针对外逃信息不清、数据不详影响案件办理的问题,由公、检、法、司、纪委等各个条线中央机构逐级向下摸底,经过汇总、核实、比对数据(误差控制在个位数内)后,建立由监察委汇总、各条线共享的统一外逃信息数据库,详细记录每位外逃贪官具体案件情况。设立追逃责任清单,督促责任人员及时报告、更新案件信息。

2. 建立外逃信息公开与举报制度。将外逃贪腐案件视作普通刑事案件(特殊案件如涉及国家安全的除外),淡化政治色彩,改变目前外逃贪官信息与数目秘而不宣的状态,将外逃贪官信息向海内外开放,在监察委开通境外追赃追逃举报平台,建立外逃贪官举报与奖励制度。情报是追逃的关键,充分发挥境内外群众的力量,特别是利用好海外华人组织、华人社团、留学生团体在当地华人中的凝聚力与吸引力,对举报外逃贪官信息的人员予以奖励,及时获取有助于境外追赃追逃的基础情报信息。

3. 制定境外追赃追逃指南。由公、检、法、司、金融、外交等各部门专家以及有丰富境外追赃追逃经验的办案人员在专业建议基础上制定指南性文件,发挥驻外使馆法务参赞和海外法律留学生的作用,加强对所在国法律制度、司法机制和办案流程的研究,扩大与外方机构和同事的交流与联系,在此基础上将外逃主要目标国追赃追逃的办案流程、制度规定和注意事项纳入指南,为境外追赃追逃执法办案提供参考和培训。

4. 制定针对性的个案追逃方案。为提高追赃追逃的效率与成功率,应认真研究每个案件的类型与特征,做到一案一策,根据案件的不同特征制定不同的追赃追逃方案,包括根据案情决定采取引渡、移民遣返、劝返、境外起诉、互惠移交、强制措施等不同追逃途径,如何识别国外账户,如何进行金融查询,如何进行快速的查封冻结,并对每个案件进行风险评估,规划应急预案。

5. 建立健全人才培养与经费保障机制。针对境外追赃追逃对人力和经费要求高的问题:一方面,建立追赃追逃人才统一培养制度,尤其是加强对境外侦查取证、金融查

询等方面人才的培养。建立各语种的专业法律翻译人备用登记制度,缓解国际合作工作中对于合格专业翻译人才的需求。在全国范围内建立专业办案人才数据库和流动办案机制,建立科学合理的办案考核机制和激励机制。另一方面,在中央层面统筹境外追赃追逃工作的经费规划,从中央经费中保留专项经费,专款专用,充分保障此项工作的经费需求。

中国腐败犯罪资产追回国际合作法制优化新论

周艳云*

随着经济和金融全球化与一体化的发展,腐败犯罪所得资产跨境转移现象已成腐败犯罪的常态。腐败犯罪所得资产跨境追回的成败成为衡量我国国家治理腐败问题实效的尺度。腐败犯罪所得资产的跨境成功追回必须依仗腐败犯罪资产的流出国和流入国之间密切的国际合作。然而,中国现行的刑事附带民事诉讼法制的滞后、刑事缺席审判法制的缺位、承认和执行外国刑事判决裁决法制的匮乏、追回资产的分享法制的缺失、国际刑事司法协助原则的僵化适用等诸多因素,均阻滞了中国腐败犯罪资产追回的国际合作。中国必须完善所涉法律机制,以便能高效利用反腐败国际合作机制,跨境追回我国外流的腐败犯罪资产。建构我国资产追回的独立民事诉讼法制、优化刑事附带民事诉讼法制及设立资产分享配套法制成为完善中国腐败犯罪资产追回法制的有益路径。中国跨国追回腐败犯罪资产法律制度的完善存在两种可行性路径:一是建构刑事与民事诉讼平行独立进行的追回资产模式;二是改革完善刑事附带民事诉讼的追回资产模式。两种模式可同时并存互相兼容。为有效实现资产追回,在中国可同时建构和适用这两种模式。资产受侵害方可选择其中能最有效实现其资产追回的方式进行资产追回。

一、独立民事诉讼法制的建构:
中国追回腐败犯罪资产国际合作民事法制层面的完善

中国可借鉴英美法系国家实行的刑事与民事诉讼平行独立进行的资产追回模式,建构我国独立的资产追回民事诉讼法制,从优化民事法制层面促进中国腐败犯罪资产追回国际合作。

(一)英美法系国家刑民事诉讼平行独立进行的追回资产模式

英美法系国家追回犯罪资产主要是通过民事没收程序而实现的,犯罪行为造成的损害赔偿诉讼可完全在民事诉讼程序中加以解决。该追回资产模式特征是追回犯罪资产的民事诉讼与将追究该案犯犯罪责任的刑事诉讼完全剥离开来,民事诉讼完全独立于该案的刑事诉讼,民事诉讼与刑事诉讼处于完全平行、互不干扰的状态。

对犯罪所得资产采用民事没收程序进行追回的法律制度已频繁出现在英国、美国、爱尔

---

* 常州大学史良法学院讲师,东南大学反腐败法治研究中心研究人员,本文原载于《中州大学学报》2017年第1期。

兰、澳大利亚、南非等国家的立法中。[1] 在美国,对犯罪所得资产采用民事没收程序进行追回的法律制度有 2001 年的《爱国者法》与 1970 年的《反犯罪组织侵蚀合法组织法(RICO ACT)》。[2] 在英国,对犯罪所得资产采用民事没收程序进行追回的法律制度有 2002 年的《犯罪收益追缴法》与 1986 年《贩毒法》。《犯罪收益追缴法》规定对犯罪收益的追缴采取在刑事没收中植入民事没收程序的方式进行,《贩毒法》则授予法院针对犯罪所获财产有发布没收令的权力。而且,英国为实现对犯罪资产的有效追回,设立资产追索局为犯罪资产追回的特定机构,专门负责对 1 万英镑之上的犯罪所得进行追缴,授权其在法院对罪犯提起追究刑事责任的刑事诉讼之前,可提起追回资产的民事程序。[3] 在澳大利亚,对犯罪所得资产采用民事没收程序进行追回的法律制度主要为 2002 年的《犯罪收益追缴法》,其中详细规定了追回犯罪资产的民事没收程序。[4] 英美法系国家刑民事诉讼平行独立进行的追回资产模式中的民事没收程序是一种特殊的民事诉讼程序,一方面来说,追回资产的民事没收程序非刑事诉讼程序而归属民事诉讼程序,需遵守民事诉讼程序的诉讼方式和重要原则;另一方面,追回资产的民事没收程序实质上是以民事程序的形式达至刑事目的,归属于刑法上的没收制度。

(二) 我国建构资产追回独立民事诉讼的可行性分析

1. 立法层面建构资产追回独立民事诉讼的可行性

刑事与民事诉讼独立进行的平行式资产追回模式不仅源于英美国家相关立法实践,也渊源于《联合国反腐败公约》所确立的法律机制。

《联合国反腐败公约》确立了直接追回资产与间接追回资产的法律机制。《联合国反腐败公约》的两种资产追回机制中所要求的资产流入国执行或协助执行有关资产追回的生效判决既可是刑事判决也可是民事判决,[5] 且进行资产追回的没收方式既可是刑事没收方式也可是民事没收方式。所以,依据"公约"所设置的法律机制,一方面,腐败犯罪的资产受损方可通过提起民事确权诉讼或民事侵权诉讼的方式,形成生效判决,由资产流入国执行或协助执行该判决来追回腐败犯罪资产,并将其返还给受损方;另一方面,资产流入国可通过民事没收的方式将流入本国的腐败犯罪资产没收并返回给资产来源国。

《联合国反腐败公约》为我国在立法层面建构刑事与民事诉讼平行独立进行的资产追回模式提供了可行性。《联合国反腐败公约》所设置的资产追回的法律机制为我国建构刑民事诉讼平行独立进行的资产追回模式提供法律依据和示范模式。并且我国是"公约"的缔约国,我国负有国际法定义务将"公约"所设置的资产追回的法律机制通过国内立法方式在我

---

[1] 陈雷:《论我国违法所得没收程序司法认定若干法律适用问题研究》,载《法治研究》2015 年第 4 期。

[2] 邓立军:《违法所得特别没收程序的潜在风险与控制》,载《法学评论》2015 年第 1 期。

[3] 陈雷:《论我国违法所得特别没收程序》,载《法治研究》2012 年第 3 期。

[4] 陈卫东:《论新〈刑事诉讼法〉中的判决前财产没收程序》,载《法学论坛》2012 年第 3 期。

[5] 肖杨宇:《对刑事缺席审判制度的质疑与民事诉讼之提倡》,载《2008 年全国博士生学术论坛(国际法)论文集》,武汉大学出版社,2008 版,第 79 - 85 页。

国确立和适用。

为建构刑事与民事诉讼平行独立进行的资产追回模式,我国国内立法已依照"公约"进行了部分修改。新修订的《刑事诉讼法》规定,有违法所得的贪污贿赂犯罪的被告人或犯罪嫌疑人死亡或逃匿且经通缉一年后不能到案的,为追回其腐败犯罪所得资产,公安机关出具没收违法所得意见书并移送人民检察院,人民检察院有权向人民法院提出启动没收程序的申请。人民检察院在提出申请时应提交与违法所得和犯罪事实有关的证据材料,并注明犯罪资产的数量、种类、所在地及其被查封、扣押、冻结的情况。人民法院依据申请在必要时查封、扣押、冻结该犯罪资产。

从新修订的刑事诉讼法的规定,可分析得出当被告人或犯罪嫌疑人死亡或逃匿情形发生时,针对其违法犯罪所得资产实行的没收程序实质是通过民事诉讼程序来实现的,而实行民事诉讼和刑事诉讼相互独立的平行模式更有利于该没收程序的运行。通过独立民事诉讼实现民事没收制度符合联合国反腐败公约的间接追回机制的规定,与我国新修订的《刑事诉讼法》中的被告人或犯罪嫌疑人死亡或逃匿案件违法所得的没收程序的规定相符合。

故在我国实行刑事与民事诉讼独立进行的平行式资产追回模式,其渊源既有公约的原则性规范的保障,又存有我国现行新刑诉法的极具操作性的规范,还可借鉴英美等国家经验丰富的相关立法和司法实践,为我国建构刑民诉讼平行式资产追回模式提供了法制的保障和制度的支持,该模式在我国短期内建构和完善是完全可行的。

2. 司法层面运行资产追回独立民事诉讼的可行性

不仅从立法层面向而言,刑民诉讼平行式资产追回模式在我国短期内建构和完善是完全可行的,而且在司法具体制度面向上来说,刑民诉讼独立进行平行式资产追回模式在我国短期内设立亦具有可行性。

首先,民事诉讼在程序要求上非似刑事诉讼严格,在被告人失踪或死亡的情况发生时,独立民事诉讼较易实行缺席审判,[1]只要程序正当,民事缺席判决是可以被资产流入国承认和执行的。刑民诉讼独立进行的平行式资产追回模式确立资产追回中实行民事诉讼和追究犯罪分子刑事责任的刑事诉讼相互独立的平行诉讼模式。人民检察院或受害方可以向人民法院提起民事诉讼,如果被告人或犯罪嫌疑人死亡、逃匿或丧失行为能力情形发生时,人民法院可按照民事缺席审判程序进行处理。民事诉讼中的民事缺席审判制度为世界各国所公认,有关资产追回的民事判决或裁决更易得到资产流入国的承认和执行。

其次,资产追回类的民事诉讼判决属于民商事判决范畴,民商事判决可受国际上诸多成熟的国际承认和执行外国民商事判决公约的保障,有详尽完善的各国承认执行外国民事判

---

[1] 民事诉讼中的缺席审判制度是被各国公认的法定制度。我国《民事诉讼法》第129条规定:"原告经传票传唤,无正当理由拒不到庭的,或者未经法庭许可中途退庭的,可以按撤诉处理;被告反诉的,可以缺席判决。"第130条规定:"被告经传票传唤,无正当理由拒不到庭的,或者未经法庭许可中途退庭的,可以缺席判决。"第131条规定:"宣判前,原告申请撤诉的,是否准许,由人民法院裁定。人民法院裁定不准许撤诉的,原告经传票传唤,无正当理由拒不到庭的,可以缺席判决。"这三条规定构成了我国民事缺席审判制度的基本内容。

决的法律规则可依据,有成熟的司法协助机制可适用。

再次,刑民事诉讼平行独立进行的资产追回模式的实施能为我国现行刑事附带民事诉讼制度和刑事缺席审判制度其相关配套制度的设立与完善赢得充足的准备时间,能避免在我国为资产追回类案件短期内急速建构繁复的刑事缺席审判制度及其系列配套制度的难题,能防止因急速建构肇致的相关法律制度的极度不完善。

最后,刑民事诉讼独立进行的平行式资产追回模式不易受双重犯罪原则的限制和引渡条约前置原则的限制。资产追回类的刑事判决或裁决易受双重犯罪原则和引渡条约前置原则直接或间接的影响甚至限制,刑民事诉讼独立进行的平行式资产追回模式中的判决或裁决仅具有民事性质,与相关刑事诉讼完全独立,互不影响,故其不受刑事司法协助中的双重犯罪原则和引渡条约前置等原则的影响或限制,更具有可行性。

故刑民诉讼独立进行平行式资产追回模式设立条件成熟,阻力困难少,契合我国国情,其在我国短期内建构具有可行性。

(三) 中国刑民事诉讼平行独立进行的资产追回模式的建构

我国为实现腐败犯罪资产的有效追回,可借鉴英美法系国家实行刑事与民事诉讼平行独立进行的资产追回模式。中国所建构的刑事与民事诉讼平行独立进行的资产追回模式是可完全通过民事诉讼程序对犯罪资产进行追回,将追回犯罪资产的民事诉讼与将追究该案犯犯罪责任的刑事诉讼完全剥离开来,民事诉讼完全独立于该案的刑事诉讼,民事诉讼与刑事诉讼处于完全平行、互不干扰的状态。

刑事与民事诉讼平行独立进行的资产追回模式相较于我国现行的刑事附带民事诉讼的资产追回模式而言,有其无法比拟的优势。新建构的刑事与民事诉讼平行独立进行的资产追回模式允许资产受损方或受害人专门针对腐败案件中的违法犯罪所得及相应的涉案资产单独提起追回资产的民事诉讼,腐败案件中犯罪嫌疑人的刑事责任对追回资产的民事诉讼毫无影响。是否对腐败案件中犯罪嫌疑人提起刑事诉讼,犯罪嫌疑人承担何种刑事责任,对追回资产的民事诉讼毫无影响。追回资产的民事诉讼可随时进行,不再必须在同案刑事诉讼启动后才可进行,即使同案刑事诉讼因特殊原因终止,追回资产的民事诉讼仍然可不受干扰继续进行。

刑事与民事诉讼平行独立进行的资产追回模式实质是一种对物诉讼而非对人诉讼,[1]在腐败资产追回案件中仅涉及对违法犯罪所得资产的审理,不涉及对被告人或犯罪嫌疑人刑事责任的审判,无关涉被告人或犯罪嫌疑人的定罪量刑。追回资产的民事诉讼不必以被告人或犯罪嫌疑人的定罪判决为前提,只要有充分证据证实该资产为直接或间接源自于腐败犯罪所得,则可对该资产采取强制追回程序,并将追回资产返还其合法所有人。刑事与民事诉讼平行独立进行的资产追回模式是将腐败违法犯罪所得的追回与腐败犯罪的定罪量刑相分离,两者独立平行进行的模式。

刑事与民事诉讼平行独立进行的资产追回模式归属民事诉讼程序而非刑事诉讼程序,

---

[1] 陈卫东:《论新刑事诉讼法中的判决前财产没收程序》,载《法学论坛》2012年第3期。

属于处理财产纠纷类的民事诉讼的范畴,[1]资产受损方或受害人可采取提起民事确权诉讼或民事侵权诉讼的方式进行资产的追回。

中国现行的刑事附带民事诉讼的资产追回方式虽其本质属于民事诉讼,但其附属于同案刑事诉讼,附带民事诉讼的提起必须以同案刑事诉讼的启动为前提。当被告人或犯罪嫌疑人逃匿或死亡情形发生时,刑事诉讼程序中止或终止,其所附带的民事诉讼也不能进行。中国将建构的刑事与民事诉讼平行独立进行的资产追回模式恰好可摆脱腐败犯罪资产追回的此种困局。新模式将刑事附带民事诉讼部分与该案刑事诉讼相剥离,资产受损方或受害人可不受同案刑事诉讼的影响采取单独提起民事确权诉讼或民事侵权诉讼的方式进行资产的追回,可避免我国刑事缺席审判法制缺失的困局,不必违反刑事正当程序原则,符合程序正当要求。[2]

刑事与民事诉讼平行独立进行的资产追回模式赋予资产受侵害方对因腐败等违法犯罪行为单独提起追回资产的民事诉讼的权力,有利于尽快追回腐败犯罪资产,可防止因腐败犯罪嫌疑人或被告人死亡或逃匿而终止或中止对腐败犯罪资产的追回的情况发生,可避免对腐败犯罪资产的追回的不当拖延,能有效避免因时间拖延而面临腐败犯罪资产被犯罪人员挥霍殆尽的局面。

在追回腐败犯罪资产的独立民事诉讼中,何人有资格提起民事诉讼呢?腐败犯罪所侵吞的资产多为国家财产,国家作为国家财产的所有人才有权提起追回国家财产的独立民事诉讼。然国家是一个抽象的法律主体,国家的诉讼主体资格必须由有权的相关政府机关才能行使。从我国国家政府机关职权分工与配置而言,由国家检察机关提起资产追回的民事诉讼、行使民事诉权才合适。检察机关有就腐败犯罪嫌疑人侵吞国家资产和侵犯国家利益的腐败犯罪行为向法院提起公诉的权力,国家也应授予检察机关为追回腐败犯罪所侵吞国家资产提起独立民事诉讼的权力。尤其当腐败犯罪人员逃匿或死亡情形下,无法通过我国现行刑事附带民事诉讼方式追回国家资产时,由检察机关代表国家提起追回资产的独立民事诉讼程序就成为腐败犯罪资产追回的有效路径。在腐败案件中,国家之外的其他单位或个人的财产权益受侵害的,单位和个人也可以向法院提起资产追回的独立民事诉讼。

二、刑事附带民事诉讼制度优化

(一) 优化资产追回制度

法国宽松式刑事附带民事诉讼模式相较于我国现行的刑事附带民事诉讼法制而言,更具灵活性,极有利于犯罪资产的追回。中国可借鉴法国宽松式刑事附带民事诉讼模式优化建构我国刑事附带民事诉讼的资产追回法制。一方面,该种模式中的追回资产的民事诉讼虽附属于同案刑事诉讼,但其中的民事诉讼相对独立于刑事诉讼。刑事诉讼所附带的民事

---

[1] 宋阳:《关于构建中国刑事缺席审判制度的思考》,载《河北学刊》2009年第3期。
[2] 王永杰、吴丽梅:《论我国未审没收财产程序的不足与完善》,载《东方法学》2012年第3期。

诉讼可先于该案的刑事诉讼之前提起,民事诉讼不必受制于刑事公诉和刑事判决,民事诉讼的判决裁决也不影响刑事诉讼中的定罪量刑,民事诉讼和刑事诉讼互不影响、互不干扰,相对独立进行。且对于犯罪所得及其他涉案财产的没收可采用缺席审判制度。另一方面,资产受损方拥有极大的选择权。刑事案件中的财产受损方有权选择是否采用刑事附带民事诉讼的方式或其他方式进行资产追回,有权选择在公诉前抑或公诉后提起资产追回诉讼,也有权选择在民事法院或刑事法院提起资产追回诉讼。

资产追回刑事途径的完善不仅需建构高度灵活的刑事附带民事诉讼的附带式资产追回法律模式,同时,也需同步完善资产追回中的刑事缺席审判法律制度和刑事判决裁决的承认执行法律制度。

(二) 设立资产追回中的刑事缺席审判制度

新修订的《刑事诉讼法》规定,有违法所得的贪污贿赂犯罪的被告人或犯罪嫌疑人死亡或逃匿且经通缉一年后不能到案的,为追回其腐败犯罪所得资产,人民检察院有权向人民法院申请提出启动没收程序。但法院的没收机制与刑事缺席审判制度是完全不同的两类制度,故新修订的《刑事诉讼法》虽已确立了追回犯罪资产的没收机制,但并未建构我国的刑事缺席审判制度。

《联合国反腐败公约》原则上要求追回腐败犯罪资产的资产流出国应向资产流入国提交已生效判决。且在各国的司法协助实践中,多数国家明确规定生效判决是追回腐败资产的司法协助的前提。[1] 然而,由于我国刑事缺席审判制度的缺失,且我国民事没收制度尚未建构完善,故在逃往外国的犯罪嫌疑人被引渡回我国审判之前,我国无法提供已生效判决来取得资产流入国在追回资产方面的司法协助。故我国刑事缺席审判制度的缺失会阻滞我国腐败犯罪资产的跨国追回。所以,我国有必要建构刑事缺席审判制度,与我国民事没收制度一并成为腐败犯罪资产追回的双保险机制。然刑事缺席审判制度关涉案件的程序公正,关涉被告人参与诉讼并为自己辩护的诉讼权利的享有,故中国建构刑事缺席审判制度必须严格限定刑事缺席审判的运用条件和适用范围,最大程度保证程序公正。

首先,刑事缺席审判中被告人的限定。一方面,刑事缺席审判中的被告人,即犯罪行为人应是十分确定的,也有充分的证据证明被告人的犯罪行为及侵吞或损害国家或他人资产的事实。否则,如因无法确定被告人而进行刑事缺席审判则会导致该审判难以为继,资产追回难以实现。另一方面,刑事缺席审判中的被告人是基于自身原因而非外在原由而不到庭应诉的,如被告人为逃避法律制裁而逃匿、拒不归案、故意造成下落不明等,且在此情形下,人民法院、检察机关或公安机关用尽多类侦查手段或经公告后在法定时限内仍拒不归案,国家或受损方又急需尽快追回外流犯罪资产时,法院方可启动刑事缺席审判程序。

其次,刑事缺席审判适案范围的限定。并非任何的被告人或犯罪嫌疑人逃匿的刑事案件均可运用刑事缺席审判制度的,刑事缺席审判制度运用不当会对公正审判造成负面影响,故非在十分必要情形下不可启动刑事缺席审判程序。应在犯罪资产数额巨大且有可能追回

---

[1] 黄风:《制定我国国际刑事司法协助法的几个问题》,载《中外法学》2011年第6期。

该巨额犯罪资产来补偿受害方的损失,但该案的被告人或犯罪嫌疑人逃匿的情形下,方可启动刑事缺席审判程序。若犯罪资产数额较少或该犯罪资产已被犯罪行为人挥霍殆尽,在此情形下则无启动刑事缺席审判程序的必要。

再次,运用刑事缺席审判程序审理的案件必须是案件事实认定清楚,定罪证据确凿充分,证据事实有充分证明力,即使被告人或犯罪嫌疑人逃匿,也可依据完整确凿的证据链对其定罪量刑。如果被告人或犯罪嫌疑人死亡,但其遗留有巨额的犯罪所得,且案件证据确凿充分,事实认定清楚,此时为追回犯罪资产补偿受损方资产损失,也有必要启动刑事缺席审判程序。

最后,运用刑事缺席审判程序审理的案件必须注重程序公正,充分尊重缺席被告人的诉讼权利。首先刑事缺席审判程序启动的前提是法庭必须履行对被告人的充分通知义务,缺席审判中的司法诉讼文书的送达方式应为公告送达较为合适。公告应涵盖告知被告人庭审的具体开庭日期,并告知被告人在审判中的诉讼权利。如至截止日期,被告人未参加庭审,则法庭可认定被告人自愿放弃出庭参与诉讼并为己辩护的权利。至此法院方可采用刑事缺席审判制度审理该案。[1]

(三) 完善资产追回中的刑事判决裁决的承认和执行制度

《联合国反腐败公约》规定间接追回方式需要通过同为公约缔约国的资产流入国和资产流出国之间以刑事司法协助方式来进行,在此过程中将涉及承认和执行外国刑事判决裁决的事宜。然我国只存在承认和执行外国民事判决裁决的法律制度,承认和执行外国刑事判决裁决的具体法律制度缺失。为实现跨国腐败资产追回的有效合作,我国有必要设立承认和执行外国刑事判决裁决的法制。

1. 承认和执行外国刑事判决裁决的司法审查标准必须明确

我国承认和执行外国刑事判决裁决之前必须对外国刑事判决裁决进行司法审查,审查外国刑事判决裁决应当满足我国法定的审查标准,通过审查方可被我国承认和执行。然而,我国现行立法只规定了外国民事判决承认和执行的审查标准,却无外国刑事判决裁决承认和执行的审查标准的明确法律规定,而对外国刑事判决裁决的司法审查是承认和执行外国刑事判决裁决的前提和关键,故明确承认和执行外国刑事判决裁决的司法审查标准是我国立法亟待解决的问题。

借鉴各国承认和执行外国刑事判决裁决的立法实践,立足我国实际国情,笔者认为,应设立如下承认和执行外国刑事判决裁决的司法审查标准:A. 作出刑事判决裁决的外国法院必须对该案拥有合法的管辖权和审判权;B. 申请我国法院承认和执行的外国法院所作刑事判决裁决必须已经发生法律效力;C. 申请我国法院承认和执行的外国法院所作刑事判决裁决必须依据法定的正当程序作出,充分保障被告人的诉讼权利;D. 申请我国法院承认和执行的外国法院所作刑事判决裁决不得违反我国法律的基本原则,并不得损害我国的国家主权、安全和社会公共利益。

---

[1] 王永杰、吴丽梅:《论我国未审没收财产程序的不足与完善》,载《东方法学》2012年第3期。

同时，我国对有下列情况之一的外国法院的刑事判决或裁决不予承认和执行：A. 按照我国法律的有关规定，作出刑事判决裁决的外国法院对该案无合法的管辖权和审判权；B. 根据作出该刑事判决裁决的法院所在国法律的规定，该刑事判决裁决尚未生效，不具有执行力；C. 被告人未经合法传唤，或没有诉讼能力时没有得到合法代理；D. 外国法院的刑事判决和裁决在我国执行有损于我国的国家主权、安全和社会公共利益；E. 我国法院对相同被告的同一刑事案件已经做出确定的刑事判决或裁决；或我国法院已经承认和执行了第三国法院对相同被告的同一刑事案件的确定的刑事判决或裁决。

外国法院的刑事判决或裁决如符合承认和执行的全部条件，且无任何拒绝承认和执行的情形时，外国法院的刑事判决或裁决可按照我国法定的程序承认和执行。

2. 必须明确外国刑事判决裁决司法审查主体

对外国刑事判决裁决司法审查涉及国家主权、国家利益和尊严，且行使该权利对审查者的专业水平要求极高，有学者建议将外国刑事判决裁决司法审查的权利集中赋予高级人民法院，而最高人民法院对高级人民法院作出的裁决进行复核，[1] 还有学者提议由最高人民法院行使司法审查权，必要时可由最高人民法院授权各省、自治区、直辖市高级人民法院行使该司法审查权。[2]

综合上述观点，笔者认为可由最高人民法院对外国刑事判决裁决行使司法审查权，在必要且可行的情况下，最高人民法院可授权相关省、自治区、直辖市高级人民法院代为具体行使外国刑事判决裁决的司法审查权，最终由最高人民法院对高级人民法院作出的决定进行复核。审查法院主要对外国法院的刑事判决裁决是否符合我国法定的承认和执行外国刑事判决裁决的标准进行审查，不审查案件的其他实体问题。

我国承认和执行外国法院的刑事判决或裁决应实行国际上通行的三审制程序。首先由外交机关接收需在我国法院承认和执行外国法院刑事判决裁决的外国申请，由外交机关进行最先的形式审查，审查外国提交的材料是否齐全。如外交部审查合格后，递交给我国最高人民法院，最高人民法院指定拟执行地的高级人民法院具体行使司法审查权，审查外国法院的刑事判决裁决是否符合我国法定的承认和执行外国刑事判决裁决的标准，高级人民法院作出的审查决定再交由最高人民法院复核。如外国刑事判决裁决符合我国法定的承认和执行条件的，再递交国务院进行行政审查，审查承认和执行外国刑事判决裁决是否会对我国国家政治和国家利益产生不利影响。如最终能通过行政审查，我国则正式承认和执行该外国刑事判决裁决。如不能通过审查，则由外交部通知该外国，并告知不能承认和执行该国判决裁决的理由。

（四）国际刑事司法协助原则的软化处理

1. 双重犯罪原则的软化处理

犯罪资产的追回注重的是对财产的追索，而非对被告人或犯罪嫌疑人的定罪和制裁，不

---

[1] 李卫东、徐荣生：《腐败资产间接追回机制及其立法完善》，载《人民检察》2011年第10期。
[2] 姬艳涛：《腐败资产追回国际合作发展的新趋势》，载《理论界》2014年第4期。

涉及被告人或犯罪嫌疑人基本人权的保障问题。故在追回犯罪资产的国际刑事司法协助方面可减低双重犯罪原则的适用标准。各国在追回犯罪资产的国际刑事司法协助时可对双重犯罪原则进行软化处理，不必严格僵化适用，可依据情况需要灵活变通处理，在国际刑事司法协助中普遍适用双罚性原则的情形下容许单罚性的例外。在资产追回案件中该犯罪行为即使依据被申请提供刑事司法协助的国家法律判断为不符合双重犯罪原则，但被申请提供刑事司法协助的国家认定该犯罪是否构成双重犯罪对追回犯罪资产无实质性影响的，该国可不受双重犯罪原则的限制，提供刑事司法协助。

在一些国际条约和国家间的刑事司法协助实践中，已然存在双重犯罪原则的软化处理的规定和做法。如《联合国反腐败公约》第44条第2款注明，在提供司法协助的腐败犯罪资产流入国法律允许的情况下，被请求引渡的腐败犯罪人员依据犯罪资产流入国法律不认定为犯罪，犯罪资产流入国也可以准予引渡，不必固守双重犯罪原则。[1]

我国在与他国签订的司法协助协定或条约中规定了双重犯罪原则的例外适用，将双重犯罪原则的减低适用的条件予以明确和限定，既可防止双重犯罪原则的僵化适用又避免双重犯罪原则例外情形的滥用。此外，即使在无司法协助协定或条约的情形下，我国在与他国进行刑事司法合作实践时，在犯罪资产追回类案件中，我国可主动减低双重犯罪原则的适用标准。我国可基于对等互惠原则，要求他国在对我国提供犯罪资产追回的刑事司法协助时，对等降低双重犯罪原则的适用标准。

2. 条约前置原则的软化处理

资产流入国和资产流出国在犯罪资产追回的刑事司法合作时，因为任何一个国家不可能与世界上所有其他国家缔结司法协助的条约或协定，条约前置原则使得在犯罪资产追回中能提供刑事司法协助的国家的范围受到限制，故如果严守条约前置原则将会阻滞追回犯罪资产的国际合作。所以，在犯罪资产追回的国际刑事司法合作中可放弃或变通适用条约前置原则。

在一些国家间的刑事司法协助实践和国际条约中，已经出现条约前置原则的软化处理的规定和做法。如英国、新西兰、印度、南非等国家立法明确允许在无双边条约的情形下进行司法协助。加拿大、澳大利亚、尼泊尔等国允许临时个案协议作为司法协助的依据。即使严守条约前置原则的美国也允许在极个别情况下在无条约的情形下进行司法协助。[2]

我国可遵从国际上条约前置原则的软化处理的趋势，通过立法规定在犯罪资产追回类案件中，即使在两国缺少刑事司法协助条约或协定的情形下仍然可进行资产追回的刑事司法协助。这将有利于我国基于对等互惠原则，利用多国条约前置原则的软化处理的新契机，有效开展追回腐败犯罪资产的刑事司法合作。

---

[1] 梅傲：《论我国的反腐败国际合作——以引渡诸原则的新发展为视角》，载《理论月刊》2012年第7期。

[2] 余贺伟：《论我国反腐败国际追逃追赃体制机制的构建与形成》，载《行政与法》2015年第9期。

三、配套法规的新设：设立资产分享制度

资产分享机制主要是指在追缴腐败犯罪所得的过程中资产流入国因其在资产追回中的贡献而享有部分被追回资产的制度。我国原则上坚持腐败犯罪所得全额返还的立场，但该立场难以得到资产流入国在资产追回中的积极协助。故我国作为目前资产流出大国应本着资产追回的终极目的，建立规范的资产分享机制，坚持互惠原则，并将其纳入对外司法协助条约中。中国建构资产分享法律制度，必须明确以下两方面的内容：

第一，界定分享资产的范围。从公平原则出发，国际公约规定所追回的腐败犯罪资产主要用于补偿或赔偿财产受损方或善意第三人，其剩余部分才能由资产追回国进行分享。如果当追回的犯罪资产大于财产受损方或善意第三人的损失时，追回的犯罪资产扣除财产受损方或善意第三人的损失的剩余部分属于可分享资产的范围。但是如果当追回的犯罪资产远不够补偿财产受损方或善意第三人的损失时，则无剩余资产可分享，又该如何处理呢？此时，资产分享制度无法实行。但若无分享资产的激励，资产流入国可能会怠于追回资产。故可实行另一种激励措施，即根据资产流入国在追回资产中的贡献大小给予相应比例且略低于资产分享数额的报酬，以激励资产流入国积极协助追回资产。

第二，确立资产分享的基准。资产分享机制的设立关键在于确立资产分享的基准。笔者认为可通过确立资产分享的上限、下限和分享比例来明确资产分享的基准，具体包括：

（1）资产分享的下限。犯罪资产流入国为请求国追回资产进行侦查、起诉、审判和司法协助活动而支出的合理费用。

（2）资产分享的上限。资产分享的上限为用来进行分享的资产的50%较为妥当。资产分享的上限是否可以超越50%的标准呢？资产分享的上限过高，超越50%的标准时，一方面，资产流入国对追回资产分享后剩余部分也需支付资产流出国相关司法和行政机构为资产追回而支出的合理费用，其剩余部分必定远不足以补偿该案中资产受损方的利益，无法实现资产追回的终极价值，资产流出国也没有追回资产的必要。另一方面，资产分享的上限过高超越50%的标准违反国际社会各国平等互利的相处原则。任何一国在国际社会不可能孤立存在，必须平等互利才能和谐相处。如果资产流入国设置资本分享的高比例，利益真正受损的资产流出国最终只能追回极少的犯罪资产，这无疑有违国际社会的平等互利原则，资产流出国极可能会采用对等性报复措施，最终只会落得两败俱伤的结果。故资产分享的上限确立为50%最为合适。用来进行分享的资产的50%是否会低于犯罪资产流入国为请求国追回资产进行侦查、起诉、审判和司法协助活动而支出的合理费用呢？因外流犯罪资产巨大，对本国利益和本国受害人利益影响巨大时，资产流出国才会启动繁复的资产追回机制。一般而言，犯罪资产流入国为请求国追回资产进行侦查、起诉、审判和司法协助活动而支出的合理费用相对于巨额外流犯罪资本而言是很微小的，一般不会出现用来进行分享的资产的50%会低于犯罪资产流入国为请求国追回资产进行侦查、起诉、审判和司法协助活动而支出的合理费用的情况。再则，如用来进行分享的资产的50%低于犯罪资产流入国为请求国

追回资产进行侦查、起诉、审判和司法协助活动而支出的合理费用,再扣除资产流出国为追回资产而支出的合理费用,最终追回资产无剩余或所剩余部分远远不够补偿资产受损方利益时,资产流出国也没有追回资产的必要。

(3) 资产分享的比例。在资产分享上下限的维度内,必须确立资产分享的比例层级。借鉴美国的做法,我国在确定资产分享的比例时,应依照资产流入国在追回资产的司法协助活动中所作的贡献的多少来确定分享比例的高低,资产流入国贡献多则其分享的比例高,获得的资产多;资产流入国贡献少则其分享的比例低,获得的资产少。

据此,笔者认为可将资产分享的比例划分为三个等级:高等协助、中等协助、初等协助。高等协助指资产流入国承担追回犯罪资产的全部或几乎全部的工作;中等协助指资产流入国承担追回犯罪资产的主要或关键部分的工作;初等协助指资产流入国承担追回犯罪资产的基础性协助部分的工作。当资产流入国承担追回资产的高等程度的司法协助时,可分享能用于分享的资产的35%—50%;当资产流入国提供中等程度的司法协助时,可分享能用于分享的资产的20%—35%;当资产流入国仅提供基础性的司法协助时,可分享能用于分享的资产的20%以下的份额。具体的资产分享数额在依据以上标准的范围内由资产流入国和资产流出国再行协商。如下图所示:

资产分享的基准	
资产分享的上限	用来进行分享的资产的50%
资产分享的比例	高等协助——用来进行分享的资产的35%—50%
	中等协助——用来进行分享的资产的20%—35%
	初等协助——用来进行分享的资产的20%以下
资产分享的下限	犯罪资产流入国为请求国追回资产进行侦查、起诉、审判和司法协助活动而支出的合理费用

中国按照平等互利原则,确立合理的追回资产分享的标准和法律制度,能避免资产分享法制的不确定性带来的资产追回司法活动的阻滞,易为多国所接受,也能动员他国排斥英美国家所设置的畸高的资产分享标准,有利于该标准和法律制度的广泛运用,最终形成国际习惯法。